宋元學案補遺

〔清〕王梓材 馮雲濠 編撰
沈芝盈 梁運華 點校

九

中華書局

宋元學案補遺卷九十七目録

宋元學案補遺卷九十七

後學 鄞 王梓材 慈谿馮雲濠 同輯

慶元黨案補遺

梓材謹案。紹熙爭過宮者。大半卽慶元諸儒。故于慶元黨案之前。特載爭過宮諸公。并附嘉定端平淳祐更化案。

紹熙爭過宮者

文簡尤遂初先生袤詳見龜山學案。

忠定葉水心先生適詳水心學案。

宣獻黃文叔先生度詳見止齋學案。

文恭羅此庵先生點詳見象山學案。

忠文黃兼山先生裳詳見二江諸儒學案。

教官汪先生安仁

汪安仁字□□。績溪人。慶元進士。授學録。紹熙中。率太學生三百二十八人入奏。請朝重華宮。不報。仕終興國軍教官。江南通志。

慶元黨案

曾任宰執者

補忠宣留仲至先生正

附録

授南恩州陽江尉清海軍節度判官。用龔茂良薦。赴都堂審察。宰相虞允文奇之。薦于上。得對。公言。國家右文而略武備。祖宗以天下全力用于西夏。承平日久。邊不爲備。至敵人長驅而不能支。今當改轍。使文武並用。孝宗嘉歎。

姜特立除浙東副總管。尋召赴行在。公引唐憲宗召吐突承璀事。乞罷相。上批。成命已行。朕無反汗。卿宜自處。公待罪六利塔。奏言。陛下近年不知何人獻把定之説。遂至每事堅執。斷不可回。天下至大。機務至煩。事出于是。則人無異詞。可以固執。事出于非。則衆論紛起。必須惟是之從。臣恐自此以往。事無是非。陛下壹持把定之説。言路遂塞。因繳進前後錫賚及告敕。待罪范村。乞歸田里。不許。

復觀文殿大學士。初劉德秀自重慶入朝。未爲公所知。謁公客范仲黼請爲言。公曰。此人若留之班行。朝廷必不靜。乃除大理簿。德秀憾之。至是爲諫議大夫。論公四大罪。褫職。自是彈劾無虚歲。

或問范仲黼。留趙二公處變不同。如何。仲黼曰。趙。同姓之卿也。留。則異姓之卿。反覆之而不聽則去。聞者以爲名言。

朱子語類曰。留丞相以書問詩集傳數處。先生以書示學者曰。它官做到這地。又年齒之高如此。雖在貶所。亦不閒度日。公等豈可不惜寸陰。

梓材謹案。一統志。張留書院在歸善縣西南石埭山。宋丞相留正。祕書郎張宋卿。少時共學于此。廣東黄志謂。張留書院在羅浮山水簾洞。後張宋卿留正爲布衣時講學于此。則又在博羅。黄志載。張宋卿墓在羅浮山白蓮池。云宋卿以春秋爲天下第一。至肇慶守。卒于官。年四十二。張之仕履可知矣。

曾任待制以上者

補 文肅鄭補之先生湜

梓材謹案。先生于光宗初爲祕書郎時。又有鄭湜。字里未詳。光宗紹熙元年。官從政郎。進治術十卷。爲十先生奥論之一。辟疆園宋文選載其君體論一篇。秀水莊氏南宋文範録其國體論三篇。

附録

鄭補之草趙忠定罷右相制略曰。頃我家之多難。賴碩輔之精忠。持危定傾。安社稷以爲悦。任公竭節。利國家無不爲。既隆翊戴之勳。尚期啓沃之助。力陳忱悃。祈避煩言。以無貶辭免。

兼學士院。未幾罷去。

補 少師黄盤野先生由

雲濠謹案。姑蘇志載。先生累除權禮部尚書兼吏部。將大用之。會知綿州王沇朝辭。乞詔廟堂銓選。若嘗受僞學薦舉陞改。及衆論指爲僞黨者。籍記姓名。且與勿用。由入奏。謂人主不可待天下以黨與。不必置籍以示不廣。繼擢沇利路轉運判官。先生亦出知成都。又云。官至正奉大夫。自號盤野居士。

補 尚書何月湖先生異

梓材謹案。撫州崇仁。分析樂安。吴草廬誌何子宏墓所云。樂安尚書。學聞四方。卽謂先生。

附録

擢監察御史。時光宗愆于定省。先生入疏諫。不報。約臺官聯名言。姦人離閒父子。當明正典刑。又不報。匄外。

權工部尚書。告老抗章言。近臣求去。類成虚文。中外相覩。指爲禮數。無以爲風俗廉恥之勸。

補 獻簡孫靜閲先生逢吉

梓材謹案。樓攻媿爲先生神道碑言。其祖叔遇通經博古。倜儻有奇節。雅不喜王氏學。棄科舉不就。尤爲里人所推。晚以經旨授諸孫。卒昌其家云。又言。先生晚歲自號靜閲居士。

附録

始授萍鄉縣。公以學道愛人爲心。不爲赫赫名而慘惻。惠利之政。出于至誠。

會部中會食。吏密報優人王喜除閤職。公卽言于上前。效朱侍講進趨以儒爲戲者。豈可令污閤職。卽抗疏力爭之。同列密以告侂胄。時王喜之命實未出。遂以誣詆出知太平州。

餘官

補 肅簡李先生祥

附録

先生直諒老成。遏惡揚善。以植公論。因罹黨籍。

葉水心誌其墓云。冲然無去來而爲心者。公心也。漠然無重輕而爲言者。公論也。公本于公心。以發公論。趙公之誣賴以明。道學之禁賴以解。殆天意。非人力也。

武臣

補 統制皇甫先生斌

雲濠謹案。四庫書目提要云。慶元黨禁所録僞黨共五十九人。如楊萬里嘗以黨禁罷官。而顧未入籍。薛叔似晚歲改節。

依附權奸。皇甫斌猥瑣梯榮。僨軍辱國。侂胄既敗之後。復列名韓黨。與張巖許及之諸人並遭貶謫。其姓名亦並見此書。豈非趨附者繁。梟鸞並入之一證哉。

梓材謹案。朱子書伊川先生易傳板本後曰。華山皇甫斌嘗讀其書而深好之。蓋嘗大書深刻摹以予人。惟恐傳者之不廣。而讀者之不多也。顧又來請其所以讀之之説。熹不敢讓。輒書此以遺之。此非武人。恐別一人也。不然則皇甫氏之得列于慶元黨案者。蓋亦有由矣。

梓材又案。朱子別集與皇甫文仲書七。第一書言。遣人至九江市省馬。第二書言。辟書已下否。行之遲速。若有嚴君之命。不必遷延。賁之初九。其義甚明云云。第三書言。治教場。第四書言。易傳跋語。未敢容易。卽謂伊川易傳書後也。上文稱以太尉。第五書言。南軒必朝夕相見講論。深有深趣。又云。所喩易説。實未成書。未敢有所吝于賢者。然其義理不能出程傳。但節得差簡略耳。大抵讀書且當盡心于一家之説。不可如貪慕疑惑。況在今日。老兄讀書便要道理受用。又與章句儒生事體不同。但子細反復看。教程傳浹洽。或更就上自節出緊要處看。尤當得力也。據此。則先生以武人而好易。嘗問學于朱張者矣。第六書言。其爲荆渚之行。弓弩甚荷留意。第七書云。朋友數人。往遊北山。因欲請見太尉公。以觀軍容之盛。所謂太尉公者。未知卽先生否也。

士人

補 知軍楊先生宏中

附録

嘉定八年夏旱。上封事。指切無隱。遷武學博士。改宣教郎。時諫官應武論一學官。先生季試策士及其故。武聞而銜之。秋戊祀武成王。祭酒行事。故事博士攝亞獻。至是不命先生。先生白于祭酒。于是武劾先生與同列競。且謂激矯不自愛。遂通判潭州。

補太學蔣先生傳

附録

家則堂書蔣象夫諫草後曰。嘗聞前史官秀巖李公言。慶元六君子伏闕論救趙相。三山楊公倡其議。廣信蔣公爲之屬稿。願從者四人。書既上。權姦盛怒。將中以危法。願從者或咨嗟涕洟。自悔恨始謀不審。楊公正色叱之。蔣公語之曰。書成吾手。禍若不測。吾當告有司身任其咎。諸君得少寬耳。其人收淚謝之。既而俱貶。嗚呼。如楊蔣二公。所謂偉然豪傑之士。眇萬夫而獨立者也。論者乃謂六君子上書。楊公爲倡。仕不克大顯。蔣公屬稿。竟無所成以歿。造化之理。爲未可曉。鉉翁謂不然。君子之爲善。非徼後福而爲之也。使二公得爲端嘉法從。當國家多事時。碌碌無所建明。保富貴以歿。見鄙清議。不若全慶元上書之令名。垂之汗青。以詔方來之爲愈也。然則世以爲二公恨。蓋二公含笑于九京矣。

補朝奉徐先生範

附録

知邵武軍。尋召赴行在。言功利不若道德。刑罰不若恩厚。雜伯不若純王。異端不若儒術。諛佞不若直諫。便嬖不若正人。奢侈不若詩書。盤遊不若節儉。玩好不若宵衣旰食。窮黷不若偃兵息民。是非兩立。明白易見。幾微之際。大體所關。積習不除。治道舛矣。

又未入案者

文節楊誠齋先生萬里

詳見趙張諸儒學案。

知州李先生修己

詳見二江諸儒學案。

文節家先生大酉

家大酉。眉州人。則堂之祖。以成都府教授列于朱文公學黨之籍。家氏春秋詳説跋。

雲濠謹案。先生元祐黨人愿之曾孫。萬姓統譜載。先生舉進士。初授昭化縣主簿。吴曦叛蜀。先生不受逆儔之招。遂被召用。累官工部侍郎。與史嵩之論不合罷去。卒謚文節。

都廂郭先生泰亨

郭泰亨字亨甫。麗水人。淳熙進士。會吕大愚祖儉詆韓侂胄貶韶州。先生固交大愚。因贐其行。坐黨禁禁解。注清流縣令。擢臨安府城南都廂。時史彌遠當國。有上書忤其意者。繫獄委官鞫問。先生辨其無罪。不肯枉置于法。彌遠怒。遂致仕歸。括蒼彙紀。

判官趙先生師邶別見滄洲諸儒學案補遺。

附攻慶元道學者

補 正言李□□沐

李沐。德清人。忠文彥穎之子。慶元中興。一時臺諫排趙忠定汝愚。善類一空。公論醜之。宋史。

補 參政張閱靜巖

張巖字□□。號閱靜老人。官至參知政事。

附録

魏鶴山序閱靜老人文集曰。盡閱公之出處。蓋自早歲于趙忠定公朱文公咸知師慕。其策進士也。孜孜于中庸之書。其贈陳廣仲。亦眷眷于伊洛之學。始自植立蓋若此。而卒不能盡如其志也。

補 知州汪充之義端

汪義端字充之。黟人。簽樞勃之孫。甫弱冠。遂登第。廷對第三人。歷知婺州。帥隆興。後知鄂州卒。姓譜。

補 通直余若蒙嘉

余嘉字若蒙。龍溪人。淳熙進士。任惠潯二州教授。進聖域記。特授浙西倉幹。復進皇朝職官志。高宗政範。差監樞密院激賞庫。進資時十論。伏闕上書論韓侂胄。又力沮和議。復爲古鑑録以進。又論邊事。進天文類例。括象志。改通直郎。主管嶽祠。所著周禮解。禹貢考。春秋地例增釋。紀年録雜論。五音姓譜。道南源委。

梓材謹案。道南源委原本作余嘉。兹從閩書改作余嘉。二書皆言其論韓侂胄。似亦節義之士。無如其爲選人時。乞斬大儒。得罪名教也。

補 朝議張子智貴謨

張貴謨字子智。遂昌人。由進士主吴縣簿。教授撫州。宰江山縣。官至朝議大夫。括蒼彙記。

梓材謹案。子智著有詩説三十卷。見宋史藝文志。經義考云佚。

王信

王信。

張叔椿

張叔椿。

楊寅

楊寅。

慶元黨案附録

袁甫重修白鹿書院記曰。權臣力持和議。擯棄忠良。宴安江沱。不念讐恥。斯道又幾鬱矣。而所以修明植立者。則乾淳諸儒正誼明道之力也。

眞西山跋蜀人游監簿慶元黨人家乘曰。慶元初。衆賢盈廷。人稱爲小元祐。而侂胄以區區鷃弁。乃欲祖章蔡故智。一網而空之。于是姦黨之名以立。

牟子才聚散劄子曰。慶元初。趙汝愚相。凡一時知名之士。朝除暮拜。略已無遺。姦憸小人。相與仄目而慼。怨恨之餘。亟引非類。布居臺諫。于是汝愚引用之人。以次而去。大者貶竄。小者斥退。而舉幡六士屏竄。朋黨之禁愈嚴。士大夫之禍愈酷。是慶元之人才。散于嫉專門而禁道學。其爲禍又不止于散也。

王深寧困學紀聞曰。元祐之黨。劉元城謂止七十八人。後來附益者非也。慶元之黨。黄勉齋謂本非黨者甚多。羣小欲擠之。借此以爲名耳。

楊升庵外集曰。劉安世嘗云。願士大夫有此名節。不願士大夫立此門户。此元祐之士病。黄履翁云。願士大夫務道學之實。不願士大夫立道學之名。則淳熙以後士病也。黨籍僞學之禁。雖小人無忌憚。亦君子有以招之也。

嘉定端平淳祐更化案。

袁甫重修白鹿書院記曰。開禧權奸竊弄威福。誣正人爲僞學。借恢復以開邊。斯道又幾墜矣。而所以修明植立者。則嘉定更化諸儒正誼明道之力也。

劉後村跋山谷書范滂傳曰。本朝黨論屢興。事與漢唐同。而治亂與漢唐異。蓋列聖至仁至明。靜觀徐察。竦夷簡指富范爲黨魁。而昭陵隨悟。章蔡請斵君實晦叔棺族莘老。而泰陵不聽。檜欲按誅趙元鎮等家族。上賴思陵保全。侂胄誣陷忠定。主禁道學。因而廢錮名流。茂陵一旦奮發。雪忠定。弛學禁。而羣賢復用矣。三百餘年之閒。邪説終不能以勝正論。小人終不得以勝君子。雖更陽九百六之會。適以開一馬渡江之業。歷丙午丁未之厄。晏然享太乙臨吴之福。有以也夫。

淳祐丁未八月二十六日蔡杭延和殿奏劄曰。攷之我朝。慶曆初。仁宗登用范仲淹韓琦于政府。一時士大夫莫不酌酒相慶。其後擢文彦博富弼爲相。廷臣亦往往相賀。元祐初。宣仁相司馬光。雖兒童走卒亦歡呼于道。紹興初。高宗相趙鼎。朝士動色相慶。其後張浚再召。衛士以手加額。如陛下端平更定。登用臣德秀。臣了翁。淳祐更化。登用臣範。臣偘。制下之日。朝野懽然。蓋人心信之。知其必忠我國家也。惟王安石參知政事。則吕誨諸人疑之。惟蔡京爲右僕射。則命出而中外駭之。惟童貫王黼相繼執政。則天下疑其必階禍亂。惟秦檜自虜歸再相。則天下疑其必爲姦細。惟曩者權臣自外入相。則舉朝之臣以爲不可。及經營起復。則若士若民莫不痛哭以諫。蓋人心疑之。知其必誤我國家也。近者陛下起新參于家食。命下之始。舉朝失色。以爲一陰生矣。未幾而中書舍人言之。給事中言之。起居郎移書責之。及其至也。都堂之聚。宰執不敢與之言。批答之詔。詞掖不敢與之草。羣情惶惑。衆論沸騰。陛下試觀祖宗用人。其有拂公議拂人心犯天下之疑若是者乎。設有拂公議人心。犯天下之疑。而用如安石京貫黼檜等輩。未有不誤國者也。

梓材謹案。蔡久軒所指新參。蓋謂參知政事别之傑。黨于史嵩之。不叶物論。見葉采所作文肅墓誌。

寶祐癸丑七月十六日蔡杭上殿奏劄曰。陛下更歷之久。靜觀熟矣。設使朝廷常如紹定之前。而無端平之君子。其能國乎。常如甲辰之前。而無乙巳之君子。其能國乎。常如辛亥之前。而無壬子之君子。其能國乎。蓋後日之安靖。正以前日君子不苟安苟靖之力也。

牟子才聚散劄子曰。陛下卽位幾三十年。君子之類凡三聚而三散矣。端平親政。一聚散也。甲辰改祀。二聚散也。丁未更化。三聚散也。今日二相並建。公道復明。加璧招旌。翕少聚矣。然方剛忠鯁者淹之外服。魁壘卓傑者屈之家食。抱負耿介者多鬱沈。謹守端靖者罕拔擢。或者猶以爲未聚也。來者不日而族去。居者靡固而易搖。落如星辰。索如霜葉。則又幾于散矣。

宋元之際儒學表

宋	蒙古
宋理宗紹定六年癸巳 十一月。以洪咨夔王遂爲監察御史。	蒙古窩闊台五年一作烏格台。 六月。取洛陽。 以孔元措襲封衍聖公。從耶律楚材之請也。
端平元年甲午 正月。金亡。 四月。獻金俘于太廟。論功行賞有差。 五月。賜黄榦。李燔。李道傳。陳宓。樓昉。徐暄。胡夢昱等諡。録其子。 十月。詔眞西山德秀進講大學衍義。	六年
端平二年乙未 六月。以鄭清之喬行簡爲左右丞相兼樞密使。	七年
端平三年丙申 二月。召魏了翁還簽書樞密院事。固辭不拜。 四月。下詔罪已。	八年

嘉熙元年丁酉	九年
正月。以李悦齋埴同知樞密院事。宣撫四川。 二月。詔經筵進講朱熹通鑑綱目。 三月。魏鶴山卒。	八月。校儒士于諸路。
嘉熙二年戊戌	**十年**
二月。以史嵩之參知政事。 六月。李悦齋卒。	十月。建太極書院于燕京。
嘉熙三年己亥	**十一年**
十二月。以陳塤爲國子司業。	
嘉熙四年庚子	**十二年**
	閏十二月。嚴實卒。子忠濟嗣。
淳祐元年辛丑	**十三年**
正月。黜王安石從祀。 八月。求遺書。	十一月。窩闊台殂。第六后乃馬眞氏稱制。

淳祐二年壬寅 正月。以徐榮叟參知政事。 六月。徐榮叟罷。	乃馬真氏一年 燕京行省郎中姚樞棄官。隱於蘇門。
淳祐三年癸卯	二年 中書令耶律楚材以憂卒。
淳祐四年甲辰 九月。詔起復史嵩之將作監。徐元杰太學生黃愷伯等上書論之。不報。 十月。以劉漢弼爲左司諫。 十一月。詔史嵩之終喪。	三年
淳祐五年乙巳 正月。以李性傳簽書樞密院事。	四年
淳祐六年丙午 六月。以陳韡參知政事。 十二月。詔史嵩之致仕。	定宗貴由元年一作庫裕克。

淳祐七年丁未 四月。以王伯大簽書樞密院事。吳潛同簽書院事。 七月。吳潛罷。	二年
淳祐八年戊申 七月。應繇同知樞密院事。	斡兀立海迷失一年 貴由殂。后斡兀立海迷失稱制。
淳祐九年己酉 閏二月。應繇謝方叔參知政事。 五月。陳韡罷。 十一月。應繇罷。	二年
淳祐十年庚戌 三月。以賈似道爲淮南制置大使。李曾伯爲京湖制置使。	三年
淳祐十一年辛亥 三月。吳潛參知政事。	憲宗蒙哥元年 六月。兀良合台等推蒙哥即位。

淳祐十二年壬子 十一月。詔求直言。時臨安大火。三日乃熄。	二年
寶祐元年癸丑 七月。資政殿學士余玠暴卒。	三年
寶祐二年甲寅 六月。加賈似道同知樞密院事。	四年 正月。忽必烈以姚樞爲京兆勸農使。 十一月。忽必烈以廉希憲爲京兆宣撫使。
寶祐三年乙卯 三月。以王埜簽書樞密院事。 六月。以丁大全爲右司諫。罷監察御史洪天錫。 八月。王埜罷。以董槐爲右丞相兼樞密使。程元鳳簽書樞密院事。蔡杭同簽書院事。	五年 二月。忽必烈徵許衡爲京兆提學。
寶祐四年丙辰	六年

宋	蒙古
六月。丁大全逐右丞相董槐。	九月。城開平用。
寶祐五年丁巳 正月。召吴淵參知政事。淵未至卒。	七年
寶祐六年戊午 二月。以馬光祖爲京湖制置使。	八年
開慶元年己未 十月。丁大全有罪免。	九年 七月。蒙哥殂于合州城下。
景定元年庚申 七月。蒙古使郝經來修好。賈似道幽之於眞州。	世祖忽必烈中統元年 四月。忽必烈即位。召竇默許衡至開平。 五月。以王鶚爲翰林學士承旨。 七月。使翰林侍讀學士郝經入宋修好。
景定二年辛酉	中統二年

正月。詔皇太子釋奠孔子。 七月。竄吴毅夫潛于循州。	四月。聽儒士被俘者贖爲民。 五月。以姚樞爲太子太師。竇默爲太子太傅。許衡爲太子太保。皆辭不拜。
景定三年壬戌 十月。以楊棟簽書樞密院事。葉夢鼎同簽書院事。 十一月。竄丁大全于新州。道死。	中統三年 正月。修孔子廟。
景定四年癸亥 二月。詔買民田。置官領之。罷翰林學士徐經孫。	中統四年 正月。以姚樞爲中書左丞。 七月。以廉希憲爲中書平章政事。商挺參知政事。
景定五年甲子 三月。增公田官于平江諸路。 七月。彗星出。中外上書。乞罷公田。賈似道力求去位。詔勉留之。黥配臨安府學士葉李等于遠州。 九月。行經界推排法。 十月。理宗崩。度宗卽位。	至元元年 八月。以劉秉忠爲太保。參預中書省事。入都于燕。仍號中都。

度宗咸淳元年乙丑 二月。以姚希得參知政事。江萬里同知樞密院事。王爚簽書院事。 閏五月。以江萬里參知政事。王爚同知樞密院事。馬廷鸞簽書院事。	至元二年 十月。命許衡議省事。衡辭。不許。
咸淳二年丙寅 正月。江萬里罷。 四月。姚希得王爚罷。 五月。以王爚參知政事。留夢炎同知樞密院事。包恢簽書院事。	至元三年 七月。以張德輝參議中書省事。
咸淳三年丁卯 正月。帝釋菜于孔子。以顏子曾子子思子孟子配。列邵雍司馬光于從祀。又升顓孫子于十哲。 二月。以賈似道平章軍國重事。三日一朝。治事都堂。	至元四年 正月。許衡謝病。還懷孟。
咸淳四年戊辰	至元五年

四月。奪觀文殿大學士惠國公謝方叔官。 是年。何北山卒。	
咸淳五年己巳 正月。葉夢鼎上疏乞致仕。不待報而去。 三月。馬光祖知樞密院事。 五月馬光祖罷。	至元六年
咸淳六年庚午 正月。江萬里罷。 四月。罷直學士院文天祥。 八月。詔賈似道十日一朝。入朝不拜。	至元七年 以許衡爲左丞。
咸淳七年辛未 十二月。初置士籍。	至元八年 六月。以許衡爲集賢大學士兼國子祭酒。 十一月。改國號曰元。
咸淳八年壬申 六月。竄資政殿大學士皮龍榮于衡州。道卒。 十一月。馬廷鸞罷。	至元九年

宋	元
咸淳九年癸酉 三月。置機速房于中書。 四月。以汪立信爲京湖制置使。趙溍爲沿江制置使。	至元十年 七月。許衡乞罷。許之。
咸淳十年甲戌 七月。度宗崩。帝㬎即位。罷京湖制置使汪立信。 十一月。以陸秀夫參議淮東制置司事。 十二月。詔天下勤王。 是年。王魯齋卒。	至元十一年 八月。太保劉秉忠卒。
恭帝德祐元年乙亥 二月。元陷池州。趙卯發死之。元陷饒州。知州事唐震。故相江古心萬里死之。張世傑將兵入衛。遂復饒州。江西提刑文天祥起兵勤王。湖南提刑李芾遣兵入援。遣元行人郝經還。經至燕卒。賈似道有罪免。端明殿學士江淮招討使汪立信卒于軍。 三月。復吳潛向士璧官。貶竄賈似道黨人有差。 六月。以王爚平章軍國重事。 七月。放賈似道于循州。籍其家。 八月。以李芾知潭州。文天祥知平江府。 十一月。召文天祥入衛。	至元十二年

德祐二年丙子　至元十三年

正月。元破潭州。湖南鎮撫大使知州事李芾死之。
元吕師夔寇江東。謝枋得迎戰敗績。
吴堅文天祥如元軍。伯顔執天祥。遣堅還。
以家鉉翁簽書樞密院事。
二月。元人以文天祥北去。
三月。元伯顔入臨安。以帝及皇太后全氏福王與芮等北去。
文天祥自鎮江亡入眞州。遂浮海如温州。
五月。端宗即位于福州。爲景炎元年。張世傑爲樞密副使。
陸秀夫直學士院。
文天祥至自温州。以爲樞密使同都督諸路軍馬。
元廢德祐帝爲瀛國公。
罷直學士院陸秀夫。
七月。文天祥開府南劍州。經略江西。
十月。文天祥帥師次于汀州。
十一月。秀王與檡與元兵戰于瑞安。敗績。死之。

端宗景炎二年丁丑　至元十四年

正月。文天祥移民漳州。汀守黄去疾及吴浚降元。
二月。文天祥誅吴浚。

宋	元
三月。文天祥復梅州。 四月。張世傑復潮州。文天祥引兵自梅州出江西。 六月。文天祥敗元軍于雩者。 八月。元李恒襲文天祥于隆興縣。天祥兵潰走循州。諸將鞏信趙時賞等皆死之。 十月。以陸秀夫同簽書樞密院事。	
景炎三年戊寅 三月。文天祥收兵復出麗江浦。 四月。端宗崩。衛王昺卽位。爲祥興元年。 六月。帝還新會之厓山。	至元十五年 二月。以許衡領太史院事。
七月。湖南制置使張烈良等起兵應厓山。與元阿里海涯戰。敗死之。 八月。加文天祥少保信國公。張世傑越國公。 閏十一月。元張宏範襲執文天祥于五坡嶺。 十二月。元西僧楊璉眞加發紹興諸陵。	
衛王祥興二年己卯 二月。張世傑與元張宏範戰于厓山。世傑兵潰。陸秀夫負帝赴海死之。世傑復收兵至海陵山。舟覆而死。宋亡。 十月。文天祥至燕不屈。元人囚之。後四年見殺。	至元十六年

附晚宋詆訾諸儒者

補 縣令周公謹密

周密字公謹。號草窗。錢塘人。工詩。典雅。兼善畫。晚乃歸老弁山。號弁陽老人。半軒集有題周草窗畫像曰。宋運既徂。杭有弁陽周草窗。志節不屈。觀其自讚之詞。可概見焉。蓋宋亡。婺州七邑令不仕元者。惟長山令陳天瑞。義烏令周密云。所著書曰志雅堂雜志。齊東野語。浩然齋視聽鈔。絶妙好詞。藝流供奉志。蘋洲漁笛譜。金華徵獻略。

雲濠謹案。袁清容述先大夫師友淵源録云。周密與陳厚韓翼甫李義山。咸淳初爲運司同僚。俱有吏才。又云。周中丞祕曾孫。晚歲以鑒賞遊諸公。微失雅道。然周之失不在此也。中丞祕在紹興間劾胡文定。密爲曾孫。而亦詆訾諸儒。何其克肖乃祖耶。又案。清容爲作復庵銘。

沈仲固

沈仲固。吴興人。嘗言道學之名。起于元祐。盛于淳熙。其徒有假其名以欺世者。眞可以噓枯吹生。凡治財賦者則目爲聚斂。閑閫扞邊者則目爲粗材。讀書作文者則目爲玩物喪志。留心政事者則目爲俗吏。其所讀者。止四書。近思録。通書。太極圖。東西銘。語録之類。自詭其學爲正心修身齊家治國平天下。故爲之説曰。爲生民立極。爲天地立心。爲萬世開太平。爲前聖繼絶學。其爲太守。爲監司。必須建立書院。立諸賢之祠。或刊注四書。衍輯語録。然後號爲賢者。

則可以釣聲名。致膴仕。而士子場屋之文。必須引用以爲文。則可以擢巍科。爲名士。否則。立身如温國。文章氣節如坡仙。亦非本色也。于是天下競趨之。稍有議及其黨。必擠之爲小人。雖時君亦不得而辨之矣。其氣燄可畏如此。然夷考其所行。則言行了不相顧。率皆不近人情之事。異時必將爲國家莫大之禍。恐不在典午清談之下也。癸辛雜識續集。

宋元學案補遺卷九十八目録

宋元學案補遺卷九十八

後學 鄞 王梓材 慈谿馮雲濠 同輯

荆公新學略補遺

新學所出

尚書王先生軫

王軫字應宿。大名莘縣人。文正公旦之再從子也。以進士官至吏部尚書。宋世談經術始於先生。著五朝春秋行於世。賈文元昌朝。其家壻也。爲作經術傳。而王荆公經術。實文元發之。曲洧舊聞。

王氏門人

文元賈先生昌朝

賈昌朝字子明。其先南皮人。中徙獲鹿。自父葬開封。而爲其縣人。先生少則莊重謹密。治經章解句達。老師宿學譽歎以爲賢己。天禧元年。賜同進士出身。除晉陵縣主簿。國子監説書。又以德化縣令兼潁川郡王院伴讀。時孫寅公領國子。一見聽語。待以公相。數舉其學問當在人主左右。大臣有以親嫌者。故久弗用。以知宜興東明兩縣。又召置國子監説書。景祐元年。積官至尚書都官員外郎。乃㊀始置崇政殿説書。而以先生爲之。先生於傳注訓詁不爲曲釋。至先王治心守身經理天下之意。指物譬事。析毫解釐。言則感心。自仁宗卽位。大臣或操法令斷天下事。稽古不至秦漢以上。以儒術爲疏闊。然上常獨意鄉堯舜三代。得先生以經開説。慨然皆以爲善。上所質問。多道德之要。先生請悉記録。歲終歸之太史。以直集賢院天章閣侍講史館修撰判尚書禮部判太府事。天章置侍講。自先生始。歷官參知政事。樞密使。同中書門下平章事。拜昭文館大學士監修國史。除武勝軍節度使。判大名府。皇祐元年。徙鄭州。旣而以觀文殿大學士判尚書都省。又求任外。除山南東道節度使判鄭州。四年。除故官侍講。居頃。出治許。五年。又涖大名。安撫河北。封許國公。嘉祐元年。以樞密使召。三年。又出許。七年。移大名。凡三至魏及許鄭。皆以亮惠爲治。神宗卽位。改節度鳳翔。進封魏國。治平二年。卒。謚曰文元。年六十八。所著書有春秋要論十卷。羣經音辨十卷。通紀八十卷。本朝時令十二卷。又奏議文集各三十卷。臨川集。

戒子孫文

古人重厚樸直。乃能立功立事。享悠久之福。士人所貴。節行爲大。軒冕失之。有時而復來。節行失之。終身不可得矣。

㊀「乃」當爲「及」。

羣經音辨自序

臣聞。古之人三年而通一藝。三十而五經立。蓋資性敏悟。材智特出者焉。臣自蒙恩先朝。承乏庠序。逮今入侍内閣。凡二十年。年踰不惑。裁能涉獵五經之文。於五經之道。固未有所立。嘗患後世字書磨滅。惟唐陸德明經典釋文。備載諸家音訓。先儒之學。傳授異同。大抵古字不繁。率多假借。故一字之文。音詁殊别者衆。當爲辨晰。每講一經。隨而録之。因取天禧以來。巾橐所志。編成七卷。凡五門。號羣經音辨。一曰辨字同音異。凡經典有一字數用者。咸類以篆文。釋以經據。先儒稱當作當爲者。皆謂字誤。則所不取。其讀曰讀爲讀如之類。則是借音。固當具載。二曰辨字音清濁。夫經典音深作深。音廣作廣。世或誚其儒者迂疏。强爲差别。臣今所論則固不然。夫輕清爲陽。陽主生物。形用未著。字音常輕。重濁爲陰。陰主成物。形用既著。字音乃重。信稟自然。非所强别。以昔賢未嘗著論。故後學罔或思之。如衣施諸身曰衣。冠加諸首曰冠。此因形而著用也。物所藏曰藏。人所處曰處。此因用而著形者也。並參攷經故。爲之訓説。三曰辨彼此異音。謂一字之中。彼此相形。殊聲見義。如取於人曰假。與人曰假。毁他曰敗。自毁曰敗。觸類而求其意趣。四曰辨字音疑渾。如上上下下之類。隨聲分義。所傳已久。今用集録。五曰辨字訓得失。如冰凝同字。氾汜異音。學者昧之。遂相淆亂。既本字法。爰本經義。從而敷暢。著於篇末。此書斷自易書詩。禮三經。春秋三傳。暨孝經論語爾雅。凡字有出諸經箋傳中者。

先儒之説。沿經著義。既釋文具載。今悉取焉。凡音之首音雖顯。而經傳不載者。則依釋文爲解。凡字之音義章灼者。則不復引據。音辨之作。欲使學者知訓故之言。咸有所自。聊資稽古之論。少助同文之化。

雲濠謹案。四庫全書著録羣經音辨七卷。提要云。卷一至卷五曰辨字同音異。仿唐張守節史記正義發字例。依許愼説文解字部目次之。卷六曰辨字音清濁。曰辨彼此異音。曰辨字音疑混。皆卽經典釋文序録所舉。分立名目。卷七附辨字訓得失一門。所辨論者僅九字。又云。釋文散見各經。頗難檢核。賈氏會集其音義。絲牽繩貫。同異粲然。俾學者易於尋省。不爲無益。小學家至今不廢。亦有以也。

雲濠又案。先生所著字音清濁辨。彼此異音辨。字音疑混辨。王魯齋先生正始之音取之。程畏齋載入讀書分年日程。

附録

公少孤。母日教誨之。自經史圖緯。訓詁之書。無有不學。太平興國寺災。以易春秋進戒。因言。可勿繕治。以稱順天愛人之意。西域僧以佛骨銅象獻。請加賜遣還。勿示外。皆從之。

景祐二年正月。御延義閣。命之講春秋。慶曆四年三月。問輔臣三傳異同之説。對曰。左氏多記事。公穀專解經。皆以尊王室。明賞罰。然考之有得失。

皇祐五年十月。上春秋節解八十卷。玉海。

梓材謹案。玉海前載先生於景祐元年十二月撰春秋要論十卷。詔令舍人院試此。又上春秋節解八十卷。豈卽荆公文集所謂通紀八十卷者耶。

荆公先緒

都官王先生益

王益字舜良。臨川人。祥符八年。舉進士及第。初爲建安主簿。時尚少。縣人頗易之。及觀所爲。乃皆大畏服。官至通判江寧府。改都官員外郎。卒。子七人。安仁。安道。安石。安國。安世。安禮。安上。先生爲人。倜儻有大志。在外當事。輒可否矯矯不可撓。及退歸其家。斂己下氣。致孝於父母。致愛於族人之閒。委曲順承。一以恩自克云。元豐類稾。

梓材謹案。南豐誌其墓云。先人嘗從公游。而吾又與安石友。可見曾王交游所由來。

梓材又案。先生始字損之。張忠定爲改其字。見荆公先大夫述。

監院王先生安仁

王安仁字常甫。都官益長子。七歲好學。毅然不苟戲笑。讀書二十年。當慶曆中。天子以書賜州縣。大置學。先生學完行高江淮閒。州爭欲以爲師。所留輒以詩書禮易春秋授弟子。慕聞來者往往千餘里。磨礱淬濯。成就其器。不可勝數。而先生始以進士下科。補宣州司户。至三月。轉運使以監江寧府鹽院。又三月卒。年三十七。有文十五卷。臨川文集。

荆公師承

光禄張先生鑄

張鑄。晉陵人。祥符中進士甲科。歷知四郡。五任漕憲。皆有政績。嘗帥南陽。王荆公出其門。後以光禄致仕。姓譜。

杜先生子野

杜子野。宜黄人。荆公幼師之。姓譜。

虞部譚先生昉

譚昉。曲江人。刻苦積學。四上計偕。而親老家貧。無以爲養。不獲已。請補吏外臺。久之。授海豐簿。英州司理。平樂令。天聖中。殿中丞王益守韶州。延至門下教子弟。後爲虞部郎官。卒。廣東黄志。

歐賈門人

補 文公王臨川先生安石

王荊公語

俗之所榮。罰之不能止。俗之所恥。賞之不能誘。故君子無爲也。反身以善俗而已。

荊公易解

井九三求王明。孔子所謂異乎人之求也。君子之於君也。以不求求之。其於民也。以不取取之。其於天也。以不禱禱之。其於命也。以不知知之。井之道無他求也。以不求求之而已。

雲。陰中之陽。風。陽中之陰。

王深寧曰。文意精妙。諸儒所不及。

謝山困學紀聞三箋曰。何氏以爲。此特輔嗣清言之儔。尚未盡其實。荊公學術略具於此。所謂不求求之者。即其初年屢徵不赴之術也。以不取取之者。即其不加賦而國用足之説也。以不禱禱之者。一變而遂爲天變不足畏之妄談矣。豈特清言也已哉。又曰。荊公作易解而不列於三經。其後承其學者。有耿南仲龔原諸家。然南軒頗有取於荊公之説。

易泛論

柔巽隱伏。制得其道。則易制者。魚也。民之象也。小人女子之象也。貪暴而止乎高者。隼也。貪竊而動乎陰者。鼠也。狐。疑也。不果也。牛。順而强也。羊。狠也。羊前其剛以觸者也。鮒。物之在下污而微者也。鳥飛而止則困也。雉。文明見乎外者也。豹。文之蔚然者也。虎。文之炳然者也。虎豹剛健。君子大人之象也。虎之搏物。擬而後動。動而有獲者也。鶴。潔白以遠舉。鳴之以時而遠聞者也。鴻。進退以時而有序者也。禽。飲井之無擇者也。豶。豕之牙能畜其剛而不可犯者也。□□㊀。污穢也。豚。豕之微者也。龜。有靈德潛見以時而不志於養者也。龜。人之所恃以知吉凶者也。龍。天類也。能見能躍能飛能雲雨而變化不測。人不可係而服者也。馬。地類也。能行而係乎人。其爲有常者也。鬼。物之無形者也。

几。尊物也。所馮以爲安者也。牀。安上以□㊁者也。車。載其上以行者也。輪。有運動之材而非車之全也。可以爲車之一器者也。輿。有承載之材而亦非車之全者也。輻。車輿所以行者也。缶。圓虛以容而應者也。矢。直而利乎行者也。弧。攻遠之器也。鼎。成物之器也。鉉。所舉鼎而行之者也。鼎耳。虛中以受鉉者也。瓶。井之上水者也。甕。井水之已出乎上而受之者也。筐。女所以承實者也。匕鬯。所以事宗廟社稷之器也。樽酒簋貳。祭之約也。貳簋。享之約也。

㊀「□□」當作「豕」。
㊁「□」當作「止」。

幽而能正時者。斗也。暮夜者。陰盛之時也。日中㊀。豐之時也。日昃者。過中當退之時也。晝日者。明進已盛而未至乎中之時也。日中則照天下矣。日以明進至晝日。其極盛也。甲。仁屬也。庚。義屬也。月幾望。陰盛而不亢也。雲。陰上也。雨。陰陽應也。霜。陰剛之微也。堅冰。陰剛而疑陽也。

音㊁。陽之澤也。血。陰之傷也。汗。出而不反也。膚。柔物之爲閒而易侵者也。趾。在下而行者也。拇。在下之微而無能爲者也。腹。容物者也。頄。上體之見乎外而無能爲者也。臀。下體之無能爲者也。身。躬己也。頂。首之上者也。面。見乎外者㊂。心。體之主也。限。上下之所同也。夤。上體之接乎限者也。須。柔而附剛者也。陽物之飾也。背。體之不接乎物而上者也。尾。後也。首。先也上也。足。下也。角。剛之上窮者也。肱。上體之隨而附者也。股。下體之隨而附者也。腓。趾之上。股之下。而體之隨而附者也。垂。其翼下也。耳。所聽也。

東北。止以近險也。西南。順以遠陰㊃也。西南。衆也。南。明也。西南。坤之地也。東北。違坤之所也。西。陰所也。東。陽所也。左。下也。右。上也。

㊀「中」下脱「者」。

㊁「音」當爲「膏」。

㊂「者」下脱「也」。

㊃「陰」當爲「險」。

載者。載上也。負。後也。負者。下道也。乘者。上道也。載鬼。以鬼爲在上也。負塗。以塗爲在後也。往。從之也。往。往之外也。往之上也。來之已也。來之内也。渝。變其德也。億。安也。居。不行也。安。以靜居也。逐。從求之也。血。去不來也。出自穴。出不去也。復。反而得其所也。反。自外來而復也。見。其㊀彼也。處。不行也。征。進也。盤桓。動未進也。枕。止而安之也。動。方征也。起。方往也。遇。逢而見之也。躋。升也。孕。女之得其配也。以有爲而未功也。字。育女之功也。田。興事之大者也。弋。興事之小者也。飛。宜下不宜上者也。且。方然也。或。疑辭也。方也後也。乃徐也。□□㊁爻之時未可以然也。要其終則然也。田。平夷著見之地也。非龍之所宜宅也。□□㊂。險也。沙近險而無難也。泥則近險而有難也。沛。澤之困乎水者也。穴。陰之宅也。在穴。動物在陰之小者也。淵。龍之宅也。在天。則龍有爲之地。陸。高平也。陵。陸之大也。塗。污也。井泥。濁也。谷。下也。井谷。旁出而下流也。鮠䲅。乘剛也。石。堅而不動者也。金。剛而趣變者也。玉。温潤粹美。剛而不可變者也。干。鴻之在下而不失其宜者也。鴻所宜居者也。桷。木之在上者也。株。木不能庇蔭其下者也。

㊀「其」當爲「見」。
㊁「□□」當作「方止」。
㊂「□□」當作「大川」。

磬。進於干而不失其安者也。

甘。物之所美也。苦。物之所惡也。黄。地色也。玄。天色也。黄。中之見乎色者也。白。成色之主也。白。未受飾乎物者也。朱紱。天子飾下者也。赤紱。人臣飾下者也。

泣血。陰之憂也。涕。憂之見乎容貌者也。號。嗟。憂之見乎音聲者也。號。甚乎嗟者也。

藩。内外之隔也。廬。人所庇也。升虚邑。小而易之也。升階。平易以有序。以漸升而得位也。伐邑者。小之也。伐國。大事也。伐邑。小事也。城。地道上承而外扞也。復於隍則不上承不外扞矣。墉。扞外以保内也。自下之高者也。二簋。陰象也。門。陰象也。户。陽象也。易曰。猶未離其類也。故稱血焉。易象之大概。見於乾坤之説。推而長之。則凡易之象可不疑矣。棟。室壁之所恃也。野。空曠也。同人于野。無適莫也。龍戰于野。無君臣也。邑。有事之地也。趣時而爲之者也。郊。遠乎有事之地。次。師旅之安舍也。巷。出門庭而未易道也。自牖。自幽以即明也。

婚媾。内外之合也。鄰。比己者也。妻。配也。王母。幽以遠也。以父爲陽。以母爲幽也。以母爲近。則王母爲遠也。妣。以順配祖者也。臣。以順承君者也。考。父之有成德之稱也。長。子一也。弟。子不一也。僕。卑以順也。童。未有與也。婦。一乎順者也。妾。配之不正者也。士。未成夫之辭也。女。未成婦之辭也。娣。少婦而不得正配者也。

衣。上飾也。袽。所以窒隙也。裳。下之飾也。鞶。帶在下體之上而以柔爲飾也。袂。體乎衣者也。囊。所以畜物也。茀。所以蔽車也。履。踐下而承上也。履。上道也。載。下道也。不可。甚乎不利也。可。其爲利僅也。有凶。不必凶而凶在其中也。有厲。不必厲而厲在其中也。有悔。不必悔而悔在其中也。

卦名解

剛柔始交而難生。動乎險中。故曰雲雷屯。屯已大亨。則雷雨之動滿盈而爲解。故曰雷雨作解。動而免乎險解。山下有險。非險在前也。可往而止焉。必蒙者也。故爲蒙蹇。則險在前者也。險在前則不可以往。故爲蹇。彖曰。見險而能止。知矣哉。知者。反乎蒙者也。需亦險在前也。其下爲乾。健而進也。非若艮之止也。非坎之所能陷也。待時而進耳。故爲需。柔得位而上下應之。小者之畜也。小者畜。則其畜亦小矣。故爲小畜。以小而畜大。非柔之中也。柔得位而不中。不中而上下應之小。畜之道也。能止健。大者之畜也。大者畜。則其畜亦大矣。故爲大畜。四陽過二陰而陰得中。故爲大過。大過者。大者過也。大者過。則亦事之大過越者也。四陰過二陽而陰得中。故爲小過。小過者。小者過也。小者過。則亦事之小過越者耳。大有。能有大者也。大者應之也。柔得尊位。大有者也。同人。同乎人者也。柔得位得中而應乎乾者也。巽而麗乎內。故爲家人。止而麗乎外。故爲旅。少男長女必惑。山下有風必撓。蠱者。撓惑之名也。爲天下之蠱者事也。故爲蠱。少女少男。男下女上。故爲咸。咸者。交感之名也。長男長女。男上女下。

故爲恒。姤。陰遇陽故爲姤。陽終決陰。故爲夬。柔履剛故爲履。履。禮也。禮者。以柔履剛者也。剛應順而以動。故爲豫。上下交故爲泰。不交故爲否。以剛中爲主而下順從。故爲比。順而止。故爲謙。動而説。故爲隨。大者在上。故爲觀。大者壯。故爲大壯。剛浸長以臨柔。故爲臨。臨者。大臨小之名。故曰臨者大也。柔來文剛。分剛上而文柔。故爲賁。柔變剛爲剥。剥者。消爛之名也。剥窮上而剛反。故曰復。復者。反而得其所之名也。天下雷行。物應之。故爲无妄。雷之感物。物之所以應。无妄者也。剛退故爲遯。明入地中。故爲明夷。明者。傷於暗之名也。文王與紂當其象矣。以爻考之。自三以下周象也。自四以上殷象也。明出地上晉。臣進之象卦也。明出地上則方晝。而未至乎中。中則照天下。晝則進之盛。而不亢乎王者也。損上益下。主乎自損者也。故爲益。損下益上。主乎自益者也。故爲損。乾道成男。坤道成女。凡女卦皆損者也。凡男卦皆受益者也。損上益下。損下益上。此之謂也。巽乎水而上水。故爲井。以木巽火故爲鼎。明以動。故爲豐。豐者。光明盛大之卦也。剛上下而實在其閒。順中有物之象也。頤中有物必噬。噬則合矣。故爲噬嗑者有閒。而通之之卦也。上險下説。説以行險。故爲節。柔在内而剛得中。説而巽。故爲中孚。柔亦在内。可謂對矣。中孚者。至誠之卦也。无妄則不妄而已。一陽陷於二陰。故爲坎。坎者。陷也。内明。水象。一陰麗於二陽。故爲離。離。麗也。外明。火象也。水之爲物。陷者也。火之爲物。麗者也。推此。則震巽艮兑可以類知之也。上火下澤睽。睽者。不合之名也。二女之卦也。火在水上。未濟。未濟者。有濟之道也。男女之卦也。水上火下。男女相逮之卦也。故爲既濟。澤上火下。二女不相得之卦也。故爲革。不相得而相違。革之所以生也。以衆行險。故爲師。上剛而下險。險而健。故爲訟。上動而下止。止而動。故爲頤。止而動。頤之道也。上説而下順。故爲萃。上巽而下險。險而巽。故爲涣。涣者。離散之名也。巽而見乎險。故不蹇不困。下雖險。上巽而不健。則不訟。故爲涣而已。困則剛見揜者也。在難中者也。不可以不動矣。蹇則難在前者也。不可以往而已。故彖曰。利西南也。順而巽。其進也孰禦焉。故爲升。止而巽。有止之道。故爲漸。歸妹者。歸女之卦也。妹。少女也。少女爲主於内。故曰歸妹。歸妹。女歸之以其時也。故曰動而説。所以爲歸妹也。陽在下則動而進。故爲震。進在陰上。已得其所則止。故爲艮。内柔伏。故爲巽。外柔見。故爲兑。此其文皆在繫辭。或彖繫所不言。以其所言反求其所不言。則知其所以然也。

黄東發曰。易泛論釋易中字義甚詳。卦名解始於剛柔始之屯。輾轉次第用序卦之法。而論其次頗有牽强處。内云中孚者至誠之卦。无妄則不妄而已。此恐未安。无字與不字自是兩義也。

九卦論

處困之道。君子之所難也。非夫智足以窮理。仁足以盡性。内有以固其德。而外有以應其變者。其孰能無患哉。古之人。有極天下之困。而其心能不累。其行能不移。患至而不傷其身。事起而不疑其變者。蓋有以處之也。處之之道。聖人嘗言之矣。易曰。履以和行。謙以制禮。復以自知。恒以一德。損以遠害。益以興利。困以寡怨。井以辨義。巽以行權。此其處之之道也。夫君子之學。至於是則備矣。宜其通於天下也。然而猶困焉者。非吾行之過也。時有利不利也。蓋古之所謂困者。非謂夫其行自困者。謂夫行足以通。而困於命者耳。蓋於此九卦者。智有所不能明。仁有所不能守。則其困也非所謂困。而其處困也疏矣。夫惟深於此九者。而能果以行之者。則其通也宜。而其困也有以處之。惟其學之之素也。且君子之行大矣。而待禮以和。仁義爲之內。而和之以禮。則行之成也。而禮之實存乎謙。謙者。禮之所自起。禮者。行之所自成也。故君子不可以不知履。欲知履。不可以不知謙。夫禮雖發乎人心。而其文著乎外者也。君子知禮而已。則溺乎其文而失乎其實。忘性命之本而不能自復矣。故禮之弊。必復乎本而後可以無患。故君子不可以不知復。雖復乎其本。而不能常其德以自固。則有時而失之矣。故君子不可以不知恒。雖能久其德。而天下事物之變相代乎吾之前。如吾知恒而已。則吾之行有時而不通矣。是必度其變而時有損益而後可。故君子不可以不知損益。夫學如是其至。德如此其備。則宜乎其通也。然而猶困焉者。則向所謂困於命者也。困於命而〔一〕動而先〔二〕病之時也。則其事物之變尤衆。而吾之所以

〔一〕「而」當爲「則」。

〔二〕「先」當爲「見」。

處之者尤難矣。然則其行尤貴於達事之宜而適時之變也。故辨義行權。然後能以窮通。而井者。所以辨義。巽者。所以行權也。故君子之學。至於井巽而大備。而後足以自通乎困之時。孔子曰。作易者。其有憂患乎。謂其言之足以自通於困之時也。

河圖洛書義

孔子曰。河出圖。洛出書。聖人則之。圖必出於河而洛不謂之圖。書必出於洛而河不謂之書者。我知之矣。圖以示天道。書以示人道故也。蓋通於天者河。而圖者以象言也。成象之謂天。故使龍負之。而其出在於河。龍善變。而尚變者。天道也。中於地者洛。而書者以法言也。效法之謂人。故使龜負之。而其出在於洛。龜善占。而尚占者。人道也。此天地自然之意。而聖人於易所以則之者也。

黄東發曰。謂圖以示天道。河通天。而龍尚變。大道也。書以示人道。洛中地。而龜尚占。人道也。義亦通。但未嘗不相關。而河通天之説恐難考。

洪範傳

五行。天所以命萬物者也。故初一曰五行。五事。人所以繼天道而成性者也。故次二曰敬用五事。五事。人君所以修其心治其身者也。修其心治其身而後可以爲政於天下。故次三曰農用八政。必協之歲月日星辰曆數之紀。故次四曰協用五紀。既協之歲月日星辰曆數之紀。當立之天下之中。故次五曰建用皇極。中者所以立本。而未足以趣時。趣時則中不中無常也。惟所施之宜而已矣。故次六曰乂用三德。有皇極以立本。有三德以趣時。而人君之能事具矣。雖然。天下之故猶不能無疑也。疑之則如之何。謀之人以盡其智。謀之鬼神以盡其神。而不專用己也。故次七曰明用稽疑。雖不專用己而參之於人物鬼神。然而反身不誠不善。則明不足以盡人。幽不足以盡鬼神。則其在我者不可以不思。在我者其得失微而難知。莫若質諸天物之顯而易見。且可以爲戒也。故次八曰念用庶徵。自五事至於庶徵。各得其序。則五福之所集。自五事至於庶徵。各失其序。則六極之所集。故次九曰嚮用五福。威用六極。敬者何。君子所以直内也。言五事之本在人心而已。農者何。厚也。言君子之道。施於有政。取諸此以厚彼而已。有本以保常而後可立也。故皇極曰建。有變以趣時而後可治也。故三德曰乂。嚮者。慕而欲其至也。威者。畏而欲其亡也。

五行也者。成變化而行鬼神。往來乎天地之閒而不窮者也。是故謂之行。天一生水。其於物爲精。精者。一之所生也。地二生火。其於物爲神。神者。有精而後從之者也。天三生木。其於物爲魂。魂者。從神者也。地四生金。其於物爲魄。魄者。有魂而後從之者也。天五生土。其於物爲意。精神魂魄具而後有意。自天一至於天五。五行之生數也。以奇生者成而耦。以耦生者成而奇。其成之者皆五。五者。天數之中也。蓋中者所以成物也。道立於兩。成於三。變於五。而天地之數具其爲十也。耦之而已。蓋五行之爲物。其時其位。其材其氣。其性其形。其事其情。其色其聲。其臭其味。皆各有耦。推而散之。無所不通。一柔一剛。一晦一明。故有正有邪。有美有惡。有醜有好。有凶有吉。性命之理。道德之意。皆在是矣。耦之中又有耦焉。而萬物之變。遂至於無窮。其相生也。所以相繼也。其相克也。所以相治也。語器也。以相治故序六府以相克。語時也。以相繼故序盛德所在以相生。洪範語道與命。故其序與語器與時者異也。道者。萬物莫不由之者也。命者。萬物莫不聽之者也。器者。道之散。時者。命之運。由於道聽於命而不知者。百姓也。由於道聽於命而知之者。君子也。道萬物而無所由。命萬物而無所聽。惟天下之至神。爲能與於此。夫火之於水。妻道也。其於土。母道也。故神從志。無志則從意。志致一之謂精。惟天下之至精。爲能合天下之至神。精與神一而不離。則變化之所爲在我而已。是故能道萬物而無所由。命萬物而無所聽也。

北方陰極而生寒。寒生水。南方陽極而生熱。熱生火。故水潤而火炎。水下而火上。東方陽動以散而生風。風生木。木者。陽中也。故能變。變㊀故曲直。西方陰止以收而生燥。燥生金。金者。陰中也。故能化。能化故從革。中央陰陽交而生濕。濕生土。土者。陰陽沖氣之所生也。

㊀「變」上脱「能」。

故發之而爲稼。斂之而爲穡。曰者。所以命其物。爰者。言於之稼穡而已。潤者。性也。炎者。氣也。上下者。位也。曲直者。形也。從革者。材也。稼穡者。人事也。冬物之性復。復者。性之所。故於水言其性。夏物之氣交。交者。氣之時。故於火言其氣。陽極上。陰極下。而後各得其位。故於水火言其位。春物之形著。故於木言其形。秋物之材成。故於金言其材。中央人之位也。故於土言人事。水言潤。則火熯。土溽。木敷。金斂。皆可知也。火言炎。則水冽。土烝。木温。金清。皆可知也。水言下。火言上。則木左。金右。土中央。皆可知也。推類而反之。則曰後。曰前。曰西。曰東。曰北。曰南。皆可知也。木言曲直。則土圜。金方。火鋭。水平。皆可知也。金言從革。則木變。土化。水因。火革。皆可知也。土言稼穡。則水之井洫。火之爨冶。木金之爲械器。皆可知也。所謂木變者何。燭之而爲火。爛之而爲土。此之謂變。所謂土化者何。能熯。能潤。能敷。能斂。此之謂化。所謂水因者何。因甘而甘。因苦而苦。因蒼而蒼。因白而白。此之謂因。所謂火革者何。革生以爲熟。革柔以爲剛。革剛以爲柔。此之謂革。金亦能化。而命之曰從革者何。可以圜。可以平。可以鋭。可以曲直。然非火革之。則不能自化也。是故命之曰從革也。夫金。陰精之純也。是其所以不能自化也。蓋天地之用五行也。水施之。火化之。木生之。金成之。土和之。施生以柔。化成以剛。故木撓而水弱。金堅而火悍。悍堅而濟以和。萬物之所以成也。奈何終於撓弱。而欲以收成物之功哉。

寒生水。水生鹹。故潤下作鹹。熱生火。火生苦。故炎上作苦。風生木。木生酸。故曲直作酸。燥生金。金生辛。故從革作辛。温生土。土生甘。故稼穡作甘。生物者。氣也。成之者。味也。以奇生則成而耦。以耦生則成而奇。寒之氣堅。故其味可用以耎。熱之氣耎。故其味可用以堅。風之氣散。故其味可用以收。燥之氣收。故其味可用以散。土者。沖氣之所生也。沖氣則無所不和。故其味可用以緩而已。氣堅則壯。故苦可以養氣。脈耎則和。故鹹可以養脈。骨收則强。故酸可以養骨。筋散則不攣。故辛可以養筋。肉緩則不壅。故甘可以養肉。堅之而後可以耎。收之而後可以散。欲緩則用甘。不欲則弗用也。古之養生治疾者。必先通乎此。不通乎此而能已人之疾者。蓋寡矣。

五事恭則貌斂。故作肅。從則言順。故作乂。明則善視。故作哲。聰則善聽。故作謀。睿則思。無所不通。故作聖。五事以思爲主。而貌最其所後也。而其次之如此。何也。此言修身之序也。恭其貌。順其言。然後可以學而至於哲。旣哲矣。然後能聽而成其謀。能謀矣。然後可以思而至於聖。思者。事之所成終而成始也。思所以作聖也。旣聖矣。則雖無思也。無爲也。寂然不動。感而遂通天下之故可也。

八政食貨。人之所以相生養也。故一曰食。二曰貨。有相生養之道。則不可不致孝於鬼神。而著不忘其所自。故三曰祀。有所以相生養之道。而知不忘其所自。然後能保其居。故四曰司空。司空所以居民。民保其居。然後可教。故五曰司徒。司徒所以教民。教之不率。然後俟之以刑戮。故六曰司寇。自食貨至於司寇。而治內者具矣。故七曰賓。八曰師。賓所以接外治。師所以接外亂也。自貨至於賓師。莫不有官以治之。而獨曰司空司徒司寇者。言官則以知物之有官。言物則以知官之有物也。

五紀。王省惟歲。卿士惟月。師尹惟日。上考之星辰。下考之曆數。然後歲月日時不失其政。故一曰歲。二曰月。三曰日。四曰星辰。五曰曆數。曆者。數也。數者。一二三四是也。五紀之所成終而所成始也。非特曆而已。先生㊀之舉事也。莫不有時。其制物也。莫不有數。有時。故莫敢廢。有數。故莫敢踰。蓋堯舜所以同律度量衡。協時月正日。而天下治者。取諸此而已。

皇極。重㊁建其有極。斂時五福。用敷錫厥庶民。何也。皇。君也。極。中也。言君建其有中。則萬物得其所。故能集五福。以敷錫其庶民也。惟時厥庶民於汝極。錫汝保極。何也。言庶民以君爲中。君保中則民與之也。凡厥庶民。無有淫朋。人無有比德。惟皇作極。何也。言君中則民人中也。庶民無淫朋。人無比德者。惟君爲中而已。蓋君有過行偏政。則庶民有淫朋。人有比德矣。

言民之有猷有爲有守。汝則念其所猷所爲所守之當否。所猷所爲所守不協於極。亦不罹於咎。雖未可以錫之福。然亦可教者也。故當受之。而不當譴怒也。詩曰。載色載笑。匪怒伊教。康而

㊀「生」當爲「王」。
㊁「重」當爲「皇」。

色之謂也。其曰我所好者德。則是協於極。則非但康汝顏色以受之。又當錫之福以勸焉。如此則人惟君之中矣。不言攸好德則錫之福。而言曰予攸好德則錫之福。何也。謂之皇極則不爲已甚也。攸好德然後錫之福。則獲福者寡矣。是爲已甚。而非所以勸也。曰予攸好德則錫之福則是。苟革面以從吾之攸好者。吾不深探其心。而皆錫之福也。此之謂皇極之道也。

無虐煢獨。而畏高明。何也。言苟好德。則雖煢獨。必進寵之而不虐。苟曰不好德。則雖高明。必罪廢之而不畏也。蓋煢獨也者。衆之所違而虐之者也。高明也者。衆之所比而畏之者也。人君蔽於衆。而不知自用其福威。則不期虐煢獨。而煢獨實見虐矣。不期畏高明。而高明實見畏矣。煢獨見虐。而莫勸其作德。則爲善者不長。高明見畏。而莫懲其作僞。則爲惡者不消。善不長。惡不消。人人離德作僞。則大亂之道也。然則虐煢獨而寬朋黨之名。畏高明而忽卑晦之賤。最人君之大戒也。

人之有能有爲。使羞其行。而邦其昌。何也。言有能者使在職而羞其材。有爲者使在位而羞其德。則邦昌也。人君孰不欲有能者羞其材。有位者羞其德。然曠千數百年。而未有一人致此。蓋聰不明而無以通天下之志。誠不至而無以同天下之德。則智以難知。而爲愚者所詘。賢以寡助。而爲不肖者所困。雖欲羞其行。不可得也。通天下之志在窮理。同天下之德在盡性。窮理矣。故知所謂咎而弗受。知所謂德而錫之福。盡性矣。故能不虐煢獨以爲仁。不畏高明以爲義。如是則愚者可誘而爲智也。雖不可誘而爲智。必不使之詘智者矣。不肖者可革而爲賢也。雖不可革而爲賢。必不使之困賢者矣。夫然後有能有爲者得羞其行。而邦賴之以昌也。凡厥正人。既富方穀。汝弗能使有好於而家。時人斯其辜。何也。凡正人之道。既富之然後善。雖然。徒富之亦不能善也。必先治其家。使人有好於汝家。然後人從汝而善也。汝弗能使有好於汝家。則人無所視效。而放僻邪侈。亦無不爲也。蓋人君能自治。然後可以治人。能治人。然後人爲之用。人爲之用。然後可以爲政於天下。爲政於天下者。在乎富之善之。而善之必自吾家人始。所謂自治者。惟皇作極是也。所謂治人者。弗協於極。弗罹於咎。皇則受之。而康而色。曰予攸好德。汝則錫之福。無虐煢獨。而畏高明。是也。所謂人爲之用者。有能有爲。使羞其行。而邦其昌。是也。所謂爲政於天下者。凡厥正人是也。既曰能治人。則人固已善矣。又曰富之然後善。何也。所謂治人者。教化以善之也。所謂富之然後善者。政以善之也。徒教化不能使人善。故繼之曰。凡厥正人。既富方穀。徒政亦不能使人善。故卒之曰。汝弗能使有好於而家。時人斯其辜也。于其無好德。汝雖錫之福。其作汝用咎。何也。既言治家不善。不足以正人也。又言用人不善。不足以正身。言崇長不好德之人而錫之福。亦用咎作汝而已矣。

曰皇極之敷言。是彝是訓。於帝其訓。何也。言君所以虛其心。平其意。惟義所在。以會歸其有中者。其説以爲。人君以中道布言。是以爲彝。是以爲訓者。於天其訓而已。夫天之爲物也。可謂無作好。無作惡。無偏黨。無反無側。會其有極。歸其有極矣。蕩蕩者。言乎其大。平平者。言乎其治。大而治。終於正直。而王道成矣。無偏者。言乎其所居。無黨者。言乎其所與。以所居者無偏。故能所與者無黨。故曰無偏無黨。以所與者無黨。故能所居者無偏。故曰無黨無偏。偏不已乃至於側。陂不已乃至於反。始曰無偏無陂者。率義以治心。不可以有偏陂也。卒曰無反無側者。及其成德也。以中庸應物。則要之使無反側而已。路。大道也。正直。中德也。始曰義。中曰道曰路。卒曰正直。尊德性而道問學。致廣大而盡精微。極高明而道中庸之謂也。孔子以爲。示之以好惡而民知禁。今曰。無有作好。無有作惡。何也。好惡者。性也。天命之謂性。作者。人爲也。人爲則與性反矣。書曰。天命有德。五服五章哉。天討有罪。五刑五用哉。命有德。討有罪。皆天也。則好惡者。豈可以人爲哉。所謂示之以好惡者。性而已矣。

言凡厥庶民。以中道布言。是訓是行。以近天子之光者。其說以爲。天子作民父母。以爲天下王。當順而比之。以效其所爲。而不可逆。蓋君能順天而效之。則民亦順天而效之也。二帝三王之誥命。未嘗不稱天者。所謂于帝其訓也。此人之所以化其上也。及至後世。矯誣上天。以布命於下。而欲人之弗叛也。不亦難乎。

三德直而不正者有矣。以正正直。乃所謂正也。曲而不直者有矣。以直正曲。乃所謂直也。正直也者。變通以趣時。而未離剛柔之中者也。剛克也者。剛勝柔者也。柔克也者。柔勝剛者也。平康正直。彊弗友剛克。燮友柔克。何也。燮者。和熟上之所爲者也。友者。右助上之所爲者也。彊者。弗柔從上之所爲者也。弗友者。弗右助上之所爲者也。君君臣臣。適各當分。所謂正直也。若承之者。所謂柔克也。若威之者。所謂剛克也。蓋先王用此三德。於一嚬一笑。未嘗或失。況以大施於慶賞刑威之際哉。故能爲之其未有也。治之其未亂也。沈潛剛克。高明柔克。何也。言人君之用剛克也。沈潛之於内。其用柔克也。發見之於外。其用柔克也。抗之以高明。其用剛克也。養之以卑晦。沈潛之於内。所以制姦慝。發見之於外。所以昭忠善。抗之以高明。則雖柔過而不廢。養之以卑晦。則雖剛過而不折。易曰。道有變動故曰爻。爻有等故曰物。物相雜故曰文。文不當。故吉凶生焉。吉凶之生。豈在夫大哉。蓋或一嚬一笑之間而已。洪範之言三德。與舜典皋陶謨所序不同。何也。舜典所序以教胄子。而皋陶謨所序以知人臣。故皆先柔而後剛。洪範所序則人君也。故獨先剛而後柔。至於正直。則舜典洪範皆在剛柔之先。而皋陶謨乃獨在剛柔之中者。教人治人宜皆以正直爲先。至於序德之品。則正直者。中德也。固宜在柔剛之中也。

執常以事君者。臣道也。執權以御臣者。君道也。三德者。君道也。作福。柔克之事也。作威。剛克之事也。以其謀於神天也。是故謂之福。作福以懷之。作禍以威之。言作福則知威之爲禍。言作威則知福之爲懷也。皇極者。君與臣民共由之者也。三德者。君之所獨任。而臣民不得僭焉者也。有其權。必有禮以章其別。故惟辟玉食也。禮所以定其位。權所以固其政。下僭禮則上失位。下侵權則上失政。上失位則亦失政矣。上失位失政。人所以亂也。故臣之有作福作威玉食。其害于而家。凶于而國。人用側頗僻。民用僭忒也。側頗僻者。臣有作福作威之效也。僭忒者。臣有玉食之效也。民側頗僻也易。其僭忒也難。民僭忒則人可知也。人側頗僻則民可知也。其曰庶民有淫朋。人有比德。亦若此而已矣。於淫朋曰庶民。於僭忒曰民而已。何也。僭忒者。

民或有焉。而弗衆之所能也。天子皇王辟皆君也。或曰天子。或曰皇。或曰王。或曰辟。何也。皇極于帝其訓者。所以繼天而順之。故稱天子。建有極者道。故稱皇。好惡者德。故稱王。福威者政。故稱辟。道所以成德。德所以立政。故言政於三德而稱辟也。建有極道故稱皇。則其曰天子作民父母。以爲天下王。何也。吾所建者道。而民所知者德而已矣。

稽疑。言有所擇。有所建。則立卜筮人。卜筮凡七。而其爲卜者五。則其爲筮者二。可知也。先卜而後筮。則筮之爲貞悔亦可知也。衍者。吉之謂也。忒者。凶之謂也。吉言衍。則凶之爲耗可知也。凶言忒。則吉之爲當亦可知也。此言之法也。蓋自始造書則固如此矣。福之所以爲福者。於文從畐。畐則衍之謂也。禍之所以爲禍者。於文從咼。咼則忒之謂也。蓋忒也當也。言乎其位。衍也耗也。言乎其數。夫物有吉凶。以其位與數而已。六五得位矣。其爲九四所難者。數不足故也。九四得數矣。其爲六五所制者。位不當故也。數衍而位當者吉。數耗而位衍者凶。此天地之道。陰陽之義。君子小人之所以相爲消長。中國夷狄之所以相爲强弱。易曰。人謀鬼謀。百姓與能。蓋聖人君子以察存亡。以御治亂。必先通乎此。不通乎此。而爲百姓之所與者。蓋寡矣。

立時人作卜筮。三人占則從二人之言。何也。卜筮者。質諸鬼神。其從與違爲難知。故其占也。從衆而已也。汝則有大疑。謀及乃心。謀及卿士。謀及庶民。謀及卜筮。何也。言人君有大疑則當謀之於己。己不足以決。然後謀於卿士。又不足以決。然後謀之於庶民。又不足以決。然後謀之於鬼神。鬼神尤人君之所欽也。然而謀之反在乎卿士庶民之後者。吾之所疑。而謀者人事也。必先盡之人。然後及鬼神焉。固其理也。聖人以鬼神爲難知。而卜筮如此其可信者。易曰。成天下之亹亹者莫大乎蓍龜。惟其誠之不至而已矣。用其至誠。則鬼神其有不應。而龜筮其有不告乎。汝則從。龜從。筮從。卿士從。庶民從。是之謂大同。身其康强。子孫其逢吉。何也。將有作也心從之。而人神之所弗異。則有餘慶矣。故謂之大同。而子孫其逢吉也。汝則從。龜從。筮從。卿士逆。庶民逆。吉。卿士從。龜從。筮從。汝則逆。庶民逆。吉。庶民從。龜從。筮從。汝則逆。卿士逆。吉。何也。吾之所謀者疑也。可以作。可以無作。然後謂之疑。疑而從者衆。則作而吉也。汝則從。龜從。筮逆。卿士逆。庶民逆。作内吉。作外凶。何也。尊者從。卑者逆。故逆者雖衆。以作内猶吉也。龜筮並違於人。用靜吉。用作凶。何也。所以謀之心。謀之人者。盡矣。然猶不免於疑。則謀及於龜筮。故龜筮之所共違。不可以有作也。

庶徵。曰雨。曰暘。曰燠。曰寒。曰風者。自肅時雨若以下是也。曰時者。自王省惟歲以下是也。五者來備。各以其敘。庶草蕃廡。何也。陰陽和。則萬物盡其性。極其材。言庶草者。以爲物之尤微而莫養。又不知自養也。而猶蕃廡。則萬物得其性。皆可知也。一極備凶。一極無凶。何也。雨極備則爲恒雨。暘極備則爲恒暘。風極備則爲恒風。燠極無則爲恒寒。寒極無則爲恒燠。此饑饉疾癘之所由作也。故曰凶。

言人君之有五事。猶天之有五物也。天之有五物。一極備凶。一極無亦凶。其施之小大緩急無常。其所以成物者。要之適而已。人之有五事。一極備凶。一極無亦凶。施之小大緩急亦無常。其所以成民者。亦要之適而已。故雨暘燠寒風者。五事之徵也。降而萬物悦者。肅也。故若時雨然。升而萬物理者。乂也。故若時暘然。哲者。陽也。故若時燠然。謀者。陰也。故若時寒然。睿其思。心無所不通。以濟四時㊀之善者。聖也。故若時風然。狂則蕩。故恒雨若。僭則亢。故恒暘若。豫則解緩。故恒燠若。急則縮栗。故恒寒若。冥其思。心無所不入。以濟四事之惡者。蒙。故恒風若也。孔子曰。見賢思齊。見不賢而内自省也。君子之於人。固常思齊其賢。而以其不肖爲戒。況天者。固人君之所當法象也。則質諸彼以驗此。固其宜也。然則世之言災異者非乎。曰。人君固輔相天地。以理萬物者也。天地萬物不得其常。則恐懼修省。固亦其宜也。今或以爲。天有是變。必由我有是罪以致之。或以爲。災異自天事耳。何豫於我。我知修人事而已。蓋由前之説則蔽而葸。由後之説則固而怠。不蔽不葸。不固不怠者。亦以天變爲己懼。不曰天之有某變。必以我爲某事而至也。亦以天之正理。考吾之失而已矣。此亦念用庶徵之意也。

言自王至於師尹。猶歲月日三者相繫屬也。歲月日有常而不可變。所總大者不可以侵小。所治少者不可以僭多。自王至於師尹三者。亦相繫屬。有常而不可變。所總大者亦不可以侵小。所治少者亦不可以僭多。故歲月日者。王及卿士師尹之徵也。既以歲月日三者之時。爲王及卿士師

㊀「時」當爲「事」。

尹之徵也。而王者卿士師尹之職。亦皆協之歲月日時之紀焉。故歲有會。月有要。日有成。大者省其大而略。小者治其小而詳。其小大詳略得其序。則功用興而分職治矣。故五穀用成。乂用明。俊民用章。家用平康。小大詳略失其序。則功用無所程。分職無所考。故五穀用不成。乂用昏不明。俊民用微。家用不寧也。庶民惟星。星有好風。星有好雨。何也。言星之好不一。猶庶民之欲不同。星之好不一。待月而後得其所好。而月不能違也。庶民之欲不同。待卿士而後得其所欲。而卿士亦不能違也。故星辰。庶民之徵也。日月之行。則有冬有夏。何也。言歲之所以爲歲。以日月之有行。而歲無爲也。猶王之所以爲王。亦以卿士師尹之有行。而王無爲也。春秋者。陰陽之中。冬夏者。陰陽之正。陰陽各致其正。而後歲成。有冬有夏者。言歲之成也。月之從星。則以風雨。何也。言月之好惡不自用。而從星則風雨作而歲功成。猶卿士之好惡不自用。而從民則治教政令行而王事立矣。書曰。天聽自我民聽。天視自我民視。夫民者。天之所不能違也。而況於王乎。況於卿士乎。

五福。人之始生也。莫不有壽之道也。得其常性則壽矣。故一曰壽。少長而有爲也。莫不有富之道焉。得其常産則富矣。故二曰富。得其常性。又得其常産。而繼之以毋擾。則康寧矣。故三曰康寧也。夫人君使人得其常性。又得其常産。而繼之以毋擾。則人好德矣。故四曰攸好德。好德則能以令終。故五曰考終命。

六極。不考終命謂之凶。蚤死謂之短。中絶謂之折。禍莫大於凶短折。疾次之。憂次之。貧又次之。故一曰凶短折。二曰疾。三曰憂。四曰貧。凶者。考終命之反也。短折者。壽之反也。疾憂者。康寧之反也。貧者。富之反也。此四極者。使人畏而欲其亡。故先言人之所尤畏者。而以猶愈者次之。夫君人者。使人失其常性。又失其常產。而繼之以擾。則人不好德矣。故五曰惡。六曰弱。惡者。小人之剛也。弱者。小人之柔也。

九疇。曰初曰次。而五行。五事。八政。五紀。三德。五福。六極。特以一二數之。何也。九疇以五行爲初。而水之於五行。貌之於五事。食之於八政。歲之於五紀。正直之於三德。壽凶短折之於五福六極。不可以爲初故也。或曰。箕子之所次。自五行至於庶徵。而今獨曰。自五事至於庶徵。各得其序。則五福之所集。自五事至於庶徵。各爽其序。則六極之所集。何也。曰。人君之於五行也。以五事修其性。以八政用其材。以五紀協其數。以皇極建其常。以三德治其變。以稽疑考其難知。以庶徵徵其失得。自五事至於庶徵。各得其序。則五行固已得其序矣。或曰。世之不好德而能以令終。與好德而不得其死者衆矣。今曰好德則能以令終。何也。曰。孔子以爲。人之生也直。罔之生也幸而免。君子之於吉凶禍福。道其常而已。幸而免。與不幸而及焉。蓋不道也。或曰。孔子以爲。富與貴。人之所欲。貧與賤。人之所惡。而福極不言貴賤。何也。曰。五福者。自天子至於庶人。皆可使慕而欲其至。六極者。自天子至於庶人。皆可使畏而欲其亡。若夫貴賤。則有常分矣。使自公侯至於庶人。皆慕貴欲其至。而不欲賤之在己。則陵犯篡奪之行日起。而上下莫安其命矣。詩曰。肅肅宵征。抱衾與裯。寔命不猶。蓋王者之世。使賤者之安其賤如此。夫豈使知貴之爲可慕而欲其至。賤之爲可畏而欲其亡乎。

晁子止曰。王介甫以劉向董仲舒伏生明災異爲蔽。而别著此傳。以庶徵所謂若者不當訓順。當訓如。人君之五事。如天之雨暘燠寒風而已。大意言天人不相干。雖有變異。不足畏也。

黄東發曰。洪範傳。其字義多足取者。

荆公詩説

仰觀日星霜露之變。俯察蟲魚草木之化。以知天時。以授民事。女服事乎内。男服事乎外。治自内而外。化自上而下。上以誠愛下。下以忠報上。父父子子。夫夫婦婦。養老而慈幼。食力而助弱。不作無益也。脩豫乎桑田之事而已。非特脩豫乎桑田之事而已也。苟可以除患者。皆脩豫焉。不貴異物也。致美乎桑田之器而已。非特致美乎桑田之器而已也。苟可以成禮者。皆致美焉。人無遺力矣。故事不足治也。地無遺利矣。故物不可勝用也。女不淫而仁也。又有禮焉。士不惰而武也。又有義焉。其祭祀也以時。其燕享也以節。夫然。故天不能災。人不能難。上下内外和睦。而以逸樂終焉。此七月之義也。

彼曰七月九月。此曰一之日二之日。何也。陽生矣則言日。陰生矣則言月。與易臨至於八月有凶。復七日來復同意。然則四月正陽也。秀葽言月。何也。以言陰生也。陰始於四月。生於五月。而於四月言陰生者。氣之先至者也。周正建子。而此所言皆夏時者。夏時稱人所見。所謂人正也。授民時則用人正。固其理也。

梓材謹案。此説厚齋尚書極喜之。

荆公禮説

禮始於天而成於人。知天而不知人則野。知人而不知天則僞。凡爲禮者。必詘其放敖之心。逆其嗜欲之性。莫不欲逸。而爲尊者勞矣。莫不欲得。而爲長者讓。擎跽拳曲以見其恭。故荀卿以爲特。劫以法度之威焉。而爲之於外耳。此不思之過也。人生而有嚴父愛母之心。聖人因其性之欲而爲之制焉。故其制雖有以强人。而乃以順其性之欲也。聖人苟不爲之禮。則天下蓋將有慢其父而疾其母者矣。此亦可謂失其性也。得性者以爲僞。則失其性者乃可以爲眞乎。此荀卿之所以爲不思也。

周禮新義

典祀弗舉。淫祀無禁。非所以馭其神也。上不知所制。下不知所守。非所以馭其官也。治不時考。政不歲會。非所以馭其吏也。禄不論功。位不議行。非所以馭其士也。征求無藝。費出無節。非所以馭其用也。人自爲禮。家自爲俗。非所以馭其民也。刑以幸免。賞以苟得。非所以馭其威也。□□[一]不均。征調無法。非所以馭其衆也。

刑典刑職皆曰詰邦國。糾萬民。刑者侀也。侀。成也。故刑典之爲書。刑官之爲職。無所加損焉。

祭祀致齊。不御内。不聽樂。不飲酒。不膳葷。喪者則弗見也。刑者則弗見也。不蠲則弗見也。蓋不以哀樂欲惡貳其心。又去其物之昏憒其志意者。所以致精明之至。以交神明也。

素問。冬傷於寒。春必病温。夏傷於暑。秋必病瘧。方冬時。陽爲主於内。寒雖入之。勢未能動。及春陽出。而陰爲内主。然後寒動而搏陽。故有痟首之疾。夏時陰爲主於内。暑雖入之。勢未能動。及秋陰出。而陽爲内主。然後暑動而搏陰。爲瘧寒之疾。夏陽溢於皮膚。故有痒疥之疾。冬陽溢於臟腑。故有嗽上氣之疾。

素問。形不足。温之以氣。精不足。補之以味。味養精者也。穀養形者也。藥則療病者也。養精爲本。養形次之。療病爲末。

疾醫以治内爲主。故先味而後藥。瘍醫以治外爲主。故先藥而後味。以上天官。

經於鄉大夫曰政教禁令。州長曰教治政令。黨正曰政令教治。族師曰戒令政事。閭胥曰閭之徵令。比長曰比之治命。官之意。其輕重皆一字間也。政令爲重。禁令次之。戒令又次之。徵令

[一]「□□」當作「施舍」。

爲下。鄉大夫州長詳於教而兼政。黨正族師詳於政而兼教。閭胥則承上之政教而掌其徵令耳。比長則並無所爲令矣。

師氏未有嬍而詔之。故曰掌以嬍詔王。保氏遇有惡而後諫。故日掌諫五惡。以上地官。

禋者。意之精也。意先於氣。血者。氣之盛也。氣先於形。實柴槱燎用氣而已。貍沈疈辜則用形焉。氣親上。形親下。則各從其類也。

郊特牲云。郊血。則天祀非無血。非不用形。尚書王賓殺禋。郊特牲蕭合黍稷。臭陽達於牆屋。則鬼享非無禋。非不用氣。然則祀也享也祭也。各有所主而已。

祀有昊天。而無五帝。有司中司命。而無司民司禄。祭有社稷。而無大示。有五嶽。而無四瀆。有山林川澤。而無丘陵墳□㊀。□□㊁有先王。而無先公。以分見於諸職互備可知也。

親宗族兄弟。然後親成男女。由尊及卑也。親故舊朋友。然後親四方賓客。由近及遠也。四方賓客。彼以禮來接。兄弟異姓之國。我以禮往加。嘉禮之序也。

度在樂則起於黃鍾□㊂。在禮則起於□□□□㊃。先王以爲。度之不存。恐禮樂之文息。故作

㊀「□」當作「衍」。
㊁「□□」當作「享」。
㊂「□」當作「之長」。
㊃「□□□□」當作「璧羨」。

此使天下後世有攷。以昭穆爲左右。各以其族。尚親也。凡死□□㊀者。不入兆域。尚德也。凡有幼㊁者居前。尚功也。爵等爲丘封之度與樹數。尚貴也。蓋先王所以治死者如此。

王業起於豳。而樂之作始於土鼓。本於籥。逆暑迎寒祈年。皆本始民事。息先物。則使歸本反始也。故擊土鼓。吹葦籥。其章用豳詩焉。以上春官。

九州之序。禹貢始於冀。次以兖。而終於雍。職方則始於揚。次以荆。而終以并者。蓋禹貢言治水之序。職方言遠近之序。治水自帝都始。然後順水性所便。自下而上。故自兖至雍而止。以遠近言之。則周之德化。自西北而南。以南爲遠。以遠爲難至故也。始於揚州。則以揚在東南。次以荆。以荆在正南。終於并。則以并在正北。先遠而後近也。夏官。

刑新國用輕典。以柔乂之也。刑平國用中典。以正直乂之也。刑亂國用重典。以剛乂之也。故書曰。惟敬五刑。以咸三德。秋官。

臨川文集

天下不可一日而無政教。故學不可一日而亡於天下。古者井天下之田。而黨庠遂序國學之法

㊀「□□」當作「於兵」。

㊁「幼」當爲「功」。

立於其中。鄉射飲酒。春秋合樂。養老勞農。尊賢使能。考藝選言之政。至於受成獻馘訊囚之事。無不出於學。於此養天下智仁聖義中和之士。以至一偏一技一曲之學。無所不養。而又取士大夫之材行完潔。而其施設已嘗試於位而去者。以爲之師。釋奠釋菜以教。不忘其學之所自遷徙逼逐。以勉其怠而除其惡。則士朝夕所見所聞。無非所以治天下國家之道。其服習必於仁義。而所學必皆盡其材。一日取以備公卿大夫百執事之選。則其材行皆已素定。而士之備選者。其施設亦皆素所見聞而已。不待閱習而後能者也。古之在上者。事不慮而盡。功不爲而足。其要如此而已。此二帝三王所以治天下國家而立學之本意也。慈谿縣學記。

詩上通乎道德。下止乎禮義。放其言之文。君子以興焉。循其道之序。聖人以成焉。然以孔子之門人。賜也商也。有得於一言。則孔子說而進之。蓋其說之難明如此。則周衰以迄於今。泯泯棼棼。豈不宜哉。詩義序。

士弊於俗學久矣。聖上閔焉。以經術追之。乃集儒臣訓釋厥旨。將播之校學。而臣某實董周官。惟道之在政事。其貴賤有位。其後先有序。其多寡有數。其遲速有時。制而用之存乎法。推而行之在乎人。其人足以任官。其官足以行法。莫盛於成康之時。其法可施於後世。其文有見於載籍。莫具於周官之書。蓋其因習以崇之。賡續以終之。至於後世無以復加。則豈特文武周公之力哉。猶四時之運。陰陽積而成寒暑。非一日也。周禮義序。

仲尼之才。帝王可也。何特公侯哉。仲尼之道。世天下可也。何特世其家哉。處之世家。仲尼之道不從而大。置之列傳。仲尼之道不從而小。而遷也自亂其例。孔子世家議。

古者。井天下之地而授之氓。士之未命也。則授一廛而爲氓。其父母妻子裕如也。自家達國。有塾有序。有庠有學。觀游止處。師師友友。絃歌堯舜之道。自樂也。磨礱鐫切。沈浸灌養。行完而才備。則曰。上之人其舍我哉。上之人其亦莫之能舍也。今也。地不井。國不學。黨不庠。遂不序。家不塾。士之未命也。則或無以裕父母。妻子無以處。行完而才備。上之人亦莫之舉也。士安得而不自進。嗚呼。使今之士不若古。非人則然。勢也。勢之異。聖人之所以不得同也。孟子不見王公。而孔子爲季氏吏。其不以勢乎哉。進說。

學者不知古之所以教。而蔽於傳注之學也久矣。當其時。欲其思之深。問之切。而後復正與㊀。則吾將孰待而言邪。孔子曰。予欲無言。然未嘗無言也。其言也。蓋有不得已焉。孟子則天下固以爲好辯。蓋邪説暴行作。而孔子之道幾於熄焉。孟子者。不如是不足與有明也。故孟子曰。予豈好辯哉。予不得已也。夫予豈樂反古之所以教。而重爲此譊譊者。其亦不得已焉者也。書洪範傳後。

附録

荆公少年。不可一世士。獨懷刺候濂溪。三及門而三辭焉。荆公恚曰。吾獨不可自求之六經

㊀「正與」當爲「焉」。

乎。乃不復見。鶴林玉露。

公改科舉。暮年乃覺其失。曰。本欲變學究爲秀才。不謂變秀才爲學究。蓋舉子專誦王氏章句而不解義。正如學究誦注疏爾。談叢。

公在金陵。聞朝廷變其法。泰然不以爲意。乃[一]聞罷役法。愕然失聲曰。亦罷至此乎。良久曰。此法終不可罷。安石與先帝議之兩年乃行。無不曲盡。後果如其言。卮史。

元豐七年春。公有疾。兩日不言。少蘇。語吴國夫人曰。夫婦之情偶合耳。不須他念。强爲善而已。執葉濤手曰。君聰明。宜博讀佛書。慎勿徒勞作世間言語。安石生來多枉費力作閑文字。深自悔責。吴國勉之曰。公未宜出此言。曰。生死無常。吾恐時至不能發言。故今敘此。時至則子何用君勸。公疾瘳。乃自悔曰。雖識盡天下理。而定力尚淺。或者未死。應當竭力修爲。陳子聞之而疑曰。豈現行無常。現身有疾者乎。不可疑也。公語録。

公嘗云。自議新法。始終言可行者。曾布也。始終言不可行者。司馬光也。餘者。前叛後附。或出或入。

初。韓魏公知揚州。介甫以新進士僉書判官事。魏公雖重其學。而不以吏事許之。介甫秩滿去。會有上韓公書者。多用古字。韓公笑而謂僚屬曰。惜王廷評不在此。其人頗識難字。介甫聞

[一]「乃」當爲「及」。

以爲輕己。由是怨之。記聞。

韓魏公嘗論荆公曰。爲翰林則有餘。爲輔弼則不足。或問其故。曰。嘗見其奏議。只爲一己。而不爲天下也。

曾子固與荆公友善。神宗以問子固云。卿與王安石相知最厚。安石果何如。子固曰。安石文章行誼不減揚雄。以吝故不及。神宗遽曰。安石輕富貴。似不吝也。子固曰。臣所謂吝者。以安石勇於有爲。而吝於改過耳。

司馬温公嘗曰。昔與王介甫同爲羣牧司判官。包孝肅爲使。時號清嚴。一日。羣牧司牡丹盛開。包公置酒賞之。公舉酒相勸。光素不喜酒。亦强飲之。介甫終席不飲。包公不能强也。光以此知其不屈。聞見録。

劉貢父與介甫書曰。百姓取青苗錢於官。爲公私債負逼迫。故稱貸出息以濟其用。介甫爲政。不能使民家給人足。無稱貸之患。而特開設稱貸之法。以爲有益於民。不亦可羞哉。

又曰。姦臣爭以言利求用。在唐之時。皇甫鎛裴延齡用此術致位公相。雖然。二人者猶不敢避其聚斂之名。不如介甫直以周公聖人爲證。上則使人主無疑。下則使廷臣莫敢非。

蘇老泉辨姦論曰。今有人焉。口誦孔老之言。身履夷齊之行。收召好名之士。不得志之人。相與語言。私立名字。以爲顔淵孟軻復出。而陰賊險狠與人異趣。是王衍盧杞合而爲一人也。

張横渠曰。以義理言。則婦死不當再娶。夫死不當再嫁。當其初娶時。便期以終身。豈復有再娶之事。禽獸猶有不再匹者。男子或爲無嗣祭祀之重。猶可再娶。婦人則雖至窮餓而死。不可也。介甫直謂婦人得再嫁。豈有是理。古者人君自元妃而下。姪娣媵御。不復再娶。元妃死。則繼室攝内事。自卿大夫以下。有再娶之文。亦必大不得已也。

程子曰。王介甫謂周公能爲人臣所不能爲之功。故可用人臣所不得用之禮樂。是不知人臣之道也。夫居周公之位。則爲周公之事。由其位而能爲者。皆所當爲也。周公乃盡其爲臣之職耳。豈得獨用天子之禮樂哉。

伯淳近與吴師禮談介甫之學錯處。謂師禮曰。爲我盡達諸介甫。我亦未敢自以爲是。如有説。願往復。此天下公理。無彼我。果能明辨。不有益於介甫。則必有益於我。程氏遺書。

先生嘗語王介甫曰。公之談道。正如説十三級塔上相輪。對望而談曰。相輪者如此如此。極是分明。如某則戇直。不能如此。直入塔中。上尋相輪。辛勤登掛㈠□㈡。迤邐而上。直至十三級時。雖猶未見相輪。能如公之言。然某卻實在塔中。夫相輪漸近。要之須可以至也。至相輪中坐時。依舊見公對塔談説。此相輪如此如此。介甫只是説道。云我知有箇道如此如此。只他説道時。已與道離。他不知道。只説道時便不是道也。有道者亦自分明。只作尋常本分事説了。孟子言堯

㈠「掛」當爲「攀」。
㈡「□」衍。

舜性之。舜由仁義行。豈不是尋常説話。至於易。只道箇立人之道曰仁與義。則和性字由字。也不消道。自已分明。陰陽剛柔仁義。只是此一箇道理。程氏遺書。

伊川語録曰。曾説介甫不知事君道理。觀他意思。只是要樂子之無知。如上表言。秋水既至。因知海若之無窮。大明既升。豈有爝火之不熄。皆是。意思常要己在人主上。自古主聖臣聖乃常理。何至如此。又觀其説魯用天子禮樂云。周公有人臣所不能爲之功。故得用人臣所不得用之禮樂。此乃大段不知事君。大凡人臣身上。豈有過分之事。凡有所爲。皆是臣職所當爲之事也。介甫平居事親最孝。觀其言如此。其事親之際。想亦洋洋自得。以爲孝有餘也。臣子身上皆無過分事。惟是孟子知之。如説曾子。只言事親若曾子可矣。不言有餘。只言可矣。唐子方作一事。後無聞焉。亦自以爲報君足矣。當時所爲。蓋不誠意。

范忠宣曰。介甫止因喜同惡異。遂至黑白不分。

陳師錫與陳瑩中書曰。安石之學。本出於刑名度數。性命道德之説。實生於不足。解經奥義。皆原於鄭康成孔穎達。旁取釋氏。表而出之。後學不考其本。因受其欺耳。

蘇東坡曰。介甫之文。未必不善也。患於好使人同己。自孔子不能使人同。王氏安能以其學同天下。

邵氏聞見録曰。安石在仁宗時。論立英宗爲皇子。與韓魏公不合。故不敢入朝。安石雖高科有文。學本遠人。未爲中朝士夫所服。乃深交韓吕二家兄弟。韓吕。朝廷之巨室也。天下之士。

不出於韓。卽出於吕。韓氏兄弟。子華與安石同年高科。持國學術尤高。吕氏晦叔最賢。亦與安石爲同年進士。子華持國晦叔爭揚於朝。安石之名始盛。安石又結一時名德之士。如司馬君實輩。皆相善。先是治平間。神宗爲潁王。持國翊善。每講論經義。神宗稱善。持國曰。非某之説。某之友王安石之説。至神宗卽位。乃召安石。以至大用。

元城語録曰。先生與僕論變法之初。僕曰。神廟必欲變法。何也。先生曰。蓋有説矣。天下之法。未有無弊者。祖宗以來。以忠厚仁慈治天下。至嘉祐末年。天下之事。似乎舒緩。委靡不振。當時士大夫亦自厭之。多有文字論列。然其實於天下根本牢固。至神廟卽位。富於春秋。天資絶人。讀書一見便解大旨。是時見兩蕃不服。及朝廷州縣多舒緩。不及漢唐全盛時。每與大臣論議。有怫然不悦之色。當時執政從官中有識者。以謂方今天下。正如大富家。上下和睦。田園開闢。屋宇牢壯。財命充足。但屋宇少設飾。器用少精巧。僕妾樸魯遲鈍。不敢作過。但有鄰舍來相淩侮。不免歲時以物贈之。其來已久。非自家做得如此。遂不敢承當上意。改革法度。獨金陵揣知上意。以一身當之。爲激切奮勵之言。以動上意。遂以仁廟爲不治之朝。神廟一旦得之。以爲千載會遇。改法之初。以天下公論謂之流俗。内則太后。外則顧命大臣。尚不能回。況臺諫乎。祇增其勢耳。雖天下之人羣起而攻之。而金陵不可動者。蓋此八箇字。吾友宜記之。僕曰。何等八字。曰。虛名實行。强辨堅志。當時天下之論。以金陵不作執政爲屈。此虛名也。平生行止。無一點涴。論者雖欲誣之。人主信乎。此實行也。論議人主之前。貫穿經史今古。不可窮詰。

故曰强辨。前世大臣欲任意行一事。或可以生死禍福恐之得回。此老實不可以動。故曰堅志。此法所以必行也。

晁氏客語曰。王荆公教元澤求門賓。須博學善士。或謂發蒙恐不必然。公曰。先入者爲主。予由是悟未嘗講學改易者。幼年先入者也。

又曰。王荆公著書立說。言必以堯舜三代爲則。而東坡所言。但較量漢唐而已。觀其所爲。又全不相似。

又曰。王平甫謂。荆公長於議古。而短於議今。工於知己。而拙於知人。范堯夫識君子。而不識小人。或問其故。曰。小人意智不可無。但不使爾。

又曰。荆公凡處事必要經據。託人賣金。零賣了銖兩不足。甚怒。元澤云。銖銖而較之。至兩必差。遂解。

龜山語録曰。荆公在朝論事。多不循理。惟是爭氣而已。何以事君。君子之所養。要令暴慢邪僻之氣不設於身體。

又曰。荆公治天下。專講求法度。如彼脩身之潔。宜足以化民矣。然卒不逮王文正吕晦叔司馬君實諸人者。以其所爲無誠意故也。明道嘗曰。有關雎麟趾之意。然後可以行周官之法度。蓋深達乎此。

陸陶山答崔子方書曰。荆公不爲春秋。蓋嘗聞之矣。公曰。三經所以造士。春秋非造士之書也。學者求經。當自近者始。學得詩然後學書。學得書然後學禮。三者備。春秋其通矣。故詩書執禮。子所雅言。春秋罕言以此。

晁无咎續楚辭序曰。柳宗元劉禹錫皆善屬文。而朋邪得廢。韓愈薄之。王文公曰。吾觀八司馬。皆天下之奇才也。一爲叔文所誘。遂陷於不義。至今欲爲君子者。羞道而喜攻之。然八人者既困矣。往往能自强。名卒不廢。而所謂欲爲君子者。其終能毋與世俯仰。以自别於小人者少。復何議於彼哉。王公世大儒。其學自韓愈以下不論。雖要不成人之惡。至奇宗元輩而恕。知其愛人憂國志愈深矣。而士之一切干禄。陽自好而陰縱利。徼一時之願。無禍而危者皆是。於王公之言。可遂不戒。而視八司馬不反怍乎。禹錫不暇議。宗元之才。蓋韓愈比。愈薄而惜之。稱其論議出入經史百子。踔厲風發。而謂其少年勇於爲人。不自貴重。使直臺省時已能持身。如其斥時亦自不斥。愈於宗元懇懇如此。豈亦知夫才難。與王之意無異也。

鄧志宏書字學曰。熙寧以來。專用字學。士夫師之。不能誰何。蓋寧以孔聖爲誤耳。端不敢以鄭服爲非也。蘇東坡猶切齒。今觀其論八佾。則考説文曰。從人從八。了齋先生極論新法不便。及作書與曾子審。乃論悔字從心從每。觀二公之論。又若未能忘字學者。或者疑之。予曰。莊周孟軻之意也。或者曰然。

胡致堂曰。自古詧言之法必觀其事。王氏宗派效於紹聖元符崇觀政宣已來。夫何可掩。試舉其大者。則纘瞿聃靈空之説。亂鄒魯禮義之實。談二帝三皇之治。濟申商韓非之政。託人子繼述之孝。毁祖宗艱難之業。指豐亨盛大之象。肆窮奢極侈之欲。慕開疆闢土之績。速佳兵好還之禍。乘國破君亡之釁。扶背主僭命之賊。玩燕巢危幕之勢。致荆揚喋血之苦。積刑賞不平之憤。起周廬干紀之變。假偃武息民之説。成外交固位之計。殄烝民三綱之道。甘臣服讐虜之辱。稱太平無事之美。導般樂怠敖之失。結忠賢諫説之舌。生隆家卑國之漸。皆背違先聖。操心不仁。而精於經義字説。立乎本朝。據權斷論之大驗也。若君子私淑所被。曾微一人箎其列焉。特用此觀之。明善喻利之判。豈不昭灼。乃復營營翩翩。變移黑白。上欺君父。下蔑清議。不念率獸食人。近有覆轍。亦何意哉。

張横浦曰。介甫一傳而得吕太尉。再傳而得蔡新州。三傳而得章丞相。四傳而得蔡太師。五傳而得王太傅。

劉子卿曰。王荆公新經字説。詔以其書立之於學。熙豐已來。其學盛行。世謂之臨川學。又曰新學。

又曰。荆公爲州僉判。每讀書達旦。略假寐。日已高。亟上府。多不及盥潄。常云。學者當知其難而自强不息。故自天子至於庶人。進德修業。若存若亡。而能成者未之有也。雖然。秦始皇衡石程書。隋文帝衛士傳餐。蘇秦引錐刺股。非不勤也。而不免於喪邦殺身者。又不可不求其故也。

晁子止曰。經云。當不義。則子不可以不諍於父。而孟子猥曰。父子之閒不責善。夫豈然哉。今介甫以爲當不義則諍之。非責善也。噫。不爲不義卽善矣。阿其所好。以巧慧侮聖人之言至此。

君子疾夫。

汪玉山跋王荆公所書佛偈曰。荆公贈太傅。其制云。少學孔孟。晚師瞿聃。世或以爲有所譏。然公自謂。余幼習孔孟。長聞佛老之風而悦之。則制詞蓋公志也。公所書彌勒偈。此特其一爾。可以見公於異學其篤好如此。

林拙齋上陳□□㊀論行三經事劄子曰。王氏於經義。雖其言以孔孟爲宗。然尋其文。索其旨。大抵爲新法之地者十六七。此王氏之私書也。詎可以垂世立教乎。

楊誠齋跋半山老人帖曰。半山老人此帖。蓋與劉丞相之子元忠待制也。紙尾云。外物之來。寬以處之。此老人法也。佩玉廟堂。而面帶騎驢荒陂之色。觀其字。知其人。

朱子曰。尚書王氏説傷於鑿。然其善亦有不可掩處。荆公不解洛誥。但云其間煞有不可强通處。今姑擇其可曉者釋之。今人多説荆公穿鑿。他却有如此處。後來人解者却須盡要解。

又曰。介甫以文章節行高一世。而尤以道德經濟爲己任。被遇神宗。致位宰相。世方見其有爲。庶幾復見二帝三王之盛。而安石乃汲汲以財利兵革爲先務。引用凶邪。排擯忠直。躁迫强戾。使天下之人囂然喪其樂生之心。卒之羣姦嗣虐。流毒四海。至於崇宣之際。而禍亂極矣。

又曰。龜山一出。追奪荆公王爵。罷配享孔子。且欲劈毁三經板。士子不樂。遂相與聚問。

㊀「□□」當作「樞密」。

三經有何不可。輒欲毀之。當時龜山亦謹避而已。

又曰。前此猶有三禮通學究諸科。禮雖不行。而士猶得以誦習而知其説。熙寧以來。王安石變亂舊制。廢罷儀禮。而獨存禮記之科。棄經任傳。遺本宗末。其失已甚。

又曰。祖宗時。有開寶通禮科。學究試默義。須是念得禮熟。是得㈠禮官用此等人爲之。介甫一切罷去。盡令作大義。故今之禮官。不問是甚人。皆可做。某嘗謂朝廷須留此等科。如吏㈡科亦當㈢。

朱子答汪尚書曰。學以知道爲本。知道則學純而心正。見於行事。發於言語。亦無往而不得其正焉。如王氏者。其始學也。蓋欲淩跨揚韓。掩迹顔孟。初亦豈遽有邪心哉。特以不能知道。故其學不純。而設心造事。遂流入於邪。又自以爲是。而大爲穿鑿附會以文之。此其所以重得罪於聖人之門也。

朱子與東萊論白鹿書院記曰。王氏得政。知俗學不知道之弊。而不知其學未足以知道。於是以老釋之似。亂周孔之實。雖新學制頒經義。黜詩賦。而學者之弊。反有甚於前日。建炎中興。程氏之言復出。學者又不考其始終本末之序。而爭爲妄意躐等之説以相高。是以學者雖多。而風

㈠「得」當爲「後」。

㈡「吏」當爲「史」。

㈢「當」下脱「有」。

俗之美終亦不迨於嘉祐治平之前。而況欲其有以發明於先王之道乎。

朱子婺州金華縣社倉記曰。予惟世俗所以病乎此者。不過以王氏青苗爲詆耳。予觀於前賢之論。而以今日之事驗之。青苗之法之本意。固未爲不善也。但其給之也以金而不以穀。其處之也以縣而不以鄉。其職之也以官吏而不以鄉人士君子。其行之也以聚斂亟疾而不以慘怛忠和。王氏能行於一邑而不能行於天下。子程子嘗極論之。卒悔其已甚而有激也。

朱子讀兩陳諫議遺墨曰。嘗歷考一時諸賢之論。以求至當。惟龜山楊氏指其離内外。判心迹。使道常無用於天下。而經世之務皆私智之鑿者。最爲近之。其論紹述。而以爲當師其意。不當泥其迹者。亦能曲盡其理之當。而無回互之失。雖元城劉公所謂只宗神考者。有所不逮。不但兩陳公而已也。然及其請罷廟學配享之章。則又不能如其平日之言以正其罪。顧乃屑屑焉偏指㒰鷩一義。以爲實奢汰之原。此爲獲殺人於貨之盜。而議其竊鉤之罪。對放飯流歠之客。而議其齒決之非。視兩陳公之言。乃反有不能及者。是以至今又幾百年。而其是非之原終未明白。往者雖不足論。而來者之監。亦學者之所不可不知也。

朱子語類曰。東坡云。荆公之學未嘗不善。只是不合要人同己。説得未是。若荆公之學是。使人人同己。俱入於是。何不可之有。今却説未嘗不善。而不合要人同。成何説話。若使彌望皆黍稷。都無稂莠。亦何不可。只爲荆公之學自有未是處耳。

又曰。介甫初與吕吉甫好時。常簡帖往來。其一云。勿令上知。後來不足。吕遂繳奏之。神宗亦胡亂藏掩了。介甫只好人奉己。故與吕合。若東坡們不順己。硬要治他。如何天生得恁地狠。

問。萬世之下。王臨川當作如何評品。朱子曰。陸象山嘗記之矣。何待他人。問。莫只是學術錯了。曰。天資亦有拗强處。曰。若學術是底。此樣天資。却更有力也。曰。然。

陸象山記荆國王文公祠堂曰。裕陵之得公。問唐太宗何如主。公對曰。陛下每事當以堯舜爲法。太宗所知不遠。所爲未盡合法度。裕陵曰。卿可謂責難於君。然朕自視眇然。恐無以副此意。卿宜悉意輔朕。庶同濟此道。自是君臣議論。未嘗不以堯舜相期。及委之以政。則曰。有以助朕。勿惜盡言。又曰。須督責朕。使大有爲。又曰。天生俊明之才。可覆庇生民。義當與之戮力。若虚捐歲月。是自棄也。秦漢以下。南面之君亦嘗有知斯義者乎。後之好議論者之聞斯言也。亦嘗隱之於心。以揆斯志乎。曾魯公曰。聖知如此。安石殺身以報。亦其宜也。公曰。君臣相與。各欲致其義耳。爲君則自欲盡君道。爲臣則自欲盡臣道。非相爲賜也。秦漢而下。當塗之士亦嘗有知斯義者乎。後之好議論者之聞斯言也。亦嘗隱之於心。以揆斯志乎。惜哉。公之學不足以遂斯志。而卒以負斯志。不足以究斯義。而卒以蔽斯義也。昭陵之日。使還獻書。指陳時事。剖析弊端。枝葉扶疏。往往切當。然覈其綱領則曰。當今之法度。不合乎先王之法度。公之不能究斯義。而卒以自蔽者。固見於此矣。其告裕陵蓋無異旨。勉其君以法堯舜是也。而謂每事當以爲法。此豈足以法堯舜者乎。謂太宗不足法可也。而謂其所爲未盡合法度。此豈足以度越太宗者乎。

又曰。公之未用。固有素訾公如張公安道。吕公獻可。蘇公明允者。夫三公者之不悦於公。蓋生於其氣之所迕。公之所蔽。則有之矣。何至如三公之言哉。英特邁往。不屑於流俗聲色利達之習。介然無毫毛得以入於其心。潔白之操。寒於冰霜。公之質也。掃俗學之凡俗。振弊法之因循。道術必爲孔孟。勳績必爲伊周。公之志也。不蘄人之知。而聲光煜奕。一時鉅公名賢爲之左次。公之得此。豈偶然哉。用逢其時。君不世出。學焉而後臣之。無媿成湯高宗。君或致疑。謝病求去。君爲責躬。始復視事。公之得君。可謂專矣。新法之議。舉朝讙譁。行之未幾。天下恟恟。公方秉執周禮。精白言之。自信所學。確乎不疑。君子力爭。繼之以去。小人投機。密贊其決。忠樸屏伏。憸狡得志。曾不爲悟。公之蔽也。典禮爵刑。莫非天理。洪範九疇。帝實錫之。古所謂憲章法度典則者。皆此理也。公之所謂法度者。豈其然乎。獻納未幾。裕陵出諫院疏與公評之。至簡易之説曰。今未可爲簡易。修立法度。乃所以簡易也。熙寧之政。粹於是矣。釋此弗論。尚何以費辭於其建置之末哉。

又曰。大學不傳。古道榛塞。其來已久。隨世而就功名者。淵源又類比於老氏。世之君子。天常之厚師。尊載籍以輔其質者。行於天下。隨其分量。有所補益。然而不究其義。不能大有所爲。其於當世之弊。有不能正。則依違其間。稍加潤飾。以幸無禍。公方恥斯世不爲唐虞。其肯安於是乎。蔽於其末。而不究其義。世之君子。未嘗不與公同。而犯害則異者。彼依違其間。而公取必焉故也。熙寧排公者。大抵極詆訾之言。而不折之以至理。平者未一二。而激者居八九。上不足以取信於裕陵。下不足以解公之蔽。反以固其意。成其事。新法之罪。諸君子固分之矣。

林竹溪曰。象山爲荆公祀堂記。意以孔孟而下。斯道之微。陵夷數千載。公能卓然有見於斯義。而前脩譏議之者。皆未公也。

陳龍川淳熙上書曰。王安石以正法度之説眷合聖意。而其實則欲籍天下之兵盡歸於朝廷。别行教閲。以爲彊也。括郡縣之利盡入於朝廷。别行封樁。以爲富也。青苗之政。惟恐富民之不困也。均輸之法。惟恐商賈之不折也。罪無大小。動輒興獄。而士大夫緘口畏罪矣。西北兩邊。至使内臣經畫。而豪傑恥於爲役矣。徒使神宗皇帝見兵財之數既多。鋭然南征北伐。卒乖聖意。而天下之勢。實未嘗振也。彼蓋不知朝廷立國之勢。正患文爲之太密。事權之太分。郡縣太輕於下。而委瑣不足恃。兵財太關於上。而重遲不易舉。祖宗惟用前四者以助其勢。而安石竭之不遺餘力。不知立國之本末者。眞不足以謀國也。

樓攻媿記鄞縣經綸閣曰。熙寧遇主。千載一時。盡以所行於鄞者推廣之。使一時奉行者。皆能如公之在鄞。則天下豈以爲病哉。天下雖病之。然吾邑人之於公不敢忘也。故尸而祝之至於今。

陳及之周禮辨疑曰。族師以質劑致民平。頒其興積。施其惠。散其利。而均其政令。介甫青苗之法。援此以證。又以平役爲不問其所欲否。而概與之殊。不知族師之法。特以補救民之不足耳。苟民自有餘。何爲貸於官也。青苗之法。意在取息。恐貸者多窮民及姦猾。未能出息。雖富民亦强之使貸。不待其行之弊。而其心先不可問矣。

魏鶴山曰。河間獻王二戴馬鄭。相與保殘補缺。晉宋隋唐諸儒。迭爲發揮。三禮得不盡亡。自正義既出。先儒全書泯不復見。至金陵王氏。又罷儀禮。而士習於禮者鮮。

又遊蔣山詩曰。連年飲建鄴。寤寐北山靈。三過又不入。風雨肯其程。一朝決會期。萬籟不敢聲。斷潢卷夕潦。别巘浮遠青。因思山中人。昔者相熙寧。不知學何事。莽制爲周經。羣公咸其輔。弗誤宗康成。相承章蔡後。九州半膻腥。歷年百七十。衆寐未全醒。三經猶在校。從祀猶在庭。追維禍之首。千古一涕零。大鈞高難問。山空水泠泠。

程洺水書陳忠肅尊堯書後曰。金陵半山寺。王荆公故宅也。頃於其寺見其象。漫面不髭。氣狠而盈。故上不知有君父。中不知有賢者。下不知有生民。傲兀冥行。略無旁忌。睹象誅心。令人鬱然。讀了翁尊堯一書。千百世之下。聞者爲之興起。

王氏困學紀聞曰。矧惟若疇。圻父薄違。農父若保。宏父定辟。荆公以違保辟絶句。朱文公以爲夐出諸儒之表。洛誥復子明辟。荆公謂。周公得卜。復命於成王也。漢儒居攝還政之説。於是一洗矣。山谷云。荆公六藝學。妙處端不朽。信夫。

又曰。亂離瘼矣。爰其適歸。新經義云。亂出乎上。而受患常在下。及其極也。乃適歸乎其所出矣。噫。宣靖之際。其言驗矣。而兆亂者誰歟。言與行違。心與迹異。荆舒之謂也。

謝山箋曰。王荆公用意氣則有之。言行心跡不至歧而爲二也。章蔡之致亂。不可竟以罪荆公。

又曰。周禮。劉歆始用之。蘇綽再用之。王安石三用之。經之蠹也。

又曰。王介甫答韓求仁問春秋曰。此經比他經尤難。蓋三傳不足信也。尹和靖云。介甫不解春秋。以其難之也。廢春秋。非其意。朱文公亦曰。春秋義例。時亦窺其一二。大者而終不能自信於心。故未嘗敢措一辭。

謝山箋曰。祁寬所輯和靖語録。海陵周茂振謂荆公妒孫莘老之言。不可復加。而遂詆爲斷爛朝報。乃屬刻辭。今觀和靖此語。可以釋然。

又曰。荆公曰。古之善事親者。非事其親之謂也。事其心而已矣。事其心出人閒世。

又曰。自荆舒之學行。爲之徒者。請禁讀史書。其後經筵不讀國風。而湯誓泰誓亦不進講。人君不知危亡之事。其效可睹矣。

文文山跋吕元吉先人介軒記後曰。巽齋先生曰。徂徠石先生名介。質肅唐公名介。鄭公俠字介夫。半山老人字介甫。凡有取乎介者。其人必可觀也。予嘗評之。徂徠之介爲孤峭。質肅之介爲直方。鄭公之介爲敢決。荆公之介爲執拗。三公之介純於天資。荆公之介雜於客氣。介則一。而其所以介則不同也。予獨悲夫强辨堅忍。虚名僞行。介甫以誤於其君。以厲於其時。至今天地易位。人極不忘。皆此介之流弊也。徂徠不得爲諫官。唐公爭新法不勝。發憤死。鄭以一跌。碌碌州縣。不復能自振迅。介。美德也。三公得其純。坎坷於當世。彼其用血氣之私。竊名譽之盛。

而遺毒迨今日而未已。嗚呼！僞行之誤人。而直道之難行。久矣。

黄東發曰。王安石以文行稱天下。歷事三朝。仁宗惡其詐。不用。英宗建立。時有異議。自慊不求用。愈不用。名愈顯。神宗立。遂驟用之。天下方翹首望太平。乃盡壞祖宗法度。聚斂毒民。生事開邊。卒亂天下。何哉。正坐博學自矜。視天下無人。而行其獨耳。愚謂此其爲安石之不學歟。夫學者。將以明理而施之用。六經治道之根源。諸史行事之龜鑑。固非索隱務奇之爲博也。

又曰。安石面罵諸公不讀書。此正安石自道耳。孟子何必曰利一語。三尺童子所知。安石尚不能行。又烏得誇讀書。

又曰。安石字介甫。平生執拗。稱其名字。惜不曾思及下文見幾而作一句耳。

又讀荆公文集曰。禮樂論以道家修養法釋先王立禮樂之意。則公溺於異端之見也。大人論亦涉異端。

又曰。原性性説二篇闢韓文公。

又曰。文人不護細行。世有是言矣。亦孰知博學能文。其清修苦節有如荆公者乎。然公之文有論理者。必欲兼仁與智而又通乎命。有論治者。必欲養士教士取士。然後以更天下之法度。其文率曖昧而不彰。迂弱而不振。未見其犂然當人心。使人心開目明誦詠不忘者。或者辨析義理之精微。經綸治道之大要。固有待於致知之眞儒耶。

又讀龜山神宗日録論曰。安石勸人主以誅殛賢人。罔取民財。竭天下之力以爲奉。蓋備極自古小人之凶德矣。世猶以其詩文而列之士人。謂其清苦而目以賢者。不知正其濟奸之具也。

虞道園送李伯宗序曰。文公高峻明潔。前無古人。當宋盛時。何其多君子矣。自公視之。其爲學之精。治世之要。略無足以當其心者。公之心以爲。使是君爲堯舜之君。使是民爲堯舜之民。其自信亦不可誣也。惟其自信之極。而不知其道之合於聖人否也。是以一時諸公之言。不足少有所移易。而明道先生從之爲三司條例司。未嘗與之爭。亦未嘗委曲而從之也。而公深服其言。無不從者。使明道久與公處。其所謂高明精潔者。智足以知之。則潛融默化以入於聖人之域。則公之所立。必有大過人者。豈有後世之禍哉。是故程子之不得久與處者。豈直介甫之不幸。天下之不幸也。是故可以使公心服而無疑者。其惟程伯子乎。烏乎殆哉。

宋潛溪凝道記曰。金陵之學何如。曰。穿鑿聖經。而附會己說。甚者竊佛老之似。以誣吾聖人之教。學顏孟者。固如是乎。又其甚。一假功利以搖動天下。利源一開。魚爛河決而莫之禁。如此尚可爲國耶。予嘗謂亡宋天下者。自金陵始也。曰。然則無一髮可取乎。曰。確執堅信。淡然不爲位勢動。是則何可及也。所惜者。學之疵耳。

謝山句餘土音王文公祠詩。文公爲作靈巖行。曾向山中一信宿。若璉若坦若虚白。話舊殷殷陳野蔌。至今去思留山中。斗門惠澤並東谷。文公本自皋夔志。青苗誤祖周國服。須知常平與青苗。其法如車人如軸。常平失人亦貽厲。青苗得人亦造福。文公行之吾鄉時。鄮山之民遍尸祝。於今吾鄉歲歲行常平。但爲墨吏腰纏恣飽贖。

陳石士師東習之曰。夫矯輕警惰。張子固嘗有是言矣。然矯以至於中。非矯而至於過也。荆公云。矯枉者。欲其直也。矯之過。則歸於枉矣。矯過而至於枉。則此心不能無重輕。心有所重輕。則已非藹然肫然無適無莫之宇矣。又況措之於躬。見之於事。於人情有所不合。而是非毁譽以起。是非毁譽以起。而心不能不應之。則忿懥好樂有所之。而互相爲害。其於易之所謂艮其背不獲其身。行其庭不見其人者。不亦大相縣絶矣乎。

梓材謹案。宋史藝文志載荆公新經周禮義二十二卷。四庫全書本永樂大典□㈠周禮㈡義十六卷。提要云。三經義中。惟周禮爲荆公手著。荆公以周禮亂宋。學者類能言之。然周禮之不可行於後世。微特人人知之。荆公亦未嘗不知也。荆公之意。本以宋當積弱之後。欲濟以富强。而恐富强之説。必爲儒者所排擊。於是附會經義。以箝其口。實非眞信周禮爲可行。迨其後用之不得其人。行之不得其道。百弊叢生。而宋以大壞。其弊亦非眞緣周禮以致誤。羅大經鶴林玉露詠荆公放魚詩曰。錯認蒼姬六典書。中原從此變蕭條。是猶爲荆公之所紿。未究假借六藝之本懷也。因是而攻周禮。因是而攻荆公所注之周禮。是寬其影附之巧謀。而科以迂腐之薄譴矣。又云。此書惟訓詁多用字説。病其牽合。其餘依經詮義。如所載八則之治都鄙。八統之馭萬民。九兩之繫邦國者。皆具有發明。無所謂舞文害道之處。故王昭史㈢林之奇王與之陳友仁等注周禮頗據其説。

雲濠謹案。王阮亭居易録云。宋仁宗惑於荆舒。厭棄正人。熙寧元豐之際。正國家否極之時。然一隙之明未嘗不在。

㈠「□」衍。
㈡「禮」下脱「新」。
㈢「史」當爲「禹」。

王定國聞見近録載其末年諭執政曰。延安郡王出閤當議宫僚。司馬光端重宜爲宫官。吕公著孫覺皆可作之。文貽慶可任洗馬。又一日。召執政詣天章閣議官制除目。至太常少卿。曰。可除范純仁。至禮部郎中。曰。南宫舍人非他曹可比。除劉摯。至著作郎。曰。此非蘇軾不可。觀此。則神宗知人之哲。何曾盡爲煬竈所蔽哉。若持之甚堅。太平之治不俟元祐矣。安石之罪可勝誅乎。又引朱近修論荆公云。後世之變法者三人。商鞅王莽與安石耳。商鞅變之而國富强。莽安石變之而天下大亂。王莽變法於初定之新。故亂發十八年之速。安石變法於久安之宋。故亂成數十年之後云云。以安石與莽並論。甚確。然非元祐諸賢。則安石之釀亂。亦不待宣靖之日。使惇卞諸姦不以紹述之説進。則北宋至今存可也。

都官家學

補 左丞王先生安禮

附録

樓攻媿序魏公文集曰。田承君。天下士也。送别鄒道卿之言。可畏可仰。是豈苟於從人者。在公幕府至十有五年。微公不克以致此客。微承君不足以入公之幕也。爲公家傳。其稱公之文曰。踔厲駿發。卒歸宿於道。制誥温潤豐美。得中和之氣。而屬辭贍洽。成於口授。上數稱之。誥命有可以通行者。俾公爲定辭以新之。後爲丞弼。每下大詔。令與通好夷狄。多屬於公。又採長老之論。搢紳大夫之談。謂公厚德懷人。如晉羊祜。直節敢諫。如魏辛毗。吏治儒雅。如漢張敞。

風概峻整。如唐温造。昌黎有曰。知其客可以信其主。知其主可以信其客。公之賢足以表千古。承君之言可以信後世。

補 祕閣王先生安國

祕閣文集

湯之於伊尹。文武之於太公望。高宗之於甘盤。皆上盡悃愊以求於下。而下之自重不可以詘者。豈以其道德足以驁上哉。蓋以爲所以望於吾者以道德。而其求也不勤。則其聽也不一。故君之於臣也忘其貴。臣之於君也忘其賤。論道德於君臣之際而無貴賤者。此天下國家之所以治也。記曰。取人以身。修身以道。夫修身至於足以取人者。學之效也。而果可以不學於師友乎。師友。

昔鄭以尹何爲邑。而子產卒不之與。曰。學而後入政。未聞以政學也。彼以一邑。而猶不可以用不學之人。又況任有大於此者乎。詩賦辭章律令。非古之所謂學也。徒可以求舉於今爾。施之行治而茫然。如未嘗問書也。雖策論稍異於此。然亦取辭而已。且設法欲四方萬里之材一切無所遺逸。以今觀之。其能無所遺逸乎。臣固知其不能也。其甚則患乎有道德者往往恥於求舉。而僶俛以爲貧者又多困於不售。夫不售者。古以爲有司之罪。而今之操陞黜者。反咨嗟歎息。以爲彼有所制。而吾亦無如之何。爲天下而使有道德者恥不願仕。有司不得行其志。而歸之於命。然則法之弊也。可謂極矣。舉士。

夫以德力行仁。所以爲王霸之異。而至於詘己任人。則未始不同。然而君能畜臣者。天下之至難。傳曰。取人以身。修身以道。修道以仁。蓋道極於不可知之神。而人有其質。推之爲天下國家之用者。以其粗爾。然非致其精於己。則其粗亦不能以爲人。惟能自愛其身。則内不敢欺其心。外不蔽於物。然後好惡無所作。而尚何有己哉。能無己。始可以得己。而足以揆天下之理。知人之言。而邪正無以廋其實。尚何患乎論之不一哉。後周書序。

附録

平甫爲西京國子監教授。從康節遊。歸以出處語介甫。介甫歎曰。邵堯夫之賢。不可及矣。聞見録。

嘗諫其兄。以天下洶洶。不樂新法。恐爲家禍。介甫不聽。安國哭於影堂曰。吾家滅門矣。

雲濠謹案。王阮亭居易録引王銍默記云。時人語曰。王家兄弟。小底不如大底。謂安石安禮安國也。予謂論人以道德。不以爵位。當易之云。王家兄弟。大底不如小底。論世者或有取於予言。

譚氏家學

知州譚先生掞

譚掞字文初。曲江人。虞部郎昉子。王荆公方髫齔。與先生兄弟同學。荆公後爲字説。先生入局爲郎官。不苟從。累遷廣文館學士。副廣東西漕。移東路憲。知南恩州。廣東黄志。

荆公講友

孫先生侔

孫正之語

文。氣也。君子之氣正。衆人之氣隨。行之於身而正者。然後爲文。故必見諸行。行不正。則言無以信於世。

附録

荆公送之序曰。正之行古之道。又善爲古文。予知其能以孟韓之心爲心而不已者也。正之之兄官於温。奉其親以行。將往之。先爲言以處㊀。予欲默。安得而默也。

又同學一首别曾子固曰。江之南有賢人焉。字子固。非今所謂賢人者。予慕而友之。淮之南有賢人焉。字正之。非今所謂賢人者。子慕而友之。二賢人者。足未嘗相過也。口未嘗相語也。

㊀「處」下脱「予」。

辭幣未嘗相接也。其師若友。豈盡同哉。予考其言行。其不相似者。何其少也。曰。學聖人而已矣。學聖人。則其師若友必學聖人者。聖人之言行。豈有二哉。其相似也適然。予在淮南。爲正之道子固。正之不予疑也。還江南。爲子固道正之。子固亦以爲然。予又知賢人者既相似。而又相信不疑也。子固作懷友一首遺予。其大略欲相扳以至中庸而後已。正之蓋亦常云爾。夫安驅徐行。轥中庸之庭而造於其堂。舍二賢人者而誰哉。予昔非敢自必其有至也。亦願從事於左右焉爾。輔而進之。其可也。

王廣陵先生令 別見士劉諸儒學案補遺。

縣令王先生回 詳見廬陵學案。

縣令胡先生舜元

胡舜元。銅陵人。王介甫讀書大明寺。常同硯席。後知鄭縣。遇行新法。以書抵介甫。言其懷貳事君。貪利害民。竟乞致仕。姓譜。

雲濠謹案。先生嘉祐己亥進士。歷遷著作郎。王荆公嘗作序送之。稱爲純孝。其卒也。以詩輓之。見臨川集。

校理王先生介

王介。常山人。性强記。負直氣。舉制科。累官至祕閣校理。與王介甫遊。甚款。然未嘗降意相下。初。介甫屢召不起。後受學士之命。先生以詩寄之。有云。草廬三顧有春蟄。蕙帳一空生晚寒。蓋有所諷云。姓譜。

雲濠謹案。周益公跋先生帖云。王公與荆公同學。眉山蘇公同科。二公皆弔以詩。其人可知矣。

州判姚先生闢別見廬陵學案補遺。

縣令求先生仲弓

求仲弓字德夫。黄巖人。善屬文。熙寧九年特科。與王荆公爲文字交。其詩有雅趣。終樂清知縣。有文集。台州府志。

杜先生嬰

杜嬰字大和。眞之揚子人。寓於醫。無貧富貴賤。請之輒往。與之財。非義輒謝而不受。時時窮空。幾不能以自存。未嘗有不足之色。善言性命之理。而其心曠然。無累於物。荆公嘗與之語。久之而不厭云。參臨川文集。

徐先生仲堅

徐仲堅。揚子人。忠信篤實。遇人至謹。雖疾病占筮。不正衣巾不見。寓於筮。日得數十錢則止。不更筮也。能爲詩。亦好作文。有集若干卷。臨川文集。

征先生集

征集。淮南人。事其母至孝。居鄉里。恂恂恭謹。樂振人之窮急。而未嘗與人校曲直。好蓄書。能爲詩。有子五人。而教其三人爲進士。卒年七十七。王臨川集。

附録

王深寧困學紀聞曰。荆公爲征君墓表云。淮之南。有善人三人。杜安。徐仲堅。而征君之名字缺焉。三人皆居眞之揚子。當求郡志而補之。

梓材謹案。萬姓統譜。先生名集。其事與荆公所作墓表合。且言其子。長復。次賁。皇祐嘉祐間。相繼登第。蓋卽據郡志而爲之者。遂援以補之。

荆公學侶

庶官宋先生保國 補

梓材謹案。徐敦立却掃編記彩選格云。起於唐李郃本。相踵之者。有趙明遠。尹師魯。元豐官制行。有宋保國。皆取一時官制爲之云。

荆公同調

録事江先生樸附子炳。

江樸字文叔。開化人。好學自立。悼禮學之缺。能言其義。爲書二十卷。丞相王荆公方舉。有司尤善之。中皇祐五年進士第。授翁源尉。徙餘干令。鄱陽楊驥通易。臨川吴孝宗通春秋。皆以書幣致之。率□㈠子從受業。屋少不能館。至分處浮圖舍。江南以爲美談。再調象山令。代還。荆公當國。論事不合。監鹽官南路鹽場。罷去。復用舉者得夔州録事。謝病去。閒居鄞江十餘年。又居無錫。元祐六年。無疾卒。年七十三。子炳。與晁補之治平中俱學江南。相好也。後中進士第。爲巴東縣主簿。雞肋集。

直講曹先生確附從子璪。璉。

曹確字□□。江陰人。以文行知名於時。熙寧更新學校。遴奏天下名儒訓迪多士。先生時在選中。擢爲國子直講。學者翕然師尊之。從子璪。字子華。與弟璉從先生爲學。得其緒言。紬繹不懈。皆屹然有立。後璉以進士通籍。楊龜山集。

郎中劉前溪先生涇別見邱劉諸儒學案補遺。

㈠「□」當作「邑」。

房先生審權

房審權。蜀人。熙寧閒。著周易義海一百卷。其書集鄭康成至王介甫凡百家。撮取其專明人事者爲一編。郡齋讀書志。

梓材謹案。經義考劉費著云。先生。祕書昭庶之子。著大樂演義。

附録

李彦平自序周易義海撮要曰。房謂自漢至今。專門學不啻千百家。或泥陰陽。或拘象數。或推之於互體。或失之於虛無。今於千百家斥去雜學異説。摘取專明人事。羽翼吾道者。僅百家。編爲一集。仍以正義冠之端首。釐爲百卷。或諸家説有異同。理相疑惑者。復援父師之訓。朋友之論。輒加評議。附之篇末。其閒尚有意義重疊。文辭冗瑣者。再加删削。而益之以伊川東坡漢上之説。庶學者便於觀覽云。

附傳

縣令黄先生介父書。

黄介字幾復。南昌人。父書。以天文經緯言人事畸耦如神。先生與其兄甲皆授學。其父試以近日求五緯法曰。先得者傳焉。甲以二日。先生以十日。其父曰。甲可世家。介可爲儒。而二子皆以卒業。先生年少。有意於六經。析理入微。士大夫未知讀老莊。先生數爲其友黄涪翁言。莊周雖名老氏。訓傳要爲非得莊周。後世亦難趨入。其斬伐俗學以六事。黄帝堯舜孔子。自揚雄不足以知之。其後十年。王氏父子以經術師表一世。士非老莊不言。涪翁戲曰。微言可以市矣。先生曰。吾安能希價於咸陽。而與稷下尹辨哉。熙寧九年。乃得同學究出身。舉廣州教授。嶺南人士。承其講解章句。聞所未聞。改楚州團練推官。知四會縣。用薦者知永新縣卒。黄豫章集。

張先生砥

張砥。□□人。著有春秋傳。蓋治春秋三十年。成書三十萬言。當日以貽司馬温公。託其自上廢三傳之學而行其書。以伸千載聖人未明之意。温公封還之。經義考。

輔之先緒

王先生君玉

王君玉。佚其名。南城人。無咎之父也。事親盡力。及其有子。則盡其方以教子。鄉人之子弟皆歸之。先生隨少長所能以教。又盡其力云。王臨川文集。

梓材謹案。四庫書目提要國老談苑二卷。舊本題夷門隱叟王君玉撰。考陳振孫書録解題。宋史藝文志。作國老閒談。卷數與此相合。而注稱夷門君玉撰。不著其姓。然則此名後人所改。王氏亦後人所增也。今攷宋王君玉有二。一爲先生。一爲舒人王琪。字君玉。以禮部侍郎致仕。爲王丞相珪之從父兄。是書如爲王君玉所撰。當屬之先生。

陸氏先緒

吏部陸先生軫

陸軫字□□。越人也。農師之祖。官吏部郎。逮眞宗仁宗。在館閣最久。華文質行。粹美無疵。爲子若孫若其從子。安承善訓。隨性之厚薄。各有得焉。陶山集。

朝奉陸先生琮

陸琮字寶之。吏部再從子也。幼孤。吏部自教養之。爲學甚力。任爲郊社齋郎。爲吉州龍泉縣主簿。歷知處州。八遷至朝奉大夫。陶山集。

陸氏師承

吕先生宏

吕宏字□□。吴縣人。陸陶山佃嘗以童子從之學。陶山集。

荆公家學

補 龍圖王元澤雱

附録

晁子止曰。新經尚書義。王雱元澤撰。熙寧六年。命吕惠卿兼修國子監經義。王雱監同修撰。王安石提舉。而雱成是經。頒於學官。用以取士。或少違異。輒不中程。由是獨行於世六十年。而天下學者喜攻其短。自開黨禁。世人罕稱焉。

項平甫跋王氏爾雅曰。予讀王元澤爾雅。爲之永歎曰。嗚呼。王氏以父子之學之苦。卽其比物引類之博。分章析句之工。其用力也久。其屬辭也精。以其名家。自足垂世。視揚子雲許叔重何至多遜。而必欲用此説也。咸五帝而登三王。縛頡利而臣高昌。則已疏矣。度不能勝。而乃濟之以愎。輔之以佼。招合一時之羣小。盡逐累世之舊臣。以蹙吾國。而覆之以遺凶流毒。至使後之擅國者世師焉。以享上祇辟之説悦人主。以邦朋國是之説空廷臣。則王氏父子實爲之津梁。可不痛哉。

王深寧困學紀聞曰。上蔡論語解引元澤云。教之化民也深於命。民之效上也捷於令。本史記趙良之言。原注商君傳。

梓材謹案。阮亭居易録引青箱雜記。安石子雱云。君子多喜食酸。小人多喜食鹹。蓋酸得木性而上。鹹得水性而下也。觀此語不覺失笑云。

王野民先生景

王景字□□。吉水人。視荆公爲從祖。教授於吉。從者傾一州。蕭龍圖世京。彭太傅變。楊著作純師。皆從之授業。著書數百卷。號野民集。楊誠齋集。

荆公門人

補侍郎龔先生原

附録

先生少從王荆公游。篤志明經。以經學爲邑人倡。是時周程尚隱於濂洛。永嘉先輩之學以經鳴者。淵源皆出於先生。

荆公再答先生論語孟子書曰。所論及異端。共曉然道德性命。其宗一也。道有君子有小人。德有吉有凶。則命有順有逆。性有善有惡。固其理。又何足以疑。伊尹曰。茲爲不善。習與性成。出善就惡。謂之性亡。不可謂之性成。伊尹之言何謂也。召公曰。惟不恭厥德。乃早墜厥命者。所謂命凶也。命凶者固自取。然猶謂之命。若小人之自取。或幸而免。不可謂之命。則召公之言何謂也。是古之人以無君子爲無道。以無吉德爲無德。則出善就惡謂之性亡。非不可也。雖然。可以謂之無道。而不可謂之道無。小人可以謂之無德。而不可以謂德無。凶可以謂之性亡。而不可謂之性無惡。孔子曰。性相近也。習相遠也。言相近之性。以習而相遠。則習不可以不愼。非謂天下之性皆相近而已矣。孔子見南子爲有禮。則孔子不可告子路曰是禮也。而曰天厭之乎。孟子曰。男女授受不親。禮也。嫂溺援之以手者。權也。若有禮而無權。則何以爲孔子。天下之禮。固不可以一言盡。君子有時而用禮。故孟子不見諸侯。有時而用權。故孔子可見南子。孔子與蒲人盟而適衛者。將以行法也。不如是。則要盟者得志矣。且有至於人而不得行。則聖人之無所奈何。孔子適衛。非蒲之所能至。則孔子何爲而不適衛。蓋適衛然後足以明義。此孔子之所微也。凡此皆爲深甫道之。以深甫之明。何難於答是。而千里以書見及。此固深甫之好問嗜學之無已也。

鄒忠公序先生括蒼易傳曰。神宗皇帝以道涖天下。於是造士以經。表通經者講於太學。以訓迪四方。時陸公佃詩。孫公詳書。葉公濤周禮。周公常禮記。而先生專以易授。諸公咸推先焉。先生蓋王文公門人之高第也。三聖之所祕。文公旣已發之於前。文公之所略。先生又復申之於後。始而詳説之。終以反説約。故自熙寧以來。凡學易者。靡不以先生爲宗師。

周益公書先生史傳後曰。惟公學術。豈晚生所敢輕議。至於守道不阿。尚可推考。王荆公不喜春秋。公則詳爲之傳。知非苟從王氏者。迨元祐初。司馬文正雖有習氣之語。不害其爲實也。厥後哲宗疑元祐大臣。出公於外。而公奏陳之意。猶前日所以對文正也。二三十年閒。士大夫徇時向背者多。公獨始卒如此。是宜人主信之。學者尊之。勁正如鄒忠公。序公易傳。至謂其説可與易偕行不朽。而以門人自名。則公學術可知矣。

補直講王先生无咎

梓材謹案。曲阜集先生文集序云。始起窮約之中。未有知者。我伯氏一見異之。歸以其妹。其後歷抵數公。而從王文公游最久。至棄官積年不去。以迨於卒。又嘗解論語十卷。以行於世云。

審己箴

汝曰有德。汝未大成。汝之有過。傷德蓋輕。聖能恕汝。猶曰汝美。衆人弗逮。知慕而已。恕汝不知。慕汝輒愉。汝不自反。卒比於愚。愚不可比。汝孰宜懼。聖人之恕。衆人之慕。

附録

荆公誌其墓曰。當熙寧初。所謂質直好義。不爲利疚於回而學不厭者。予獨知君而已。

曾文昭序先生文集曰。補之於書無所不讀。於聖人微言奥旨。精思力索。必極其至。本茂華韡。源深流駛。故其爲文。貫徹古今。反覆辨博。而卒歸於典要。非特馳騁虚詞而已。充補之之志。蓋將著書立言。以羽翼六經。而不幸死矣。

王深寧困學紀聞曰。畿内爲學二。爲序十有二。爲庠三百。諸侯之國半之。王无咎之言也。陸務觀取焉。

又曰。上蔡云。聖人語常而不語怪。語德而不語力。語治而不語亂。語人而不語神。本王无咎之說。

補右丞陸陶山先生佃

梓材謹案。陸放翁跋蘇丞相手澤云。先大父平生所尊事願學者。惟丞相魏公。是先生私淑蘇魏公者矣。

陸陶山說

古之學者。先明詩而書次之。書已明而禮樂次之。禮樂已明而春秋次之。春秋已明而易次之。故五變而春秋可舉。九變而易可言也。

陶山禮說

康成以家邑爲大夫采地。小都爲卿采地。大都爲公采地。此其大凡也。其地有餘不足。蓋有通瀍焉。雖卿或在疆地。雖大夫或在縣地。取足於封而已。

内屈於二伯故稱牧。外伸於諸侯故稱伯。以上地官。

王者無先王之樂。明有法也。舞當代之樂。明有制也。舞四夷之樂。明有懷也。

黄道北至東井。南至牽牛。東至角。西至婁。夏至日在東井。而北近極星。則晷短。表景尺五寸。冬至日在牽牛。而南遠極星。則晷長。表景丈三尺。春分日在婁。秋分日在角。而中於極星。則晷長短中。表景七尺三寸。日。陽也。陽用事則日進而北。晝進而長。陽勝。故爲温爲暑。

陰用事則日退而南。晝退而短。陰勝。故爲涼爲寒。月之九行。在東西南北有青白赤黑道各二。而出於黄道之旁。立春春分。月東循青道。而春分上弦在東井。立秋秋分。月西循白道。而秋分上弦在牽牛。立冬冬至。北旋黑道。立夏夏至。南旋赤道。古之致月。不在二至。而常在二分。不在二分之望。而常在弦者。以月入八日與不盡八日得陰陽之正平故也。以上春官。

九獻之外謂之加。明堂位曰。加以璧散璧角是也。蓋卒食之後。其豆謂之加豆。以其加於卒食之後也。卒獻之後。其爵謂之加爵。以其加於卒獻之後也。特牲饋食禮。

案士相見禮。下大夫以鴈。飾之以布。云。飾則繢可知。未必有天子之大夫諸侯之大夫之異。父母之喪無貴賤。一也。鄭氏謂士禮貶於大夫。非是。然喪大記云。士之喪。二日而殯。左氏曰。士踰月。外姻至。何也。曰。士卑。故主生者之月日言之。不嫌也。若大夫以上言來日。嫌於已蹙。此立言之法。故君之喪曰五日既殯。大夫之言三日之朝既殯。言既殯。非殯之日也。亦猶言五日而殯。不言朝。言朝。嫌於已蹙。

書曰。三龜一習吉。又曰。卜不習吉。據此龜襲龜可也。若大事先筮後卜。筮不吉。雖卜可也。非所謂襲。襲謂若卜筮不吉。又卜筮之。

考工記曰。凡攻木之工七。攻金之工六。攻皮之工五。設色之工五。刮摩之工五。摶埴之工二。土工蓋摶埴之工。金工蓋攻金之工。石工蓋刮摩之工。木工蓋攻木之工。獸工蓋攻皮之工。草工蓋設色之工。若以藍爲青。以茢爲紫。以蒨爲紅。以菉爲黄之類是也。或曰。草讀如字。今俗作皁。非正也。殷人尚質。故設色之工謂之草工。以上曲禮。

喪雖輕。惻隱不至則有之。未有居之而樂者也。子夏失問。夫子是以不答。

禮記無韋弁。周官無爵弁。韋弁卽爵弁也。周官無綦弁。尚書無皮弁。綦弁卽皮弁也。綦弁爵弁言色。韋弁皮弁言物。

弁絰葛在下則葛帶也。絰仍用麻。弁絰葛而葬。卿大夫以上禮知然者。以下周人弁而葬。殷人冔而葬知之也。喪致哀而已。葬則有敬心焉。弁而葬。冔而葬。則其敬心益隆。

謂親喪三日之後。君命以粥歠焉。故曰。爲其病也。君命食之也。據問喪云。鄰里爲之糜粥以飲食之。案士喪君不命。故鄰里食之。此言君命食之。謂大夫已。

貍首之斑然。執女手之拳然。此其貍首之詩歟。所謂大小莫處。御於君所。其詩中閒之詞歟。執女手之拳然。蓋上之所以接下。御於君所。蓋下之所以事上。以上檀弓。

武王立武庚於邶。以管叔蔡叔監之。周官曰。建其牧。立其監。然則武庚二王後其牧歟。鄭謂二王之後不爲牧。不知何據。

國語曰。工史書世。宗祝書昭穆。知廟次昭穆與世次異矣。周官小宗伯既掌辨廟祧之昭穆。小史又掌奠繫世辨昭穆。則明世次先後與廟祧之昭穆異矣。至於大袷卽依世次。與七廟常祀昭穆不同。故小史又曰。祭祀以書敘昭穆之俎簋。若昭穆一定。何必辨而敘之。

春夏以飲爲主審諦之時也。春可謂之礿。亦可謂之禘。夏可謂之禘。亦可謂之礿。郊特牲曰。

春禘而秋嘗。王制曰。春礿夏禘。是也。礿品物少。文詞多。春之事而已。故夏未有言礿者。時祭惟礿禘各於其廟祀之。夏禘秋嘗冬烝。三昭三穆皆升。合食於祖廟。所謂三年大祫與此異。彼祫之大者也。

天子嘗黍在夏。故庶人秋始薦黍。天子嘗稻在秋。故庶人冬始薦稻。由是言之。天子孟夏嘗麥。庶人薦麥在仲夏矣。天子仲春薦韭。庶人薦韭在季春矣。

燕衣。燕居之衣。玄端是也。據卒食玄端以居。縞衣。朝衣也。據朝服之以縞。自季康子始也。玄衣。冕也。據食三老五更於大學。冕而總干。養老。夏后氏衣以燕服。殷人以朝服。周人以祭服。後王彌文也。言燕則知有所謂朝。言玄則知有所謂素。言縞則知有所謂麻。深衣亦燕服。其服之卑者也。記曰。朝玄端。夕深衣。以上王制。

古周禮説云。黎爲祝融。祀以爲竈。馬融王肅宗之。以爲户竈中霤門行之祭。以句芒五官配焉。左傳句芒五官。生爲貴神。謂之五祀。或曰。句龍后土爲社矣。更於中霤祭之。何也。曰。句龍於國則配社。於家則配中霤。不以相廢。猶后稷於郊則配天。於社則配稷也。或曰。鄭謂竈祭於竈陘。祝融火官之長。祭於竈陘。不已陋乎。曰。先祭於其所以降神也。五官實不在焉。於奥迎尸。始以祝融等配之。何陋之有。

爾雅云。室有東西廂曰廟。所謂青陽明堂總章玄堂太廟。以其居正有左右廂故也。若中央太廟。無左右廂。故曰太廟太室。且以著青陽等。皆太廟也。

王城面各三門。南北九經。東西九緯。毋出九門。謂毋出此門也。
斷薄刑。決小罪。出輕繫。是亦仁義所以繼長增高也。且言靡草死。麥秋至。而後用此。亦因時順氣矣。

鴻雁何不言南鄉。非其居也。羣鳥。丹鳥也。養羞。養白鳥焉。凡欲羞之。必先養之。養在八月。羞在九月。養之。仁也。羞之。義也。

蔡邕云。祀天則大裘。然則祭地不大裘明矣。故曰。掌爲大裘。以供王祀天之服。以上月令。

君薨。子恃以立者。士大夫也。古之人植遺腹朝委裘而而㊀天下不亂。用此道也。事變世移。漢始垂簾矣。

參也魯。有至誠焉。故孔子有雖不問亦告之者。以上曾子問。

周官羽舞無籥象。文德之小者以爲儀。干舞無戚象。武事之小者以爲扞而已。文舞小曰羽。舞大則謂之籥。武舞小曰干。舞大則謂之萬。鄭氏孫毓皆謂。萬舞惟干無羽。籥舞惟羽舞干。是不知文必有武備。武必有文輔之意也。干戚一舞。故以一官教之。干戈兩舞。故各以其官教之。干戚大舞。故教以大樂正。干舞小。故教以小樂正。戈舞尤小。故以籥師教焉。周官有干舞又有兵舞。兵舞卽戈舞也。五兵一曰戈。故以名之。觀司干授干而小樂正教之。司戈授戈而籥師教之。

㊀「而而」衍一「而」。

則干舞戈舞爲二可知。而先儒謂小舞以干配戈。謬也。文王世子。

與賢與子。其義一也。不足爲時之厚薄。然後世一不與子則爭亂隨之。是亦天也。雖以爲時之厚薄可也。禮運。

貴者獻以爵。賤者獻以散。所謂尸飲五。君洗玉爵獻卿。尸飲九。以散爵獻大夫。尊者舉觶。卑者舉角者。凡妥尸。天子舉斝。諸侯舉角。則卿舉觶。大夫舉角與。若特牲饋食酳尸以角。旅酬更以觶。與此不同者。蓋卑者以大爲貴。然此經所言。蓋天子諸侯之儀也。禮器。

周禮曰。以冬日至致天神。又曰。凡學。圜鍾爲宮。黃鍾爲角。冬日至於地上之圜丘奏之。蓋以其所在言之則謂之郊。以其所祭言之則謂之丘。或曰。圜丘之祭。玉用蒼璧。牲用蒼犢。樂用圜鍾。而南郊之祭。其玉四圭有邸。其牲騂犢。其樂黃鍾。各不同。何也。聖人制祭。有降神之牲。又有祀神之牲。有禮神之玉。又有祀神之玉。有降神之樂。又有祀神之樂。夫豈一端而已。亦各有所當也。

饗禘有樂。而食嘗無樂。此周禮也。殷人尚聲。雖食嘗猶有樂。祭統曰。大嘗禘。升歌清廟。下而管象。魯殷禮也。公食大夫無樂食禮也。然則少牢饋食特牲饋食主嘗言之與。

凡樂三闋。入門而縣興。升堂而樂闋。一也。賓飲畢樂闋。二也。主人受酢飲畢樂闋。三也。奠酬而工升歌。發德也。所謂德發揚。詡萬物者。此與。

郊之祭也。其序可推而知。嘗試言之。蓋祭之日。夜向晨。王皮弁以聽祭報。而小宗伯告時於王。則王易皮弁。服衮冕。乘玉路。建大常以適郊。既至。下玉路。息大次。又衮冕以聽祭報。而小宗伯告備於王。則王脱衮。著大裘。以衮被之。易玉路。乘素車。建大旂以卽壇。既至。下素車。捧帛升柴。置於牲上以焚之。致天神。祭法所謂燔柴於泰壇。此先後之序也。

家主中霤。國主社。示本也。此諸侯大夫之事。萬物本乎天。人本乎祖。此所以配上帝也。此天子之事。

詔祝於室。坐尸於堂。主人親制其肝。所謂制祭。此殷禮也。鄭氏以言周禮。誤矣。蓋殷人制肝。周人制肺。殷人先求諸陽。周人先求諸陰。先求諸陽。故朝踐時。取牲膟膋燎於鑪炭。洗肝於鬱鬯而燔之。若周人制肺。雖在此時。其取膟膋燎於鑪炭。自當饋食之節。

鄭氏謂天子舉斝。諸侯舉角。凡祭祀灌獻用斝。齊用醆。酒用爵。知然者。以春秋傳瓘斝玉瓚盎齊一名醆酒知之也。斝以灌也。灌非以飲也。以歷而已。所謂量人受斝歷而皆飲之以此。然則舉斝角。詔妥尸。當灌獻之節。先儒謂妥尸在饋食時。此讀儀禮之誤也。蓋少牢特牲無朝踐饋獻。故妥尸在酳尸前。若祭自祼始。尸卽席久矣。不應至饋食始詔妥坐也。以上郊特牲。

腶。鍛煉之使精。脩。脩節之使雅。

此言擣珍。則上所謂淳熬等物非珍也。周官珍用八物。卽此牛羊麋鹿麕豕狗狼。是與餌讀如合以爲餌煎之之餌。言去其餌。則當以物爲餌孰之可知。以上內則。

見於天子執贄。大宗伯公執桓圭。侯執信圭是也。射亦執贄。射人三公執璧。孤執皮帛是也。

雖有所執。猶有所搢。故曰。見於天子與射。無脱笏。

豚行蓋言冕行。知然者。以端行弁行知之也。端行謂服玄端而行。弁行謂服爵弁皮弁而行。以上玉藻。

孟春不言正月。著魯卜郊卜日。其從之疾也。穀梁曰。我十二月下辛卜。正月上辛如不從。則以正月下辛卜。二月上辛如不從。則以二月下辛卜。三月上辛如不從。則不郊矣。人臣用天子禮樂。故其言婉而成章如此。明堂位。

士喪禮。主人髺髮袒。衆主人免於房。婦人髽於室。則袒括髮一人而已。諸子皆免。禮。臣爲君斬衰。雖兄弟不得以其屬通。如是而後君臣之分嚴。故期之喪達乎大夫。喪服傳曰。始封之君。不臣諸父昆弟。此與諸侯爲兄弟者也。雖如此。猶服斬。所臣兄弟可知。兄弟如此。諸父可知。

既葬而不報虞。此言過期而葬也。蓋葬日虞。如期而葬。則如期而虞也。不及時而葬。渴葬也。過時而葬。慢葬也。故禮使後其虞以責子道。以上喪服小記。

五曰存愛。鄭氏謂。察有仁愛者。蓋啜羹放麛。其持心不同。古者求忠臣必於孝子之門以此。後世以善求事爲精神。以能訐人爲風采。刻薄之徒進。而仁愛者不見察。民始莫得其死矣。大傳。

受立授立不坐。性之直者則有之矣。言人之性有不能委曲如禮者。雖坐。君子不責也。有恕存焉耳。然聖人禁其大者。故曰。直情而徑行者。戎狄之道也。禮道則不然。少儀。

就賢進於求善。體賢進於發慮。

周官州長言射於州序。則序者州亦有之。黨正言飲酒於序。則黨又有序矣。王制曰。耆老皆朝於庠。鄉飲酒曰。迎賓於庠門之外。則庠者。鄉亦有之。春秋傳曰。子產不毀鄉校。則鄉亦有校矣。以上學記。

樂至則無怨。若神罔時怨。神罔時恫。是也。禮至則不爭。若虞芮質厥成。文王蹶厥生。是也。以敬四海之内。所謂視天下匹夫匹婦能勝予是也。

干戚之舞。備樂也。而非備樂。孰亨而祀。達禮也。而非達禮。以著禮樂在彼不在此也。雖有干戚之舞而功不備。雖孰亨而祀而治不協。愧於備樂達禮矣。

至德之光。以樂而奮。若大章所以發堯德之光。大韶所以發舜德之光。以上樂記。

袞衣。先儒謂始命爲諸侯及朝覲加賜之衣。若秦仲受顯服。其詩曰。黻衣繡裳。此其一□㊀黻裳也。然則後諸侯以袞衣。公襲袞衣一。舉其有者也。若以謂諸侯人得而有之。非所謂袞。

升之精粗有不同。鄭氏謂八十縷爲升。舉其精者也。緦於縷加灰。錫於布加灰。朝服□㊁布。期悲哀。三年憂。緦思而已。

㊀「□」當作「隅」。
㊁「□」當作「據」。

下大夫一命。弁而喪於公。則冠而祭於己。可知。下士不命。冠而祭於公。則端而祭於己。亦可知。少牢朝服而祭。下大夫也。特牲冠玄端而祭。下士也。王之上士三命。服玄冕。則弁而祭於己矣。

犬馬不上於堂。故執圭將命小行人圭以馬。

諸侯有天子之喪。雖有親喪。不敢受弔。諸侯如此。則其臣有諸侯之喪。蓋亦如此。設若衛靈公弔季康子。而康子有君之喪。應辭。

疏衷㈠。大功文也。踴絶。不飽情也。伯叔母之喪。文至而情不至。姑姊妹之喪。文不至而情至。知此者。則凡禮知由於内矣。故曰。如知此者。由文矣哉。若夫徒文具而無至誠惻怛之實。失是矣。

其爲盜以其所遊。故君子居必擇鄉。遊必就士。所以防邪辟而近中正也。世衰道微。君不能教。始服其師。君不能舉。而爲所主者有服矣。以上雜記。

徹帷。男女奉尸夷於堂。降拜。體魄降矣。而謂之夷。婉詞也。盤曰夷槃。牀曰夷牀。衾曰夷衾。亦以此。喪大記。

立而不詘。以其恃親。故謂之固。進而不愉。以其憚親。故謂之疏。薦而不欲。若不得已。

㈠「衷」當爲「衰」。

而後薦也。不愛莫大於是。退立而不如受命。敖也。始立如此。是固也。非敖也。

凡祭以齊爲本。方祭嫌於不愉。祭已嫌於不齊。已徹而忘之。是之謂忘本。

魂亦神也。氣其盛者也。體亦鬼也。魄其盛者也。氣有升而已。魄有降而已。惟聖人爲能求而合之。以教天下。故曰教之至也。

凡祭。朝踐尊而饋食親。尊。故曰教衆反始。親。故曰教民相愛。以上祭義。

詩之事近。易之事深。故詩之失愚。易之失賊。不言失之。而言之失者。六經無失也。學者之失而已。書之失誣。如孟子所謂。以至仁伐至不仁。何其血之流杵也。詩敦厚近愚。樂廣博近奢。禮恭敬近煩。春秋撥亂多權宜。故其失亂。經解。

詩與禮不同。禮嚴而詩寬。若禮。好色則禁。怨讟則禁。詩不禁好色。而禁人之淫。不禁怨讟。而禁人之亂。司馬遷曰。國風好色而不淫。小雅怨誹而不亂。是也。仲尼燕居。

恭不近禮則足。儉不近仁則鄙。信不近情則僞。情可信。若柯之盟。伐原徙木之信。豈可也哉。

衣服以移之者。孔子曰。衰麻苴杖者。志不存乎樂。非耳弗聞。服使然也。黼黻衮冕者。容不褻慢。非性矜莊。服使然也。是之謂移。以上表記。

相好。仁也。相攝。義也。相好主内。君子好仇是也。相攝主外。攝以威儀是也。緇衣。

凡喪親。始死哭不以數。則士明日朝莫哭。又明日成服之朝哭。所謂三哭者此與。大夫明日又明日朝莫哭。又明日朝哭。凡五哭。諸侯朝莫哭如大夫。又三日朝哭。凡七哭於是殯。天子朝莫哭如諸侯。又四日朝哭。凡九哭於是殯。奔喪。

扱上衽。則以有辟踊之端焉。交手哭。捧心而哭。發胸擊心。在斂之後。惻怛痛疾而精先傷。魂次之。魄又次之。故曰。傷腎乾肝焦肺。傷傷而已。乾爲甚。乾猶可也。焦又甚矣。

父在不敢杖。此非故隆父殺母。是人情之實。禮義之經也。野人曰。父母何算焉。隆母如父。是之謂野。以上問喪。

婦之黨爲昏兄弟。壻之黨爲姻兄弟。又各謂其外家之黨爲外兄弟。喪服傳曰。何如則可謂之兄弟。小功以下爲兄弟。小功以下。親不足言也。謂之兄弟可。故曰。四海以内皆兄弟也。服問。

魯。同姓之親也。薛。異姓之親也。記魯令著。所以待同姓之禮如此。故曰。有常爵。記薛令著。所以待異姓之禮如此。故曰。若是者浮。蓋曰若是者浮。則辭有不婉矣。

魯投壺之鼓多。薛投壺之鼓少。亦所以待同姓異姓之別也。詩曰。在宗載考。有是哉。以上投壺。

席上之珍。若伊尹樂堯舜之道於畎畝之中是已。儒行。

天子諸侯十五而冠。早成其德。先儒因晉侯謂魯襄公可以冠。魯襄公是時年十二。謂諸侯十二而冠。誤矣。蓋曰可以冠。則非禮之正也。金縢王與大夫盡弁。成王時年十五。則冠在是歲可知。

柯陵之會。厲公視遠步高。晉郤㈠犨見其語迂。郤錡見其語犯。郤至見其語伐。單襄公曰。吾見厲公之容。而聽三郤之語矣。殆必禍者也。蓋古之人於此以觀禍福。如此則容體顏色辭令亦豈可忽哉。以上冠義。

鄉人士君子。鄉人之中有士君子之行者也。周官所謂賢能是與。讓之三也。象月之三日而成魄也。成魄謂望後三日。且月以生明爲進。生魄爲退。退讓之事也。

介必東鄉。介。賓主也。據此坐鄉東者明矣。然則主人面西北。賓面東南。僎面西南。皆可知。以上鄉飲酒義。

介紹而傳命。言紹。則若上公七介。皆相繼傳命也。蓋如是而後盡敬。父子之閒以質爲敬。君臣之閒以文爲敬。聘義。

陶山文集

周書曰。太廟路寢明堂應門庫臺。注謂。門者皆有臺。於庫門見之。從可知也。臣謹案。爾雅曰。閍謂之門。正門謂之應門。犍爲舍人曰。閍。廟門也。應門。南向大門。明堂位曰。九采

㈠「郤」當爲「郤」。下同。

之國。應門之外。北面東上。然則太廟明堂同制。大門謂之應門。蓋築臺爲屋於其上。禮記曰。天子諸侯臺門。有以高爲貴也。又曰。臺門而旅。屏大夫之僭禮也。正義曰。兩邊起土臺。臺上架屋。謂之臺門。臺門議。

明堂位曰。太廟疏屏。注謂。疏。今浮思也。刻之雲氣蟲獸。若今闕上爲之矣。疏曰。天子外屏。人臣至屏。俯伏思念其事。臣竊謂。疏屏。蓋謂疏其上也。尚書大傳曰。諸侯疏序。注謂。序。牆也。於上爲疏。疏。牕也。謹案。義訓曰。交牕謂之牖。櫺牕謂之疏。鄭氏謂刻爲雲氣蟲獸。誤矣。疏屏議。

家語曰。孔子觀乎明堂。覩四門墉有堯桀之象。而如有善惡之狀。興廢之誡焉。臣竊謂。宗廟與明堂同制。則廟亦四墉有門。其南曰閎。三面謂之闈。故蔡邕明堂月令論曰。古大明堂之禮。膳夫氏相禮。日昃出西闈。日闇出北闈。知宗廟之門四也。四門議。

攷工記曰。世室九階。注謂。南面三。三面各二。疏曰。明堂位曰。三公。中階之前。北面東上。諸侯之位。阼階之東。西面北上。諸伯之位。西階之西。東面北上。以此知南面三階也。大射禮云。工人士與梓人升自北階。禮記云。夫人至。入自闈門。升自側階。又曰。升自東階。以此知三面各二也。九階議。

明堂位曰。太廟達鄉。注謂。鄉。牖屬。謂夾户牕也。博雅曰。牕牖闢也。臣謹案。攷工記曰。四旁兩夾牕。謂於重屋四旁面各兩牕。以納日月之明。所謂達鄉。而鄭氏以爲每室四户八牕。

非是也。説文曰。在屋曰牕。在牆曰牖。則牕在屋明矣。達鄉議。

凡物有掛者有象。卦。掛也。故孔子釋卦體謂之象。天行健。地勢坤之類是也。有效者有繫。爻。效也。故周公作爻辭謂之繫。潛龍勿用。履霜堅冰至之類是也。周禮於天官言縣治象。於地官言懸教象。此有卦者有象之證也。曲禮言。效馬效羊者右牽之。效犬者左牽之。此有效者有繫之證也。懸者。掛之也。牽者。繫之也。易解。

起而上者。作也。推而下者。至也。火炎上。水潤下。故離言明兩作。坎言水洊至。兩物相差爲二。二物相敵爲兩。於離言兩作者。以重明相繼而作於上也。文於象形。鳥飛而下爲至。於會意。水洊而至爲洊。於坎言洊至者。以重險相繼而存於下故也。八卦解上。

圖天下之治者存乎意。無良法以施之。則雖有良意不能立。施天下之意者存乎法。無良材以守之。則雖有良法不能行。廷對策。

舊説此書始於周公以教成王。子夏因而廣之。雖不可攷。然非若周公子夏不能爲也。故予每盡心焉。雖其微言奥旨有不能盡。不得謂不知者也。爾雅新義序。

富貴之族氣驕。貧賤之士志苦。逸樂之習難移。憂勤之性易感。送李泰叔序。

易曰。正言斷辭。又曰。其辭文。其言曲而中。言辭孰爲而辨者。蓋成句謂之言。成章謂之辭。子曰。詩三百。一言以蔽之曰。思無邪。則成句謂之言。明矣。乾之彖曰大哉乾元云云。坤之彖曰至哉坤元云云。而孔子謂之彖辭。屯之六二曰屯如邅如云云。晉之初六曰晉如摧如云云。

而孔子謂之繫辭。則成章謂之辭。又明矣。言辭之所以有辨者如此也。答周之才書。

承學之士。驟而語禮。不知其本也。驟而語春秋。不知其始也。答崔子方書。

君子達於性命之際。故分内之常可以義處。而意外之變可以理遣也。答史仲至書。

舜典言嶽。獨東言岱。言巡守。獨北言朔。朔言終。則有始也。岱言代。則有謝也。於時之始言代則有謝。於方言終則有始。亦言之法也。如初以其四時之同。是以不言南也。且北方陰陽具。故北一名朔。朔。陽也。北。陰也。豈特此也哉。物有元龜纏蛇。藏有左腎右命。至於卦。又謂之習坎。習。重也。答陳氏先都曹書。

附録

元豐中。陸佃修説文。因進書獲對。神宗論物性。恨未有著書者。佃進説魚説木二篇。自是益加論譔。爲埤雅二十卷。玉海。

神宗問大裘。先生對以記曰。裘之裼也。見美也。服之襲也。充美也。禮不盛。服不充。故大裘不裼則襲裘可知。又郊特牲曰。郊之日。王被衮以象天。戴冕繅十有二旒。則天數也。是則大裘裼裘可知。大裘襲衮則戴冕藻十有二旒可知。神宗稱善。詔有司制黑羔爲裘而被以衮。

子宰序埤雅曰。先公作此書。自初迨終僅四十年。不獨博極羣書。而農父牧夫。百工技藝。下至輿臺皁隸。莫不諏詢。苟有所聞。必加試驗。然後紀録。則其深微淵懿。宜窮天下之理矣。

雲濠謹案。四庫全書著録埤雅。提要云。其説諸物。大抵略於形狀。而詳於名義。尋究偏旁。比附形聲。務求其得名之所以然。又推而通貫諸經。曲證旁稽。假物理以明其義。中多引王荆公字説。蓋陸氏以依附荆公行新法。故後入元祐黨籍。其學問淵源則實出荆公。晁氏讀書志謂。其説不專主王氏。亦似特立。殆未詳檢是編。誤以論其人者論其書歟。又案。王阮亭居易録云。農師。放翁之曾祖也。受經安石。爲禮部侍郎。持議多爲安石隱諱。山谷目爲佞史。予讀其所著埤雅説魚説木二篇。元豐閒。經進御覽。首一條云。今相士謂曾公亮得龍之脊。王安石得龍之睛。夫姑布之言。何關故實。況進御之書。尤乖理體。此之爲佞。不既多乎。

王深寧困學紀聞曰。自漢儒至於慶曆閒。談經者守訓詁而不鑿。七經小傳出而稍尚新奇。至三經義行。視漢儒之學若土梗。古之講經者。執卷而口説。未嘗有講義也。元豐閒。陸農師在經筵。始進講義。自時厥後。上而經筵。下而學校。皆爲支離曼衍之詞。説者徒以資口耳。聽者不復相問難。道愈散而習愈薄矣。

補 司成汪先生澥

附録

黄東發讀汪浮溪集曰。開府預王安石釋經之議。又首傳其説。愚按。浮溪愛澥者。而首譽及此。殆不辨是非矣。

雲濠謹案。汪浮溪集有謝汪澥司成薦舉啓云。三年去國。從學官薄斂之書。千里推賢。辱宗衮陽秋之字。是先生固浮溪受知師也。

補 朝奉鄭一拂先生俠

梓材謹案。辟疆園宋文選於先生文跋云。卒謚曰介。未知所本。

雲濠謹案。王阮亭居易録載。西塘先生集九卷。鄭介父著。有黄祖舜序。謂先生之人。所謂浩然之氣。至大至剛。其爲詩文亦如之。大抵如石守道而無其怒張叫呶之習。有德之言。仁者之勇。彷彿見之。又云。先生子堣。即艾軒林光朝也。先生之弟侃。登元祐三年李常寧榜。子汝石。崇寧五年蔡薿榜。侃子良臣。紹興二年張九成榜。汝石孫永年。紹興三十年梁克家榜。椿年。隆興元年木待問榜。良臣子恭。乾道二年蕭國梁榜。永年子牧之。紹興元年余復榜。椿年子嗣之。開熙元年毛自知榜。牧之子格。淳熙四年留夢炎榜。終宋之世。科第不絶。天之眷忠義其至哉。阮亭於子汝石注。按傳誌。先生子一人。穎。早卒。此必有誤。蓋穎早卒。而汝石爲先生嗣子。非誤也。阮亭又云。一拂先生少隨父遊宦金陵。讀書清涼山寺。深爲王介甫所器。及調光州司法參軍。讞疑獄四五事。介甫在政府。皆如所請。任滿入京。介甫勉令試法。不應。又令子雱。堣黎東美。諭意將辟爲修經局檢討。皆力辭。且曰。丞相一旦當軸。發言持論無非以官爵爲先。所以待天下士亦淺矣。果欲援俠而成就之。取其所獻利民便物之事。行其二三。使進而無愧。不亦善乎。介甫爲先生第一知己。而至於義利之辨。不稍詭隨如此。若先生乃可以報知己矣。

論新法進流民圖

臣竊惟災患有可召之道。無可試之理。其致之有漸。而來如疾風暴雨。不可復禦。流血藉尸。方知喪敗。此愚夫庸人之見。而古今比比有之。所貴於聖神者。爲其能圖患未然。轉禍爲福者耳。

方今之勢。猶有可救。臣願陛下開倉廩。賑貧乏。諸有司斂掠不道之政。一切罷去。庶幾早召和氣。上應天心。調陰陽。降雨露。以延天下萬姓垂死之命。而固宗社萬萬年無疆之祉。夫君臣際遇。貴乎知心。以臣之愚。深知陛下愛養黎庶甚於赤子。故自卽位以來。一有利民便物之政。靡不毅然主張而行。陛下之心。亦欲其人人壽富。而躋之堯舜三代之盛耳。夫豈區區充滿府庫。盈溢倉廩。終以富衍彊大勝天下哉。而中外之臣。略不推明陛下此心。而乃肆其叨懫。剥割生民。侵肌及骨。使之困苦而不聊生。坐視夫民之死而不恤。夫陛下所存如彼。羣臣所爲如此。不知君臣際遇欲作何事。徒只月超百資。意指氣使而已乎。

朝廷設官。位有高下。臣子事主。忠無兩心。與其得罪於有司。孰與不同於君父。與其苟容於當世。孰與得罪於皇天。臣所以不避萬死。冒干萬重之天閽。以告訴於陛下者。凡以上畏天命。中憂君國。而下憂生民耳。若臣之身。使其粉碎。如一螻蟻。無足顧愛。切聞南征西伐者。皆以其勝捷之勢。山川之形。爲圖而來獻。料無一人以天下之民質妻賣兒。流離逃散。斬栗伐棗。折壞廬舍而賣於城市。輸官糴粟。遑遑不給之狀爲圖而獻前者。臣不敢以所聞聞。謹以安上門還㈠日所見。繪成一圖。百不及一。但經聖明眼目。已見嗟咨涕泣。而況數千里之外有甚於此者哉。

㈠「還」當爲「逐」。

有應舉不以實年者。戒之曰。方謀入仕。已有欺君之心。不可。

暇日。問子姪誦詩考槃之義。曰。弗諼者。弗忘君之惡。弗過者。弗過君之朝。弗告者。弗告君以善。碩人之於君。有惓惓之不忍也。故永矢以絶之。君歎曰。是何言歟。古之人在畎畝不忘君。況於賢者。一不見用。而忿戾若是哉。蓋弗諼者。弗忘君也。弗過者。弗以君爲過也。弗告者。弗以告他人也。其存心如此。

其上王荆公書曰。他人之學於先生者。文章辭語進退舉蹈之閒。故其爲功易而取效速。俠所欲學者。學先生之所難學。非文章辭語進退舉蹈所可到者。既不自量其力。又不得親炙於前。是以久而未獲。勞而無功。夫先生之文章辭語進退舉蹈。皆先生所自裁抑。而用中於民者。豈有異於人哉。此人人所可得見。而易學以求合者。乃若先生所以異於人者。不過若黍米大。而圓明瑩徹。上可以通高天。下可以達厚地。而旁無四方。此人人所不可見。而難以合者。子貢曰。夫子之文章。可得而聞也。夫子之言性與天道。不可得而聞也。子貢所見於孔子者如此。已爲不可得而聞。況於行之合於性與道。求之於黍米又不可得而著。是豈趨利忘義。乘勢爭便。其心不得以少息之人。所可得而學哉。

梓材謹案。涑水紀聞卷十六載先生云。素師事王雱。而議論常與雱異。以先生爲元澤弟子。似屬傳聞之誤。

自爲大慶居士序曰。居士本儒學。以孔子爲宗。得老氏之説以明。又得釋氏而後大明孔子之道。以三人名號不同耳。三氏之外。百家傳記。歷代史載。至於醫方小説。見必取讀。其於民物有補。毫髮無不留意。此其學也。以爲父子君臣夫婦長幼朋友之相與。上下四方。俯仰回環。□之直一。蟬之翼合。上下四方。通爲一物。亦若是。此其識也。以爲智生於是非。而成於毀譽。與祇鬼禍福朝廷廢黜相爲表裏也。故雖對妻孥。莫敢溢人美惡。謂幽暗闃寂。此正祇鬼眼處。是以莫或自欺於方寸。而上不諛公卿。下不原鄉黨。水火可蹈。而議論不可回。此其守也。惟君爲堯舜。民復太古。一飯一衣。而四方萬里同飽煖也。一憂一樂。四方萬里同欣戚也。貸古之人。無窮之下。大之天地。細至鱗介。猶若是也。而功無尸。物無府。此其志也。其視先後古今等。人與我等。我與人等。衆生與佛等。佛與衆生等。無一物乃入於無取無舍。非卽非離。以大清圓淨攝爲我住。是曰居士。而大慶云者。所居之山也。

高東溪爲鄭介夫硯銘曰。我思公。不可見。如見公。以斯硯。硯之堅。公之剛。我之頑。雖萬磨而莫變。

補 正字陳先生祥道

雲濠謹案。閩書云。字祐之。閩清人。治平進士。嘗著禮書。近臣以聞。哲宗詔尚書給筆札鈔録。除國子監直講。遷館閣校勘。

禮書序略

臣嘗考六藝百家之文。以究先王禮樂之迹。凡寓於形名度數者必辨其制。凡藏於道德仁義者必發其藴。發憤二十年。著成禮書。總一百五十卷。其於歷代諸儒之論。近世聶崇義之圖。或正所失。或補所闕。庶幾古人之髣髴可以類推。

梓材謹案。四庫全書著録先生禮書。提要云。李廌師友談記。稱其仕宦二十七年。止於宣義郎。晁公武讀書志載是書。亦稱左宣義郎太常博士陳祥道撰。又言其中多掊擊鄭學。蓋陳氏與陸佃皆王荆公客。荆公説經。既刱造新義。務異先儒。故陳與陸亦皆排斥舊説。一時風氣所趨。無庸深詰。然綜其大致。則貫通經傳。縷析條分。前説後圖。考訂詳悉。陳振孫稱其論辨精博。間以繪畫。唐代諸儒之論。近世聶崇義之圖。或正其失。或補其闕。晁公武元祐黨衆。李廌蘇門賓客。皆與王氏之學異趨。公武則稱其書甚精博。李廌亦稱其禮學通博。一時少及。則是書固爲當時所重。不以荆公之故廢之矣。又案。禮書亦謂之禮圖。

論語全解自序

孔子言義則存乎春秋。言理則存乎論語。而春秋之作。是是以勸善。非非以懲惡。善惡之判。猶在權衡之上。輕重或差。予奪弗明。其賞不足以爲榮。其罰不足以爲辱矣。不得不議。若夫論語之言。則答學者之問而已。何事乎此。嘗謂希微者道。易簡者理。君子以理明道。以義明理。言至於義。去道遠矣。孔子之世。師道既明。異端咸服。由辨義無閒而作。故聖人之答問。言理而足矣。

雲濠謹案。論語全解十卷。四庫書目提要云。晁公武讀書志云。王介甫論語注。子雱口義。其徒陳用之解。紹聖後皆行於場屋。爲當時所重。用之長於三禮之學。所作禮書。世多稱其精博。故詮釋論語。亦於禮制最爲明晰。如解躬自厚而薄責於人章。則引鄉飲酒之義以明之。解師冕章。則引禮待瞽者如老者之義以明之。雖未必盡合經意。而旁引曲證。頗爲有見。又如臧文仲居蔡章。則云冀多良馬稱驥。瀘水之黑稱盧。蔡出寶龜稱蔡。於關雎之亂章。則云治汙謂之汙。治弊謂之弊。治荒謂之荒。治亂謂之亂。此類俱不免創立別解。而連類引伸。亦多有裨於考證。惟其學術本宗信王氏。故往往雜援莊子之說。以作證佐。殊非解經之體。以其閒徵引詳核。可取者多。故不以一眚掩焉。

梓材謹案。晁氏讀書志本云。王介甫撰論語解。其子雱作口義。其徒陳用之作解。則先生實荆公門人也。

附録

范侍讀祖禹進書劄子曰。臣伏見館閣校勘太常博士陳祥道注解儀禮爲三十二卷。精詳博洽。非諸儒所及。臣竊以儀禮爲書。其文難讀。其義難知。自古以來。學者罕能潛心。故爲之傳注者至少。祥道深於禮學。凡二十年乃成此書。先王法度如指諸掌。昨進禮圖一百五十卷。已蒙皇上藏之祕閣。伏望聖慈特降指。擇取祥道新注儀禮奉御。并前所進禮圖。並付太常。以備禮官討論。必有補於制作。

朱子曰。如陸農師禮象。陳用之禮書。亦甚該博。陳氏勝陸氏。

錢先生景臻

錢景臻。

員外鮑先生愼由別見蘇氏蜀學略補遺。

宣教王先生伯起

王伯起字聖時。海陵人。雲濠案。吴郡志云。伯起居吴江震澤。信伯繼其後。本信伯之世父也。後爲教授。舉進士不第。歎曰。士不自重。而獻藝求售。可恥也。於是閉門肆志於學。人莫窺其面。仁宗賜以粟帛。王覿誌其墓。謂先生不有其道而道著於朋友。不居其名而名聞於朝廷云。姓譜。

承議韓先生宗厚別見范吕諸儒學案補遺。

梓材謹案。姑蘇志載。先生受經王荆公。游曾宣靖公亮父子間。學文於子固。題所居曰西室。有詩曰唱道野集。卒贈右宣教郎。二程在洛。先生遣信伯往從之游。遂爲河南高弟。二程謂伊川也。

楊先生驥

楊驥。鄱陽人。來學於介甫。介甫命從鄭介夫學。居易録。

吴先生孝宗

吴孝宗。臨川人。荆公之徒也。荆公嘗答其論先志書。稱之爲吾弟。云。吾弟所爲書。博矣。

所欲爲吾弟道者。非可以一言盡。然吾弟自以爲才不及子貢。而所言皆子貢所欲聞於孔子而不得者也。則安石有欲爲吾弟道者。可勿怪也。荆公文集。

著作張先生僅

顧先生棠合傳。

張僅字幾道。姑蘇人。舉進士。與里人顧棠皆爲王介甫門下士。介甫作三經。二人與焉。先生官至著作郎而卒。棠字叔思。撰周易義類三卷。姑蘇志。

附録

陳振孫曰。叔思未詳何人。周易義類序言。先儒論説甚衆。而其旨未嘗不同。卦爻或有不同。而辭意未嘗不合。各立標目。總而聚之。

知州吴先生點

吴點字聖與。邵武人。總角以文見鄉先生黄履。進退如成人。問皆可觀。履歎賞彌日。曰。子必爲令器。聞王文公修經金陵。負笈從之。由是學益進。元豐五年。擢進士第。調舒州司理參軍。累官通判洪州。奉祠。十餘年臥家不復出。擢知漳州。復請老。卒於家。少清苦。一毫不取諸人。晚讀佛書。益翛然有遺世意。汪藻少從之遊。服膺最久云。汪浮溪集。

縣令楊先生訓

楊訓字公發。浦城人。歷川陝茶幹。調山陽東陽二縣令。問學精博。嘗著禮記解二十卷。初。先生受業王介甫之門。時蔡京同學。後京當國。余深備道京欲見之意。先生曰。某三十勤力學問。今老矣。榮除非所望。他日足蹟。豈能僕僕與諸公爲嶺嶠之行耶。故卒老常調。人咸高之。姓譜。

推官孫先生適父抗。附弟邈。

孫適字□□。黟縣人。父和叔抗。雲濠案。一作杭。少孤力學。爲文操筆數千百言。始同學究出身。後登進士甲科。官至工部郎中。先生從王荆公。年十四。議論著書已驚人。登第後。爲永州軍事推官。弟邈。爲縣令。荆公亦稱其好學。一統志。

雲濠謹案。曾南豐誌先生墓曰。工部孰有。有書百篇。永州之學。自其父傳。其果以力。其敏以明。內有其質。外以華英。

梓材謹案。荆公爲先生父廣西轉運使孫君墓碑。稱其少學問勤苦。寄食浮屠山中。步行借書數百里。升樓誦之而去其階。蓋數年而具衆經。後遂博極天下之書。又言。所爲文。自少及終。以類集之。至百卷。天德地業。人事之治。掇拾貫穿。無所不言。而詩爲多。

知州沈先生銖

沈銖字子平。其先武康人。徙眞州。少從王介甫學。舉熙寧癸丑進士。歷官起居郎。中書舍人。以龍圖閣待制知宣州卒。詩傳二十卷。沈季長撰。先生續成之。揚州府志。

舍人周先生穜附弟秩。

周穜字仁熟。泰州人。少有遠度。王荆公一見奇之。熙寧九年。與弟秩俱擢第。調江寧府右司理。持身謹廉。元祐初。蘇文忠公舉爲鄆州教授。先生上疏。乞以荆公配享神宗。朝士愕然。文忠卽自刻舉官不當。議雖不合。然識者猶取其拳拳師表之地。久之。擢著作佐郎。兼崇政殿説書。擢起居舍人。歇歷官聲。紹聖中。革元祐時政。文潞公子及甫有私語忤時相。以秩爲京西轉運使。俾推治之。秩至。竟雪其冤。姓譜。

判官楊先生作別見安定學案補遺。

黄先生朝英

黄朝英。建州人。紹聖後舉子。著有靖康緗素雜記十卷。所記凡三百事。晁氏讀書志。

梓材謹案。四庫全書著録緗素雜記云。袁文王楙於此書頗有駁正。晁氏公武譏其爲王安石之學。又譏其解詩芍藥握椒爲鄙褻。劉敞七經小傳亦摭此條爲諧笑。雖不出姓名。殆亦指朝英。今觀其書。頗採新經義及字説。而尊安石爲舒王。解詩緑竹一條。於安石之説。尤委曲回護。誠爲王氏之學者。然所説多引據詳明。皆有資考證。固非漫無根柢。徒爲臆斷之談。敞本與安石異趣。公武又自以元祐黨家世與新學相攻擊。故特摭其最謬一條。以相排抑耳。

助教方先生惟深

方惟深字子通。其先泉州人。父長田龜年。葬長⊖洲。因家焉。先生鄉貢第一。試禮部不中。

卽棄去。有田廛。與其弟躬出入耕穫。閒則讀書。嘗游荆公之門。無一毫迎合意。其文學行義與朱長文同。爲一世所宗。號鄉先生。舉遺逸。爲興化軍助教。卒年八十三。姑蘇志。

馬先生仲舒

馬仲舒字漢臣。合肥人。其先茂陵人。其父爲江東撥發。寓家金陵。因入學。齒諸生。爲人喜酒色。其相語以褻私侈爲主。王介甫以禮法開之。大瘖。從介甫學作進士。長介甫四年。從入京師。卒。臨川文集。

張先生文剛

張文剛字常勝。烏程人。尚書都官郎中先子。好學能文。孝友順祥。年二十七卒。其妻。荆公從父姪也。故從荆公學。臨川文集。

監判沈先生季長

沈季長。錢唐人。王介甫妹壻也。判國子監。長編紀事。

梓材謹案。先生著有周易新義二卷。詩講義十卷。經義考並云佚。沈子平所續成詩傳者。卽詩講義也。元豐類槀沈主簿夫人墓志。子三人。曰。季長。越州司法參軍。卽先生。

㊀「長」當爲「屯」。

附録

涑水紀聞曰。及介甫出鎮金陵。吉甫欲引介甫親暱置之左右。薦米明爲侍講。上不許。曰。安石更有妹夫爲誰。以直講沈季長對。上卽召季長爲侍講。吉甫又引弟升卿爲侍講。升卿素無學術。每進講。多捨經而談錢穀利害營繕等事。上特問以經義。升卿不能對。輒目季長從旁代對。上問難甚苦。季長詞屢屈。上問從誰受此義。對曰。受之王安石。上笑曰。然則且爾。季長雖黨附介甫。而常非王雱王安禮及吉甫所爲。以謂必累介甫。雱等深惡之。故亦不甚進用也。

王先生沇之

王沇之字彦魯。常山人。校理介之子。嘗從荆公學。故手筆頗有横風疾雨之勢。周益公集。

庫使成先生倬

成倬。翁源人。年二十餘始知讀書。妻父母待諸壻。不以少長。惟力學與薦者上坐。先生恥心。發憤辭家。遠方就學。不數年通經術。尤深易數。熙寧閒。王介甫用事。以其通經術寘門下。懇歸。介甫惜其志未遂。特薦得右選。嘗爲閤門祗候。終西京左藏庫使。廣東黄志。

□先生行季

□行季。荆公之徒也。沈睿達勸學疏云。行季久在成均。親授經於王丞相。其言性命之要。

仁義之本。出入神明之際。至於點畫之意。章句之體。既一貫之矣。雲集編。

别附

補 參政吕吉甫惠卿

吕吉甫語

聖人之所以駴天下。神人未嘗過而問焉。蓋孔氏與老氏同生於衰周。莊子與孟子俱遊於梁惠。其書之言未嘗相及。以此而已。

梓材謹案。此語深寧困學紀聞録之。蓋其莊子義也。又按。經義考載。四先生洪範解要六卷。佚。又云。按四先生者。劉氏彝。曾氏鞏。蘇氏轍。吕氏吉甫也。

附録

劉忠肅劾之曰。吕惠卿以前兩府居帥守之任。所宜與國家同休戚。將順至意。以鎮方面。乃敢貪功倖進。違棄詔制。擅出師。徒開外域之隙。至今警備未得安靖。夫方命擅兵。天下之大惡。臣恐防微杜漸。朝廷不當涵養而不慮也。

徐郭立卻掃編曰。吕太尉赴延安帥道。出西都時。程正叔居里中。謂人曰。吾聞吕吉甫之爲人久矣。而未識其面。明旦西去。必經吾門。我且一覘之。旦。了無所聞。詢之行道之人。則曰。過已久矣。而道旁多不聞者。正叔歎曰。夫以從者數百。人馬數千。行道中而能使悄然無聲。馭衆如此。可謂整肅矣。其立朝雖多可議。其才亦何可掩也。

補 僕射蔡元長京

附録

黄東發曰。蔡京小人。誤國大罪。尚能因張觷深切之語。起龜山於羈困之極。蓋京之進身本以士人。天理之在其心。尚有毫髮不可泯没者。

補 樞密蔡元度卞

雲濠謹案。元度有尚書解。經義考云佚。又有毛詩名物解二十卷。見宋志。四庫全書著録之。提要云。自王介甫新義及字説行。而宋之士風一變。其爲名物訓詁之學者。僅元度與陸農師二家。農師。介甫客。元度。介甫壻也。故農師作埤雅。元度作此書。大旨皆以字説爲宗。陳振孫稱其書議論穿鑿。徵引瑣碎。無裨於經義。詆之甚力。然其書雖王氏之學。而徵引發明。亦有出於孔氏正義。陸氏草木蟲魚疏外者。寸有所長。不以人廢言也。

補 侍郎楊子安畏

附録

伊川先生自涪州歸過襄州。楊畏爲守。待之甚厚。先生曰。某罪戾之餘。安敢當此。畏曰。今時事已變。先生曰。時事雖變。某安敢變。汪端明記。

楊子安侍郎學禪。不信伊川。每力攻其徒。又使其親戚王元致問難於和靖先生曰。六經。蓋藥也。無病安所用乎。先生曰。固是。只爲開眼卽是病。王屈服以歸。伊川自涪陵歸過襄陽。子安在焉。子安問。易從甚處起。時方揮扇。伊川以扇柄畫地一下曰。從這裏起。子安無語。後至洛中。子安舉以告和靖先生。且曰。某當時悔不更問此畫從甚處起。和靖以告伊川。伊川曰。待他問時。只與嘿然。得似箇子安更喜懽也。先生舉示子安。子安由是遂服。祁寬紀尹和靖語。

侍講呂□□升卿

呂升卿。吉甫弟。無學術。吉甫引爲侍講。宋史。

梓材謹案。經義考引長編紀事本末云。熙寧八年六月。同修經義。呂升卿言。尚書王雱所進義。乞更不刪改。從之。時升卿輒刪改詩義。安石雱皆不悅。故有是言。

附録

涑水紀聞曰。向來執政弄權者。雖因喜怒作威福。猶不敢亂資序。廢赦令。王介甫引用新進。

資淺者多借以官司。爲己盡力則因而進擢。或小有忤意。則奪借官而斥之。或無功。或無過。則暗計資攷及常格然後遷官。如吕吉甫弟升卿。新及第。爲眞定府觀察推官。初無資攷。使之察訪京東。遷除淮南轉運判官。轉運判官皆須朝官。爲之借以太子中允。尋召爲崇政殿説書。及介甫與吉甫有隙。升卿復於上前。詆訐介甫之短。由此被斥。然尚以宣力久。特遷太祝。監無爲軍税。

待制董子彊必

董必字子彊。宣州人。嘗謁王荆公於金陵。咨質諸經疑義。爲荆公稱許。登進士第。紹聖中。提舉湖南常平。時相章惇方寘衆君子於罪。孔平仲在衡州。以倉粟腐惡。乘饑歲稍損價發之。子彊即劾其戾常平法。置鞫長沙。以承惇意。無辜繫訊多死者。平仲坐徙韶州。惇與蔡卞將大誅流人。遣吕升卿往廣東。子彊往廣西察訪。哲宗既止不治。然子彊所至。猶以慘刻按脅立威。爲五書歸奏。除工部員外郎。中書舍人郭知章封還其命。詔以付趙挺之。權給事中陳次升復封駁不下。子彊於是訟知章次升爲元祐黨人。坐不當訟言者。出知江州。改湖南轉運判官。提點河北刑獄。爲左司員外郎。加直龍圖閣。代舒亶守荆南。公私煩費。荆人病之。進集賢殿修撰。顯謨閣待制。卒。年八十六。贈龍圖閣待制。宋史。

待制葉致遠濤

葉濤字致遠。處州龍泉人。進士乙科。爲國子直講。虞蕃訟起。致遠坐守諸生茶紙免官。致遠。王氏壻也。即往從介甫於金陵。學爲文詞。哲宗立。上章自理。得太學正。遷博士。紹聖初。爲祕書省正字。編修神宗史。進校書郎。曾布薦爲起居舍人。擢中書舍人。司馬光呂公著王巖叟追貶。呂大防劉摯蘇轍梁燾范純仁責官。皆其爲制詞。文極醜詆。安燾降學士。致遠封還命書。云。燾在元祐時。嘗詆文彥博棄熙河。全先帝萬世之功。不宜加罪。蔡京劾爲黨。罷知光州。又以訴理有過。爲范鏜所論。連三黜。曾布引爲給事中。居數月而病。以龍圖閣待制提舉崇禧觀。卒。宋史。

御史李資深定

李定字資深。揚州人。少受學於荆公。舉進士。爲秀州判官。孫莘老覺薦之朝。召至京師。李公擇常見之。問曰。君從南方來。民謂青苗法如何。資深曰。民便之。無不喜者。公擇曰。舉朝方共爭是事。君勿爲此言。資深即往白荆公。且曰。定但知據實以言。不知京師乃不許。荆公大喜。立薦對。於是諸言新法不便者。帝皆不聽。遂以資深爲監察御史裏行。旋改崇政殿説書。監察御史林旦薛昌朝范育論之。乃授檢正中書吏房直舍人院。後爲御史中丞。與舒信道亶摘論蘇文忠公而雜治之。下文忠於獄。通鑑輯覽。

雲濠謹案。王阮亭居易録引揮麈録。載宋有三李定。其一濟南人。嘉祐治平已來。以風裁聞。嘗遍歷天下諸路計度轉運使。官制未行。老於正卿。乃敦老如岡之祖。其一洪州人。字仲求。晏元獻公之甥。即與蘇子美賽神會之獄者。其一揚州人。元豐御史中丞。即與舒亶媒蘖坡公者。同姓名者三也。或指而爲一。故明辨之。然其二陷二蘇。皆小人。吾郡先哲則獨以功名著鄉。後學所當知也。此辨甚核。

薛□□昂

薛昂字□□。杭州人。登元豐八年進士第。歷升給事中兼大司成。昂寡學術。士子有用史記西漢語輒黜之。在哲宗時。常請罷史學。哲宗斥爲俗佞。累遷門下侍郎。尋請罷。授新化軍節度使。佑神觀使。改特進。充資政殿大學士。知應天府。昂與余深林攄始終附會蔡京。靖康初。言者斥其罪。詔以金紫光禄大夫致仕。杭州軍亂。昂不請命。領州事。責徽州居住。昂主王氏學。嘗在荆公坐圍棊賭詩。局敗。昂不能作。荆公代之。時人以爲笑云。宋史。

雲濠謹案。汪浮溪集有爲人謝薛大資啓。又祭薛大資文。惟公道學得之鍾山。如郢堊鼻揮斤者般云云。蓋薛氏本王氏門人。若浮溪亦可謂阿其所好矣。

從新學者

補進士馬先生希孟

梓材謹案。秦少游序揚州集云。大夫鮮于公領州事之二年。始命教授馬君希孟。採諸家之集而次之。則先生嘗官教授。

馬氏禮記解

孟子曰。人之所以異於禽獸者幾希。庶民去之。君子存之。曰幾希者。在去存之閒爾。故曰。

飽食暖衣。逸居而無教。則近於禽獸。此聖人所以作爲禮以教人。使知獨貴於萬物。而不失其良心也。

禮不諱嫌名。若曾子不以諱晳而不稱昔者。裼裘之類是也。

公事而私議。則是弼違者可以後言也。然季孫使冉有訪田賦於仲尼。仲尼不對而私於冉有。何也。聖人之於人。可與言未嘗不言。不可與言未嘗失言。季孫之用田賦。固非孔子之所能正。其私於冉有。豈得已哉。以上曲禮。

內諸侯禄而有德者。亦可以使之出而爲諸侯。外諸侯嗣而有功者。可以使之入而爲公卿。若鄭武公之類是也。

志欲者。言語之藴。言語者。志欲之寓。達其志。通其欲。必在於言語之際。故古者有道言語之官。以上王制。

味生於形。臭生於氣。故形成而後有味。氣化而後有臭。中央以陰陽之中氣生土。土之成形而可以稼穡。稼穡作甘者。所以養萬物也。土主四時而分王。故五味以甘爲主。五氣以香爲主。以上月令。

經禮者。曲禮之總。曲禮者。經禮之别。禮器。

充其服者。內心也。以德將者也。然則致其飾者。非禮之甚者也。禮不足然後致其飾。玉藻。

周官言定繫世。所謂繫之以姓也。以飲食之禮。親宗族兄弟。所謂徼之以食也。曲禮曰。娶妻不取同姓。則周之不通也明矣。大傳。

諫期於必行。言期於必聽。無讒諂以爲閒。無沾訐以取禍。臣之將入。豈可不量哉。古人能盡臣道。量而後入者。莫如伊周。不入而後量者。莫如孔孟。少儀。

樂所以和人心。心和則聲和。則天地之和無不應。言樂則禮可知矣。樂記。

管仲能九合諸侯。而不能治一身。晏子能一言省刑。而不能善一祭。故言其功與才。而孔子稱之。言其德禮。則曾西所不爲。孟子所不與也。以是知非有德不可以知禮。非有禮不足以成德。德禮既備。豈有失哉。雜記。

天生蒸民。莫不有其善性。循而達之者。教也。所以爲教者。六經而已。經解。

禮所以制中。故禮以坊德。刑所以禁過。故刑以坊淫。命所以知分而安之。故命以坊欲。坊記。

自立者。對人言之。特立者。對衆言之。儒行。

因事以見聖。卽聖以行禮。因禮以成德。此始終之序。學術道者。所以窮理。修身者。所以盡性。禮足以窮理盡性。故聖人務焉。鄉飲酒義。

補侍郎方先生慤

雲濠謹案。先生政和八年進士。仕至禮部侍郎。所著禮記解二十卷。直齋書録解題云。政和二年表進。自爲之序。以王氏父子禮記獨無解義。乃取所撰三經義及學説申而明之。著爲此解。

方氏禮記解

經有曰。侍先生。侍所尊敬。侍君子。侍長者。何也。曰先生。以教稱之也。曰所尊敬。以道稱之也。曰君子。以德稱之也。曰長者。以年稱之也。

居喪之禮。雖哭泣無時。然不可以過哀而喪其明。雖聞樂不樂。然不可以過哀而聵其聰。視聽衰則不足以當大事。雜記言。視不明。聽不聰。君子病之者。以此。

禹稷顏回。時不同矣。孔子俱以爲賢者。爲其道之倫而執之也。夷惠伊尹。迹不同矣。孟子俱以爲聖者。爲其心之倫而擬之也。子夏以有若似孔子。徒擬之以貌而已。不知聖賢之德不倫也。公孫丑以管仲比孟子。徒擬之以位而已。不知王霸之業不倫也。以上曲禮。

經於喪。有曰居。有曰執。有曰爲。何也。蓋以身言之則曰居。以禮言之則曰執。以事言之則曰爲。其實一也。

夫子曰。不在顓臾。此言在。不稱徵也。又曰。杞不足徵。此言徵。不稱在也。以上檀弓。

爵欲正其名。故官必特置。禄欲省其費。故職或兼掌。王制。

十有二月之令。行乎天地之間。人君奉之。以成位乎中也。苟人當此月之中。行彼三時之令。則變天道。絶地理。亂人紀矣。故三者之災類應焉。

孟夏以彘嘗麥。以水勝火也。仲夏以雛嘗麥。以木生火也。仲秋以犬嘗麻。以金勝木也。季秋以犬嘗稻。以金合金也。夫勝所以治之。生所以養之。合所以和之。故食齊得其宜焉。以上月令。

於伯禽言法。於成王言道。法。下之所守。道。上之所揆。

可爲師者不必聖。聖則師可知。以上文王世子。

連山首乎艮。其卦具内外而一體。其位居東北之兩閒。則向乎人之時焉。夏用人正。故其書以之。歸藏首乎坤。各歸其根。密藏其用。皆殷之所爲。則合乎地之時焉。殷用地正。故其書名之。周易首乎乾。周而復始。剛柔相摩。合乎天之時。周用天正。故其書以之。然孔子以夏殷之易觀禮者。易之所見者象。禮之所形者器。器由象出也。天地有上下之位。四時有先後之序。禮之道。如斯而已。周監二代。故六官備天地四時之名也。天地之理爲妙。故以義言達於内也。四時之迹爲顯。故以等言辨於外也。禮運。

國之本在家。故禮始於謹夫婦。易基乾坤。詩首關雎。皆始於謹夫婦之意也。内則。

孔子將病。猶當户而坐。君視之。猶東首加朝服。迅雷風烈必變。蓋禮然也。

君子動而有爲。則詳而文。靜而無事。則略而質。居冠屬武。略而質也。以上玉藻。

嫂雖少。當敬忌如叟。故以文從之。是乃所以别嫌歟。名雖非尊。而實則敬之。蓋先王之微意也。大傳。

失雖見乎外。而所存本乎心。故知其心於内。然後可救其失於外。學記。

情者。文之始也。文者。情之末也。作述者。聖明之用。聖明者。作述之體。

肅。陰事也。而禮由陰作。以敬爲主。雖。陽道也。而樂由陽來。以和爲主。孔子曰。知和而和。不以禮節之。亦不可行也。樂中之禮。於是見之。以上樂記。

祭所以追養。而盡於一身之終。喪所以哭亡。而止於三年。孝則爲人子孫終身之行也。故子孫之於祭必稱孝。哀則發於聲音。見於衣服。蓋三年之禮而已。故子孫之於喪稱哀。雜記。

經者緯之對。經有一定之體。故爲常。緯則錯綜往來。故爲變。聖人之言。道之常也。諸子百家之言。道之變也。故聖人之言。特謂之經焉。詩言其志。書言其事。樂言其情。易言其道。禮言其體。春秋言其法。六經之教。先王之所以載道也。經解。

補王先生昭禹

周禮詳解

職者所主之事。六典治教禮政刑事之書也。太宰則合而建之。自宮正而下。但舉官名。惟太宰少宰宰夫言職者。正貳改。特尊於其屬也。五官亦然。

先王以道制瀍。通變宜民。故於歲終調制所當改易。即堯典所謂平在朔易也。挾日而後斂。俾遠者得徧觀。

民生而有欲。則不能無求。求而無分界度量。則不能無爭。先王懼其有爭端也。先爲之法以防之。有犯者。以此治焉。則情僞明。是非審。奸者無所肆其巧。愚者不至受其欺。易訟卦象辭曰。君子以作事謀始。其先王慮本之之㊀意哉。

文王之治岐也。澤梁無禁。而周公之法。則獻人有征。蓋方商之季。山林川澤宜弛。以與民救時之善政也。至成王之世。道洽政行。苟無征。則民之棄本者衆矣。故征之。所以抑末。

春令發散多酸以收之。夏令解緩多苦以堅之。秋令揫斂多辛以散之。冬令堅栗多鹹以耎之。又黄帝素問。肺欲收。急食酸以收之。肝欲散。急食辛以散之。心欲耎。急食鹹以耎之。腎欲堅。急食苦以堅之。肺㊁欲緩。急食甘以緩之。

難經。望而知之謂之神。聞而知之謂之聖。問而知之謂之工。切脈而知之謂之切。五色。望而知者也。五聲。聞而知者也。五氣。問而知者也。九藏。切而知之者也。九竅兼望與問而知之者也。

素問。酸收。辛散。鹹耎。苦堅。甘緩。夫肉以骨爲體。骨收則强。故以酸收之。肉以筋爲節。筋散則不攣。故以辛散之。脈所以行血。脈耎則和。故以鹹耎之。氣所以充體。氣堅則實。故以苦堅之。肉緩則不壅。故以甘緩之。竅利則不滯。故以滑利之。且腎。水屬也。主骨。故欲

㊀「之之」衍一「之」。
㊁「肺」當爲「脾」。

收。肝。木屬也。主筋。故欲散。心。火屬也。主脈。故欲耎。肺。金屬也。主氣。故欲堅。脾。土屬也。主肉。故欲緩。至於竅。則以骨爲體。而以肉爲道。所以通氣也。素問。骨肉滑利。可以長久。惟滑則無所凝止。則竅亦水屬也。故以滑利爲主。以上天官。

鄉遂之制。始於五家之寡。而終於萬有二千五百家之衆。居雖異。而輯睦若一家人。雖衆而和合若一心。司徒擾之。則相爲仁讓焉。司馬用之。則相爲憂患焉。

讀瀍與書德行道藝孝弟睦婣每於屬民者。所以公是非而明好惡。

禮無不貫。治非禮不定。教非禮不立。政非禮不行。刑非禮則淫。事非禮則亂。

德不敏。則或暫爲而中輟。或勤始而怠終。行無由而成也。書康誥。丕則敏德。以上地官。

人有兄弟男女朋友故舊賓客之好。先王以禮文之。使之歡然有恩以相愛。粲然有文以相接。此禮之所以爲嘉也。

非以道勝淫。不能伐而俘之。非以德嗣服。不能傳而守之。祭祀饗射。出而陳之。示爲之先者能遺。爲之後者能守。以上春官。

以火亨飪。則納其氣於内。逆用之。則强弱相勝而氣不均。順變之。則休慶相沿而疾可救。故四時各取其所宜之木。以變國火。使民常得陰陽之正氣。而不溺於一偏也。夏官。

聖人以百姓爲心。而憂樂與同。自行人之官巡行天下。每國辨異之。以反命於王。先王所以同四海於一堂之上。於此得其要矣。秋官。

易言。備物致用。立成器以爲天下利。莫大乎聖人。蓋百工之事。雖形於度數之粗。而天下之至理寓焉。一方一圓而具天地之象。一奇一偶而具陰陽之數。或曲或直而有剛柔之理。或厚或薄而有盈虧之義。豈淺識者所能及哉。

射之道。其中在巧。存乎志慮。其志在力。存乎血氣。弓者。血氣志慮之所寓焉者也。人之弓有長短。志慮有緩急。血氣有强弱。故爲弓者必因之也。以上考工記。

周禮詳解自序

道判爲萬物。物之成理。理之成具。不説之大法。禮者。法之大分。道實寓焉。聖人循道之序以制禮。制而用之則存乎法。推而行之則存乎人。其人足以任官。其官足以行法。然後禮之事舉矣。故唐虞稽古。建官惟百。夏商官倍。至周增而爲三百六十。非固好詳也。王者之世。物繁事衆。其制不得不然也。孔子曰。周監於二代。郁郁乎文哉。吾從周。蓋言盛矣。然道之常無。下散於常有之域。法象而爲天地。變通而爲四時。聖人體道之常無。以觀其妙。體道之常有。以觀其微。其精至於與天地合其德。與四時合其序。雖先天而天且弗違。尚何事於仰觀俯察。然後奉其時哉。惟夫出神天之本宗。應帝王之興起。天地固有大美矣。四時固有明法矣。雖聖人烏得而違焉。是固因天地之大美。達而爲治教。因四時之明法。達而爲禮政刑事。然則常無之道爲萬物而有天地四時。聖人爲天下而有治教禮政刑事。天地四時。道之所任以致其用者也。六官。聖人任以致其事者也。噫。六官之建。豈聖人之私智哉。實天理之所爲也。由此以觀。則禮之事雖顯於刑器度數之粗。而禮之理實隱於道德性命之微。卽事而幽者闡。卽理而顯者微。然則理其神之所爲乎。夫神無在而無乎不在。無爲而無乎不爲。聖人立禮以爲體。行禮以爲翼。事爲之制。曲爲之防。亦神之無不在無不爲之意也。彼荀卿徒知禮爲道之華。而不知爲物之致。乃曰生於聖人之僞。又烏知禮意乎哉。

附録

陳振孫書録解題曰。昭禹未詳何人。近世爲舉子業者多用之。其學皆宗王氏新説也。

王次點周禮訂義曰。小司徒。凡征役之施舍。疏謂。征。税之。王氏昭禹因以施惠爲施。不知征役止言力役之征。舍謂弛其力而舍之。鄉師辨其可任者與其施舍者。則鄭氏施爲弛。不可易。

梓材謹案。宋史載先生周禮詳解四十卷。四庫書目提要云。其書解惟王建國云。業格於上下謂之王。或而圍之謂之國。解匪頒之式云。散其所藏曰匪。以等級之曰頒。故匪從匚從非。言其分而非藏也。頒從分從頁。言其自上而頒之下。解圃曰。園有衆甫謂之圃。解鮑魚曰。魚之鮮者。包以致之。解鱐曰。魚之乾者。肅以致之。解司徒云。於文反后爲司。蓋后从一从厂从口。則所以出命。司反之則守令而已。从一則所以一衆。司反之則分衆以治之而已。从厂則承上世之庇覆。以君天下。司反之則以君之爵爲執事之法而已。其附會穿鑿。皆遵王氏字説。蓋當時三經新義列在學官。功令所懸。故因之不改。然其發明義旨。則有不盡同於王氏之學者。如解泉府以國服爲之息云。如以其所服國事賈物爲息。若農以粟米。工以器械。皆以其所有也。周之衰。不能爲民正田制地。税斂無度。又從而貸之。則凶年饑歲無以爲償矣。下無以償。上之人又必責之。則稱貸之法。豈特無補於民哉。求以國服爲之息。恐收還其母而不得。蓋己目覩青苗之弊。而陰破其説矣。至其闡發經義。有足訂注疏之誤者。如解載師里布屋粟。謂國宅無征。民居有征無布。以其不毛使之有里布。民出耕在田廬。入居在里。其屋有田以出粟。今不耕田。則計屋而斂之。謂之屋粟。不從先儒以里布爲二十五家之泉。屋粟爲三夫之粟。又解近郊十一。遠郊二十。而三甸稍縣都皆無過十二。固當時正役。後因遠近劇易而制云云。皆爲先儒所未發。故宋人釋周禮者。如王與之訂義。林之奇講義。多引其説。固不得以遵用新説而盡廢之也。此論最爲平允。故具載之。

補 鄭先生宗顔

雲濠謹案。朱氏經義考云。葉氏菉竹堂作周禮講義。合王荆公講義共二卷。又云。宗顔未詳何時人。

補 門下耿希道南仲

參天兩地説

參天則天一天三天五。總而爲九。兩地則地二地四。合而爲六。方其揲蓍。七九八六皆以爲用。及其成卦。舍七而取九。舍八而取六。倚於一偏。是爲倚數。

附録

晁氏郡齋讀書志曰。介甫三經義皆頒學官。獨易解自謂少作未善。不專以取士。故紹聖後。復與龔原耿南仲注易三書偕行於場屋。

雲濠謹案。晁志謂。耿注易二十卷。今浙江採進本作周易新講義十卷。四庫提要云。是書舊本或題進周易解義。疑爲侍欽宗於東宮時經進之本。前有南仲自序曰。易之道有要。在无咎而已。要在无咎者。蓋補過之謂也。又曰。拂於人情。是爲小過。拂乎天道。是爲大過。之説蓋推衍尼山無大過之旨。然曰無大過。論是非。非論禍福也。如僅以无咎爲主。則聖賢何異於黄老。僅曰無拂天道。則唐六臣輩亦將謂之知運數哉。南仲畏戰主和。依違遷就。卽其苟求无咎與無拂天道之説有以中之。是則經術之偏。禍延國事者也。然大致因象詮理。隨事示戒。亦往往切實有裨云。

朱子答葉正則書曰。向見人家鈔録靖康事。有耿黄門劄子。論祖宗致治不如熙豐之盛者數條。不當專以祖宗爲法。後有欽廟批語。若曰。昨降某事。指揮失於思慮。尚賴師傅大臣正救其失。前命更不施行。耿之誤國。固非一事。然此一章。乃定公孔子所謂一言者。恐不可不著之史籍。以爲永監也。

補太保王初寮安中

附録

周益公跋初寮帖曰。初寮先生未冠時。及拜東坡於中山。筆精墨妙。宜有傳授。當政宣間。禁切蘇學。涉近似旋坐廢錮。而先生奪胎換骨之手。揮毫禁林。初無疑者。靖康而後。黨禁已解。玉佩瓊琚之辭。怒猊渴驥之書。盛行於東南。然人人知其爲蘇門顔閔也。

朝請章先生綡

章綡字子上。建安人。徙平江。振齋秦公楶第三子也。讀書不治章句。屬文辭典麗。有古風。元祐二年。試國子監中第一。遂收其科。調河南府洛陽縣主簿。就除京兆府府學教授。秦公帥位直。皆以主管機宜文字。用舉者。改宣德郎。秦公薨。除祕書省校書郎。居無何。以爲陜府西路轉運判官。召還。出知湖州。差主管西京崇福宮。免官羈台州。復官通判秀州。已而又坐事奪三官。復召爲校書郎。還倉部員外郎。遷起居舍人。遭母喪。喪除。吏部直註岷州長道縣。以本官致仕。逾年病閒。即舍旁營一室。號美蔭。聚書萬卷。凡國子中祕所有皆具。集古今刻千卷。手編秦公遺文四十卷。奏議三十卷。有所感通。則爲歌詩。六十致仕。以朝散郎知解州。避部使者。去爲均州。提舉兩浙常平。未至。致提點刑獄。遷朝散大夫。進直龍圖閣。知越州。兼管浙東安撫使公事。除河東河北燕山府路宣撫使司參謀官。磨勘轉朝請大夫。加右文殿修撰。上書告老。復直龍圖閣致仕。卒於家。年六十有四。先生家無聲妓之奉。未嘗一日去書不讀。尤尊王氏學。著書二十卷。醇深雅奥。發明治術居多。鴻慶居士集。

章簡張先生綱

張綱字彦正。金壇人。政和時及第。仕三朝。歷蔡京王黼秦檜三權臣。乃不爲屈。紹聖末與政。尚書講義二十卷。爲學官時所作。直齋書録解題。

附録

嘗書座右曰。以直行己。以正立朝。以靜退高天下。其篤守如此。

汪玉山曰。綱行狀云。公講論經旨。尤精於書。著爲論説。探微索隱。無一不與聖人契。世號張氏書解。竊以王安石訓識經義。穿鑿傅會。專以濟其刑名法術之説。如書義中所謂。敢於殄戮。乃以乂民。忍滅不可訖。凶惡不可忌之類。皆害理教。不可以訓。綱作書解。掇拾安石緒餘。敷衍而潤飾。今乃謂其言無一不與聖人契。此豈不厚誣聖人。疑誤學者。

梓材謹案。張氏行狀。洪咸所作。宋史本傳。官至權吏部尚書。告老。以資政殿學士知婺州。尋致仕。卒年八十四。初謚文定。吏部尚書汪應辰論駁之。口奏再請。特賜曰章簡云。

董叔重曰。世所傳張綱書解。只是祖述荆公所説。或云是閩中林子和作。

陸氏講友

傅先生常

傅常一名豫。字明孺。高郵人。攝揚州助教瓊之第二子。嘉祐治平閒。與陸陶山佃同硯席。陶山得荆公淮南雜説與其洪範傳。願游臨川之門。後見荆公歸。先生驚曰。自今事兄矣。豈曰友之云乎。陶山遂憩其館累月。陶山文集。

汪氏同調

主簿汪先生襄附兄奕。

汪襄字公弼。績溪人。太平州推官汲之子也。與兄公偉奕相繼登第。友愛甚篤。奕爲東流令。先生仕南陸主簿。少游太學。有詔擇内生教小内侍。大司成汪澥以先生名聞。時梁師成爲提領。頗敬禮先生。及登第。師成欲薦爲館職。先生不肯就。師成知其有嫌遠意。怒之。江南舊志。

聖時講友

林拙齋先生子充附林仲嘉。

林子充號拙齋。福清人。著論語詩五十首。林之奇解論語多引用之。又有指南集三卷。詩文二集。與鄭介夫王聖時林圖南李天與善。鄉人重之。與同里林仲嘉並稱古屯二賢。道南源委。

雲濠謹案。福清儒林傳言。先生長於性學。嘗論五帝而繪爲圖。

附傳

僖簡莊先生徽

莊徽字君猷。江都人。父詢。始南渡徙居於宜興。父卒。母某氏賢。躬門户而縱諸子於學。由是先生兄弟同時薦於有司。先生中元豐二年進士乙科。調主上元簿。王文公居金陵。四方英雋闔門。先生一與之交。而非其人未嘗往。授安陸縣令。蔡確以故相守安薦之。知碭山縣。以靜治之。至閱旬無一人訟於庭者。與諸生終日談經義而已。章丞相惇薦於上。召對。擢提舉秦鳳路常平。歷除徽猷閣待制。知興仁府。徙知平江府。郡豪朱勔挾寵張甚。先生不少貶。留平江六年。丐閒優。詔不許。久之。除提舉杭州洞霄宮。以通奉大夫致仕。年七十八而卒。贈光禄大夫。謚曰僖簡。平生無嗜好。所至左右圖史。簾閣蕭然。故歷官四十餘年。無秋毫之累。以令名始終。少喜釋氏書。晚而彌篤云。汪浮溪集。

平甫門人

霍先生漢英

李先生公弼合傳。

梓材謹案。晁景迂序主客文集。言其爲常州司理參軍時。知州事陳襄肇興學校。躬横經爲諸生以講。而王平甫以布衣專主説書。有霍漢英李公弼者。豪英不特。爲東南之秀。且以頭角諸生數百人云云。是二先生爲平甫門人。亦得爲古靈及晁氏門人也。

奉議詹先生抃見下補之門人。

待制葉致遠濤見上荆公門人。

校理家學

閣學王先生渙之

王渙之字彥舟。常山人。校理介之子。未冠擢上第。有司疑年未及銓格。特補武勝軍節度推官。元祐中。爲太學博士。校對黄本祕書。通判衛州。入編修兩國魯衛信録。徽宗立。以日食求言。先生用大臣交薦。召對。因言。求言非難。聽之難。聽之非難。察而用之難。今國家每下求言之詔。而下之報上乃或不然。以指陳闕失爲訕上。以阿諛佞諂爲尊君。以論議趨時爲國是。以可否相濟爲邪説。志士仁人知言之無益也。不復有言。而小人肆爲詭譎可駭之論。苟容偷合。願陛下虚心公聽。言無逆遜。唯是之從。事無古今。惟當爲貴。人無同異。惟正是用。則人心悦。治道成。天意得矣。崇寧初。進給事中。吏部侍郎。以寶文閣待制知廣州。言者論其當元祐之末。與陳瓘龔夬張庭堅游。既棄於紹聖。而今復之。有害初政。解職。知舒州。入黨籍。歷知福廣洪滁潭杭揚州。復爲給事中。吏部侍郎。知中山府。加寶文閣直學士。以疾提舉明道宫。卒年四十五。先生性淡泊。恬於仕進。每云。乘車常以顛墜處之。乘舟常以覆溺處之。仕宦常以不遇處之。則無事矣。其雅趣如此。宋史。

王先生沇之見上荆公門人。

野民家學

縣令王先生端禮 别見濂溪學案補遺。

野民門人

龍圖蕭先生世京

蕭世京字昌孺。龍泉人。嘉祐進士。爲廣東路提舉常平公事。蔡京爲户部尚書平章事。矜己自任。先生多與之忤。因舉奏蔡京十事。京由是銜之。罷歸。會徽宗於禁中得其所上書。卽擢爲吏部員外郎。賜金紫。人物志。

太傅胡先生燮

胡燮。

著作楊先生純師

楊純師。

龔氏門人

李之儀

李之儀。

林先生晞顔

林先生晞孟合傳。

林晞顔字幾老。晞孟字醇老。瑞安人。塘奥先生石之子也。兄弟皆游京師。從龔氏學。醇老子松孫最知名。陳止齋集。

龔氏私淑

趙先生畯

趙畯字德進。宋城人。少治易。時龔深甫易解新出。世未多見。先生聞考城一士人家有之。則徒步往見。獨攜餅十數枚以行。既至其門。求見主人。問以借書之事。意頗以爲難。而命之飯。先生辭曰。所爲來者。欲見易解耳。非乞食也。主人嘉其意。乃許就傳。因館之一室中。先生闔户。晝夜寫録。飢則啖所攜之餅。數日而畢。歸書主人。長揖而退。登科。以剛故寡所合。徐處仁初秉政。薦爲□㊀令所删定官。方改京秩。晚節益不喜仕。築室南都城北。杜門不交人事。有園數畝。植花木。日居其間。鄉人目之爲獨樂園。建炎初。鄉人競爲遷徙計。先生獨留鄉里自如。及

㊀「□」當作「敕」。

劉豫僭號。起爲郎官。聞命不食。數日而卒。時年七十餘矣。却掃編。

補之家學

王先生絪

王先生緼合傳。

王絪。王緼。補之二子。能世其學。補之歿。二子集其遺文以授。其舅曾肇序之。曲阜集。

補之門人

奏議詹先生抃父誼。附兄揚。

詹抃字成老。毘陵人。父朝奉誼。饒於貲。築館延客。縱其子從賢士大夫游。以至於貧。不悔。先生幼警悟。與兄揚俱稱鄉里。號二詹。王補之王平甫相繼主鄉校。皆賞異之。甫冠。舉於開封。繼丁從母内外艱。不獲試於有司者十年。益刻意問學。以功名自期。卒於五試禮部策於廷。授某府助教。歷知定陶。以勞轉通直郎。遂以奉議郎致仕。時方年六十有六。後五年而卒。先生敏而强記。讀書纔一過目。尤邃於易。方未仕也。賢守令多以禮致之主學。而士大夫率遣子弟從之。最賢有聲如鄒浩。交遊亦多名公卿。陳瓘俞偉尤厚善。自定陶歸。稍葺故居。開軒名曰友陶。

自爲記。大要謂與淵明之出處無媿云。文集五十卷。易書二卷。語□㊀十卷。藏於家。毘陵集。

放翁師承

唐先生意

唐意字居正。陸放翁之舅氏也。文章氣節爲一時師表。建炎初。避兵武當山中。病歿。辟疆園宋文選。

陸氏門人

參軍李先生知剛附兄知柔。

李知剛字作乂。山陰人。五歲而孤。長嗜問學。至忘飲食。與兄知柔在太學久。二李名動京師。先生元祐五年舉進士。爲别試第一。遂中丙科。爲池州司理參軍以卒。年僅二十五。自爲陸陶山壻。從遊數年。切磋琢磨。相將以道。一日謂陶山曰。春秋屬商。其學之不傳久矣。公其爲發明之。陶山曰。聞之先生長者。仲尼以魯春秋爲春秋。魯春秋今亡。則春秋有不可讀者。先生應曰。經一而足。聖人以此㊁貫類使從可知耳。雖無魯春秋猶著。及得繁露書。讀至春秋無傳而

㊀「□」當作「説」。
㊁「此」當爲「比」。

著。引之魯則謂之外。列〔一〕之夷狄則謂之内。會同之事。大者主小。戰伐之事。後者主先。易無達占。詩無達詁。春秋無達辭。曰。此等眞奇語也。又謂陶山曰。三傳傳經。公羊最精。穀梁殆其後人。其佳處拾公羊之遺耳。先儒云。公羊不如穀梁之精。似誤也。陶山集。

參軍黄先生彦

朱先生戩合傳。

韓先生羽合傳。

黄彦字□□。諸暨人。諸暨爲邑萬户。能力教子者三家。朱戩父瑩。韓羽父彦昌。與先生父郛卿是也。陸陶山佃爲鄆州州學教授。先生及戩羽等裹糧走汶上。有良質美行。不媿齊魯。遂從陶山遊。後並登科。先生爲興化軍録事參軍。三父卒。陶山皆銘之。陶山文集。

許先生安世父拯。

許安世字少張。襄邑人。奉議郎拯之子。兄弟七人。皆力爲學。先生官至尚書都官員外郎。嘗從陶山遊。陶山誌奉議之墓曰。少張。吾友之賢者也。舉進士第一。文足以華國。才足以應世。不幸短命以卒。奉議有文集十卷。嘗曰。學者爲言。不必是堯非桀。亦不必詆盜跖。毁孔子。而

〔一〕「列」當爲「引」。

後爲知道。蓋其趣如此。陶山集。

黄先生特

黄先生揚合傳。

黄特。黄揚。剡人。長者吉老頤之子也。陸陶山誌吉老墓有云。特揚受學。予所言多。特知靜海縣丞。陶山集。

石先生景舒

石先生景愈合傳。

石先生景完合傳。

石先生景洙合傳。

石景舒字□□。新昌人。與弟景愈景完景洙從陶山於太學。粢食不美。夜分寒燈熒然映書。兄弟共之。而寢臥纔半榻。刻意堅槁。甚於寒士云。陶山集。

卜先生彊本附弟端本。復本。

卜彊本字□□。湖州人。無知子之先之子也。從陶山遊。有志尚。與其弟端本復本爲學皆力。陶山集。

俞先生方

俞方字□□。諸暨人。從陶山遊。陶山言。其爲學知所先後。陶山集。

鄭先生袠

鄭先生云合傳。

鄭袠。鄭云。衢州人。並遊陶山之門。而云尤久。陶山集。

沈先生憑

沈憑字□□。桐川人。有文行。陶山稱爲吾遊之賢者。陶山集。

汪氏門人

學士汪浮溪先生藻別見士劉諸儒學案補遺。

鄭氏家學

鄭先生嘉正

鄭嘉正字叔張。西塘孫。其冠也。西塘付以冠義序云。記曰。仲月吉日。加爾元服。棄爾幼志。就而成德。此萬世爲父兄者所同志也。以爾幼而岐嶷。自舞勺以前。能通誦五經。學爲詩學。

浸浸勤學。與兒童不相類。不幸早失汝父。號慕良甚。三五年來。觀汝志意。深有可賞歎者。今茲甫及二十。禮合加冠。此古之人謂爲成人時也。汝幼時無戲玩。固無幼志之可棄矣。自今以往。惟汝成德之可就者。舉家以望汝。若夫父子之親。君臣之義。夫婦之別。長幼之序。朋友之信。精勤晝夜。不廢藝業。謹慎出入。明白内外。厚人薄己。凡此等事。在汝之自勉。中道而立。雖闇室而不以欺。則天神地祇。日月星辰。嶽瀆廟社。至於翼飛蹄躍之有靈者。皆來助汝。非乃翁之甚禱矣乎。易曰。君子以自强不息。强者。自勝之謂也。曰性曰情。或善或惡。皆自其心。而可欲之謂善。以可欲之爲善。則所不可欲是爲惡。而靈鑒在我。凡出於心而不可欲者。皆人之所不欲也。以所可欲勝所不可欲。一求於己。不在他人。此古今聖賢所以下學上達。如此而已。故名汝以嘉正。而字汝以叔張。深思而力行。其何所不可哉。戒之慎之。行坐服之。西塘文集。

鄭氏門人

楊先生驥見上荆公門人。

文節林艾軒先生光朝詳艾軒學案。

鄭氏私淑

黄先生祖舜詳見武夷學案。

陳氏家學

侍郎陳先生暘 補

附録

進駕部員外郎。爲講議司參評禮樂官。魏漢律議。樂用京房二變四清。晉之曰。五聲十二律。樂之正也。二變四清。樂之蠹也。二變以變言爲君。四清以黄鍾清爲君。事以時作。固可變也。而君不可變。太簇大吕夾鍾或可分也。而黄鍾不可分。時論方右漢律。絀其議。

楊誠齋序先生樂書曰。遠自唐虞三代。近逮漢唐本朝。上自六經。下逮子史百氏。内自王制。外逮戎索。網羅放失。貫綜類悉。放鄭而一之雅。引今而復之古。後有作者。不必求之於野。證之於杞宋。而損益可知焉。讀之至女樂之篇曰。女樂之爲禍大矣。齊人遺魯孔子行。秦人遺戎由余去。晉出宋褘帝疾愈。虞受二八邦政亂。則執編而歎曰。鑠哉言乎。其有國者之膏肓。而醫國者之玉札丹砂乎。

樓攻媿樂書正誤序曰。樂書謂。周禮止以圜鍾函鍾黄鍾爲宫。如三統三正。不過子丑寅而止。又謂。古無四清聲。痛夷樂之入中國。必欲盡去之。與他論樂者異。閒居讀之。盡二百卷。古今之樂。曰雅曰俗曰胡。器用舞曲。無所不該。其用心之勤。樂家之書。未有此比。又苦其舛誤。

無所攷證。建昌陳使君刊此書。賴以改定者甚衆。亦互有得失。併爲質之經傳而是正之。

雲濠謹案。四庫全書著録樂書二百卷。提要言。其自第一卷至九十五卷。引三禮詩書春秋周易孝經論語孟子之言。各爲之訓義。其第九十六卷至二百卷。則專論律吕本義。樂器樂章。及五禮之用樂者。爲樂圖論。引據浩博。辨論亦極精審。視其兄禮書。殆相伯仲。第禮書所載。祇詳於三代器數。是書則又推其律吕本原。及後世雅俗諸部。故陳振孫書録解題謂。樂書博則博矣。未能免於蕪穢也。然是書包括歷代。總述前聞。即欲備悉源流。自不得不兼陳正變。使振孫操筆而修史。將舉古來秕政亂法一切删之不載乎。此南宋人迂謬之見。不足據也。又言。其中惟辨二變四清二條。實爲紕繆。至以七音爲八音。虚土而言。尤爲牽强云。

陳善捫蝨新語曰。讀書只在牢記。則日見進益。陳晉之一日只讀一百二十字。後遂無書不讀。所謂日計不足。歲計有餘者。今人誰不讀書日將數千言。初若可喜。然旋讀旋忘。一歲未嘗得一百二十字。況一日乎。予少時實有貪多之癖。至今每念腹中空虚。要知陳賢良爲得法云。

陳氏門人

章先生粹

章粹。陳用之門人。嘗校勘用之眞本。入經論語全解。四庫書目提要。

聖時家學

著作王福清先生蘋詳震澤學案。

吴氏門人

學士汪浮溪先生藻別見士劉諸儒學案補遺。

楊氏家學

提學楊玉峯先生公度

楊公度字元宏。東陽令訓之子。政和中登第。歷福建提舉常平司主管。趙丞相鼎常薦其才。秦檜弟梓與先生同年。稱先生學問於檜。或勸使往見。先生誦其父言謝之。有玉峯集二十卷。姓譜。

元長門人

少保葉石林先生夢得

葉夢得字少藴。吴縣人。嗜學早成。多識前言往行。談論亹亹不窮。紹聖四年。登進士第。調丹陽尉。徽宗朝。自婺州教授召爲議禮武選編修官。用蔡京薦。召對。言自古帝王爲治。廣狹大小。規模各不同。然必自先治其心者始。今國勢有安危。法度有利害。人材有邪正。民情有休戚。四者。治之大也。若不先治其心。或誘之以貨利。或啗之以聲色。則所謂安危利害邪正休戚者。未嘗不顚倒易位。而況求其功乎。上異其言。特遷祠部印官。大觀初。除起居郎。時用事者喜小有才。先生言。自古用人。必先辨賢能。賢者有德之稱。能者有才之稱。故先王常使德勝才。

不使才勝德。崇寧以來。在内惟取議論與朝廷同者爲純正。在外惟取推行法令速成者爲幹敏。未聞器業任重識度經遠者特有表異。恐用才太勝。願繼今用人。以有德爲先。二年。累遷翰林學士。極論士大夫□□□㊀之弊。專於重内輕外。且乞身先衆人補郡。三年。以龍圖閣直學士知汝州。尋落職。提舉洞霄宫。政和五年。起知蔡州。移帥潁昌府。尋提舉南京鴻慶宫。自是或廢或起。逮高宗駐蹕揚州。遷翰林學士兼侍讀。除户部尚書。既而帝駐蹕杭州。遷尚書右丞。除資政殿學士。提舉太一宫。專一提領户部財用。充車駕巡幸頓遞使。辭不拜。歸湖州。紹興初。起爲江東安撫大使。兼知建康府。兼壽春等六州宣撫使。八年。除江東安撫制置大使。兼知建康府。行宫留守。詔加觀文殿學士。移知福州。兼福建安撫使。請老。特遷一官。提舉臨安府洞霄宫。尋拜崇信軍節度使致仕。其年卒湖州。贈檢校少保。宋史。

梓材謹案。先生號石林。爲博達之儒。有聞於世。惜其未達。時客蔡京之門。與定黨籍也。萬姓統譜云。翰林學士清臣之曾孫。

雲濠謹案。□□□□□㊁賦序云。石林先生以文章道德㊂伯天下。推其緒餘。見於政事。其爲時流所推服蓋如是。

㊀「□□□」當作「朋黨」。
㊁「□□□□□」當作「韓元吉萬象亭」。
㊂「德」當作「學」。

葉石林語

六經諸史與諸子之善者。通□□㊀餘卷。以二十年計之。日讀一卷。亦可以再周。其餘一讀足矣。惟六經□□□□㊁去手。

詩論

世人疑詩序非衛宏所爲。此殊不然。使宏鑿空爲之乎。雖孔子亦不能。使宏誦師説爲之。則雖宏有餘矣。且宏之序。有專取諸書之文而爲之者。有雜取諸書所説而重複互見者。有委曲宛轉附經而成其書者。不可不論也。詩有六義。一曰風。二曰賦。三曰比。四曰典㊂。五曰雅。六曰頌。其文全出於周官。情動於中而形於言。言之不足而嗟歎之。其文全出於禮記。成王未知周公之志。公乃爲詩以遺王。其文全出於金縢。高克好利而不顧其君。文公惡而欲遠之不能。使高克將兵而禦狄於境。陳其師旅。翺翔河上。久而不召。衆潰而歸。高克奔陳。其文全出於左傳。微子至於戴公。其閒禮樂廢缺。其文全出於國語。古者長民。衣服不貳。從容有常。以

㊀「□□」當作「三千」。
㊁「□□□□」當作「不可一日」。
㊂「典」當爲「興」。

齊其民。其文全出於公孫尼子。則詩序之作。實在數書既傳之後。明矣。此吾所謂專取諸書所言也。載馳之詩。許穆夫人作也。閔其宗國顛覆矣。又曰。衛懿公爲狄所滅。絲衣之詩。既曰繹賓尸矣。又曰靈星之詩。此蓋衆説並傳。衛氏得善辭美意。併録而不忍棄之。此吾所謂雜取諸書之説而重複互見也。騶虞之詩。先言人倫既正。朝廷既治。天下純被文王之化。而復繼之以蒐田以時。仁如騶虞。則王道成。行葦之詩。先言周家忠厚。仁及草木。然後繼之以内睦九族。外尊事黃耇。養老乞言。此又吾所謂委曲周旋附經而成義也。即三者而觀之。序果非宏之所作也。漢世文章未有引詩序者。惟黃初四年。有共公遠君子近小人之説。蓋魏後於漢。宏之詩序至此始行也。世以詩序爲孔子作。初無據。口耳之傳也。惟隋經籍志以爲子夏作。先儒相承云毛公。及衛宏潤益之。今定爲孔子固不可。若孔子授子夏而傳之。是亦嘗經孔子所取。亦何傷乎。大抵古書未有無序者。皆繫之於篇末。蓋以發其凡也。今書有序。孔安國以爲孔子作。自安國始遷之逐篇□□㊀。亦如序卦彖象爻辭。王輔嗣遷之逐卦之中。至太史自序。揚子之法言。皆其遺法。況詩皆記其先王之政與列國之事。□□□㊁其序。蓋有全篇莫知所主意㊂者。孔子雖聖人。人事之實亦安能臆斷於數百載之下。猶之春秋。必得魯史而後可爲。鄭忽與晉文公出入。

㊀「□□」當作「之首」。
㊁「□□□」當作「非見」。
㊂「所主意」當爲「意之所主」。

晉鄭不以告魯。史所不得書。則孔子不能彊筆而削之也。而謂衛宏能之。可乎。所謂衛宏從謝曼卿受學而作者。范曄之言爾。授詩毛公趙人。與河閒王同時。三傳而爲徐敖。初無謝曼卿者。猶東漢賈逵傳言。父徽學毛詩於謝曼卿。至顯宗令撰齊魯韓詩。均與毛氏同異。蓋漢自中興後。毛詩始見。鄭康成與衛宏略先後。豈有不知。而以宏之言爲孔子者。此理尤甚明。吾謂古者凡有是詩。則有是序。如今之題目者。故太師陳之則可以觀。孫明復春秋專廢傳從經。然不盡達經例。又不深於禮學。故其言多牴牾。有甚害於經者。雖概以禮論當時之過。而不能盡禮之志。尤爲膚淺。

書論

書五十八篇。出於伏生者。初二十三篇。出於魯共王所壞孔子宅壁中者。增多二十六篇。伏生書後傳歐陽歙。魯共王壁中書。孔安國爲之傳。漢興。諸儒傳經次第。各有從來。伏生當文帝時。年已老。口授晁錯。頗雜齊魯言。或不能盡辨。他經專門。每輒數家。惟書傳一氏。安國□□[一]所授。獨以隸古[二]易科斗。自以其意爲訓解。不及列於學官。故自漢訖西晉。言書惟祖歐陽

[一]「□□」當作「無」。
[二]「古」當爲「書」。

氏。安國訓解晚出。皇甫謐家所謂二十□□㊀者。雖□□㊁時大儒揚雄杜預之徒皆不及見。劉向以魯共王書校□□㊂洛㊃誥亡簡一。召誥亡簡二。字之不同者尤多。書非一代之言也。其文字各隨其世不一體。其受授異同復若此。然大抵簡質懿愨。不可遽通。自立政以上。非伊尹周公傅説之辭。則仲虺祖乙箕子召公。後世以爲聖。聖不可及者也。其君相與往來告戒論説。則堯舜禹湯文武是也。是以其文峻而旨遠。自立政而下。其君則成王康王穆王平王。其臣則伯禽君陳君牙。至於秦穆公。其辭則一時太史之所爲也。視晉爲有閒矣。是以其文亦平易明白。意不過其所言。孔子取之。特以其有合於吾道焉爾。自安國學行。歐陽氏遂廢。今世所見。惟伏生傳。首尾不倫。言不雅馴。至以天地人四時爲七政。謂金縢作於周公没後。何可盡據。其流爲劉向五行傳。夏侯氏災異之説。失孔子本意益遠。安國自以爲博考經傳。採摭羣言。其所發明。信爲有功。然余讀春秋禮記孟子荀子。閒與今文異同。孟子載湯誥造攻自牧宫。不言鳴條。春秋傳載五子之歌衍率彼天常一句。證康誥父子兄弟罪不相及。今文乃無有。疑亦未能盡善者。荀卿引仲虺曰。諸侯能自得師者王。

㊀「□□」當作「五篇」。
㊁「□□」當作「當」。
㊂「□□」當作「伏生本」。
㊃「洛」當爲「酒」。

得友者霸。引康誥惟□□□□[一]人以懌。其謬妄有如此者。禮記以申勸寧王之德爲□□□□[二]。以庶言同亡斯繹字。其乖牾有如此者。微孔氏則□□□□。□[三]於是知求六經殘缺之餘於千載淆亂之後。豈不甚難。□□[四]可忽哉。先公曰。歐陽公日本刀歌云。傳聞其國居大海。土壤淳[五]饒風俗好。前朝貢獻屢往來。士人往往工詞藻。徐福行時書未焚。逸篇[六]百篇今尚存。命[七]嚴不許傳中國。舉世無人識古文。先王大典藏夷貊。蒼[八]波浩蕩無通津。令人感激坐流涕。鏽澀[九]短刀何足云。詳此詩似謂徐福以諸生帶經典入海外。其書乃始流傳於彼也。然則秦人一燼之烈。使中國家傳人誦之書皆放逸。而徐福區區抱編簡以往。能使先王大典獨存夷貊。可歎也。亦可疑也。然今世經書往往有外國本云。

[一]「□□□□」當作「文王敬忌一」。
[二]「□□□□」當作「由觀文王」。
[三]「□□□□□」當作「何所取正余」。
[四]「□□」當作「而不」。
[五]「淳」當爲「沃」。
[六]「篇」當爲「書」。
[七]「命」當爲「令」。
[八]「蒼」當爲「滄」。
[九]「澀」當爲「澁」。

石林經解説

教者。上所以勉下。經者。所以助成其教也。詩之規刺嘉美。要使人歸於善而已。仁之事也。故其教則温柔敦厚。書之紀述治亂。要使人考古驗今而已。智之事也。故其教則疏通知遠。樂能和同天人之際。其教也動盪血脈。流通精神。故廣博易良。易能順性命之理。其教也吉凶與民同患。而退藏於密。故絜靜精微。禮節民心。其教也使人飾貌以正其行。故恭儉莊敬。春秋言約而意隱。其教也使人美不過實。貶不損美。故屬辭比事。蓋詩書以政教之本而爲序。樂與易以道德之妙而爲序。禮與春秋以治人修身之事而爲序也。六者之失。蓋不深求其理故也。易曰。惟深故能通天下之志。

石林遺文

自世尚經術。博士業書者十常三四。第守一説。莫能自致其思。余竊悲之。因參總數家。推原帝王之治。論其世。察其人。以質其所言。更相研究。折衷其是非。頗自紀輯。爲書二十卷。十二萬有餘言。書傳自序。

以春秋爲用法之君而已。聽之有不盡則㈠欺民。有不盡其法則欺君。凡啖趙論三家之失爲辨

㈠「則」上脱「其辭」。

疑。劉氏廣啖趙張㊀之遺爲權衡。合二書。正其差誤而補其疏略。目之曰讞。春秋讞自序。

君子不難於攻人之失。而難於正己之是。必有得也。乃可知其失。必有是也。乃可斥其失。自其讞推之。知吾之所正爲不妄也。而後可以觀吾考。自其考推之。知吾之所擇爲不誣也。而後可以觀吾傳。春秋考自序。

左氏傳事不傳義。是以詳於史而事未必實。以其不知經也。公羊穀梁傳義不傳事。是以詳於經而義未必當。以其不知史也。乃酌三家。求史與經。不得於事則考於義。不得於義則考於事。更相發明以作傳。春秋傳自序。

附録

政和間。潁昌歲值災傷。浮殍自鄧□㊁入境。不可勝計。公盡發常平倉。奏賑十餘萬人。惟遺棄小兒無處。一日詢左右曰。人之無子者。何不收以自續㊂乎。曰。人固願得之。但患既長來識認耳。公閲法。凡傷災棄遺小兒。父母不得復取。古有此法者。遂作空券數千。具載本法。給内外廂界。凡得兒者。書券付之。凡三千八百人。皆奪之溝壑而置之襁褓者。

㊀「張」衍。
㊁「□」當作「唐」。
㊂「續」當爲「畜」。

徐敦立卻掃編曰。崇寧初。蔡太師持紹述之説爲指。既悉取元祐廷臣及元符末上書論新法之人指爲謗訕而投竄之。又籍其名氏。刻之於石。謂之黨籍碑。且將世世錮其子孫。其後再相也。亦自知其太甚。而未有以爲説。葉左丞爲祠部郎。從容謂之曰。夢得聞天下有道則庶人不議。今舉籍上書之人名氏刻之於石。以昭示來世。恐非所以章先帝之盛德也。蔡大感悟。其後黨禁稍弛。而碑竟仆焉。胡尚書直孺聞之。歎曰。此人宜在君側。

眞西山書春秋讞考傳三書後曰。自熙寧用事之臣倡爲新經之説。既天下學士大夫以談春秋爲諱有年矣。是書作於絶學之餘。所以闢邪説。黜異端。章明天理。遏止人欲。其有補於世教爲不淺也。

梓材謹案。宋史藝文志載石林春秋讞三十卷。又春秋考三十卷。春秋傳二十卷。石林春秋八卷。春秋指要總例二卷。四庫全書著録春秋傳提要云。石林以孫氏春秋尊王發微主於廢傳以從經。蘇氏春秋集解主於從左氏而廢公羊穀梁。皆不免有弊。故是書參考三傳以求經。頗爲精核。又本永樂大典。勒成春秋考十六卷。春秋讞二十二卷。提要於春秋考云。是書大旨。在申明所以攻排三傳者。實本周之法度制作以爲斷。初未有所臆測於其閒。於春秋讞云。是書抉摘三傳是非。主於信經不信傳。猶沿啖助孫復之餘波。且言古引春秋以決獄。不云以決獄之法治春秋。名書以讞。於義未允云。

陳直齋曰。少藴博極羣書。强記絶人。書與春秋之學。視諸儒爲最精。

王氏困學紀聞曰。葉少藴謂。凡易見於有爲者皆言用。用之者何。體也。而易不以體對用。故別而論之曰易無體。晁景迂曰。體用本乎釋氏。

謝山箋曰。李二曲嘗暢此論。

又曰。石林解執禮云。猶執射執御之執。記曰。秋學禮。執禮者治之。蓋古者謂持禮書以治人者皆曰執。周官太史。大祭祀。宿之日。讀禮書。祭之日。執書以次位常。凡射事。執其禮事。此禮之見於書者也。解雅頌各得其所云。季札觀魯樂。以小雅爲周德之衰。大雅爲文王之德。小雅皆變雅。大雅皆正雅。楚莊言武王克商作頌。以時邁爲首。而武次之。賚爲第三。桓爲第六。以所作爲先後。以此攷之。雅以正變爲大小。頌以所作爲先後者。詩未删之序也。論政事之廢興。而以所陳者爲大小。推功德之形容。而以所告者爲先後者。删詩之序也。其説可以補注義之遺。

雲濠謹案。王阮亭居易録。葉石林建康集八卷。有嘉泰癸亥孫籥跋。按石林全集一百卷。桑民懌家書目有之。今不可得。此則紹興八年再帥建康作也。又云。石林晁氏之甥。及與无咎張文潛遊。爲詩文筆力雄厚。猶有蘇門遺風。非南渡以下諸人可望。平生邃於春秋。集中答王從一教授書可見其梗概。

荆公私淑

朝奉華雲溪先生鎮附子初平。

華鎮字安仁。會稽人。登進士。官至朝奉大夫。好學博古工詩。一時名人宗師多稱道之。子初平。以進士爲太常博士。討論典故。校經考古。無所附依。二帝北狩。以憂憤卒。姓譜。

雲濠謹案。先生有雲溪居士集一百卷。今從永樂大典掇輯者三十卷。四庫書目提要云。樓炤序其集曰。精深典贍。遒麗逸發。又曰。介然自重。不輕以求人之知。其名之不昭也固宜。然觀其學術。大抵以王安石爲宗。且與蔡京章惇輩贈答往來。干祈甚至。炤之所云。未必遽爲公論云。

提舉林三山先生之奇詳見紫微學案。

熊獨善先生蕃

熊蕃字叔茂。□□人。善屬文。長於吟詠。宗王介甫之學。分章析句。極有條貫。築堂名獨善。號獨善先生。姓譜。

初寮家學

侍郎王復齋先生秬別見安定學案補遺。

莊氏家學

知州莊先生安常

莊安常字子尚。僖簡仲子。世其家學。入太學爲英俊所推。政和二年。賜上舍第。臚傳庭中。徽宗識之曰。是莊徽子也。調益都縣主簿。改監惠民局。擢廣親宅宗子學正。太學録。太學博士。提舉京西南路學事。遭僖簡憂。免喪。知南劒州。南劒人德之。知處州。處州大治。請外祠。得主管台州崇道觀。紹興十六年。卒於金壇縣其子之官舍。年七十五。積官至朝請大夫。先生深厚疏通。於經術得其指歸。與人交一於至誠。自南劒歸。翛然自放於溪山之間。日從諸子質問經義。

口未嘗掛除書。雖暫出。不旋踵而歸。享靜退清康之樂者二十餘年。其葬也。汪浮溪銘其墓曰。德本於誠。學本於經。隱然振其家聲。爲後學之師承。汪浮溪集。

龔氏續傳

龔先生楫

龔楫字濟道。其先處州人。祖原。崇寧中謫居和州。遂家焉。先生懦如不勝衣。建炎初。聞金人陷郡縣。憤恚不食。念有以自見而不可得。兀朮據和州。築堡新塘。先生率家僮與鄉里從者往襲之。獲千户二。既而金兵大至。先生麾其衆曰。今日戰死。亦足爲義士。爲金人所獲。猶挺劍刺其一人。金人臠割之。年二十二。宋史。

祕丞龔先生頤正 父相。

龔頤正字養正。本名敦頤。元祐黨人原之曾孫也。父相字聖任。知華亭縣。甚著聲績。遂家吳中。嘗著符祐本末三十卷。又著元祐黨籍三百九人列傳。所佚者六人而已。淳熙末。洪丞相邁領史院。奏授下州文學。光宗立。用薦歷宗正簿。遷樞密院編修官。嘉泰元年。詔頤正學問該博。賜進士出身。兼實録院檢討官。預修光孝二宗實録。未幾。遷祕書丞。卒。周益公稱其博通史學。嫻於辭章。所著又有中興忠義録三卷。續稽古録。續釋常談。姑蘇志。

梓材謹案。養正以元祐黨人之後。著黨籍列傳譜述一百卷。顧其主宗正簿也。著續稽古録。言韓侂胄定策功。擢官樞密編修。至侂胄死。詔毁其書。不無有忝乃祖矣。

林氏家學

林□□先生崧孫

別見趙張諸儒學案補遺。

元錫家學

補 中大陸放翁先生游

梓材謹案。先生嘗游於丹陽先生洪氏之門。見其所跋洪慶善帖語。

雲濠謹案。戴剡源序方桐江詩集有云。放翁雖生長東南。接中原文獻。獨其爲詩。亦親經東萊茶山諸先生指授云云。是先生固吕曾二氏門人也。

渭南文集

舜伐三苗。年九十有三。聞伯益一言。退而敷文德。舞干羽。武王受貢獒。年九十有一。召公作訓累數百言。武王納之。羣臣無伯益召公之賢。陛下當以舜武王之心爲心。擬上殿劄子。

爝火不能爲日月之明。瓦釜不能爲金石之聲。潢汙不能爲江海之濤瀾。犬羊不能爲虎豹之炳蔚。而或謂庸人能以浮文眩世。烏有此理也哉。上辛給事書。

文以氣爲主。出處無媿。氣乃不撓。韓柳之不敵。世所知也。傳給事外制集序。

善學者。通一經而足。藏書者。雖盈萬卷。猶有憾焉。而近世淺士乃謂藏書如鬬草。徒以多寡相爲勝負。何益於學。萬卷樓記。

公孫丞相布被。人曰詐。司馬丞相亦布被。人曰儉。布被可能也。使人曰儉不曰詐。不可能也。司馬溫公布被銘。

讀易不能知虙羲之心。讀典謨不能知堯舜禹皋陶之心。雖典墳盡在。亦何益於稽古。故士能玩易之畫。與身親見虙羲等。反覆盡心於典謨。與身親見堯舜禹皋陶等。婺州稽吉㈠閣記。

人莫不愛其子孫。愛而不知教之。猶弗愛也。人莫不思其父祖。思而不知奉其教。猶弗思也。能如是。其有不興者乎。吾所謂興者。天地鬼神與之。鄉人慕之。學者尊之。是爲興。不然。雖門列戟。牀堆笏。德弗稱焉。何興之有。跋范巨山家訓。

放翁家訓

天下事常成於困約。而敗於奢靡。游童子時。先君諄諄爲言。太傅出入朝廷四十餘年。終身未嘗爲越産。家人有少變其舊者。輒不懌。其夫人棺䄍四會。婚姻不求大家顯人。晚歸魯墟舊廬。一椽不可加也。楚公少時。尤苦貧。革帶敝。以繩續絶處。秦太夫人嘗作新襦。積錢累月乃能就。

㈠「吉」當爲「古」。

一日覆羹污之。至涕泣不食。太尉與邊夫人方寓官舟。見婦至。喜甚。輒置酒。銀器色黑如鐵。果醢數種。酒三行而已。姑嫁石氏。歸寧。食有籠餅。亟起辭謝曰。昏耄不省是誰生日也。左右或匿笑。楚公歎曰。吾家故時。數日乃啜羹。歲時或生日乃食籠餅。若曹豈知耶。是時楚公貴顯。顧以啜羹食餅爲歎。愀然歎息如此。游生晚。所聞已略。然少於游者。又將不聞。而舊俗方以大壞。厭藜藿。慕膏粱。往往更以上世之事爲諱。使不聞此風。放而不還。且有陷於危辱之地。淪於市井。降爲皁隸者矣。

人與萬物同受一氣。生天地閒。但有中正偏駁之異。理不應相害。聖人所謂數罟不入污池。弋不射宿。豈若今人畏因果。畏報應哉。上古教民食禽獸。不惟去民害。亦是五穀未如今之多。故以補粒食所未及耳。若窮口腹之欲。每食必丹刀。凡殘餘之物。猶足飽數人。方盛暑時。未及下箸。已多臭腐。吾甚傷之。今欲除羊彘鷄鵝之類。人畜以食者。原注。牛耕犬警。雖均爲畜。亦不可食。姑以供庖。其餘川泳雲飛之物。一切禁斷。庶幾安吾心。凡飲食。但當取飽。若稍令精潔。以奉賓燕。猶之可也。彼多□㊀珍異。誇炫世俗者。此童心兒態。切不可爲其所移。戒之戒之。

子弟才分有限。無如之何。然不可使之不讀書。貧則教訓童稚。以給衣食。但書種不絶。足矣。若能布衣草履。從事農圃。足跡不至城市。彌是佳事。關中村落有魏鄭公莊。諸孤皆爲農。

㊀「□」當作「爲」。

張浮休過之。留詩云。兒童不識字。耕稼魏公莊。仕宦不可常。不仕則農。無可憾也。切不可迫於衣食。爲市井小人事耳。戒之戒之。

後生才鋭者最易壞。若有之。父兄當以爲憂。不可以爲喜也。切須常加檢束。令熟讀經子。訓以寬厚恭謹。勿令與浮薄者游處。如此十餘年。志趣自成。不然。其可慮之事蓋非一端。吾此言。後人之藥石也。

禍有不可避者。避之。得禍彌甚。既不能隱而仕。小則譴斥。大則死。自是其分。若苟逃譴斥。而奉承上官。則奉承之禍。不止失官。苟逃死而喪失臣節。則失節之禍。不止喪身。人自有懦而不能蹈禍亂者。固不可强。惟當終身絶仕進。則去禍自遠。

爲善自是常事。今乃規後身福報若市道然。吾實恥之。使無禍福報應。可爲不善耶。

近世出葬。或作香亭魂亭寓人寓馬之類。一切當屏去。僧徒引道。尤非敬佛之意。廣召鄉鄰。又無益死者。徒爲重費。不須爲也。

訴訟之事。但當謹始。使官司公明。尚不當爲。況官行關節。吏取貨賄。或官司無心。而其人天資闇弱。爲吏所使。亦何所不至。有是而後悔之。固無及矣。況鄰里閒所訟。不過侵占地界。逋欠錢物。及凶悖陵犯耳。姑徐徐諭之。勿遽興訟也。若能置而弗校。尤善。李參政漢志作其叔文成墓志云。居鄉則以困畏不若人爲哲。眞達識也。

附録

放翁廢居山陰。往往野服行山蹊。背囊施藥。活人無數。生兒多以陸爲名者。

嘗作書巢記曰。陸子既老且病。猶不置讀書。名其字曰書巢。客有問曰。鵲巢於木。巢之遠人者。燕巢於梁。巢之襲人者。鳳之巢。人瑞之。梟之巢。人覆之。雀不能巢。或奪燕巢。巢之暴者也。鳩不能巢。伺鵲育雛而去。則居其巢。巢之拙者也。上古有有巢氏。是爲未有宮室之巢。堯民之病水者上而爲巢。是爲避害之巢。前世大山窮谷中。有學道之士棲木若巢。是爲隱居之巢。近時飲家者流。或登木杪酣醉叫呼。則又爲狂士之巢。今子幸有屋以居。牖户牆垣猶之比屋也。而謂之巢。何耶。陸子曰。子之辭辨矣。顧未入吾室。吾室之内。或棲於櫝。或陳於前。或枕藉於牀。俯仰四顧。無非書者。吾飲食起居。疾痛呻吟。悲憂憤歎。未嘗不與書俱。賓客不至。妻子不覿。而風雨雷雹之變有不知也。閒有意欲起。而亂書圍之。如積槁枝。或至不得行。則輒自笑曰。此非吾所謂巢者耶。乃引客就視之。客始不能入。既入又不能出。乃亦大笑曰。信乎。其似巢也。客去。陸子歎曰。天下之事。聞者不如見者知之爲詳。見者不如居者知之爲盡。吾儕未造大道之堂奥。自藩籬之外而妄議之。可乎。因書以自警。

放翁自贊曰。遺物以貴吾身。棄智以全吾眞。劍外江南。飄然幅巾。野鶴駕九天之風。澗松傲萬木之春。或以爲跌宕湖海之士。或以爲枯槁隴畝之民。二之論雖不同。而不我知則均也。

王深寧困學紀聞曰。陸務觀曰。唐及國初學者。不敢議孔安國鄭康成。況聖人乎。自慶曆後。諸儒發明經旨。非前人所及。然排繫辭。毁周孔。疑孟子。譏書之胤征顧命。黜詩之序。不難於議經。況傳注乎。斯言可以箴談經者之膏肓。

戴剡源題渭南遺文鈔後曰。渡江以來。如放翁可謂問學行義人矣。諗其放陁而不傷。困窶而能肆。不可謂無君子之守。就令但如常人之見。欲爲身謀。爲子孫謀。當盛年時。知己如麻。何待七八十歲之後。始媚一戚里權幸而爲之邪。雖血氣既衰。聖人不免於戒。不可謂世之君子必當然也。謂世之君子必當然者。其自待亦不厚矣。然放翁固有不得辭者。窮不能忘仕。爲文不能不徇人之求。龐眉皓髮。屑屑道途之閒。而曰我意非有他也。人誰能諒之哉。

袁清容題先生訓子帖曰。先生送其子之官。書莊子二章以訓。或曰。五經切近。而書莊子。何耶。余曰。自農師右丞師尊臨川。臨川宗老莊。故其家學世守之。此二章足以涉世變。清而容物。遠禍之基也。喜怒哀樂不入於胸次。進德之本也。紹熙黨禍萌蘖。故逢迎者廢於嘉定。標榜者錮於慶元。雖善惡歧。而當時仕進者寧不自重。先生教子之意深矣。晚歲一出。終能全身以歸。觀此蓋可知矣。

放翁講友

進士呂先生友德

呂友德。東陽進士。自太學至鏡湖與放翁遊。放翁稱其問學論議文辭皆有源流。渭南文集。

放翁同調

縣令王先生時敘

王時敘字伯倫。奉化人。乾道五年進士。歷知遂安縣。時郡守責逋於十年之外甚急。先生謂從事曰。邦侯素不困疲瘵之民。何遽變更。果爾罪去。誠甘。守知不可奪。遂已。編修陸放翁爲郡日。縣上所斷大族爭訟。僚屬咸會。放翁以遂安狀銜袖曰。得一好文字。爲諸公出之。且讀且喜曰。使諸邑皆如遂安。吾輩可以臥治。及卒。放翁誄之曰。學道愛人。正心誠意。悃愊無華。儒雅飭吏。子之自著。古人何媿。寧波府志。

朝散王泰庵先生時會

王時會字季嘉。奉化人。自少時。事親孝。事兄悌。處鄉里學校。從師擇友甚嚴。與兄伯倫同登乾道進士。歷知會稽縣。最後終於長沙。自迪功郎七遷至朝散郎。會稽歲霖潦。郡方督已蠲之賦甚急。先生持不可。守不聽。乃袖告身。易服立庭中。力爭。守爲之奪氣。民賴以紓。遂修社倉之政。因立保伍。以察不孝不悌惰游不逞者。風俗一變。所至設施多可稱述。論事亦多識大體。先生鋭意經學。有易詩書論語訓傳。鄉飲酒辨疑。凡數十百卷。文詞簡古。尤善爲詩。有泰庵存稿三十卷。病已亟。猶强起拱手端坐無惰容。顧家人曰。吾學易。晝夜之理甚明。遂卒。年六十四。陸放翁自尚書郎罷歸。屏居鏡湖上。郡牧部使者多不識面。縣大夫猶避形迹弗與通。惟山陰令張槖與先生相從。驩然如故交云。渭南文集。

陳氏私淑

主簿林先生子沖詳見紫微學案。

朝奉陳先生岐

陳岐字□□。三山人。自朝奉大夫權發遣建昌軍事。嘗刻陳氏樂書。求序於楊誠齋曰。岐學殖荒落。□□□□㊀。則岐豈敢。然幼師先君樞密。嘗因請業而問曰。士奚若而成於樂。先君曰。□□□□□□㊁驟而語。未可也。抑從先儒而問津焉。則有鄉先生陳晉之樂書在。岐自是求其書。

㊀「□□□□」當作「稽古刺經」。

㊁「□□□□□□」當作「聖門之學」。

□□㊀後得。然不敢私也。是用刻棗。與學者公之。楊誠齋集。

梓材謹案。林畊叟序其□草㊁齋尚書集解後云。畊自兒時。侍先君盱江官舍郡齋。刊禮樂書。先君實董其事。與益國周公誠齋楊先生書問往來。訂正訛舛甚悉。時蓋先生修二陳之書。耕叟之父雲岫實董其事也。

章氏門人

章先生沖

章沖字茂深。吴興子厚之曾孫。葉少藴之壻。朝請大夫。著春秋左傳類事始末五卷。直齋書録解題。

附録

謝艮齋序春秋左氏傳類事始末曰。初。使君由山陽移天台。謂久知其政之宜乎民。今又知其書之明乎古。書之明古。所以爲政之宜民。又豈有二道耶。

梓材謹案。先生淳熙十四年以奉直大夫守台州。其自序言。少時侍石林葉先生。爲學先作春秋讞考傳。使沖執左氏之書從旁備檢閱。因得原始要終各從其類云。

㊀「□□」當作「老而」。

㊁「□草」當作「林拙」。

熊氏家學

熊先生克別見劉胡諸儒學案補遺。

放翁門人

戴石屏先生式之別見和靖學案補遺。

蘇先生泂

蘇泂字召叟。山陰人。右僕射頌之四世孫。陳振孫書録解題有泠然齋集二十卷。先生少時卽從其祖游宦入蜀。長而落拓走四方。曾再入建康幕府。嘗以薦得官。而終偃蹇不遇以老。生平所與往來唱和者。皆一時知名士。有送陸放翁赴修史之命云。弟子重先生。丱角以至斯。文章起嬰慕。德行隨蕭規。是先生本從學於放翁。詩法流傳淵源有自云。四庫書目提要。

寺丞方好庵先生信孺

方信孺字孚若。莆田人。九歲能文。以父蔭補番禺縣尉。以近臣薦使金。歲再往返。以口舌折强敵。金人計屈請見。後知夏州。築石隄二十里。人莫知其故。後金犯眞州。城賴以全。寧宗朝爲寺丞。終寶慶知府。姓譜。

雲濠謹案。劉後村狀其行云。公自號紫帽山人。又曰。好庵嘗從山陰陸公游問詩。陸公爲大書詩境二字。又云。公有山水癖。故其書有南海百詠。南冠萃稿。南轅拾稿。曲江嘯詠。九疑復編。桂林兩三集。擊缶編。好庵游戲。皆板行。出嶺詩文三卷。壽湖稿一卷。通問語録三卷云。

附録

新居成。劉後村賀以詩曰。按行花木皆寮友。主掌湖山卽事權。

知道州。郡有不檢士十輩。號十虎。力能使監司逐太守。公下車。立竄首惡。修濂溪祠。作太史閣。與萊公樓對。尋元次山遺跡出之。

呂先生□

呂□□□□。復初之大父。於忠穆爲孫。承學於放翁。戴剡源集。

王氏家學

縣佐王先生宻

王宻字抑之。奉化人。伯倫季嘉兩先生從子也。嘗以詞賦再貢於有司。七上禮部不售。晚授南廊一秩。丞佐小邑。屢與上官爭役錢。辨水利。列邊防形勢。不酬卽和淵明歸去來辭。棄官歸養。不負王氏家法。戴剡源集。

新學續傳

陳先生友仁

陳友仁字君復。湖州人。宋亡丙子後九歲。序周禮集説。稱其友雲山沈則正近得此書於霅。編節條理與東萊讀詩記東齋書傳相類。名氏則未□㊀也。癸未攜以歸。訓詁未詳者。益以賈氏王氏之疏説。辨析未明者。附以前輩諸老之議論云。蓋先生因宋人舊本重緝也。四庫書目提要。

陳氏周禮説

周公六典。周官經制之□㊁。畫井田。立封建。大而軍國調度禮樂刑賞。微而服御飲食醫卜工藝。毫介纖悉。靡不備載。六官之屬。各從其長。其要則統於天官。大綱小目。截然有紀。萬世□□㊂者之龜鑑也。

官制云。天地春秋四官。自□□□□□□□㊃三人。□㊄府史胥徒止百五十人。蓋吏役如是

㊀「□」當作「聞」。
㊁「□」當作「書」。
㊂「□□」當作「有國」。
㊃「□□□□□□□」當作「卿至旅下士凡六十」。
㊄「□」當作「而」。

足也。吏省則祿易給。有祿□□□□。□□□□㊀倣此意。佐史有斗食之秩。長安游徼。吏有百石之秩。左馮翊□□□□□□□。□□㊁爲膠東相。吏追捕有功者。後㊂一切比三輔尤異。自是以後。百石吏□□㊃自重。□□□□□□㊄子往往出其閒。自鄉差之法變爲顧役。天下之事付之游手之民。又從而奪其□□㊅。是教之爲姦。而又授以具也。上自朝廷。下至州縣。每一司官長不過數人。□□□□□㊆不勝其衆。則官之不勝吏姦宜矣。天下何從而治哉。

㊀「□□□□□□□□」當作「則知自愛漢猶」。
㊁「□□□□□□□□□」當作「有二百石卒史張敞」。
㊂「後」當爲「得」。
㊃「□□」當作「皆差」。
㊄「□□□□□□」當作「賢人君」。
㊅「□□」當作「庸」。
㊆「□□□□□」當作「而胥吏」。

宋元學案補遺卷九十九目録

宋元學案補遺卷九十九

後學 鄞 王梓材 慈谿馮雲濠 同輯

蘇氏蜀學略補遺

蘇氏先緒

職方蘇先生序

蘇序字仲先。眉州眉山人。其先趙郡欒城人也。先生讀書務知大義。爲詩務達其志而已。慶曆初。詔州縣立學取士。蜀自五代之亂。學者衰少。又安其鄉里。皆不願出仕。先生獨教其子渙受學。所以成就之者甚備。至渙以进士起家。蜀人皆喜受學。及其後。眉之學者至千餘人。自蘇氏始。季子洵與其二子皆以文學名天下。爲學者所宗。元豐類稿。

蜀學之先

侍郎蔣先生堂父九皋。

蔣堂字希魯。宜興人。父九皋賢。聚書延客。以教諸子。先生在伯仲間。穎特秀整。不勉而學益進。祥符五年。登進士甲科。授楚州團練推官。歷遷左司郎中知杭州。會高選名臣。以殿右蜀。遷樞密直學士知益州。蜀人偷浮。不識敦本。前守如張乖崖。承寇亂甫平。一切權宜。務安遠俗。後之來者。以爲治蜀適然耳。而又增益侈費十倍于前。先生曩官于眉。習知敝俗。常曰。國家承平百年。聲教萬國。蜀士學尚不減鄒魯。惟此習俗尚安餘風。二千石恬而不悟。豈承流宣化意耶。乃興學校。省府傳。凡過泰無名之費。姑息不正之事。多所裁革。移知河中府。再知杭州蘇州。卒年七十五。特贈尚書吏部侍郎。先生學問道本原。議論依名節。其行己也直。其從物也裕。治蜀日。常召高才碩生會試府寺。親校才等。勸成學者。于府學之側。別建西學。以廣諸生齋室。訖成。而移蒲中。其後轉使毀之。以增廨舍。既而常山宋尚書至府。聞其事。歎惜久之。且欲成先生意。乃卽其舊趾。建文翁祠祠之。有文集二十卷。胡文恭集。

雲濠謹案。先生文集曰吴門集。見宋史本傳。

附録

慶曆初。詔天下建學。漢文翁石室在孔子廟中。公因廣其舍。選屬官以教諸生。士人翕然稱之。

李端叔偶述曰。胡文恭知蘇州。蔣公希魯致政歸。文恭昔爲諸生。嘗受學于蔣公。因卽其居第表之爲難老坊。蔣公見之。愀然曰。俚俗歆豔。内不足而假之人以爲夸者。非所望于故人也。願卽徹之。文恭愧謝。欲如其請。則營繕已嚴。乃資其嘗獲芝草之瑞。改爲靈芝。文恭退而語人曰。識必德而後達。蔣公之德蓋所畏。而其識如是。固無足疑。其如非吾所及也。

蘇氏家學

提刑蘇先生涣附楊異。宋輔。

蘇涣。始字公羣。晚字文父。眉山人。贈職方員外郎序之子。少穎悟。職方自總以家事。使篤志于學。其勤至手書司馬氏史記。班氏漢書。天聖元年。始就鄉試。通判州事蔣堂就閲所爲文。嘆其工。曰。子第一人矣。先生曰。有父兄在。楊異宋輔與吾遊。不願先之。堂益以此賢之。曰。以子爲第三人。以成子美名。明年登科。爲寶雞主簿。永康録事參軍。以憂去官。起爲開封士曹。通判閬州。閬人鮮于侁。少而好學篤行。先生禮之甚厚。職方没。葬逾月。芝生于墓木。鄉人異焉。服除。選知祥符。罷。知耒陽。提點利州路刑獄。卒年六十有二。好讀書。老而不衰。欒城集。

附録

子由表其墓曰。轍幼。與兄軾皆侍伯父。聞其言曰。予少而讀書。師不煩。少長爲文。日有程。不中程不止。出遊于塗。行中規矩。入居室。無惰容。非獨吾爾也。凡與吾遊者舉然。不然。輒爲鄉所擯曰。是何名爲儒。故當是時。學者雖寡。而不聞有過行。自吾之東。今將三十年。歸視吾里。弦歌之聲相聞。儒服者于他州爲多。善矣。爾曹才不逮人。姑亦師吾之寡過焉可也。皆再拜曰。謹受教。及長。觀公行事。循循若無所爲。動以律令爲師。而見義輒發。未嘗處人後。

政事審可爲者。力爲之不疑。鄭子産有言。政如農功。日夜思之。行無越思。如農之有畔。公爲政近之。故其所至必有功。其去必見思。自諸父没。後生不聞老成之言。無所師法而流于俗。轍懼弟子之日怠也。故記其所聞以警焉。

補 文公蘇老泉先生洵

梓材謹案。雷太簡上張文定書薦先生。言其出張公門下。又薦欲使代黄柬爲郡學官。是先生固文定門人也。又案。東坡祭韓魏公文有云。父子昆弟。並出公門。是老泉父子並及韓門矣。

老泉文集

匹夫而化鄉人者。吾聞其語矣。國有君。邑有大夫。而爭訟者訴于其門。鄉有庠。里有學。而學道者赴于其家。鄉人有爲不善于室者。父兄輒相與恐曰。吾夫子無乃聞之。嗚呼。彼獨何脩而得此哉。意者其積之有本末。而施之有次第邪。蘇氏族譜亭記。

嗚呼。觀吾之譜者。孝悌之心可以油然而生矣。情見于親。親見于服。服始于衰。而至于緦麻。而至于無服。無服則親盡。親盡則情盡。情盡則喜不慶。憂不弔。喜不慶。憂不弔。則塗人也。吾之所與相視如塗人者。其初兄弟也。兄弟其初一人之身也。悲夫。一人之身。分而至于塗人。吾譜之所以作也。其意曰。分至于塗人者。勢也。勢。吾無如之何也已。幸其未至于塗人也。使之無至于忽忘焉可也。嗚呼。觀吾之譜者。孝悌之心可以油然而生矣。蘇氏族譜引。

董生得聖人之經。其失也流而爲迂。鼂錯得聖人之權。其失也流而爲詐。上田樞密書。

經以道法勝。史以事詞勝。經不得史。無以證其褒貶。史不得經。無以酌其輕重。史論上。

臣能諫。不能使君必納諫。非眞能諫之臣。君能納諫。不能使臣必諫。非眞能納諫之君。諫論下。

史記載帝嚳元妃曰姜嫄。踐巨人跡生稷。爲周始祖。次妃曰簡狄。吞燕卵生契。爲商始祖。吁。此史遷求詩之過也。毛公之傳詩也。以鳦鳥降爲祀郊禖之候。履帝武爲從高辛之行。及鄭之箋。而後有吞踐之事。遷之説出于疑詩。而鄭之説又出于信遷。甚矣。遷之以不祥誣聖人也。嚳妃論。

夫子之道。有高而又有下。猶太山之有趾也。高則難知。下則易從。難知。故夫子之道尊。易從。故夫子之道行。三子知聖人汙論。

凡事之不近人情者。鮮不爲大奸慝。以蓋世之名。而濟未形之惡。雖有願治之主。好賢之相。猶當舉而用之。則其爲天下之患。必然而無疑者。辨姦論。

疑而問。問而辨。問辨之道也。揚雄之法言。辨乎其不足問也。問乎其不足疑也。求聞于後世。而不待其有得。君子無取焉。太玄論。

蘇氏權書

爲將之道。當先治心。太山覆于前而色不變。麋鹿興于左而目不瞬。然後可以待敵。凡兵上義。不義。雖利不動。夫惟義可以怒士。士以義怒。可與百戰。凡戰之道。未戰養其財。將戰養其力。既戰養其氣。既勝養其心。謹烽燧。嚴斥堠。使耕者無所顧忌。所以養其財。豐犒而優游之。所以養其力。小勝益厲。所以養其氣。用人不盡其所爲。所以養其心。故士常蓄其怒懷其欲而不盡。怒不盡則有餘勇。欲不盡則有餘貪。故雖并天下而士不厭兵。此黄帝所以七十戰而兵不殆也。凡將欲智而嚴。凡士欲愚。智則不可測。嚴則不可犯。故士皆委己而聽命。夫安得不愚。夫惟士愚而後可與之皆死。凡兵之動。知敵之主。知敵之將。而後可以動于嶮。鄧艾縋兵于穴中。非劉禪之庸。則百萬之師可以坐縛。彼固有所侮而動也。故古之賢將能以兵嘗敵。而又以敵自嘗。故去就可以決。凡主將之道。知理而後可以舉兵。知勢而後可以加兵。知節而後可以用兵。知理則不屈。知勢則不沮。知節則不窮。見小利不動。見小患不遷。小利小患不足以辱吾技也。夫然後有以支大利大患。夫惟養技而自愛者無敵于天下。故一忍可以支百勇。一靜可以制百動。兵有長短。敵我一也。敢問。吾之所長。吾出而用之。彼將不與吾校。吾之所短。吾斂而直之。彼將强與吾角。奈何。曰。吾之所短。吾抗而暴之。使之疑而卻。吾之所長。吾陰而養之。使之狎而墮其中。此用長短之説也。兵者使之無所顧。有所恃。無所顧則知死之不足惜。有所恃則知不至于必敗。尺箠當猛虎。奮呼而操擊。徒手遇蜥蜴。變色而卻步。人之情也。知此者。可以將矣。袒裼而按劍。則烏獲不敢逼。冠冑衣甲。據兵而寢。則童子彎弓殺之矣。故善用兵者以形固。夫能以形固。則力有餘矣。心術。

秦之憂在六國。蜀最僻最小。最先取。楚最强。最後取。非其憂在蜀也。强弱。

王伯厚曰。取蜀則楚在掌中矣。白起所以再戰而燒夷陵也。

蘇氏衡論

聖人之道。有經有權有機。是以有民有羣臣而又有腹心之臣。曰經者。天下之民舉知之可也。曰權者。民不可得而知矣。羣臣知之可也。曰機者。雖羣臣亦不得而知之矣。腹心之臣知之可也。夫使聖人無權。則無以成天下之務。無機。則無以濟萬世之功。然皆非天下之民所宜知。而機者。又羣臣所不得聞。羣臣不得聞則誰與議。不議不濟。然則所謂腹心之臣者。不可一日無也。後世見三代取天下以仁義。而守之以禮樂也。則曰聖人無機。夫取天下與守天下。無機不能。顧三代聖人之機。不若後世之詐。故後世不得見其有機也。是以有腹心之臣。禹有益。湯有伊尹。武王有太公望。是三臣者。聞天下之所不聞。知羣臣之所不知。禹與湯武倡其機于上。而三臣者和之于下。以成萬世之功。下而至于桓文有管仲狐偃爲之謀主。闔廬有伍員。勾踐有范蠡大夫種。高祖之起。大將任韓信黥布彭越。裨將任曹參樊噲滕公灌嬰。游説諸侯任酈生陸賈樅公。至于奇計密謀。羣臣所不與者。惟留侯酇侯二人。唐太宗之臣多奇才。而委之深任之密者。亦不過曰房杜。夫君子爲善之心與小人爲惡之心一也。君子有機以成其善。小人有機以成其惡。有機也。雖惡亦或濟。無機也。雖善亦不克。是故腹心之臣不可以一日無也。司馬氏。魏之賊也。有賈充之徒爲之腹心之臣以濟。陳勝吴廣。秦氏之湯武也。無腹心之臣以不克。何則。無腹心之臣無機也。有機而泄也。夫無機與有機而泄者。譬如虎豹食人而不知設陷穽。設陷穽而不知以物覆其上者也。或曰。機者。創業之君所以濟耳。守成之世。其奚事機而安用夫腹心之臣。嗚呼。守成之世能遂熙然如太古之世矣乎。未也。吾未見機之可去也。且天下之變常伏于安。田文所謂子少國危。大臣未附。當是之時。而無腹心之臣。可爲寒心哉。昔者高祖之末。天下既定矣。而又以周勃遺孝惠孝文。武帝之末。天下既治矣。而又以霍光遺孝昭孝宣。蓋天下雖有泰山之勢。而聖人常以累卵爲心。故雖守成之世。而腹心之臣不可去也。傳曰。百官總己以聽于冢宰。彼冢宰者。非腹心之臣。天子安能舉天下之事委之。三年不置疑于其間耶。又曰。五載一巡狩。彼無腹心之臣。五載一出。捐千里之畿而誰與守耶。今夫一家之中必有宗老。一介之士必有密友。以開心胸。以濟緩急。奈何天下而無腹心之臣乎。近世之君。抗然于上。而使宰相眇然于下。上下不接。而其志不通矣。臣視君如天之遼然而不可親。而君亦如天之視人。泊然無憂之之心也。是以社稷之憂彼不以爲憂。君憂不辱。君辱不死。一人譽之則用之。一人毁之則舍之。宰相避嫌譏且不暇。何暇盡心以憂社稷。數遷數易。視相府如傳舍。百官泛泛于下。而天子惸惸于上。一旦有卒然之憂。吾未見其不顛沛而隕越也。聖人之任腹心之臣也。尊之如父師。愛之如兄弟。執手入卧内。同起居寢食。知無不言。言無不盡。百人譽之不加密。百人毁之不加疏。尊其爵。厚其禄。重其權。而後可以議天下之機。慮天下之變。遠慮。

任相之道。接之以禮。然後可以重其責而無怨言。責之重。然後接之以禮而不爲過。禮薄而責重。彼將曰。主上遇我以何禮。而重我以責也甚矣。責輕而禮重。彼將遂弛然不肯自飭。故厚禮以維其心。而重責以勉其忠。而後爲相者莫不盡忠于朝廷而不恤其私。任相。

附録

先生自序洪範圖論曰。洪範其不可行歟。何説者之多。而行者之寡也。曰。諸儒使然也。譬諸律令。其始作者。非不欲人難犯而易避矣。及吏胥舞之。則千機百穽。吁。可畏也夫。洪範亦猶是耳。吾痛其然。因作三論。大抵斥末而歸本。褒經而擊傳。剗磨瑕垢。以見聖秘。復二圖一。以指其謬。一以形吾意。噫。人吾知乎。不吾知。其謂吾求異夫先儒而以爲新奇也。

歐陽公誌先生墓曰。蓋其稟也厚。故發之遲。志也慤。故得之精。自來京師。一時學者尊其學其文。以爲師法。

張安道表文安墓曰。歐陽永叔一見權書衡論。目爲荀卿子。獻其書于朝。由是名動天下。爭誦其文。時文爲之一變。

陳古靈挽之曰。禮閣儀新奏。延英席久虚。自從掩關卧。無復草玄書。東府先生誄。西山孝子廬。誰言身後事。文止似相如。

蘇魏公挽之曰。覩國五千里。成書一百篇。人方期遠到。天不與遐年。事業逢知己。文章有系賢。未終三聖傳。遺恨掩重泉。

曾南豐序先生哀詞曰。明允始舉進士。又舉茂才異等。皆不中。歸焚其所爲文。閉户讀書。居五六年。所有既富矣。乃始復爲文。蓋少或百字。多或千言。其指事析理。引物託喻。侈能盡之約。遠能見之近。大能使之微。小能使之著。煩能不亂。肆能不流。其雄壯俊偉。若決江河而下也。其輝光明白。若引星辰而上也。其略如是。以余之所言。于余之所不言。可推而知也。明允每于其窮達得喪憂歎哀樂。念有所屬。必發之于此。于古今治亂興壞是非可否之際。意有所擇。亦必發之于此。于應接酬酢萬事之變者。雖錯出于外。而用心于内者。未嘗不在此也。

東坡祭范蜀公文曰。吾先君子。秉德不耀。與公弟兄。一日之少。窮達不齊。歡則無閒。豈以閭里。忠義則然。

邵氏聞見録曰。東坡中制科。王荆公問吕申公見蘇軾制策否。全類戰國文章。若安石爲考官。必黜之。故荆公後修英宗實録。謂蘇明允爲戰國縱横之學云。

龜山語録曰。因論蘇明允權書衡論曰。觀其著書之名已非。豈有山林逸民立言垂世。乃汲汲于用兵如此。所見安得不爲荆公所薄。曰。大蘇以當時不去二敵之患。則天下不可爲。又其審敵篇引晁錯説景帝削地之策曰。今日夷狄之勢。是亦七國之勢。其意蓋欲掃蕩二敵。然後致太平爾曰。纔以用兵爲事。只見騷擾。何時見天下息肩時節。以仁宗之世視二敵。豈不勝如戰國時節。而孟子在戰國。所論全不以兵爲先。豈以崇虚名而受實獘乎。亦必有道矣。

劉子卿曰。今西蜀文學之盛。自先生父子倡之。世謂之蜀學。

朱子滄洲精舍諭學者曰。老蘇自言。其初學爲文時。取論語孟子韓子及其他聖賢之文。而兀然端坐終日以讀之者七八年。方其始也。入其中而惶然。以博觀于其外而駭然以驚。又其久也。讀之益精。而其胷中豁然以明。若人之言固當然者。然猶未敢自出其言也。歷時既久。胷中之言日益多。不能自制。試出而書之。已而再三讀之。渾渾乎覺其來之易矣。予謂老蘇但爲欲學古人說話聲響。極爲細事。乃肯用功如此。故其所就亦非常人所及。如韓退之柳子厚輩亦是如此。其答李翊韋中立之書。可見其用力處矣。然皆只是要作好文章。令人稱賞而已。究竟何預己事。卻用了許多歲月。費了許多精神。其可惜也。

朱子答汪尚書曰。王氏蘇氏皆以佛老爲聖人。於此可驗其于吾儒之學無所得。而王氏支離穿鑿。尤無義味。至於甚者。幾類俳優。本不足以惑衆。徒以一時取合人主。假利勢以行之。至于已甚。故特爲諸老先生之所排詆。在今日則勢窮禍極。故其失人人得見之。至于蘇氏之言。高者出入有無而曲成義理。下者指陳利害而切近人情。其智識才辨謀爲氣概。又足以震耀而張皇之。使聽者欣然而不知倦。非王氏之比也。然語道學則迷大本。論事實則尚權謀。衒浮華。忘本實。貴通達。賤名檢。此其害天理。亂人心。妨道術。敗風教。亦豈盡出王氏之下也哉。但其身與其徒皆不甚得志于時。無利勢以輔之。故其說雖行。而不能甚久。凡此患害。人未盡見。故諸老先生得以置而不論。使其行于當世亦如王氏之盛。則其爲禍不但王氏而已。主名教者。亦不得愬然而無言也。

又曰。蘇氏之學雖與王氏若有不同者。然其不知道而自以爲是則均焉。學不知道。其心固無所取則以爲正。又自以爲是而肆言之。其不爲王氏者。特天下未被其禍而已。

又曰。今日之事。王氏僅是爲申韓儀衍。而蘇氏學不正而言成理。又非楊墨之比。愚恐孟子復生。則其取舍先後必將有在。

梓材謹案。以上兩條。總論兩蘇之學。

朱子語類曰。老蘇之出。當時甚敬崇之。惟荆公不以爲然。故其父子皆切齒之。然老蘇詩云。老態盡從愁裏過。壯心偏傍醉中來。如此無所守。豈不爲他荆公所笑。如上韓公書求官職。如此所爲。又豈不爲他荆公所薄。

王濤南議論辨惑曰。老蘇諫論曰。蘇秦張儀。吾取其術。不取其心。龍逄比干。吾取其心。不取其術。而謂挾儀秦之術者。必無逄干之心。存逄干之心者。固無事乎儀秦之術也。蘇氏喜縱横而不知道。故所見如此。

黄東發曰。雷霆久蟄。一旦迅烈。天地爲之震動。起視草木皆甲拆矣。老蘇先生特起之學有焉。然先生之學不及用于世。張安道表而出之。明其灼然可用于世者。以其能辨王安石之禍誠大矣。然温公自擊其弊。身與之伍。終不以爲姦。但言不曉事。又執拗耳。豈固各自有見耶。先生權書衡論等作。若施之用。亦必有雷霆迅烈之勢。特未知能速陽和否耶。故士必用而後知。

宋濳溪凝道記曰。眉山之學何如。曰。其文辭氣欻有動搖山嶽之勢。蓋其才甚高。識甚明。

舉一世皆奔走之。恨其一徇縱横捭闔之術。而弗知先王之道。士之輕俳浮誕者恒倚之以爲重。禮義廉恥則棄去而弗之恤。使其得君。其禍天下有不在金陵下也。

又序蘇平仲文集曰。自秦以下。文莫盛于宋。宋之文莫盛于蘇氏。若文公之變化傀偉。文忠公之雄邁奔放。文定公之汪洋秀傑。載籍以來。不可多遇。其初亦奚暇追琢絺繪以爲言乎。卒至於斯極而不可掩者。其所養可知也。

孫緒曰。相傳批點孟子爲蘇老泉筆。然其批語内卻引洪景盧語。景盧後老泉六七十年。傳者未之察也。

老泉同調

忠文范景仁先生鎮詳范呂諸儒學案。

州守雷先生簡夫

雷簡夫字太簡。長安人。以遺才命官。其文亦奇。老蘇里居。未爲世所知。先生爲雅州獨知之。以書薦之。韓忠獻張文定歐陽文忠三公皆有味其言。三公自先生始知老蘇云。邵氏聞見後録。

運使李先生師中别見古靈四先生學案補遺。

州判姚先生闢

文康葛先生勝仲並見廬陵學案補遺。

東坡師承

史先生清卿附子炤。

史清卿。眉山人。東坡兄弟皆師事之。子炤字見可。官左宣義郎。博古能文。嘗作通鑑釋文三十卷。姓譜。

劉先生巨

梓材謹案。先生爲東坡兄弟與家勤國兄弟師。

蔣氏家學

文穆蔣穎叔之奇詳見廬陵學案。

蔣氏門人

文恭胡先生宿詳見濂溪學案。

龍圖邵先生必别見百源學案補遺。

修撰吕先生陶詳下東坡同調。

老泉家學

補 文忠蘇東坡先生軾

梓材謹案。先生爲范文正公文集序云。自以八歲知敬愛公。今四十七年矣。彼三傑者。皆得從之遊。而公獨不識。以爲平生之恨。若獲挂名其文字中。友自託于門下士之末。豈非疇昔之願也哉。上文述鄉先生之言曰。韓范富歐陽。此四人者。人傑也。又言。登第始見知于歐陽公。因公以識韓富。皆以國士待軾。曰恨子不識范文正公。據其語前後。則先生于歐陽韓富皆從遊其間。而文正則其所私淑者也。

雲濠謹案。東坡幼時嘗學于眉山道士張易簡。謂其教小學常百人。見東坡衆妙堂記。

東坡語要

孔子聖人。其學必始于觀書。當是時。惟周之柱下史聃爲多書。韓宣子適魯。然後見易象與魯春秋。季札聘于上國。然後得聞詩之風雅頌。而楚獨有左史倚相能讀三墳五典八索九邱。士之生于是時。得見六經者蓋無幾。其學可謂難矣。而皆習于禮樂。源于道德。非後世君子所及。自秦漢以來。作者益衆。紙與字畫日趨于簡便而書益多。世莫不有。學者益以苟簡。何哉。

聖人之言。當以類成文而求其意。時學率以一字斷遇其不同。則異說生焉。

老莊之教。以虛無淡泊爲宗。其于君臣父子夫婦之間。汎汎乎若萍游于江湖而適相值者。商鞅韓非得其所以輕天下齊萬物之術。是以敢爲殘忍而無疑。大抵于所厚者薄。則無所不薄。理勢然也。

如周如唐。則外重而内輕。如秦如魏。則外輕而内重。内重之弊。必有姦臣指鹿之患。外重之弊。必有大國問鼎之憂。聖人方盛而慮衰。常先立法以救弊。

梁統言。高惠文景以重法興。哀平以輕法衰。因乞增重法律。賴當時不從其議。統以東京名臣。一出此言。遂獲罪于天。其子松竦皆死非命。冀卒族滅。悲夫。

未信而諫。聖人不與。交淺言深。君子所戒。

人不知命者。常求其所不可得。避其所不可免。

公山弗擾佛肸之召。南子之見。皆非常道。惟孔子則可。故曰聖達節。

東坡書傳

漢武帝以來至于今。皆有酒禁。刑者有至流。賞或不貲。未嘗少縱。至于私釀。終不能絶也。周公獨何以禁之。曰。周公無所利于酒也。以正民德而已。甲乙皆笞其子。甲之子服。而乙之子不服。何也。甲笞其子而責之學。乙笞其子而奪之食。此周公所以能禁酒也。酒誥。

東坡文集

天下之民。可與爲善。而不可與爲惡也。昔者三代之民見危而授命。見利而不忘義。此非必有爵賞勸乎其前。而刑罰驅乎其後也。其心安于爲善。而忸怩于不義。是故有所不爲。夫民知其所不爲。則天下不可以敵。甲兵不可以威。利禄不可以誘。可殺可辱。可饑可寒。而不可與叛。此三代之所以享國長久而不拔也。

世之儒者嘗有言曰。三代之時。其所以教民之具甚詳且密也。學校之制。射饗之節。冠昏喪祭之禮。粲然莫不有法。及至後世。教化之道衰。而盡廢其具。是以若此無恥也。然世之儒者。蓋亦嘗以此等教天下之民矣。而卒以無效。此亦儒者之過也。

教化之實已立。則天下聳然。然有忠信廉恥之心。然後文之以禮樂。教之以學校。觀之以射饗。而謹之以冠昏喪祭。民是以目擊而心諭。安行而自得也。

民不知信則不可與久處于安。民不知義則不可與同處于危。欲民之知信。則莫若務實其言。欲民之知義。則莫若務去其貪。以上敦教化篇。

夫子之道。可由而不可知。可言而不可議。不爭爲區區之論。以開是非之端。夫子既殁。諸子欲爲書以傳世者皆喜立論。論定而爭起。孟子曰人之性善。是故荀子不得不出于惡。人之性有善惡而已。二子既已據之。是以揚子不得不出于善惡混也。爲論不求其精。而務以爲異于人。則紛紛之說未可以知其所止。且夫子未嘗言性也。蓋亦嘗言之矣。而未有必然之論也。子思論。

學聖人者。豈必其言之云爾哉。亦觀其意之所嚮而已。荀卿論。

聖人之所爲惡夫異端。盡力而排之者。非異端之能亂天下。而天下之亂所由出也。韓非論。

禍莫逆于好用兵。怨莫大于好起獄。災莫深于興土功。毒莫甚于奪民利。論治道。

使楊墨得志于天下。其禍豈減于申韓哉。由此言之。雖以孟子配禹可也。六一居士集敘。

且夫戰勝之後。陛下可得而知者。凱旋捷奏。拜表稱賀。赫然耳目之觀耳。至于遠方之民。肝腦塗于白刃。筋骨絶于餽餉。流離破産。鬻賣男女。熏眼折臂。自經之狀。陛下必不得而見也。慈父孝子孤臣寡婦之哭聲。陛下必不得而聞也。譬猶屠殺牛羊。刳鬻魚鼈。以爲膳羞。食者甚美。死者甚苦。使陛下見其號呼于梃刃之下。宛轉于刀几之間。雖八珍之美。必將投箸而不忍食。而況用人之命。以爲耳目之觀乎。代張方平諫用兵書。

議者必謂民可與樂成。難與慮始。故勸堅執。不顧期于必行。此乃戰國貪功之人行險僥倖之説。若信而用之。則是徇高論而逆至情。持空名而邀實禍。未及樂成而怨已起矣。

夫國家之所以存亡者。在道德之淺深。而不在乎强與弱。曆數之所以長短者。在風俗之厚薄。而不在乎富與貧。

夫爲國者。平居有忘軀犯顔之士。則臨難有徇義守死之臣。以上上皇帝書。

德宗以苛刻爲能。而贄諫之以忠厚。德宗以猜忌爲術。而贄勸之以推誠。德宗好用兵。而贄以消兵爲先。德宗好聚財。而贄以散財爲急。至于用人聽言之法。治邊禦將之方。罪己以收人心。改過以應天道。去小人以除民患。惜名器以待有功。如此之流。未易悉數。可謂進苦口之藥石。鍼害身之膏肓。使德宗盡用其言。則貞觀可得而復。乞校正陸贄奏議進御劄子。

一受其成而不可更。或全于德。或全于形。均此二者。顧吾安取。仰唇俯足。世固多有。天硯銘。

與墨爲入玉靈之食。與水爲出陰鏗之液。懿矣兹石。君子之側。匪以玩物。維以觀德。端石硯銘。

以此進道常若渴。以此求進常若驚。以此治財常思予。以此書獄常思生。邁硯銘。

淵明欲仕則仕。不以求之爲嫌。欲隱則隱。不以去之爲高。飢則叩門而求食。飽則具雞黍以迎客。古今賢之。貴其眞也。書李簡夫詩集後。

東坡志林

范蜀公呼我卜鄰許下。許下多公卿。而我蓑衣箬笠。放浪于東坡之上。豈復能事公卿哉。若人久放浪。不免有病。或然持養。百病皆作。如州縣久不治。因循苟簡。亦曰無事。忽遇能吏。百弊紛然。非數日不能清淨也。要且堅忍不退。所謂一勞永逸也。

伊尹之德惟一。動罔不地。德二三。動罔不凶。貧賤人但有常德。非復富貴。即當得道。雖當大富貴。苟無常德。其後必敗。予以此占之多矣。

附録

初。内翰范公與蘇公約皆上章論列。蘇公已具草。見范公之章。遂附名同奏。因謂范公曰。

公之文。經世之文也。軾于朝廷文字失于過當。不若公之言皆可言也。

張采曰。蘇公虛心國事。似乎見道。不得以攻擊伊川。槩置輕薄。

與王郎書曰。少年爲學者。每一書皆作數次讀之。當如入海。百貨皆有。人之精力不能兼收盡取。但得其所欲求者爾。故願學者每次作一意求之。如欲求古今興亡治亂。聖賢作用。且只作此意求之。勿生餘念。又別作一次。求事迹文物之類亦如之。他皆放此。若學成。八面受敵。與浮慕涉獵者不可同日而語。

梓材謹案。朱子語類載李方子云。曾裘父詩話中載東坡教人讀書小簡。先生取以示學者曰。讀書要當如是。原注引此。

又案。王郎名庠。傳見後。

子由誌其墓曰。公之于文。得之于天。少與轍皆師先君。初好賈誼陸贄書。論古今治亂。不爲空言。既而讀莊子。喟然歎息曰。吾昔有見于中。口未能言。今見莊子。得吾心矣。乃出中庸論。其言微妙。皆古人所未喻。嘗謂轍曰。吾視今世學者。獨子可與我上下耳。既而謫居于黄。杜門深居。馳騁翰墨。其文一變。如川之方至。而轍瞠然不能及矣。後讀釋氏書。深悟實相。參之孔老。博辨無礙。浩然不見其涯也。

李端叔挽之曰。從來憂患許追隨。末路文詞特見知。肯向虞兮悲蓋世。空慙賜也可言詩。炎荒不死疑陰相。漢水相招本素期。月墮星沈豈人力。輝光他日看豐碑。

又爲先生像贊曰。天作斯文。萬物所仰。時慘時舒。與天同運。其誰特立。卓哉吾人。黄且落矣。蔚然常春。見險弗止。自信無悶。求仁得仁。于我何怨。光時顯被。外薄四夷。載瞻載仰。百世之師。

晁景迂贊東坡先生畫像曰。世五百年。生命世才。嗟嗟東坡。何時復來。邦人爲我。顚頷以哀。我告邦人。大實艱哉。和氣充塞。大象昭回。海濱澄瀾。嶽鎮絶埃。斯人是生。實易可能。世或千億。地亦九垓。未必禹服。公復徘徊。生奉話言。死奠罇罍。矧公不死。丹青日開。用究邦頌。以寫我懷。

梓材謹案。王阮亭居易録引晁以道與三泉李奉議書云。本朝王元之之後晏公。晏公之後歐陽公。歐陽之後東坡。皆號一代龍門。其門下灑掃應對之士。後爲名公卿將相者。不可勝數也。

晁氏客語曰。邵成章云。元祐中。太母下詔。東坡視草云。苟有利于社稷。予何愛于髮膚。純夫云。此太后聖語也。子瞻直書之。

龜山語録曰。爲文要有温柔敦厚之氣。對人主語言及章疏文字。温柔敦厚尤不可無。如子瞻詩多所譏玩。殊無惻怛愛君之意。

又曰。凡詩必使言之者無罪。聞之者足以戒。此所謂尚譎諫也。如東坡詩。則言之安得無罪。而聞之豈足以戒乎。

孝宗皇帝爲贊曰。維古文章。言必己出。綴詞緝句。文之蟊賊。手抉雲漢。斡造化機。氣高天下。乃克爲之。猗嗟若人。冠冕百代。忠言讜論。不顧身害。凜凜大節。見于立朝。放浪嶺海。

侶于漁樵。歲晚歸來。其文益偉。波瀾老成。無所附麗。昭晰無遺。優游有餘。跨唐越漢。自我師模。賈馬豪奇。韓柳雅健。前哲典刑。未足多羨。敬想高風。恨不同時。掩卷三歎。播以聲詩。王梅溪贊東坡曰。東坡文章。百世之師。羣邪所仇。斂不及施。萬里南遷。而氣不衰。我讀公文。慕其所爲。願爲執鞭。恨不同時。

劉子卿曰。東坡濂溪詩云。先生本全德。廉退乃一隅。因抛彭澤米。偶作西山夫。遂即世所知。以爲溪之呼。先生豈我輩。造物乃其徒。東坡敬仰濂溪至矣。而與伊川則終身不相知也。

晁子止曰。東坡自言。其易學出于父洵。且請卦不可爻別而觀之。其論卦必先求其所齊之端。則六爻之義未有不貫者。未嘗鑿而通之也。

雲濠謹案。四庫書目著録東坡易傳九卷。提要云。蘇籀欒城遺言記老泉作易傳未成而卒。屬二子述其志。東坡書先成。欒城乃送所解于東坡。今蒙卦猶是欒城解。則此書實蘇氏父子兄弟合力爲之。題曰軾撰。要其成耳。籀又稱老泉晚歲讀易。玩其爻象。因得其剛柔遠近喜怒逆順之情。故朱子謂其惟發明愛惡相攻。情僞相感之義。而議其粗疏。胡一桂記晁説之之言。謂東坡作易傳。自恨不知數學。而其學又雜以禪。故朱子作雜學辨。以東坡是書爲首。然朱子所駁。不過一十九條。其中辨文義者四條。又一條謂蘇説無病。然有未盡其説者。則朱子所不取者僅十四條。未足以爲是書病。况朱子語類又嘗謂其于物理上亦有看得著處。則亦未嘗竟廢之矣。

又曰。歐公平日不信符命。嘗著書以周易河圖洛書爲妖妄。今又以生民玄鳥之詩爲怪説。蘇子瞻曰。帝王之興。其受命之符卓然見于詩書者多矣。河圖洛書玄鳥生民之詩。豈可謂誣也哉。恨學者推之太詳。流入讖緯。而後之君子亦矯枉過正。舉從而廢之。以爲王莽公孫述之流緣此作亂。使漢不失德。莽述何自起。而歸罪三代受命之符。亦過矣。

晁子止東坡先生祠堂記曰。公武聞諸世父。景迂生崇寧間。賊臣搚國。顛倒天下之是非。人皆畏禍。莫敢莊論。公之葬也。少公黄門銘其壙。亦非實録。其甚者以賞罰不明罪元祐。以□㊀法免役壞元豐。指温公才智不足。而謂公之斥逐出其遺意。蔡確謗讟可赦。而謂公之進用自其選擢。章惇之賊害忠良。而云公與之友善。林希之誣詆善類。而云公嘗汲引之。嗚呼。斯銘若然。則公之上清儲祥清忠粹德二碑及諸奏議著述皆誕慢歟。

陸放翁跋東坡諫疏草曰。天下自有公論。非愛憎異同能奪也。如東坡之論時事。豈獨天下服其忠。高其辨。使荆公見之。其有不撫几太息者乎。東坡自黄州歸。見荆公于半山。□㊁談累日不厭。至約卜鄰以老焉。公論之不可揜如此。而紹聖諸人。乃遂其忮心。投之嶺海必死之地。何哉。

朱子答吕伯恭書曰。向見正獻公家傳語及蘇氏。直以浮薄輩目之。而舍人丈所著童蒙訓。則極論詩文必以蘇黄爲法。嘗竊歎息。以爲若正獻滎陽可謂能惡人者。而獨恨于舍人丈之微旨有所未喻也。

㊀「□」當作「改」。
㊁「□」當作「劇」。

朱子語類曰。東坡天資高明。其議論文詞。自有人不到處。如論語說亦煞有好處。但中間須有些漏綻出來。如作歐公文集序。先說得許大天來底大。恁地好了。到結末處卻只如此。蓋不止龍頭蛇尾矣。當時若使他解虛心屈己。煅煉得成甚次第來。

又曰。東坡易說六箇物事若相咬然。此恐是老蘇意。其他若佛說者。恐是東坡。

蜚卿問荊公與坡公之學。朱子曰。二公之學皆不正。但東坡之德行那裏得似荊公。東坡初年若得用。未必其患不甚于荊公。但東坡後來見得荊公狼狽。所以都自改了。初年論甚生財。後來見青苗之法行得狼狽。便不言生財。初年論甚用兵。如曰。用臣之言。雖北取契丹可也。後來見荊公用兵用得狼狽。更不復言兵。他分明有兩截底議論。

或問。諸家書解誰最好。莫是東坡。朱子曰。然。又問。但若失之太簡。曰。亦有只須如此解者。

雲濠謹案。四庫書目著録東坡書傳十三卷。提要云。晁氏讀書志稱。熙寧以後。專用王氏之說進退多士。此書駁異其說爲多。今新經尚書義不傳。不能盡考其同異。但就其書而論。則東坡究心經世之學。明于事勢。又長于議論。於治亂興亡披抉明暢。較他經獨爲擅長。又云。洛閩諸儒。以程子之故。與蘇氏如水火。惟于此書有取焉。則其書可知矣。

張南軒跋東坡帖曰。坡公與銀臺舍人帖。殆是行新法時。勸其因入對盡所欲言。且曰。人臣事君。惟有竭盡庶幾萬一。恐未當以前例爲戒。讀斯言凜凜有生氣。士大夫希世求合者固不足問。苟雖有言。而懷不自盡。皆徇情惜己。非爲臣之義也。讀斯言亦可以興起矣。

王雙溪見程司業書曰。昔者歐陽子以古學先天下。而南豐之曾。眉山之蘇在其門。天下皆曰。歐陽子卽韓子也。蘇子以文章先天下。而宛丘之張。淮海之秦。濟北之晁在其門。天下又皆曰。蘇子卽歐陽子也。夫天下之士惟其來之廣也。故所得者多二君子之門。來者固無絕法也。是故天下之英材皆在焉。

王滹南著述辨惑曰。東坡之解經。眼目甚高。往往過人遠甚。而所不足者。消息玩味之功。優柔渾厚之意。氣豪而言易。過于出奇。所以不及二程派中人。

王深寧困學紀聞曰。後山云。蘇公之門。有客四人。黄魯直。秦少游。晁无咎。則長公之客也。張文潛。則少公之客也。魯直詩云。晁子智囊可以括四海。張子筆端可以回萬牛。文潛詩云。長公波濤萬頃陂。少公巉秀千尋麓。黄郎蕭蕭日下鶴。陳子峭峭霜中竹。秦文倩麗舒桃李。晁論崢嶸走珠玉。可以見一時文獻之盛。

又曰。梁觀國有議蘇文五卷。駁其羽翼異端者。

黄東發讀東坡文集曰。東坡平日議論多雜佛老。獨議學校貢舉書斥士大夫主佛老之非。可不謂忠于告君者哉。

又曰。東坡之文。如長江大河。一瀉千里。至混浩流轉。曲折變化之妙。無復可以名狀。而尤長于指陳世事。述敘民生疾苦。方其年少氣鋭。尚欲汎掃宿弊。更張百廢。有賈太傅流涕漢庭之風。及既懲王氏。一意忠厚。思與天下休息。其言切中民隱。發越懇到。使巖廊崇高之地。如親見閭閻哀痛之情。有不能不惻然感動者。眞可垂訓萬世。然至義理之精微。則當求之伊洛之書。

又回制參黃通判曰。垂諭考亭于介甫愛而不知其惡。於東坡憎而不知其善。迹則誠有之。然特激于汪玉山一時往復之書然爾。考亭平日未嘗不罵介甫。未嘗不敬東坡。雖論語集註亦取東坡之說。又不特歎服其文章而已。玉山極口稱譽東坡。考亭力辨之。玉山再護東坡。則考亭遂一一發東坡短處。遂有寧可是介甫之說。介甫因此得考亭數語救起。此考亭有性氣一時有激之言。非平日議論之正也。介甫亦可謂僥倖甚矣。然其苗脈亦從爲伊川護法中來。考亭平生克治甚力。此等偏處。亦不自覺。則後學可不深自警也哉。

高道淳最樂編曰。蘇子瞻與人相處。不問賢愚貴賤。和氣藹然。常曰。平心平氣。上可以陪玉皇。下可以陪田夫乞兒。曾見同僚高瑞卿書此于齋中。跋其尾曰。予性褊急。不能容物。服此可以□□瞑眩之藥也。

陳石士師送姚石甫序曰。且古人爲政。亦不尚苟同。故疆有周索林索。而著之禮經者亦曰。齊其政不易其宜。然則所謂同異者。固非時之謂也。昔王介甫以農田水利擾北宋。蘇子瞻言其病。屢見于所为詩。然子瞻開西湖。未嘗非水利也。何以不病民。而頌之者至名其隄乎。

補 文定蘇潁濱先生轍

蘇欒城説

六經之道。惟其近于人情。是以久傳而不廢。而世之迂學。乃皆曲爲之説。雖其義之不至于此者。必强牽合以爲如此。故其論委曲而莫通也。

讀書如服藥。藥多力自行。

衣冠佩玉可以化强暴。深居簡出可以卻猛獸。定心寡欲可以服鬼神。

欒城文集

盈之必溢。而成之必毁。物理之至。有不可逃者。盈成之間。非有德者不安。非有法者不久。元祐會計録序。

天下惟其有權者可以使人。有利者可以得衆。權者。天下之所爲去就也。利者。天下之所爲奔走也。能是非可否者之謂權。能貧富貴賤者之謂利。天子者。收天下之權而自執之。斂天下之利而親用之者也。臣事策八。

王者之所以求之于民者。其矗始于力田。而其精極于孝弟廉恥之際。民政策一。

處弱者利用威。而處强者利用惠。乘强之威以行惠則惠尊。乘弱之惠以養威則威發。而天下震慄。故威與惠者。所以裁節天下强弱之勢也。

善養身者。先審其陰陽。而善制天下者。先審其强弱以爲之謀。以上審勢篇。

蘇子古史論

善乎子夏之教人也。始洒掃應對進退而不急于道。使來者自盡于學。日引月長而道自至。孔子曰。君子上達。小人下達。達之有上下。由乎其人。而非教之之力也。今世之教者。非性命道德不出于口。雖禮樂刑政猶以爲粗。而況于洒埽應對進退乎。

蘇子古史自序

古之帝王皆聖人也。其于爲善。如水之必寒。火之必熱。其于不爲不善。如騶虞之不殺。竊脂之不穀。

朱子古史餘論曰。近世之言史者。唯此書爲近理。而學者忽之。予獨愛其序言古之帝王皆聖人也云云。非近世儒者所能及。而所論史遷之失。以爲淺近而不學。疏略而輕信。亦中其病。顧其本末乃大不相應者。竊以爲于此有以識之。則其達于聖賢不遠矣。

又答程允夫書曰。蘇黄門謂之近世名卿則可。前書以顏子方之。僕不得不論也。今又以爲行事可法。本朝人物最盛。行事可法者甚衆。不但蘇公而已。大抵學者貴于知道。蘇公早拾蘇張之緒餘。晚醉佛老之糟粕。謂之知道。可乎。古史中論黄帝堯舜禹益子路管仲曾子子思孟子老耼之屬。皆不中理。未易槪舉。但其辨足以文之。世之學者窮理不深。因爲所眩耳。古之帝王。其道以無爲爲宗。故其推之以治天下者。有不可得而知。孔子知之至矣。而未嘗言。孟子知其一二。時以告人。而天下亦莫能信。太史公□㈠記五帝三王以來。然其爲人淺近而不學。疏略而輕信。故其記堯舜三代之事。皆不得聖人之意。余竊悲之。因遷之舊。追録聖賢之遺意。以明示後世。

黄東發曰。蘇子之志則大矣。而蘇子之説則尚有可疑者。且道以無爲爲宗。此戰國處士好高無實之言。聖人未嘗以是言道。姑勿論也。既曰推之以治天下則其迹顯。然安有不可得而知。孔子正以此道詔天下萬世。何嘗不言。孟子明王道而黜伯功。正提其綱要以示人。所知何止一二。且既謂不可得而知。又欲以明示後世。其説亦自背馳矣。

又曰。蘇子悲史遷不得聖人之意。爲改作古史。意其果有得于聖人者。及今參考。乃不過于帝紀增入道家者説。謂黄帝以無爲爲宗。其書與老子書相出入耳。于老子傳附以佛家者説。謂釋氏視老子體道愈遠而立于世之表耳。太史公言申不害學本黄老。蘇子則諱而改之。曰縁飾以黄老。太史公言韓非其歸本于黄老。蘇子則諱而改之。曰借老子爲説。凡其論贊之間。又往往顯斥孟子。而陰詆正學。嗚呼。以是爲得聖人之意。古史不若不作之愈也。此儒

㈠「□」當作「始」。

者之學必先于致知歟。

王魯齋讀國語序曰。異哉。太史公之爲書也。唐虞之上增加三帝。曰黄帝。曰顓頊。曰帝嚳。論其世次。紀其風績。驚駭學者。以吾夫子之未及知也。蘇黄門曰。太史公淺近而不學。疏略而輕信。朱子屢稱此言最中其病。及觀黄門之古史。又上極于三皇。以伏羲神農黄帝充之。若與大傳同。以少昊顓頊帝嚳唐虞謂之五帝。終與大傳異。其輕信何躬自蹈之乎。

附録

先生自序春秋集解曰。予始自熙寧謫居高安。覽諸家之說而裁之以義。爲集解十二卷。及今十數年矣。每有暇輒取觀焉。得前說之非。隨亦改之。紹聖之初。遷于南方。至元符元年。凡三易地。前後卜居龍川之白雲橋。杜門無事。凡所改定。亦復非一。覽之洒然而笑。蓋自謂無憾矣。

梓材謹案。四庫全書著録春秋集解。提要云。先是劉氏作春秋意林。多出新意。孫氏作春秋尊王發微。更舍傳以求經。古說于是漸廢。後王荆公詆春秋爲斷爛朝報。廢之。不列于學官。蘇氏以其經傳並荒。乃作此書以矯之。其說以左氏爲主。左氏之說不可通。乃取公穀啖趙諸說以足之。蓋以左氏有國史之可據。而公穀以下。則皆以意測者也。又宋志稱是書爲春秋集傳。蓋傳寫之誤云。

晁子止曰。蘇氏詩解集傳。其說以毛詩序爲衛宏作。非孔氏之舊。止存其首一言。餘皆删去。

按司馬遷曰。周道缺而關雎作。揚雄曰。周康之時。頌聲作乎下。關雎作乎上。與今毛詩序之意絶不同。則知序非孔子之舊明矣。雖然。若去序不觀。則詩之辭有溟涬而不可知者。不得不存其首之一言也。

梓材謹案。四庫全書著録先生詩集傳二十卷。提要言。其取小序首句爲毛公之辭。不爲無見。史傳言詩序者。以後漢書爲近古。而儒林傳稱謝曼卿善毛詩。乃爲其訓。衛宏從曼卿受學。因作毛詩序。蘇氏以爲衛宏所集録。亦不爲無徵。唐成伯璵作毛詩指説。雖以小序爲出子夏。然其言曰。衆篇之小序。子夏惟裁初句耳。葛覃。后妃之本也。鴻雁。美宣王也。如此之類是也。其下皆大毛公自以詩中之意而繫其詞云云。然則惟取序首。伯璵已先言之。不自蘇氏創矣。厥後王得臣程大昌李樗皆以其説爲祖。良有由也。自序又曰。獨採其可者見于今傳。其尤不可者皆明著其失。則其于毛氏之學。亦不激不隨。務持其平者矣。

梓材又案。先生所著又有論語拾遺一卷。四庫書目提要云。此書所補凡二十七章。其以思無邪爲無思。以從心不踰矩爲無心。□㊀涉禪理。以苟志于仁矣無惡也爲有愛而無惡。亦寃親平等之見。以朝聞道夕死可矣爲雖死而不亂。尤去來自如之義。蓋眉山之學。本雜出于二氏故也。其顯駁東坡説者凡三條。較東坡爲長。他如以剛毅木訥與巧言令色相證。以六蔽章之不好學與入孝出弟章之學文互勘。亦頗有所發明。又孟子解一卷。提要云。舊本首題潁濱遺老。乃其晚年退居之號。以陳振孫書録解考之。實少年作也。凡二十四章。蓋瑕瑜互見之書。然較其晚年著述純入佛老者。則謹嚴多矣。

趙尚書雄謚議曰。謚法。道德博聞曰文。安民大慮曰定。請以是易公名。惟公挺生西蜀。毓秀山川。天材最高。資稟實厚。而又有父文安先生爲之師。有兄文忠公爲之師友。蓋其所學所行皆本原乎家傳。而文章事業卓乎可敬而仰也。

㊀「□」當作「頗」。

王梅溪贊潁濱曰。賢哉子由。賢哉子由。忠言嘉謀。聳動冕旒。橫身政府。不避怨仇。棣萼聯芳。皆第一流。才不逮兄。器識俱優。

朱子語類。先生因論蘇子由曰。學聖不如學道。他認道與聖人做兩箇物事。不知道便是無軀殼底聖人。聖人便是有軀殼底道。學道便是學聖人。學聖人便是學道。如何將做兩箇物事看。

又因說欒城集曰。舊時看他議論亦好。近日看他文字煞有害處。如劉原父高才傲物。子由與他書。勸之謙遜下人。此意甚好。其間卻云。天下以吾辨而以辨乘我。以吾巧而以巧困我。不如以拙養巧。以訥養辨。如此則是怕人來困我。故卑以下之。此大段害事。如東坡作刑賞忠厚之至論。卻說懼刑賞不足以勝天下之善惡。故舉而歸之仁。如此則仁只是箇鶻突無理會底物事。又謂仁可過。義不可過。大抵今人讀書不子細。此兩句卻緣疑字上面生許多道理。最是無疑。罪須是罰。功須是賞。何須更如此。或曰。此病原起于老蘇。曰。看老蘇六經論。則是聖人全是以術欺天下也。

魏鶴山跋文定帖曰。蘇氏兄弟平生大節。在于臨死生利害而不可奪。其厚于報知己。勇于疾非類。則歷熙裕祐聖之變如一日。而後知世之以文詞知二蘇者末也。

王滹南議論辨惑曰。司馬君實正直有餘而寬假曹操。蘇子由道學甚高而獎飾馮道。皆繆戾之見。不足爲長厚也。

王深寧困學紀聞曰。夏均父詩。欒城去聲色。老坡但稱快。嗚呼二法門。近古絶倫輩。嘗觀欒城爲歐陽公碑云。公之于文。雍容俯仰。不大聲色。而義理自勝。欒城評品文章至佳者。獨云不帶聲色。蓋得于公也。歐陽公與梅聖俞書云。快哉快哉。老夫當避路放他一頭地。東坡看人文字。于所酷愛者。但稱快而已。亦得于公也。

又曰。蘇子由記杉。謂求之于人。蓋所謂不待文王而興者。陳同甫之言梅也亦然。

黄東發曰。新法之行。東坡力爭不勝。擾擾垂二十年。天下幾危。温公革弊一新。五年而吕大防劉摯調停之説起。潁濱爭之。又四年。李清臣用。而紹述之説起。新法復行。潁濱爭不勝。天下事去矣。二公議論。關係之大若此。

方桐江詩總角突弁説曰。無田甫田。維莠驕驕。無思遠人。勞心忉忉。刺齊襄公不修德而求諸侯也。揚子雲嘗引此語。以見志大心勞之無益于事。第三章。婉兮孌兮。總角丱兮。未幾見兮。突而弁兮。諸家説似無關于志大心勞者。蘇子由曰。總角之童而至于突然弁也。豈其求之哉。其道則有所必至也。君子之得諸侯。亦未嘗求之矣。苟修其身而治其政令。諸侯不來而將安往。此説甚佳。東萊取之。東萊又廣之曰。苟由其道而循其序。則小者俄而大。微者俄而著。厥德修罔覺非計功求獲者所能與也。回曰。天下之善爲言者。固有言至近而意已不勝其遠者矣。觀古人作詩之意。若但謂詠一童子。未幾見兮。突而弁兮。有何深妙。蘇吕二公發明乃至於此。陳少南曰。以興躐等而無次序者。亦佳。

雲濠謹案。王阮亭居易録云。宋程卓使金録云。十八日早頓欒城。蘇黄門轍墓尚存縣治之側。按潁濱自嶺外歸老許州。

葬郟縣小峨嵋。與長公同兆域。欒城安得有墓。按歐陽公銘老泉云。蘇顯唐世。實欒城人以宦留者蕃子孫。潁濱文集號欒城。不忘本也。

二蘇講友

補 朝請家退翁先生定國

家定國字退翁。眉山人。六歲知聲律。其父嘗與客飲。客以對句試之曰。笙歌陪酒聖。即應之曰。桃李從花王。客大驚。聞者以爲奇男子。方冠。舉進士。慶曆中。詔天下興學。時歐陽文忠友張應之爲治中。課試羣士。善其詞業純茂。與俱來京師。既擢第。除雅州名山尉。居父憂。執喪不違禮。將葬。舍墓次。晝夜哭不已。有甘露之祥。服除。調永年。歷知渠州懷安軍。其政皆有惠愛。其母去世。先生年已六十。哀慕殆不能勝。終喪還朝。得知嘉州。未行卒。年六十四。先生尤工于詩。古律凡三十卷。雜文十卷。體格清懿。如其爲人。蘇子由嘗送以詩曰。鵠鷺性本靜。芝蘭深自馨。知者以爲紀實。呂淨德集。

知州侯先生晉升

侯晉升字德昭。曲江人。登元豐八年進士。爲程鄉令。與東坡兄弟往還款密。家藏二公墨帖甚富。後知南恩州。賑卹窮寡。禮待英豪。期年而卒。廣東戴志。

吴遠遊先生復古

吴復古字野。揭陽人。見知于待制李師中。師中于世少屈。獨于先生曰。白雲在天。引領何及。後東坡黄門與一時名士悉爲知己。東坡名其居曰遠遊。且爲銘。輿地紀勝。

附録

東坡問蒼生。先生對以曰安曰和。

東坡講友

知州徐先生常別見古靈四先生學案補遺。

鄉舉巢先生谷父中。

巢谷。初名穀。字元修。眉山人。父中。先生傳其學。雖朴而博。舉進士京師。先生素多力。見舉武藝者。心好之。遂棄其舊學。蓄弓箭。習騎射。久之業成而不中第。去遊秦鳳涇原間。所至友其秀桀。與韓存寶尤相善。教之兵書。存寶得罪死。先生逃避江淮間。東坡謫黄州。與先生同鄉。幼而識之。因與之遊。及東坡與弟潁濱在朝。先生浮沈里中。未嘗一來相見。紹聖中。東坡兄弟謫嶺海。平生親舊無復相聞者。先生慨然自眉山誦言。欲徒步訪兩蘇。元符二年。竟往。至梅州。遺潁濱書曰。我萬里步行見公。不意自全。今至梅矣。不旬日必見。死無恨矣。潁濱驚喜曰。此非今世人。古之人也。既見。握手相泣。時年七十三。將復見東坡于海南。潁濱愍而止之。先生曰。我自視未卽死也。公無止我。舟行至新。病死。潁濱聞。哭之失聲。恨不用己言而致死。又奇其不用己言而行其志也。宋史。

梓材謹案。袁蒙齋集以先生爲都昌人。仕蜀。與東坡兄弟友。東坡謫嶺海。先生訪之。握手道平生歡。世服其高誼。與史文事地互異。

附録

唐子西書蘇子由傳後曰。唐末有鄭遨者。與李振厚善。振仕梁至崇政使。遨未常一至其門。後唐同光初。振竄嶺外。遨徒步萬里往見之。其後一百八十年。而宋有巢元修事。士之難得蓋如此。

知州黄先生寔

黄寔字公是。陳州人。登進士第。累官寶文閣待制知定州。卒贈龍圖閣直學士。先生孝友敦睦。世稱其内行。與東坡兄弟友善。雖以章惇甥獲免黨禍。然亦不得久于朝著。姓譜。

縣丞蘇先生堅

蘇堅字伯固。澧州人。爲錢塘丞。督開西湖。與東坡倡和甚多。及東坡從儋耳北歸。猶作詩寄之。有靈均一去楚江空。澧陽蘭茝無顔色之句。澧州志。

梓材謹案。先生養直父。鶴林玉露謂其從東坡游。

朝奉袁公濟先生轂詳見士劉諸儒學案。

知州楊先生蟠

楊蟠字公濟。章安人也。舉進士。爲密和二州推官。歐陽公稱其詩。東坡知杭州。先生適判州事。與東坡倡酬居多。平生爲詩數千篇。後知壽州卒。宋史。

東坡學侶

縣令陳先生舜俞詳見安定學案。

布衣崔西疇先生子方

崔子方字彦直。濟陵人。著春秋經解十六卷。本例例要一卷。紹聖中。罷春秋取士。先生三上書乞復之。不報。遂不應進士舉。黄山谷稱之曰。六合有佳士曰崔彦直。其人不游諸公。然則賢而有守。可知矣。直齋書録解題。

梓材謹案。先生號西疇居士。李心傳建炎以來繫年要録稱其隱居眞州六合縣。杜門著書者三十餘年。萬姓統譜作崔子房。言其與東坡山谷諸名士游。嘗知滁州。永樂大典引儀眞志。言子方與蘇黄游。嘗爲知滁州。曾子開作茶仙亭記。刻石醉翁亭側。黄山谷稱爲六合佳士。則知滁州者子開。非先生。又案。晁景迂爲江子和墓誌云。方舉世不爲春秋學。時有六合崔子方伯直者。世莫知其爲人。子和一見而定交。曰。此吾之所學也。願與子共之。伯直遂因子和得名於諸公間。是先生一字伯直也。朱漢上進書劄子稱爲東川布衣。

春秋經解自序

聖人欲以繩當世之是非。著來世之懲勸。故辭之難明者。著例以見之。例不可盡。故有日月之例。有變例。愼思精考。若綱在綱。

附録

陳直齋曰。其學辨三傳之是非。而專以日月爲例。則正蹈其失而不悟也。

雲濠謹案。四庫全書著録先生春秋經解十二卷。係永樂大典本。春秋本例二十卷。係内府藏本。春秋例要一卷。亦永樂大典本也。經解提要稱其後序一篇。具述其疏解之宗旨。大抵推本經義。于三傳多所糾正。雖其中過泥日月之例。持論不無偏駁。而條其正義。實足自成一家。本例提要則稱是書大旨以爲。聖人之書。編年以爲體。舉時以爲名。著日月以爲例。而日月之例又其本。故曰本例。凡一十六門。皆以日月時推之。而分著例變例二則。州分部居。自成條理云。

提刑曹先生輔

曹輔字子方。海陵人。元豐間。爲鄜延路經略司勾當公事。後提點廣西刑獄。東坡在惠數年。數有往來書帖。元祐黨禍諸賢多在巡内。先生周恤備至。士論與之。東坡詩註。

附録

王深寧困學紀聞曰。攻媿跋曹子方書以爲。祐陵時上書論時事。靖康至樞筦。愚謂兩曹輔。

其一字子方。與蘇黄遊。若論事爲樞筦者。字載德。龜山爲銘合爲一人。非也。

謝山箋曰。曹子方。海陵人。東坡有送之赴閩漕詩。其爲樞筦者。則與龜山同里。

梓材謹案。山谷集亦有送先生福建路運判詩。

徐北山先生大正

徐大正字德之。甌寧人。嘗赴省試。過釣臺。題詩云。光武初從血戰回。故人長短尚論材。中宵若起唐虞興。未必先生戀釣臺。元祐中。東坡見之。遂與定交。嘗築室北山下。名閒軒。秦少游爲之記。坡爲賦詩。人以北山學士呼之。姓譜。

進士李先生亮工

李亮工字□□。桐城人。舉進士。與東坡山谷遊。安慶府志。

雲濠謹案。一統志。先生與李公麟李元中同時登第。世謂之龍眠三李。王阮亭居易録云。龍眠三李。出處相若。今但知伯時而已。

梓材謹案。周益公題跋云。李公麟字伯時。堂弟楶字德素。南唐李先主昪四世孫。並登科。隱舒城龍眠山。與里人李元中號龍眠三友。豈先生一名楶耶。

杜先生沂見下東坡門人。

隱君董碧巖先生南美

董南美字子才。湘鄉人。隱居濂水。蘇東坡黄山谷喜與之遊。號碧巖居士。楚紀。

石碧落先生汝礪

石汝礪。英德人。號碧落子。少穎敏。讀書過目成誦。自以生長嶺嶠。局于聞見。乃踰嶺而之江西。從聞人遊。久而有得。五經多有解説。于易尤契微妙。嘗曰。易不須注。但熟讀。自見互相發明總一乾元亨利貞之道。晚年進所著易解易圖于朝。爲荆公所抑。東坡謫惠州。遇之聖壽寺。與之説易。至日暮方散。廣東通志。

梓材謹案。廣東名勝記。大慶山即古英州治。有學基遺址。爲先生教授生徒處。

縣令褚玄眞先生承亮

褚承亮字茂先。眞定人。宣和六年擢第。調易州户曹。會皇子郎君破眞定。拘境内進士七十二人赴安國寺試策。策曰。上皇不道。少主失信。舉人希旨。極口毁詆。先生離席揖主文劉侍中言。君父之過。豈臣子所當言。長揖而出。劉爲之動容。比榜發。先生被黜。餘悉放第。狀元許必輩自號七十二賢榜。帥府重其名。檄先生以易州司户知欒城。漫一應之。尋解印去。年七十卒。弟子謚爲玄眞先生。中州集。

别附

陳太初

陳太初。眉山人。與東坡同學于道士張易簡。後東坡謫黄州。有眉山道士陸惟忠云。有得道者曰太初。問之。則同學者也。又數年。見東坡于惠州云。太初已尸解矣。姓譜。

李氏同調

李伯時先生公麟

李公麟字伯時。舒州人。元祐進士。爲泗州録事參軍。先生好學博雅。長于詩。多識奇字。自夏商以來鍾鼎尊彝。皆能考定世次。辨別款識。爲考古圖。善丹青。妙絶冠世。黄庭堅謂其風流不減古人。姓譜。

附録

周益公題龍眠山苑圖曰。龍眠居士。博學嗜古。志尚清遠。筆端餘力。溢而爲畫。王荆公雅重之。數贈以詩文。從蘇黄諸公游。葢文與可一等人也。

李先生沖元

李沖元字元中。舒州人。少年邁往。善論人物。與李公麟伯時。堂弟窠德素。共爲山澤之游。號龍眠三友。元祐三年登第。典獄宜春。作鞠城等十一銘。周益公集。

石氏講友

知州王先生仲達

王仲達。不知何許人。景德間。知英州。州有名儒石汝礪。講易不仕。建涵暉書院以居之。慶曆中。復建學于大慶山。教養生徒。人知向學。廣東黃志。

東坡同調

補 修撰呂先生陶

呂元鈞說

治性修身。以及國家天下。大略本之仁義。其文莫詳于經。

呂氏易論

夫陰陽者。相求之物也。由其相求。然後有生。生之用成。萬物之象焉。物有體必有用。體所主者一。用所召者衆。始乎天施地生之至廣至大。而盡乎人事物理之至纖至微。專言體則用偏。止言用則體晦。是必觀陰陽之相須。因上下之相重而互言之。求于八卦之先而牽于數。故謂坎離先天地。得于六爻之後而惑于氣。故謂卦氣起中孚。

淨德集

太皇太后垂簾九年。小人不無怨憾。萬一姦邪之人謂某人宜復用。某政宜復行。此安危之機。不可不察。奏乞察小人邪安之言狀。

進善退惡者。天下之公議。信賞必罰者。人主之大權。貪廉既稟于天資。安有昔汙而今潔。陞黜動關于國體。豈可前是而後非。奏乞罷郭茂恂工部郎中狀。

君子之學。積于中乃發于外。蘊其實乃形于言。譬夫輝山之玉。不責功于琢刻。撫之則溫潤。擊之則清越。躍冶之金。不資巧于鍛鍊。舉之則堅重。扣之則鏗鎗。皆本其所有而見焉。陳傳正退居類稾序。

行植于初必裕于終。誠發于言必著于事。送曾子山序。

天下久安。雖三王之政必有敝。不救不革。元元疇依。則利固有大于城。害固有大于不城。必曰警而後慮。非慮之原也。利州修城記。

利害廢興。君子必審而後動。大率因物之自然。徇人之所欲。不矜妄智。不計近功。則事之有作簡以濟。民之受惠遠以深。蜀州新堰記。

名教者。雖無知不肖之人可以納諸其中。而賢智才能之士不可出乎其外。荀卿論。

能識天下之大用者。不苟天下之小利。能成天下之遠效者。不急天下之近功。三代論。

善計天下之安危。必思其所以利。防其所以害。蓋有道可施于安。可施于危。使天下之變不能乘間而發。是之謂知本。魏論。

人君失道。則姦民叛羌有竊伺之意。權臣擅命。則壯夫烈士懷不平之心。晉論。

求之貴其誠。發之貴其始。求不以誠。則巧僞之端萌而不足以告也。發之不以始。則愚昧之漸長而雖告不諭也。發蒙論。

聖人樂民蹈于禮。憂民蹈于刑。典獄監伯夷論。

詩者出于情性。目之所觸。苟可藉以爲言。莫不備有。何暇孜合于名數制度而後言哉。是故康成以禮求。不若毛公以意得也。學論。

知州文石室先生同

文同字與可。梓潼人。漢文翁之後。蜀人猶以石室名其家。先生方口秀眉。以學名世。操韻高潔。自號笑笑先生。善詩文篆隸行草飛白。文潞公守成都。奇之。致書先生曰。與可襟韻灑落。如晴雲秋月。塵埃不到。司馬温公蘇東坡尤敬愛之。東坡。先生從表弟也。先生又善畫竹。初舉進士。稍遷太常博士。集賢校理。知陵州。又知渾州。元豐初。知湖州。明年。至陳州宛邱驛。忽留不行。沐浴衣冠。正坐而卒。有丹淵集四十卷。行於世。宋史。

附録

公幼志于學。不羣。鄉人異之。都官公嘗誨之曰。吾世爲德。汝其起家乎。將高吾門于吾廬之東偏以待汝。宜勉之。公時年十三。俛而對曰。謹奉教。

更攝蒲江大邑。繩治豪放。或辨析欺僞。然後敦學政。勸邑之子弟。召其長者。與語名教。使歸諭里人。

知興元府。漢中沃腴。俗饒財寡文。未有第進士者。公先治庠序。擇行藝之秀者使掌之。風諭境内。使民遣子弟就學。暇日躬往閲視而誨導之。于是風俗寖改。向學爲多。

公資廉方。居家不問資産。所至尤恤民事。民有不便。如己納之阱中。必爲出之而後已。退而齋居一室。書史圖畫。羅列左右。彈琴著文。寒暑不廢。

事親孝。未嘗違去晨莫。恬于遠官。以便甘旨者十有餘年。

司馬温公嘗遺書曰。與可襟韻蕭灑。如晴雲秋月。塵埃不到。心服者非特辭翰而已。

蘇東坡爲與可字説曰。取其與不取其拒。爲子張者也。與可之爲人也。守道而忘勢。行義而忘利。修德而忘名。與爲不義。雖禄之千乘不顧也。雖然未嘗有惡于人。人亦莫之惡也。故曰與可。爲子張者也。

又祭與可文曰。嗚呼哀哉。孰能敦德秉義如與可之和而正乎。孰能養民厚俗如與可之寬而明乎。孰能爲詩與楚詞如與可之婉而清乎。孰能齊寵辱忘得喪如與可之安而輕乎。嗚呼哀哉。

蘇潁濱祭文與可學士文曰。昔我愛君。忠信篤實。廉而不劌。柔而不屈。發爲文章。實似其德。風雅之深。追配古人。翰墨之工。世無擬倫。人得其一。足以自珍。縱横放肆。久而疑神。晚歲好道。耽悦至理。洗濯塵翳。湛然不起。病革不亂。遺書滿紙。嗟乎今日。見此而已。

家誠之續編諸公書翰詩文跋曰。湖州之文一出。東坡兄弟皆敬而愛之。前輩大老如文潞公亦爲之延譽。司馬温公則至于心服。趙清獻公則至于歎服。荆公蜀公又皆形之歌詠。湖州之爲人可知矣。又曰。石林先生云。東坡倅杭。與可送以詩。有北客若來休問事。西湖雖好莫吟詩之句。及詩禍作。世以爲知言。而東坡亦嘗移書湖州。趣其賦黄樓。二者集中皆無之。間有詩與坡往還者。輒易其姓字。如杭州鳳咮堂。坡所作也。則易以胡侯。詩中凡及子瞻者。率以子平易之。蓋當時黨禍未解。故其家從而竄易。斯文厄至于如此。可勝歎哉。

處士王先生庠

王庠字周彦。榮州人。嘗以經説寄東坡。謂二帝三王之臣皆志于道。惟其自得之難。故守之至堅。自孔孟作六經。斯道有一定之論。士之所養。反不逮古。乃知後世見六經之易。忽之不行也。東坡復曰。經説一篇。誠哉是言。大觀庚寅。行舍法于天下。州以先生應詔。時嚴元祐黨禁。先生自陳蘇軾蘇轍范純仁爲知己。吕陶王吉嘗薦舉。黄庭堅張舜民王鞏任伯雨爲交游。不可入舉求仕。復舉八行第一。朝廷知不可屈。賜號處士。尋改潼州教授。賜出身及章服。一日四命俱至。竟力辭不受。宋史。

梓材謹案。萬姓統譜載。先生爲朝奉大夫。夢易子累世同居。號義門王氏。先生七歲能屬文。蚤喪父。哀慣深切。與弟序閉户窮經。又言其卒謚賢節。序官至徽猷閣學士。宋景濂題跋謂先生程遵誨之門人。所著有冰壺集二十卷。

附録

黄涪翁與王觀復書曰。周彦行己有恥。不妄取與。其外家連戚里向氏。屢當得官。固辭。以與其弟。或及族人。作詩文雖未成就。要爲規摹宏遠。此君又東坡之兄壻也。故亦有淵源耳。

李先生中

李中。

雲濠謹案。先生應制舉時。問讀書之法于眉山。眉山以書答之。見沈作喆寓簡。

都官張先生先

張先字子野。吴興人。與東坡爲友。東坡自杭移高密。陳令舉與先生皆從至松江。夜半月出。置酒垂虹亭上。先生以工詞聞天下。所謂張三影者也。年八十五。官至都官郎中。卒葬吴興弁山。有集一百卷。居易録。

梓材謹案。宋人兩張先。皆字子野。其一與歐陽公友。阮亭居易録又云。湖州張子野。早年有一叢花詞。歐陽公稱爲桃李嫁東風郎中。見范公稱過庭録。知兩張子野皆從歐陽遊也。

殿帥姚先生麟

姚麟。關中人。爲殿帥。與東坡友。王介甫當國。一日折柬召之。不往。裕陵知而詢之。對曰。臣職掌禁旅。宰相非時以片紙召臣。臣不知其意。故不敢往。又有言其馭下嚴者。裕陵亦因事勵之。對曰。誠如聖訓。然臣自行列蒙陛下拔擢。使掌衛兵于殿庭之間。豈當以私恩結下爲身計耶。裕陵皆善之。春渚紀聞。

王先生德明

王德明字俊卿。東陽人。東坡所薦士也。有純齋集。南宋文範作者攷。

縣尉王先生當

王當字子思。眉山人。幼好學。博覽古今。所取惟王佐大略。嘗謂。三公論道經邦。燮理陰陽。鎮撫四方。親附百姓。皆出于一道。其言之雖大。其行之甚易。嘗舉進士不中。退居田野。歎曰。士之居世。苟不見其用。必見其言。遂著春秋列國名臣傳五十卷。人競傳之。元祐中。蘇文定轍以賢良方正薦。廷對。慷慨不避權貴。策入四等。調龍游尉。蔡京知成都。舉爲學官。不就。其後京相。遂不復仕。卒年七十二。先生于經學尤邃易與春秋。皆爲之傳。得聖人之旨爲多。又有經旨三卷。史論十二卷。兵書十三篇。宋史。

梓材謹案。先生所著春秋釋十二卷。見玉海。直齋書録解題言。先生當元祐中復制科。以東坡薦試六論。廷對切直。置下等。而史傳屬之潁濱。當别有所據。

知州歐陽先生經

歐陽經。連州人。家世業儒。至先生尤卓潁。熙寧丙辰登第後。乞歸。建一草堂。日劬書其中。初任杭州幕官。以詩文見稱。東坡帥杭州。表薦之云。材猷夙壯。忠孝兼全。學古入官。敏于從政。官至朝散大夫。知封州。廣州人物傳。

翟先生逢亨

翟逢亨。歸善人。事母孝。學問博洽。邦人呼爲翟夫子。居白鶴峯東。讀書嘉祐寺。蘇東坡謫惠時。與往還焉。廣東黄志。

縣令歐陽先生闢 别見廬陵學案補遺。

員外詹先生範

詹範字器之。崇安人。紹聖閒。知惠州。東坡謫居。先生載酒從游。相與倡和。時兵荒之後。野多暴骨。先生取而掩之。爲叢家㊀焉。故東坡詩曰。江干白骨已銜恩。又嘗稱其治行類龔渤海。

㊀「家」當爲「冢」。

後擢太常丞。祠部員外郎。

通判唐先生叟

唐叟字元老。桂州人。少孤嗜學。家貧。授徒養母。紹聖間。以經明行修。舉爲雷州海康令。蘇東坡南遷過之。握手道舊。後調池通判。遂歸舊隱。鄒思公浩謫昭。日訪其家。贈詩甚多。一統志。

提舉孫先生鼛

孫鼛字叔靜。錢塘人。其父徙揚之江都。先生年十五遊太學。老泉與滕稱之。用父任調武平尉。略擢提舉廣東常平。篤于行義。時東坡謫居惠州。極意與周旋。二子娶晁補之黄庭堅女。黨事起。家人危懼。先生一無所顧。時人稱之。史傳。

淨德講友

朝請杜先生敏求大父允昇。父萬。

杜敏求字趣翁。青神人。淨德之友也。其先世爲唐杜子美拾遺。大父允昇。以文行推高于衆。爲鄉先生。父萬。靜默守道。篤好經史。先生幼稟穎秀。在繈褓時。每見字書。輒喜動于色。七歲嘗賦閔雨詩。有農夫苦相問。燮理是何人之句。登嘉祐六年進士第。授簡州司理參軍。歷知什邡縣。以母憂去職。既除喪。屏處里舍。悢然有不欲仕之意。部使薦之。就監成都商税。元祐中。以十科推擢天下士。命近臣薦而後用。時薦之者十數人。既還闕。未嘗一言聞于人。乃詣吏部。

擬潤州通判以歸。或詰之。則曰。富貴窮達固有命。吾讀書聞道踰四十年。未嘗求知于人。苟有知者。皆自相知耳。何暇修辭令。俛顏色。汲汲自媒。以取辱哉。除成都府教授。聞命喜甚。官滿。除太學博士。改差通判定州。元符初。除廣漢太守。京居僅二年。掩關讀書。未嘗妄與人交一言。士論偉之。遷朝請郎。除梓州路轉運判官。就移提點刑獄。卒年六十有三。有文集三十卷藏于家。呂淨德集。

文氏學侶

郭先生周田

郭周田字磻叟。邛州人。文與可少時與之同學西州。交遊甚熟。文丹淵集。

濟北師承

侍郎李邦直清臣

李清臣字邦直。魏人也。七歲知讀書。日數千言。暫經目輒誦。舉進士。調邢州司户參軍。和川令。歐陽袞公壯其文。以比東坡。累以大學士知河南眞定。徽宗立。入爲門下侍郎。僕射韓忠彦與之有連。惟其言是聽。出范純禮張舜民。不使呂希純劉安世入朝。皆其謀也。尋爲曾布所陷。出知大名府而卒。後朝議以復孟后罪。追貶武安軍節度副使。再貶雷州司户參軍。宋史。

李淇水說

五經之道。易可以潛。而書可以彰。春秋可畏。而詩可樂。禮嚴而不可踰。其辭不同而爲道一也。漢儒之治經。終其身而無所倦。能名其師說者。上或召用之。高下其材。爲博士郎大夫部刺史至九卿丞相御史者。按跡而有。已不以經爲進。至聽上之自擇。故其人識趨向重名節。今之學者。徒焉玩章句而已。取人之格。定之一日之間。有未能通經而適合于程度者。有治經知道而偶絀于倉卒之對者。取之多失實。故學者愈不篤。苟借經術以射利祿。得則撥棄。不復置力。如賤丈夫今日穫。而明日舍其耒耜。故其徒華而不根。未至于道而止。不知致君行己之大操。而天下之治因是而日衰。蓋古之學者。樂之者也。今之學者。利之者也。樂之與利。于道之淺深。豈可同概而論哉。

雲濠謹案。邦直所著有淇水集。宋史本傳云。所著策論記序古律詩制詔册文銘誌一百卷。奏議三十卷。平南事鑒二十卷。

淇水文集

凡天下之人。利害不相稽。則秦楚之人而讓。怵乎利。逼乎害。則骨肉之戚而爭。則是讓出于心。爭出于事也。讓出于心。爭出于事。則讓自中起。而爭自外來也。凡天下之人。有餘則讓。不足則爭。有餘則讓。則是讓出于自然。不足則爭。則是爭出于不得已也。是禮讓循乎性而有也。

凡小人之情。雖奮擊〔一〕攘攫而得之。然或有愧于其□〔二〕。是奪擊〔三〕攘攫者其僞。而愧赧者其眞也。此禮讓依乎情而生也。故禮之本。非天地不固。禮之節文。非聖人不備。禮論中。

夫人臣之姦。身安于寵。形無可罪。而實不任責。是爲大姦。张禹之所以默默而亡漢。李林甫之所以守格令而亡唐也。今皆重夫寡過者以爲賢。而嫉夫敢爲者以爲生事。一落陷穽。没齒不復言。故猾民悍吏得以輕罪把持其上。游上談客得以口舌恐嚇内外之臣而拾其資。胥吏得以挾簿書執格例而爭于廟堂之前。當其任者。知姦而或不敢除。見賢而或不敢用。天下之害不得亟罷。天下之務不敢亟爲。因仍苟且。相顧腹議。名曰至公。而萬事益病。其兆莫甚于今之世者。欲救斯弊。是亦非難。寬小過而責大體而已矣。明責論。

附録

客有自都來道浮圖火者。邦直立兄旁言曰。是所謂災。非火也。或者其蠹民已甚。天固警之乎。作浮圖災解。類成學。兄大驚。

年十四。預鄉書高等。其試禮部。家人抱以送。羣目盡傾。韓忠獻公異焉。妻以其兄之子。

〔一〕「擊」當爲「拏」。
〔二〕「□」當作「色」。
〔三〕「擊」當爲「拏」。

試文至中書。歐陽公迎語曰。不置李清臣于第一。則謬矣。啓視如言。時大雨霖。災異數見。論者歸咎濮議。及廷對。或謂曰。宜以五行傳簡宗廟。水不潤下爲證。必擢上第。邦直曰。此漢儒附會之説也。吾不之信。民間豈無疾病可上者乎。卽條對言。天地之大。譬如人一身。腹心肺腑有所攻塞。則五官爲之不寧。民人生聚。天地之腹心肺腑也。日月星辰。天地之五官也。善止天地之異者。不止其異。止民之疾痛而已。

紹聖元年。廷試進士。邦直發策曰。今復詞賦之選而士不知勸。罷常平之官而農不加富。可差可募之説紛而役法病。或東或西之論異而河患滋。賜土以柔遠也。而羌夷之患未彌。弛利以便民也。而商賈之路不通。夫可則因。否則革。惟專之爲貴。聖人亦何有必焉。主意皆絀元祐之政。策言悟其指。于是紹述之論大興。國是遂變。

宛邱師承

録參李先生處道附兄載之。

李處道字深之。福唐人。少孤貧。自力學問。記覽淹博。工于文辭。中治平四年進士第。歷爲興國軍録事參軍以卒。年七十五。性純孝信厚。既老且病。猶不廢書。有文集十卷。始與其兄載之皆友張文潛之父。文潛嘗從先生于姑蘇之學官。柯山文集。

梓材謹案。張文潛又有祭先生文云。末之兄弟應舉姑蘇。朝夕誦習。託公學廬。是從先生者不獨文潛也。

潁濱同調

邱先生鑄

邱鑄。著有周詩集解二十卷。宋志。

附録

鄭漁仲曰。邱氏注只取序中第一句。以爲子夏作。後句則削之。

司□㈠王鳳亭先生得臣别見安定學案補遺。

老泉私淑

少卿劉先生詵

劉詵字應伯。福清人。歷莆田主簿。知廬江縣。崇寧中。爲講議司檢討官。進軍器大理丞。大晟府典樂。先生通音律。嘗上歷代雅樂因革及宋制作之音。故委以樂事。禁中出古鐘二。詔執政召先生按于都堂。先生曰。此與今太蔟大吕聲協。命取大晟鐘□㈡扣之。果應。又曰。鐘擊之

㈠「□」當作「農」。

㈡「□」衍。

無餘韻。不如石聲。詩所云依我磬聲者。言其清而定也。復取以合之。聲益諧。歷宗正。鴻臚。衛尉。太常寺少卿。纂續因革禮。卒。先生居母喪盡禮。有雙芝生墓側。人以爲孝感。宋史。

梓材謹案。元亦有劉詵。見元史儒學傳。

任氏家學

補 忠敏任先生伯雨

雲濠謹案。宋志載先生春秋繹聖新傳十二卷。晁子止謂其解經不甚通例。

東坡家學

補 承務蘇斜川先生過

蘇過字叔黨。東坡季子。年十九。以詩賦解兩浙路任右承務郎。東坡累遭貶謫。先生獨往侍。東坡嘗命作孔子弟子别傳。家于潁昌。自號斜川居士。晁景迂集。

附録

晁景迂誌其墓曰。悲夫。諸葛孔明初不得申所志。而躬耕南陽。卒亦崎嶇巴蜀。卒而有子曰瞻。可以肆所志。而無邦以容。瞻則赴魏軍而死耳。嵇叔夜之志氣尤異。而曾不得一席以全其軀。而子紹身血。亦何益于邦家。古之父子有如此忠孝兩全。而可恨者天乎。不壽吾叔黨于盛世。一振發之耶。

魏鶴山跋斜川帖曰。斜川侍坡翁至儋耳。父子相對如霜松雪竹。堅勁不搖。而作詩結字乃爾潤麗。其禒順裏方者乎。

李微之舊聞證誤曰。蘇叔黨。靖康中得倅眞定。赴官次河北。道遇綠林。脅使相從。叔黨曰。若曹知世有蘇内翰乎。吾卽其子。肯隨爾輩草間求活耶。通夕痛飲。翌日視之。卒矣。惜乎世不知其此節也。原注。出王明清揮麈後録改定。

補 少卿蘇先生元老

梓材謹案。阮亭居易録引。或謂二蘇黨禁方嚴。李公麟遇蘇氏子弟。至以扇障面而避之。坡族孫元老上時相啓乃至云。念與黨人偶同高祖。則少卿亦有玷家學者矣。

東坡門人

補 知州晁濟北先生補之

梓材謹案。先生爲李邦直行狀云。補之出公門下。是先生嘗爲李氏門人。又爲冰玉堂辭。言門下補之所嘗事。而起居所嘗游也。起居謂張文潛。門下侍郎則蘇公子由謂文定云。又案。宋志載先生左氏春秋傳雜論一卷。王厚齋稱其指左傳之失凡四十六條。

雞肋集

學不可以不知。惟知之然後能好之。記曰。雖有嘉肴。弗食。不知其旨也。雖有至道。弗學。

不知其善也。而孟子亦曰。理義之悦我心。猶芻豢之悦我口。蓋飲食人人之所欲。故譬學于飲食爲最易知。然猶曰。人莫不飲食。鮮能知味也。天下豈有不習而能察者哉。

故嘉肴世皆知其旨。必食者而後益知其爲旨。至道世皆知其爲善。必學者而後益知其爲善。曰聞而知其旨且善者。意之也。以上學説。

物莫大于天地。其次曰人。而三者同以才稱。才之爲言。物量之所能也。能必有所事。故天有四時。地載神氣。皆謂之無非教。無非教者。有所事也。日月如爭其所乎。雲者爲雨乎。雨者爲雲乎。意者其有機緘而不能已耶。其有所運轉而不能自止耶。則天地之事亦勤矣。人見其四時行。百物生也。以爲天地未嘗勤焉。不知夫有道焉範圍乎其外。莫或使之。日夜以造。□□㊀然若有與之計其期而不得暇者。是能成于歲之積。而開萬代之原。

天地以無心。莫之爲而爲。故久。人以有心。知而爲之。故息。嘗試語息之所從起。譬道爲萬里塗。而以勤爲馬。繕性之始。如適舉趾。其弛于負擔。未知其以曷月止。斯殆已。故欲從事于此。必自夫誠其意者始焉。夫人何可以確然隤然如天地之無心而常運。能誠其意則幾矣。誠者。非能襲而取之也。閑其邪則存。嘗又請實之。以誠爲我。我欲至于萬里。孰禦之哉。以其孰禦之者爲策以臨馬。不至于萬里。馬終日蹀躞而不得止。由不怠故能久。久則凝于神矣。聖人之事業

㊀「□□」當作「偲偲」。

所以蔽天地而凝于神。則得㈠其孰能㈡禦之□㈢積之耳。雖然。此亦非聖人獨能之也。百工之能㈣預能焉。以上勤説。

見賢思齊焉。見不賢而內自省也。壤陋里不仁。鮑漬猶與蕕也。引領而望。夫安得賢者而齊之。而不賢者乃日夜相與輩而詠且游乎吾之邦。囂塵雜起。千變萬化。在人目前。苟見此而□㈤者。炟然肺熱。濺然顙泚。而內自省曰。吾不幸。無乃類之。其庶乎。居與之同里。出與之同閭。吾不能捨以逃也。使跡近而心遠焉。雖不得賢者而齊之。日儆此亦賢矣。儆陋説。

詩亡而春秋作。其事則齊桓晉文。其書王也。以其無王也。存王制以懼夫亂臣賊子之無誅者也。以迄周亡。至戰國。時無詩無春秋矣。而孟子之教又未興。足跡乎諸侯之境者。諫不行言不聽則怒。悻悻然去君。又極之于其所往。君臣之道微。寇敵方興。而原一人焉。以不獲乎上而不怨。猶睠顧楚國。繫心懷王。不忘而望其改也。夫豈曰是何足與言仁義也云耳。則原之敬王。何異孟子。其終不我還也。于是乎自沈。與夫去君事君。朝楚而暮秦。行若犬彘者比。

㈠「得」當爲「自」。
㈡「能」衍。
㈢「□」當作「者」。
㈣「能」當爲「賤」。
㈤「□」當作「耻」。

□㊀原雖與日月爭光可也。豈過乎哉。續楚辭序。

燕人之晉。問其井。或告曰。垣下。垣下得之晉㊁卒之飲者。燕人也。若乃在㊂晉人之朝夕飲者。則未始問燕人。故學道猶飲。問而告之。燕晉之類也。坐忘論序。

夫冠雞佩猳之由。貨殖遊説之賜。生異鄉。識異趨。而使不得夫子而爲之託。則才不才固未可議也。是以司馬子長積怨發憤思附青雲之志者。豈虛言也。再見蘇公書。

三代之前。無可治之事。則隱而不失爲賢。三代之降。世多事矣。思有以治之。則不隱不失爲賢。若夫居不可隱而固隱。則又何矯情拂道之甚也。晉唐之士。其失以此。上杭州教官呂穆仲書。

梓材謹案。是書下文云。願伏于門下而受教焉。則呂亦濟北之師也。

自非聖人。各有所長。亦有所短。然伯夷班聖人之列矣。而孟子尚以謂伯夷隘。君子不由。夫孟子所謂君子者必□㊃孔子。無可無不可而得可也。不然。望望然去之。若將浼焉者。苟病其未知。則□㊄能慮禍□㊅詬。摧剛爲柔。熟視出跨下者。皆可以免夫此議矣。隘者見排。而不恭者

㊀「□」當作「謂」。
㊁「之晉」當爲「焉而」。
㊂「在」當爲「夫」。
㊃「□」當作「若」。
㊄「□」當作「凡」。
㊅「□」當作「忍」。

并獲罪。見排且獲罪矣。而不害其並列于聖人。則孟子之心蓋可見矣。答外舅兵部杜侍郎書。

雲濠謹案。四庫全書著録雞肋集七十卷。提要稱。觀其集。古文波瀾壯濶。與蘇氏父子相馳驟。諸體詩俱風骨高騫。一往俊邁。並駕于張秦之間。亦未知孰爲先後云。

附録

葉石林曰。公嘗自謂喜左邱明檀弓屈原莊周司馬遷相如枚乘及唐韓柳氏。天下亦以爲兼得數子之奥。莫敢與之爭。卒能自成一家。晚惟文潛與之抗衡。是以後世謂之晁張云。

補 宣德秦太虚先生觀

梓材謹案。先生爲任瀘州墓表云。余嘗從翰林中書公遊。翰林謂文忠。中書謂文定。是先生並遊二蘇之門。

淮海文集

今天下之事。有執政之臣以行之。有議論之臣以言之。則人主可以弁冕端委而無所事。不然。雖弊精神。竭筋力。以夜繼日。猶無益也。主術。

明君之御臣也不致疑。忠臣之事君也不避嫌。任臣上。

諫諍之臣。其功在于正綱紀。立風憲。通上下之情。使亂臣賊子顧憚而不敢發。如此一舉之不當理。一發之不中節。曾何足以深咎耶。任臣下。

邪正不辨而朋黨是嫉。則君子小人必至于兩廢。或至于兩存。君子小人兩廢兩存。則小人卒得志。而君子終受禍矣。朋黨上。

古之人主。于成材則付以大任而備責之。于奇材則隨所長而器使之。于散材則明賞罰而磨厲之。于不材則棄之而已。四者各有所處。然而奇材者尤人主所宜深惜者也。蓋天下之成材不世出。而散材者又不足以任事。不材者適足以敗事而已。是則任天下之大事者常在乎奇材。有奇材而不深惜焉。則將與不材同棄。而曾散材之不如矣。人材。

先王之理財也。若持衡然。天下之財不使之偏歸于公室。亦不使之偏入于私家。惟其適平而已。財用上。

理財之要。在乎原其所自有而爲之道。要其所從無而制之法。財用下。

士。國之重器。社稷安危之所繫。四海治亂之所屬也。是故師士者王。友士者霸。殺士者亡。袁紹論。

天任命。人任力。君子之道。原于天而相之以人。安于命而輔之以力。于有爲之時。乾乾以致其力。于無爲之時。則惕若以致其心。以上君子終日乾乾論。

夫氣之主在志。志之主在心。心者。神之合也。志者。精之合也。氣者。魄之合也。神虧則精不復。精弊則魄不寧。君子虛心以養志。弱志以養氣。故能外探事物之奧。内安性命之精。浩然無際。與道自會。豈特通體乎天地。同精于陰陽而已哉。浩氣論。

西漢之士。器識優于學術。故多成功而名不足。東漢之士。學術優于器識。故多令名而功不成。夫君子以器爲車。以識爲馬。學術者。所以御之耳。上呂晦叔書。

士累于進退久矣。弁冕端委于廟堂之上者。倦而不知歸。披莽蒼而佃。橫清冷而漁者。閉距而不肯試。二者皆有累焉。閒軒記。

目無外視。耳無外聽。遺物忘形。在我而已。此其心歟。曰。非也。心不在我。然則目無内視。耳無内聽。馳神游精。在物而已。此其心歟。曰。非也。心不在物。然則物之有色。我因視焉。物之有聲。我因聽焉。來則神之。去則將之。彼是爾忘。在物我之間而已矣。此其心歟。曰。非也。心不在物我之間。然則心無所在乎。曰。惡得而無在也。雖不在我。未始離我。雖不在物。未始離物。雖不在物我之間。而未始離乎物我之間者。此心之眞在也。

卽心無物謂之性。卽心有物謂之情。心有所感謂之意。心有所之謂之志。意有所歸謂之思。志有所致謂之慮。故合精以止謂之魄。配神以行謂之魂。與神爲一謂之精。不離于精謂之神。此十者。入則一。出則不一。出入無常。要皆以心爲主耳。以上心説。

淮海後集

予閒居。婦善蠶。從婦論蠶。作蠶書。考之禹貢。揚梁幽雍不貢繭物。兖篚纖文。徐篚玄纖縞。荆篚玄纁璣組。豫篚纖纊。青篚檿絲。皆繭物也。而桑土既蠶。獨言于兖。然則九州蠶事。

兗爲最乎。今予所書。有與吴中蠶家不同者。皆得之兗人也。蠶書序。

王深寧曰。館閣書目。蠶書一卷。南唐秦處度撰。以九州蠶事。獨兗州爲最。按蠶書見秦少游淮海後集。少游子湛字處度。以爲南唐人。誤矣。

附録

樓攻媿記定海縣淮海樓曰。問。樓何以名。曰。秦少游初筮之地也。退而攷之國史傳云。元祐初。調定海主簿。信矣。又求于文集。則絶無一語及之。訪諸父老。相去百餘年間。耳目所不接。不可得而□㊀矣。

王深寧曰。少游爲蔡州教授。時選人七階未改。主簿乃初階。非歷此官也。

補 龍圖張先生耒

梓材謹案。陸務觀言。先生生而有文在手曰耒。故以爲名。而字文潛。

梓材又案。先生爲司馬温公祠堂記。自言辱遊公之門。是先生曾及涑水之門。宋史文苑先生本傳云。游學于陳學官。蘇轍愛之。因得從軾游。則先生先及小蘇之門。而後爲大蘇六學士之一也。

㊀「□」當作「攷」。

言文王之事于周之初基。則不知所以本。言先公之事于文王。則不思所以成。言之不同。各有所輕重而不可亂故也。故曰。詩可以言。文王。

抑之威儀。先儒曰。抑抑。密也。夫疏則爲見。有進之道。密則爲蔽。有退之道。故易曰。退藏于密。故抑又爲抑退之抑。蓋裁其盛而使退。挹其滿而使虧者。抑也。臨下而使物畏之者。威也。居上而使物象之者。儀也。威能抑。抑則不至于剛暴。儀能抑。抑則不至于不遜。抑。

厲王不知爲治之本。而好稼穡以親之。此所以好力民也。好是稼穡。未必寶也。曰。稼穡惟寶。寶之矣。力民代食。未必好也。代食惟好。又好之矣。非所當寶而寶之。非所當好而好之。不知先王任賢序賢之本。而徒志其末。則日勞而無功。桑柔。

詩言。靡神不宗。而所稱止于上帝后稷。父母先祖。羣公先正。祈年方社而已。何也。言其尊親與切近者言之也。雲漢。

韓奕所美。止于錫命。故詩稱其所以錫之之物詳。崧高方言能建國親諸侯。而因及其禮命之物。故不嫌于略也。柔者嫌于無立。不能剛而有立。則其爲柔惠也撓而已矣。夫惟柔惠且直者。外柔順而內不撓者也。夫直者所以爲無撓也。崧高。

釐爾圭瓚。文事之器也。秬鬯一卣。行禮之酒也。召伯有武功而錫之以文事。禮酒者。蓋將與之修文德故也。故曰。告于文人。而終曰。矢其文德也。江漢。

不留不處則不傷財。三事就緒則不害民。而王猷允塞。所謂修文德以來之也。雖然因以爲戒者。武不可觀故也。常武。

先王深知。禮義之原。起于稼穡之際。故其于省耕勸農之事。常首天下之政。臣工。

詩雜説

衛武公于厲王之時。而自警曰。愼爾出話。敬爾威儀。無不柔嘉。夫柔其言。言遜也。蓋邦無道矣。惟危行言遜可以免于禍故也。

桑柔曰。告爾憂恤。誨爾序爵。夫爵未嘗無序也。序之者。使賢者尊。不肖者卑而已。召旻曰。彼疏斯粺。不能序爵故也。

姜嫄生后稷。而謂之生民者。蓋后稷教民食。食者。民待之以生故也。故思文祀后稷之詩曰。立我烝民。莫匪爾極。蓋免于死之謂生。免于仆之謂立。食而後免于死亡顚仆之患。則后稷之于民。實生之者也。

治人之道尚明。故施政之堂曰明堂。事神之道尚潔。故文王之廟曰清廟。禦侮之道尚肅。故宮室之牆曰蕭牆。明不蔽也。清不汙也。肅不亂也。

老子曰。自後者。人先之。成王率時農夫。播厥百穀。而曰駿發爾私。使之先私而後公故也。

治田者曰。雨我公田。遂及我私。先公而後私故也。夫惟成王自後。是以民先之。

示我顯德行者。夫德行固道之顯者也。而成王尚欲示之以顯德行者。蓋學之始。其道當然也。以其德行之幽者。未足以知之。故曰。示我顯德行。非獨成王爲然。伊尹之告太甲。言明言烈祖之成德。夫以言爲未足而明言之。未足以言祖之道而言祖之烈。未足以言德之妙而言德之成。則亦以太甲始進于學故也。

夫成王在廷之臣。聖莫如周公。而賢莫如召公。周公之爲師。召公固不説之矣。召公且不説。則在廷之臣。豈復有能辨而言之者也。此成王所以懲前日之事出于左右無有助之者。則其懲後患而首之以求助。不亦宜乎。蓋治至于可以用師者。治之成。故善人爲邦。至于可以即戎而後爲功也。周公之戒成王以立政。卒之以告爾戎兵。以陟禹之迹。豈非語戎兵者。政之終歟。

梓材謹案。四庫全書存目録先生詩説一卷。提要云。是書本載柯山集中。納喇性德刻之通志堂經解中。如抑篇愼爾出話一條。蓋爲東坡烏臺詩案而發。卷阿篇爾土宇昄章一條。蓋爲熙河之役而發。餘亦多借抒熙寧時事。不必盡與經義比附也。

柯山文集

今夫質之于文。是無以異于冰炭之不可同也。然質之弊則文。必至是。何也。勢之所激故也。夫陰極不生陰而生陽。寒極不生寒而生暑。故物有以同相戾。有以異相使。此之謂激之而變者也。本治論上。

夫人情之不可誣也。言之有不應者矣。諭之有不動者矣。夫言屏事而天下治者何也。吾身之修故也。吾身之所以能修者何也。吾誠之立故也。吾誠之所以能立者何也。吾性之盡故也。能盡性則能立誠。能立誠則能修身。能修身而後能正物。治原論。

夫先王之道。其始若鈍而後能利。其始若迂而效最切。敎俗論。

天下之物。其勢相激而後變生焉。名□〔一〕者。實之所由亡。文備者。僞之所自起。

蓋天下之弊。好强治者必召天下之大亂。務窮利者必貽天下之大害。

天下之勢不可以激。而民之智不可以窮。激之以所欲者。必得其所不欲。窮之以所能者。必報之以其所不能。徐道其欲激之勢。而扶其未用之智。則天下久安而無虞。以上法論一。

夫虞夏之道。壯者也。其不治。可爲也。其不足。可補也。壯者之疾易治也。商周之道。老者也。其不治。難爲也。以其嘗〔二〕之而不信故也。其不足。難補也。以其嘗補之而不滿故也。以彼之疾方來。而吾之術已窮。彼之變未休。而待之道已盡。如是則死繼之矣。法論二。

禮之道。仁義而已矣。夫仁主于親親長幼之際。而義主于貴貴君臣之間。知親親。而貴貴之義廣。則蕩而不嚴。知貴貴。而親親之仁亡。則嚴而不和。是故聖人爲禮。以兼統之。使之兩立。

〔一〕「□」當作「美」。
〔二〕「嘗」下脱「治」。

而兼善並行而互用。而後仁義之道行焉。禮論一。

蓋尊尊之道以簡。而親親之禮以豐。禮論二。

蓋嘗聞之。古之求知人者。于人也。不觀其形似而察其中。于己也。不逆于耳目而逆于心。察其中則見其所窮。逆于心則爲慮也深。彼小人將欺我也。不過多爲形似。以動吾耳目之間而已。彼安能爲實哉。而吾應之也。嘗出其所不意。而後小人之情見。而天下之實才亦雖欲伏匿而不得。知人論。

莊周患夫彼是非之無窮。而物論之不齊也。而託之于天籟。其言曰。吹萬不同。而使其自已也。此言自以爲至矣。而周固自未離夫萬之一也。曷足以爲是非之定哉。雖然。如周者。亦略税駕矣。莊子論。

凡在内者。乃吾之所受于天。而虚靜明達無所待于外者。所謂喜怒哀樂之未發者也。凡在外者。取吾所受于天者。而顯諸形名事物之際。與物兩得而布之天下。取諸心而施諸事。本乎天而成乎人。動于無而著于有形。使天下萬物蒙其利。所謂喜怒哀樂發而中節者也。故内外之道雖殊。而同出于吾性。故兩言而盡天下之道曰内外。一言而盡内外之道曰性而已。盡性論上。

夫天下小之爲不治。大之爲放亂。禮義不行。上下相窺。至于不可勝言者。其初則誰爲之也。慎微論下。

生而不動之謂誠。知而不爲之謂明。正而不邪之爲中。是故誠者立善之本也。明者致道之用也。中庸者常德之守也。三者立。天下之能事畢矣。進誠明說。

嗟乎。政事之緩急。如人之于飲食。不可强也。强使急者緩。如止饑者之食。强使緩者急。如持食以進飽。二者無怪其不可也。益州州學記。

治國有善政。不如在位有善人之化民速也。在位有善人。不如其鄉有善人之化民易也。二宋二連君祠堂記。

孔子曰。仁者樂山。智者樂水。夫盡仁之成名必若堯舜。而語知之正必若禹。然世之好山水者。豈皆具聖人之成德哉。予以謂。凡安靜可久。淳厚而不變者。皆仁之類也。臨事而不滯。遇物而不惑者。皆知之類也。陵川縣山水記。

凡人性。惟安之求。夫安者。天下之大患也。遷之爲貴。

能推食與人者。嘗饑者也。賜之車馬而辭焉者。不畏徒步者也。苟畏饑而惡步。則將有苟得之心焉。爲害不既多乎。故隕霜不殺者。物之災也。逸樂終身者。非人之福也。以上送秦少章赴臨安簿序。

夫古之所謂儒者。所用之國無敵。若臧文仲叔向子產晏子令尹子文。其望孔子亦遠矣。而其功烈亦足以振顯一時。故猶能以儒者之效名一世。夫不足以治國。而能知今古。考妖祥。紀事實。多聞而博通。則古者太史氏之職。而初不以是爲儒者也。楚左史倚相能讀三墳五典八索九丘。而楚之治國不責倚相。由是言之。古之論文與儒異事。而司馬談爲太史。號通古今。善文詞。猶曰文史星曆近乎卜祝之間。主上以倡優畜之。其尊禮不如公孫丞相汲黯。此則漢之初猶有古之遺俗在也。嗚呼。儒之名實不正久矣。自漢以來。聖賢之學廢。而孔子之徒皆以其師之書自重于世。聚徒而授之。若是者。當時皆以儒之名歸之。而司馬談序九流。儒者才當其一。彼未嘗見其眞。而信當時之所指。故從而論其失。而班固以謂出古司徒之官。嗚呼。何其陋也。儒者之治天下。九流之列皆其用也。顧與淺術末數各致其一曲者同哉。送李覯從蘇杭州爲學序。

某聞今北道要郡有城隍不修。器械苦惡。屯戍卒寡。然跬步强敵而人不懼者。誠信之也。梟鴟不鳴。要非祥也。豺狼不噬。要非仁也。見其不鳴。謂之孔鸞。見其不噬。待以犬馬。吁。亦過矣。送李端叔赴端州序。

某嘗以爲。君子之文章。不浮于其德。其剛柔緩急之氣。繁簡舒斂之節。一出于其誠。不隱其所已至。不强其所不知。譬之楚人之必爲楚聲。秦人之必衣秦服也。惟其言不浮乎其心。故因其言而求之。則潛德遁志不可隱狀。蓋古之人不知言則無以知人。而世之惑者。徒知夫言與德二者不可以相通。或信其言而疑其行。嗚呼。是徒知其行。而不知夫君子之文章固出于其地㈠。與夫無其德而有其言可異位也。上曾子固龍圖書。

六經之文。莫奇于易。莫簡于春秋。夫豈以奇與簡爲務哉。勢自然耳。答李推官書。

㈠「地」當爲「德」。

雲濠謹案。王阮亭居易録引先生宛邱集論樓護云。所貴乎遊俠者。爲其身任人之患難。而脱人于厄也。朱家郭解雖不合于天義。而其感慨雄俊。先人後己。故可取也。樓護平生齪㈠齪無可稱。吕寬得罪王莽。以其父故窮。歸之豪俠。立節無如此時。謂宜斬莽□㈡脱寬于死。身自亡匿。或以身任之而不悔。如此而謂之俠。可也。護得詔書。卽日斬寬以聞。莽大喜。此苟偷畏懦。閭里負販人耳。當莽時。天下畏威。誰非護者。而班孟堅列護與朱家郭解同謂之俠。此何故也。泣涕責妻子。使終養吕公。此朱家郭解糞土之餘耳。何足道哉。謂此論見郝梁所刻文潛集。而六家文辨不載云。

雲濠又案。送李端升赴定州序云。未爲兒童。從先人于山陽學官。始見端叔爲諸生。是可見先生之先緒。又云。未。蘇公門人之下列也。蓋謂文忠。

附録

子瞻嘗謂。秦少游張文潛才識學問爲當世第一。無所優劣。少游下筆精悍。心所默識。能以筆傳。然氣韻雄拔。疏通秀朗。當推文潛。黄魯直跋李伯時畫馬云。此馬絶駿。似吾友張文潛筆力。其見許如此。

葉石林序柯山集曰。文潛與少游同學于蘇子瞻。以爲秦得吾工。張得吾易。而世謂工可致。易不可致。以君爲難云。

㈠「齪」當爲「齷」。

㈡「□」當作「使」。

王深寧困學紀聞曰。張文潛梁父吟曰。永安受詔堪垂涕。手挈庸兒是天意。渭上空張復漢旍。蜀民已哭歸師至。堂堂八陣竟何爲。長安不見漢官儀。鄧艾老翁誇至計。譙周鼠子辨興衰。其言悲壯感慨。蜀漢始終盡于此矣。

又曰。張文潛文帝論。謂絳侯之迹異于韓彭者無幾。文帝所以裁之者。乃所以深報之也。其説太過。賈誼體貌大臣而厲其節。乃正論也。

補 鄉舉李先生廌

梓材謹案。陳后山答李端叔云。兩公之門。有客四人。黄魯直秦少游晁無咎。長公之客也。張文潛。少公之客也。以先生始從子由故云爾。

李濟南説

天地之情。陰陽之理。吉凶之變。失得之故。備在乎易。一國之事。繫諸侯之本。天下之事。形四方之風。美盛德。告成功。皆在于詩。尊王正法。謹始善終。詳天地之災祥。著君臣之美惡。無尚于春秋。堯舜禹湯文武成康之世。典謨訓誥誓命之文。百王之心迹。治亂之大略。無尚于書。欲以正六職。以治六官。必也學夫周禮。欲正其威儀。詳其辭令。必也學夫儀禮。

濟南文集

奇正者。因古以御時。依體以立用。千變萬化。以制勝策。用之之法可觀也。而所以用之者不可見也。戰之之理可諭也。而所以戰者不可陳也。勝之之道可制也。而所以勝之者不可傳也。彼用兵之書。布在方策。既已人人皆可習矣。用兵之法。試于行陳。既已人人皆能布矣。人人皆習。我亦習焉。人人皆能。我亦能焉。是亦衆人也。以衆人敵衆人。尚何議先勝。故奇正之理。古人議而不辨。奇正之法。古人論而不議。奇正之變。古人存而不論。非不論也。不可論。故不敝而常新。以俟後世君子。俾因襲致用。可以神遇。而不可以智知。可以道運。而不可以迹究。奇正論。

高宗既已學于甘盤。復師資于傅說。觀其好學之誠意。則曰。爾交修予。罔予棄。予惟克邁乃訓。可謂勤矣。此所以爲高宗。成王席文王之大謨。繼武王之大烈。觀其好學之誠意。則曰。日就月將。學有緝熙于光明。佛時仔肩。示我顯德行。可謂勤矣。此所以爲周之成王。聖學論。

夫人之情。喜賞而惡罰。國之格。難賞而易犯。人之所喜。國之所難也。人之所惡。國之所易也。可以賞而賞之緩。則人必相謂曰。愼無舉賢。徒勞人爾。賢則欲我舉。而恩則吝也。況無賞乎。苟可罰而必罰之。則人必相謂曰。愼無舉賢。徒多累爾。賞則未必予人。而罰則信也。況專用罰乎。薦舉論。

一人之心。與夫千萬人之心。先民之心。與夫後世之心。聖人之心。與夫愚夫愚婦之心。其所以然不然。可不可者。無有或異。有社稷人民之寄。欲設教布政而願治者。能盡其心。使人人之心皆以爲然。皆以爲可。則天下之理無往而不當。天下之情無往而不通。誠能奉之以悃愊之誠。持之以黽勉之力。思其理之所在。必使之無遺藴。慮其事之所安。必使之無遺策。吾之心盡于是矣。以之律身。以之臨民。以之事君。以之事天地。無愧無怍矣。夫然後推之以□[一]人。其以爲不然以爲不可者乎。登封縣令廳盡心堂記。

不朽有三。曰立德。曰立功。曰立言。有一于斯。可以無愧于後世。其德可尚。不必有功。其功可紀。不必有言。其言可傳。不必其人之賢也。況兼善而有之者乎。陳省副文集後序。

補宗丞王先生鞏

雲濠謹案。先生嘗謫監濱州鹽稅。

附録

秦淮海序先生注論語曰。自熙寧初。王氏父子以經術得幸。下其説于太學。凡置博士。試諸生。皆以新書從事。不合者黜罷之。而諸儒之論廢矣。定國于是處放逐之中。蠻夷瘴癘之地。乃能自信不惑。論著成一家之言。至天子聞之。取其書。非其氣過人。何以及此。傳曰。天不爲人之惡寒而輟其冬。地不爲人之惡險而輟其廣。君子不爲小人之匈匈而易其行。于斯言可信。

黄涪翁序先生文集曰。定國富于春秋。崎嶇嶺海。去國萬里。脱身生還。邂逅江濱。斗酒相勞苦。但以罪大責輕。未有以報君爲言。鬱然發于文藻。未嘗私自憐。此其志未易爲俗人道之。

[一]「□」當作「及」。

補 員外李先生格非

禮記説

詩云。駿發爾私。箕子爲武王陳洪範云。而邦其昌。是文武之名。詩書不諱也。君子之于物也。愛之而弗仁。故春田不圍澤。不麛不卵。是故物得其養。故春蒐有一發五豵之多。冬狩有辰牡孔碩之美。而人得以盡其奉上之誠。于悉率左右之際。先王之田蓋如此也。爲人臣之禮無顯諫。而洩冶以諫死。故書曰。陳殺其大夫洩冶。稱陳國以殺有罪也。洩冶之罪何。顯諫也。三諫不聽。則逃之可也。以上曲禮。

先王之制。小斂殯葬所以爲死者之禮。故自天子以至于庶人有等。哭泣齊斬饘粥所以盡生者之情。故天子達于庶人一也。由前所以立禮。由後所以立仁。齊斬所以稱情而爲之也。故曰齊斬之情。春秋傳曰。君子朝以聽政。晝以訪問。夕以脩令。夜以安身。夜宿于外。非所以人燕息也。晝居于内。非所以自强也。

廩人繼粟。庖人繼肉。不以官定食。所謂仕而未有禄者也。養之故有獻而無賜。不臣故有聘而無召。蓋不如是。不足以有爲也。故玉府之職曰。掌王之獻玉。是王有獻賢之禮也。酒誥曰。爾事。服休服采。諸侯之于賢。猶不可以不事。況得而官之乎。以上檀弓。

田僕職曰。以田以鄙。則王之于都鄙。未嘗無巡守。而止言四嶽之諸侯者。蓋先王之于畿内諸侯也。有祭祀以馭其神。則山川無不舉。祭祀無不順。有禮俗以馭其民。則禮不得變。樂不得易。制度衣服不得革矣。蓋聖人治之略則考之詳。治之詳則考之略。所以致四海于一堂之上也。

先王之治田。蕩之以溝。均之以遂。足以禦凶旱。舍之以列。瀉之以澮。足以禦水溢。而猶惕九年之蓄者。待天災之□(一)也。先王備水旱者具矣。而猶有水旱之患。蓋其時不可知。雖先王之備法。猶有不免也。

民之性無非天也。故六禮曰脩。脩者。言有所因也。人之德無非自得也。故七教曰明。明者。言有所本也。淫者出于民之欲。故八政曰齊。齊者。所以制其過差也。

審其輕重之罪所以正刑。察其眞僞之情所以□(二)辟。以上王制。

婦人。從人者也。從之斯尊之矣。卑其夫。未有能從夫也。夫弱于外。婦强于內。下上其心而莫之制。何所弗及哉。舉天下而漸。其風亂矣。王化之存者幾何。故婦人于夫家。不可不使之盡禮也。郊特牲。

反情以和其志。以內脩內者也。比類以成其行。以外治外者也。姦聲亂色不留聰明。淫樂慝禮不接心術。以外治內也。惰慢邪辟之氣不設身體。以內治外也。樂記。

(一)「□」當作「盡」。
(二)「□」當作「明」。

穀梁傳曰。婦人既嫁不踰境。非三年之喪。則雖衛之亡。而許穆夫人不得唁者。大夫止之以義故也。雜記下。

附録

邵氏聞見後録曰。文叔出東坡之門。其文亦可觀。如論天下之治亂。候于洛陽之盛衰。洛陽之盛衰。候于園囿之興廢。其知言哉。

梓材謹案。阮亭居易録。洛陽名園記。濟南李格非譔。易安之父也。家今章邱縣北之臨濟。記有紹興中張琰德和序。首曰。山東李文叔。又曰。女適趙相挺之之子。亦能詩。上趙相救其父云。何況人間父子情。識者哀之云。

衛湜禮記集説曰。李文叔精義。就曲禮檀弓王制喪服小記大傳少儀學記樂記雜記喪大儀祭法十一篇中。隨所見爲之義。

正字陳後山先生師道詳見廬陵學案。

舍人李先生昭玘別見安定學案補遺。

秦先生觀

秦觀字少章。高郵人。少游之弟也。從東坡學于杭州。后山詩註。

梓材謹案。張宛邱集有送秦少章赴臨安簿序云。元祐六年及第。調臨安主簿。又有送秦觀從蘇杭州爲學序。

附録

陳后山送之曰。士有從師樂。諸兒卻未知。欲行天下獨。信有俗間疑。秋入川原秀。風連鼓角悲。目前豘犬類。未必慰親思。又曰。師法時難得。親年富有餘。端爲李君御。盡得鄴侯書。結友眞莫逆。論才有不如。折腰終不補。可但曳長裾。

直閣張先生大亨

張大亨字嘉父。吴興人。官直秘閣。著春秋通論訓十六卷。其自序言。少聞春秋于趙郡和仲先生。和仲卽東坡也。直齋書録解題。

春秋通訓自序

少聞春秋于趙郡和仲□□。□□□□[一]言作例宗。論□[二]例之大要矣。先生曰。此書自有妙

[一]「□□□□□□」當作「先生某初蓋嘗」。

[二]「□」當作「立」。

用。學者罕能領會。□□□[一]繩約中。乃近法家[二]流。苛[三]細繳繞。竟亦何用。惟邱明識其用。然不肯盡談。微見端兆。使學者自得之。予從事斯語十有餘年。始得其彷彿。通訓之學。所謂去例以求經。略微文而視大體者也。

梓材謹案。蘇雙溪集具載東坡答書。與先生自序合。則直齋以趙郡和仲爲卽東坡是也。四庫全書本永樂大典著録春秋通訓六卷。提要稱其學出于蘇氏。故議論宗旨近之。又著録先生春秋五禮例宗七卷。提要云。考左傳發凡。杜氏謂皆周公禮典。韓起見易象春秋。亦謂周禮在魯。孫泰山作春秋尊王發微。葉石林譏其不深于禮學。故其言多自抵牾。蓋禮與春秋本相表裏。是編以杜氏釋例與經踳駁。□[四]兼不能賅盡。陸淳所集啖趙春秋纂例。亦支離失眞。因取春秋事蹟。分吉凶軍賓嘉五禮。依類别記。各爲總論。義例賅貫。而無諸家拘例之失。直齋稱其詳洽。殆非溢美也。

吏部鮑先生慎由

鮑慎由字欽止。龍泉人。舉進士。累官工部員外郎。以議論不合而去。後知明海二州奉祠。先生嘗從王介甫蘇子瞻遊。爲文汪洋閎肆。詩尤高妙。有文集五十卷。姓譜。

[一]「□□□」當作「多求之」。
[二]「家」下脱「者」。
[三]「苛」當爲「仔」。
[四]「□」衍。

汪浮溪序吏部集曰。本朝自熙寧元豐。士以談經相高。而黜雕蟲篆刻之習。庶幾其復古矣。然學者用意太過。文章之氣日衰。欽止少從王氏學。又嘗見眉山蘇公。故其文汪洋閎肆。粹然一本于經。而筆力豪放。自見于馳騁之間。深入墨客騷人之域。于二者可謂兼之。

通判郭先生用孚

郭用孚字仲先。建安人。事母至孝。熙寧間。調德清簿。遷閩縣令。嘗遊東坡之門。居母喪。廬墓三年。郡守欲以八行薦。力辭。服闋。以朝散郎通判興國軍。姓譜。

何樗叟先生頡

何頡字斯舉。黄岡人。自號樗叟。篤學善屬文。東坡謫居齊安。先生少年。日侍教誨。姓譜。

雲濠謹案。陳后山集有次韻答學者詩。自註云。黄州何郎兄弟。任淵引曾慥詩選云。何頡斯舉嘗從蘇黄問學。

郡貳錢先生世雄

錢世雄字濟明。晉陵人。號冰華。先生年十六七時。其詩已爲名流所稱。比壯。遊東坡之門。東坡稱其探道著書。雲升川增。以是取重于世。亦以是得罪于權要。廢亡終身。其在平江。嘗爲郡貳。邦人思之。久而不忘。其子詡集。其遺文屬龜山爲之序。楊龜山集。

郡王趙先生令時

趙令時字德麟。太祖次子燕王德昭玄孫。元祐中。簽書潁州公事。坐與東坡交通罰金。入黨籍。紹興初。襲封安定郡王。同知行在大宗正事。卒。贈開府儀同三司。宋詩紀事。

侯鯖録

古語云。勤能勝貧。謹能勝禍。蓋言勤力不已則不貧。謹身可以避禍。

附録

嘗爲東坡先生言。當官有三樂。凶歲檢災。每自請行。放散得實。一樂也。聽訟爲人得眞情。二樂也。公家有粟。可賑饑民。三樂也。居家亦有三樂。闔門上下和平。内外一情。一樂也。室有餘財。可濟貧乏。二樂也。客至而飲。略其豐儉。終身欣然。三樂也。東坡笑以爲然。

周益公跋先生書曰。詞翰雖君子餘事。必淵源有自。乃所貴焉。德麟既著録于老坡之門。子禮復順風于德麟之實。而誠父又子禮過庭之佳子弟也。文獻相承。夫豈偶然。推而上之。傳道安可以無宗哉。

知州廖先生正一

廖正一字明略。號竹林居士。安陸人。元豐二年進士。元祐中。召試館職。除秘書省正字。出知常州紹興間。入黨籍。貶監玉山稅。宋詩紀事。

王先生適

王先生遹合傳。

王適字子立。趙郡臨城人也。東坡爲徐州。先生爲州學生。知其賢而有文。喜怒不見。得喪若一。曰。是有類子由。故以其子妻之。與其弟遹子敏。皆從東坡于吴興。學道日進。東南之士稱之。東坡得罪于吴興。親戚故人皆驚散。獨先生兄弟不去。送之出郊曰。死生禍福。天也。公其如天何。返取其家。致之南都。而先生又從子由謫于高安績溪。同其有無。賦詩絃歌。講道著書于席門茅屋之下者五年。未嘗有慍色。東坡與子由有六男子。皆以童子從先生遊。學文有師法。元祐四年。卒于奉高之傳舍。年三十五。文集十五卷。其學長于禮服。子由謂其文朱絃疏越。一唱而三歎者也。東坡後集。

縣令鄭先生僅

鄭僅字彦能。彭門人。嘗從彭門守眉山蘇公游。蘇公稱其良士。始知名。文潞公留守北都。先生爲其户曹掾。潞公奏以爲其法曹掾。公還洛。先生亦去。爲冠氏令。即孔子廟爲學。學成。

率諸生日談經其間。而晁无咎爲之記。雞肋集。

姜先生君弼

姜君弼字唐佐。瓊山人。從東坡學文。東坡贈以詩云。滄海何曾斷地脈。白袍端合破天荒。潁濱亦云。瓊山姜唐佐从吾兄遊。氣和而通。有中州士人之風。姓譜。

縣尉許先生安仁

許安仁字仲山。□□人。少從東坡學詩。有聲稱。晚以累舉授官。政和間。爲順昌尉。甚得士民之譽。姓譜。

杜野翁先生俣父沂。

杜俣字碩甫。成都人。父沂。與東坡友最厚。先生幼從東坡遊。號野翁。年七十餘而卒。姓譜。

慕容雙楠先生暉

慕容暉。陽羨人。父惟良領州刺史。因家焉。先生好吟。不務進取。所居有雙楠軒。聳如蓋。嘗從蘇文忠遊。目爲雙楠居士。姓譜。

朝請邱先生崇

邱崇。晉江人。工詩文。尤精天文象數。嘗侍父官惠州。時東坡謫惠。先生從之遊。李漢老邴亦與唱和。有遺稿六帙。福建通志。

梓材謹案。萬姓統譜載先生云。字次姚。身長七尺。美鬚髯。學優行立。規員矩方。登元符進士。官至朝請郎。

江季慕先生端禮詳見安定學案。

承奉王歸叟先生直方

王直方字立之。城南人。少知自好。樂從諸丈人行遊。無他嗜好。惟晝夜讀書。手自傳録。凡未編數千。嘗以假承奉郎監懷州酒稅。尋易冀州糴官。亦僅累月。投劾歸待而不復出。凡十餘年。處城隅一小園中。而笑傲自適如一日。命其園中之堂曰賦歸。亭曰頓有。亦足以見其志云。彭城陳無己卒于京師。先生賻弔。而割田十頃以周其孤。大觀三年卒。先生病卧久。景迂歸自關中。過其門。則曰。我有所作詩文。他日无咎序之。死則以道銘我。晁景迂集。

雲濠謹案。后山詩註云。王立之自號歸叟。有園亭在汴京城南。嘗從蘇黄諸公遊。

周先生與可

周與可字從之。海陵人。問嵩山晁説之求易其字曰。我于兹未安也。曰。子未安子夏之論交乎。噫。子夏之論交。當時見隘于子張。今日爲東坡先生玉石之。亦不幸歟。東坡先生于子夏。取其與不取其拒。惟子張之是。不知不能者受我之矜焉則内愧。而去者不少矣。其拒斯人也亦不淺矣。敢字子曰景夏。復古也。晁景迂集。

杜先生興

杜興字子師。盱眙人。從學于眉山先生。眉山名而字之。又從晁補之求識其説。雞肋集。

忠惠翟先生汝文別見廬陵學案補遺。

朱先生載上

朱載上。□□人。新仲翌之父也。嘗從東坡山谷遊。新仲承其家學。而才力又頗富健。故所著作有元祐遺風。四庫書目提要。

太保王初寮安中詳見荆公新學略。

庶官李跨鼇新

李新字元應。仙井監人。早登進士第。劉涇嘗薦于蘇子瞻。令賦墨竹。口占一絶。立就。生元祐末。上書奪官。謫置遂州。流落終身。有跨鼇集五十卷。跨鼇。仙井山名也。郡齋讀書志。

梓材謹案。跨鼇早頌東坡。晚頌蔡京。雖在黨籍。究歸反覆。蓋有玷于蘇門者。四庫書目提要論之詳矣。

崔道士閑

崔閑。號玉澗道人。東坡門下士也。東坡謫南海。自廬山遇之。命酒獻酬。淋漓之餘墮案上。自然成根柢輪囷之狀。取筆墨絪緼之。偃然海上之榕也。復作海榕二字于其下。蕭散不飾。實與畫稱云。晁景迂集。

葛先生延之

葛延之。江陰人。元符間。自鄉縣不遠萬里。省蘇公于儋耳。公留之一月。請作文之法。誨之曰。儋州雖數百家之聚。而州人之所須。取之市而足。然不可徒得也。必有一物以攝之。然後爲己用。所謂一物者。錢也。作文亦然。天下之事。散在經子史中。不可徒使。必得一物以攝之。然後爲己用。所謂一物者。意是也。不得錢不可以取物。不得意不可以用事。此作文之要也。先生拜其言而書諸紳。容齋隨筆。

晁氏講友

主簿單先生拯附門人聶循矩。

單拯字濟甫。下邳人。結髮游學。嶄然兄弟間。年五十始中進士第。調文登膠水二主簿。復調單父。未至卒。晁无咎未冠游下邳。學問相好。里人隴干令聶循矩嘗從之學而狀其行。雞肋集。

李氏講友

監獄馬先生友直

馬友直字伯忠。崑山人。兄弟六人皆力田。先生獨以儒業自奮。入太學。元符二年。薦春官。

與李鷹遊。鷹賢其人。以兄子妻之。宣和水災。兄弟皆狼狽營妻子。先生獨迎親僦屋以居。躬治菽水。母子晏如。後以累舉主武康簿監南嶽廟卒。姑蘇志。

潁濱家學

監丞蘇先生籀

蘇籀字仲滋。眉州人。文定公轍之孫遲之子也。南渡後。居婺州。官至監丞。年十餘歲時。侍文定于潁昌。首尾九載。未嘗去側。因録其所聞。以示子孫。爲欒城遺言。其精言奥義。多足以啓發來學。四庫書目提要。

雲濠謹案。四庫提要有雙溪集十五卷。亦仲滋所撰。謂其有集傳世。爲能不墮其家風。獨是東坡兄弟之爲偉人。不僅以文章爲重。其立身本末俱不愧古賢。此集乃有上秦檜二書。及庚申年擬上宰相書。皆極言和金之利。不免迎合干進之心云。

蘇仲滋説

昔仲尼于詩書易禮樂春秋。惟舉要發端。不詳其言。非不能詳也。以爲詳之則隘。故略之。使仁智者自求而得。

龍圖蘇先生簡

蘇簡字伯業。其先眉山人。父遲知婺州。留家焉。先生以祖蔭承務郎。累官直秘閣。帥廣東措置海鹽有方。直徽猷閣。遷龍圖閣直學士。卒。所著有山堂集。金華府志。

梓村謹案。先生子謂。累官江東提刑。有拙齋集。見金華徵獻略。

蘇先生筠

蘇筠。文定孫籀簡之弟也。大觀丁亥。文定閒居潁川。爲之講論語。其自序曰。子瞻之説。意有所未安。時爲籀等言之。凡二十七章。謂之論語拾遺。蘇欒城集。

仲滋學侶

推官史先生堯輔附師劉㚟。

史堯輔字克甫。丹稜人。狀貌清癯。若不勝衣。而明悟夙成。年十二三。即受春秋于横舟劉子有㚟。同門者百數。已翕然歸重焉。年十有五。與蘇文定諸孫講學于德溪。旁通六藝之文。夜以繼旦。粹㊀諸儒先嘗所傳授。傳㊁以己意。趣詣不凡。開禧三年。以易冠同經生。尋中乙科。對策抗言。調青城簿。至合州推官。卒。魏鶴山集。

梓材謹案。先生著有諸經講義五十卷。經義考云。佚。又案。劉先生㚟。著有横舟尚書講業。亦見經義考。

㊀「粹」當爲「萃」。

㊁「傳」當爲「附」。

潁濱門人

知州晁濟北先生補之

宣德秦太虛先生觀並見東坡門人。

舍人李先生昭玘別見安定學案補遺。

王先生適見上東坡門人。

朝請李北溪先生之儀詳見安定學案。

中奉韓先生駒

韓駒字子若。仙井監人。少有文稱。政和初。以獻頌補假將仕郎。召試舍人院。賜進士出身。除秘書省正字。尋坐爲蘇氏學。謫監華州蒲城縣市易務。知洪州分寧縣。召爲著作郎。校正御前文籍。先生言國家祠事。歲一百十有八。用樂者六十有二。舊撰樂章。辭多牴牾。于是召三館士分撰。親祠明堂。圜壇方澤等樂曲五十餘章。多先生所作。除秘書少監。遷中書舍人。兼修國史。尋權直學士院。制詞簡重。復坐鄉黨曲學。以集賢殿修撰提舉江州太平觀。高宗卽位。知江州。紹興五年。卒于撫州。贈中奉大夫。先生嘗在許下從潁濱學詩。其詩似儲光羲。宋史。

布衣吴先生範

吴範字端翁。休寧人。蘇文定宰績溪時。先生登其門。因文定而見文忠。遂交後山。又見知無爲子楊傑先生。遂得與于元祐文獻之傳。終身布衣。陳定宇集。

退翁家學

博士家先生彬

家彬。退翁子。奉議郎。太學博士。有學行。吕淨德集。

伯固家學

隱君蘇後湖先生庠

蘇庠字養直。丹陽人。丞相頌之族也。卜築廬山。少工詩。東坡見其清江曲。大愛之。嘗爲銘其硯。先生氣節俊逸。不慕榮利。徐師川俯薦之朝。特召不至。命守臣以禮津遣。又固辭。後徙太湖馬迹山。廬山志。

梓杜謹案。湖南通志載先生云。初以病目號眚翁。後徙居丹陽之後湖。更號後湖病民。卒年八十餘。

褚氏門人

同知周先生伯禄

周伯禄字天錫。眞定人。師事玄眞先生。大定初。第進士。仕至同知沁南軍節度使事。中州集。

伯時家學

朝奉李先生琥

李琥字西美。廬江人。元祐名士伯時之孫也。幼傳家學。宣和七年。父致仕。補將仕郎。紹興初。辟新喻尉。再爲昭信軍僉判。轉右朝奉郎。終更通判邵州。未幾。以風痺求主管台州崇道觀。歸治書室。營小圃。日引孫曾燕適其中。自號知足老人。卒年七十七。先生性孝友。兵火中。負母骸南渡。愛二弟珪琮。未嘗相捨。教育其子女。爲畢婚姻。周益公集。

吕氏家學

吕先生緣嗣

吕緣嗣。成都人。元祐名臣陶第三子。坐黨人子不達。終右通直郎。氏族譜。

吕氏門人

張安素先生厚附師汪輔之。

張厚字處道。其先胙城人。徙新鄭。至先生遂爲邑之甲族。先生幼嗜學。纖條悉理。各謹家法。不詭經苟異同。其所積者。忠信篤實。言行必顧。未嘗失辭色于人。慷慨辨論。嘗自申而不可屈。寧失于介。不失于同。少爲辭賦甚力。性喜談國朝故事。平生無他嗜好。而藏書將萬卷。

又蓄金石刻亦富。至于三代尊彝鼎鬲之屬。則深藏不出户牖。曰。烏能弋人之顔色。而博其嬉笑哉。其讀黄帝書如孔氏書之勤也。雖老㈠不窺。于梵釋書則不一經目。曰。外吾周孔。寧有道耶。年八十有四卒。年七八歲時。父中奉在延安龐莊敏幕府。莊敏見先生。識其他日有立。治平間。侍行北京。則從吕陶汪輔之學。以文藝見韓忠獻。復爲忠獻所賞。有詩及雜著二十卷。常自號安常子。安素居士。晁景迂集。

梓材謹案。滎陽學案附録云。監税時。汪輔之居陳留。恃才傲物。獨重公。汪蓋瑕瑜不掩者也。

文氏門人

張先生擇交父温。

陳先生□合傳。

張擇交。梓州人。父温字希澤。文與可誌其墓。稱爲篤行君子云。希澤少喜儒術。性明悟。内行孝謹。慶曆中。一見余于稠人中。遂引其友陳顒信臣詣余于邸。退相謂曰。吾輩有子。常患無良師友以磨切之者。今見其人矣。于是二人者各遣其子以從余遊。侍余二十年。日日益恭。文丹淵集。

㈠「老」當爲「無」。

張氏家學

張先生文剛別見荆公新學略補遺。

蘇氏續傳

尚書蘇先生符

蘇符字仲虎。東坡孫。以從事郎改宣教郎。汪學士藻爲之制。有曰。昔賈生明王道。漢録賈嘉之能。魏公進忠□㊀。唐表魏謩之烈。人門兼用。今古所同云。汪浮溪集。

博士蘇先生籍

梓材謹案。先生官博士。亦東坡孫。與尚書符亦稱大小蘇。李方舟誌程使君揆墓云。凡向之以文字往來者。如大蘇尚書公符。小蘇博士公籍。喻駕部汝礪。運副范公瓚。檢詳邵公博。石與使君日處其間。其諸公之羣從子弟執門生弟子禮者多名人。日沓沓説文不離口。而所得于淵源有自者未論。其人文可知也。又誌范元功墓云。方元功西歸。石亦□㊁成都。時蘇子籍。程子揆可。王子灼。譚子拂雲與石厓從多。後人日少文字往來。可見蘇派文學之盛。

㊀「□」當作「規」。
㊁「□」當作「客」。

仲虎學侶

駕部俞先生汝礪

俞汝礪。

運副范先生瓚

范瓚。

檢詳邵先生博別見百源學案補遺。

方舟先緒

朝議李先生嗣宗

李嗣宗。資陽人。方舟之父也。贈朝議大夫。方舟自敘爲詩曰。惟吾之學。世先大夫。大夫之隱。邃于詩書。手鈔經説。如哺小雛。雛飽而嬉。趨師于隅。方舟文集。

雲濠謹案。方舟集又有先君墓誌銘。又誌其弟雲巢子墓云。先大夫手鈔論語孝經。命其兄爲師教之。

方舟師承

張錫道先生子覺附門人支時起。吴德駿。

張子覺。方舟易師也。爲鄉先生。以小學教授。雖童稚勝衣者登其門。皆以著數教授之。方舟年九歲。與支興道吳德駿同遊先生之門。興道名時起。長方舟三歲。孝友温豫。喜愠不見于色。□□㊀諸□㊁曰。汝曹勉而持之以正。學而不成。不□□㊂鄉之善人以卒。方舟文集。

雲濠謹案。方舟自敘云。易則探象教㊃于錫㊄道先生而出㊅。蓋卽先生。集中又有祭張子覺文。

晁氏門人

黄先生汝翼

黄汝翼。金鄉人。舉進士中第。爲雄州防禦推官。知麟遊縣事。嘗從晁无咎遊。雞肋集。

李先生師藺

李師藺。无咎之甥。其遊學也。无咎作勤説以送之。謂其年少而强。文采淵然。其所學又中庸也。故告以無息者自誠其意始。雞肋集。

㊀「□□」當作「病中召」。脱一「□」。
㊁「□」當作「子」。
㊂「□□」當作「失爲」。
㊃「教」當爲「數」。
㊄「錫」當爲「釣」。
㊅「出」下當脱「伊川之門人」。

張先生大方

張大方。金鄉人。無逸孫。從濟北遊。雞肋集。

秦氏家學

宣教秦先生湛

秦湛字處度。少游子。亦以文名。仕爲宣教郎。嘗註呂好問回天録。揚州府志。

隱君秦先生庚別見北山四先生學案補遺。

張氏門人

知州常先生同詳見范吕諸儒學案。

縣丞吴先生怡

吴怡字熙老。□□人。好學樂善。敏于爲吏。嘗主簿于蘄之羅田。部使者才之。使尉黄岡。張文潛方坐事屏居。而先生獨喜從文潛遊。又遷蘄水丞。文潛作序以送之。柯山集。

員外周竹坡先生紫芝別見高平學案補遺。

法曹楊先生克

楊克字道孚。文潛之甥。少有才思。爲舅所知。元符初。吕滎陽謫居歷陽。先生爲州法曹掾。

嘗從出遊。以職事遽歸。遺滎陽詩曰。雨綠霜紅郭外田。山濃水澹欲寒天。參禪抱病陪清賞。一檄呼歸亦可憐。紫微詩話。

定國門人

朝奉劉學易先生跂詳見泰山學案。

趙氏門人

學士施先生宜生

施宜生字明望。浦城人。宋宣和末。爲潁州教官。仕齊仕金。官至翰林學士。自號三住老人。有集行于世。初在潁州。日從趙德麟游。頗得蘇門沾丐云。中州集。

施氏遺文

嗚呼。吾先聖之道何近也。中庸而已。所謂天命之謂性。率性之謂道。修道之謂教是也。豈老與佛之道哉。公孫丑問孟子乃曰。道則高矣。美矣。若登天然。似不可幾及。是不知堯舜禹湯文武周孔之所以爲聖人者。皆不外乎中道也。雖然。行之者其效見于當時。至今數千載。仰望以爲不可及。傳之者則自仲尼。其說教豈在高堂大廈。黼黻偶人。以驚天下。與浮屠氏較優劣哉。故曰。其君用之則安富尊榮。其子弟從之則孝弟忠信。愚夫愚婦皆可知而可行者。非有損肌膚飼虎狼之爲難能也。使天下之人皆知孝弟忠信。則太平可坐而致矣。儒者末流。乃多聞强記以爲學。刑名度數以求治。蓋未明其本也。遂曰。孔子之道不可行于後世。悲夫。漁陽重修宣聖廟碑。

王氏門人

員外蘇先生邁

丞務蘇先生迨

丞務蘇先生過並詳東坡家學。

直閣蘇先生遲

蘇先生适

蘇先生遜並詳穎濱家學。

朱氏家學

秘監朱□(一)山先生翌別見景迂學案補遺。

(一) 「□」當作「灊」。

東坡私淑

朝請李先生端方附兄相之。

李端方字靖之。武進人。大觀三年。試上舍。賜出身。主沭陽縣簿。調平江府司士曹事。紹興元年。通判温州。八年。除知韶州。尋請宫祠。主管台州崇道觀。積至左朝請大夫。卒年六十九。孫仲益誌其墓云。元符末。予始著籍鄉校。識靖之。與其兄宗學博士相之爲同舍生。是時方尊王氏之經字説之學。靖之兄弟魁壘豪健有氣節。强記洽聞。不沾沾舉子業。間出東坡先生詩文。爲予讀之。音節驪亮。一洗先儒箋注蟲魚之陋。遇告則出。從所厚善抵掌劇談。縱酒博弈。歡呼竟日而後已。眞天下之奇男子也。鴻慶居士集。

尚書劉檆溪先生才邵

劉才邵字美中。廬陵人。宣和二年。中宏詞科。遷司農寺丞校書郎。以親老歸侍。居閑十年。御史中丞廖剛薦之。召見。遷秘書丞。歷吏部員外郎。典右選事。未幾。爲中書舍人兼權直學士院。帝稱其能文。時宰忌之。出知漳州。卽城東開渠十有四。爲牐與斗門以瀦匯決。溉田數千畝。民甚德之。召拜工部侍郎兼直學士院。尋權吏部尚書。以疾請祠。先生氣和貌恭。方權臣用事之時。雍容遜避。以保名節。所著有檆溪居士集行世。宋史。

梓材謹案。楊誠齋爲楙溪集後序云。古今文□□□㊀。我宋集大成。在仁宗時則有若六一先生主斯文之夏盟。在神宗時則有若東坡先生傳六一之大宗。在哲宗時則有若山谷先生續國風雅頌之絕絃。中更羣小。崇姦絀正。目爲僻學。禁而錮之。惟我廬陵有瀘溪之王。楙溪之劉。兩先生身作金城。以郛此道。自王公游太學。劉公繼至。獨犯大禁。挾六一坡谷之書以入。晝則庋藏。夜則繙閱。又云。予生十有七年。始得進拜瀘溪而師焉。而問焉。其所以告予者。太學犯禁之說也。後十年。又得進拜楙溪而師焉。而問焉。其所以告予者。亦太學犯禁之說也。

縣令劉清純先生安世

劉安世字平叔。安福人。舉進士。嘗知雩都縣。有郡官諷以獻羨餘者。先生曰。士瘠賦重。安得有羨餘。遂不仕。歸而設教。遠近願受業者踵至。楊誠齋萬里從而師之。先生没。誠齋爲制服。及葬。門人私謚清純先生。姓譜。

梓材謹案。楊誠齋狀先生行實云。字世臣。先生之兄曰安鎮。字鎮臣。有文名。以貢士客死京師。先生時尚少。盡得兄之學。諸老先生見者曰。是不可量。是爲劉鎮臣之弟。以朝奉郎致仕。年六十八。先生平昔排佛老不遺餘力。嘗曰。士大夫而談此。乃吾夫子之叛卒也。先生之未仕也。士之來學者數百千人。先生有文集二十卷。論語尚書解二十卷。先生之學。不爲空言。其原委自賈誼陸贄蘇明允父子之外。不論也。故其文與其人皆有焉。丞相魏國張公謫居于永。每稱重曰。實學之士。又有言。從先生最久云。王瀘溪志其墓。又案。江西通志。先生之學。以明道通經爲主。

副使蕭先生之敏

㊀「□□□」當作「章至」。衍一「□」。

待制蔣先生璨並見廬陵學案補遺。

文定汪玉山先生應辰詳玉山學案。

史先生堯弼別見南軒學案補遺。

司諫施先生元之

施元之字德初。長興人。以文章著聲。試館職。除起居舍人。遷左司諫。注東坡詩四十卷。長興縣志。

梓材謹案。阮亭居易録載。施注蘇文忠公詩集四十二卷。宋司諫吴興施元之德初與吴郡顧禧景繁同撰。又云。元之子宿增補。見陸渭南集。

韓氏門人

隱君曾艇齋先生季貍詳見紫微學案。

潁濱私淑

通守劉先生獬附師劉朔。

劉獬字去邪。泰和人。方髫鬌時。已穎脱其羣。五世兄朔講學鄉校。先生從之游。淵源演迤。日大以肆。中建炎三年進士第。授左迪功郎。徽州司法参軍。累遷至左承議郎。通守德慶軍府。

需次于鄉。未幾。以病卒。初涖上高鄉校。抏敝先生喟曰。吾所至邑。未嘗不脩學宫。□稀陽尤竭力。十倍他邑。故事無不集。今其可不勉。學有蘇黄門子由記。歲久斷缺。訪墨本摹刻之。且識重修始末于碑陰。工既訖。躬率吏及生徒行釋奠禮。耆老至歎息。其子弟皆興于學。胡澹庵集。

李迂齋先生樗詳見紫微學案。

文簡程先生大昌別見泰山學案補遺。

養直門人

州倅陳先生慕別見陳鄒諸儒學案補遺。

秘閣陳先生從古別見紫微學案補遺。

老泉續傳

賢良程先生俊

程俊。眉州布衣。楊誠齋薦以應賢良方正科。秦狀稱其經明行修。通達國體。其探索王霸。有仲舒師友淵源之淳。其議論古今。得蘇洵父子治亂之學。淳熙十三年間。嘗游都下。有所著帝王君臣論。及時務利害策。凡五十篇。皆造于義理。切于事機。非腐儒文士之空言。朝士爭傳。爲之紙貴云。楊誠齋集。

周氏家學

員外周先生昂

周昂字德卿。眞定人。同知伯禄之子。年二十一梓材案。金史作二十四。擢第。釋褐南和簿。有異政。遷良鄉令。入拜監察御史。路宣叔以言事被斥。先生送以詩。坐謗訕。停銓。久之。起爲龍州都軍。以邊功得復召超三司判官。大安軍興。權行六部員外郎。先生傳其甥王從之文法。初有常山集。屏山故人外傳云。德卿以孝友聞。又喜名節。藹然仁義人也。學術醇正。文筆高雅。以杜子美韓退之爲法。諸儒皆師尊之。既歷臺省。爲人所擠。竟坐詩得罪。謫東海上十數年。始入翰林。言事愈切。出佐三司。非所好。從宗室承裕軍。承裕失利。跳走上谷。衆欲逕歸。德卿獨不可。城陷。與其從子嗣明同死于難。中州集。

司户家學

補庶官任先生盡言

附録

張魏公作都督。欲聘之入幕。元受力辭曰。盡言方養親。使得一神丹。可以長年。必持以遺老母。不以獻公。況能捨母而與公軍事耶。魏公太息而許之。老學庵筆記。

仲虎門人

運判李方舟先生石

李石字知幾。資陽人。好學。能屬文。少從蘇尚書符遊。舉進士高第。紹興末。以薦任太學博士。黜成都學官。乾道中。再入爲郎。後歷知合州黎州眉州。皆以論罷。終于成都運判官。資州志。

梓材謹案。先生著有方舟易學二卷。四庫書目提要云。是書專論互體。每卦標兩互卦之名。而以爻詞證之。又言。此書專闢王弼之學。其上卷詳言互體之義。下卷曰象統。曰明閏。象統但存一序。其說未竟。明閏以六十四卦分月。以明置閏之法也。又左氏君子例一卷。詩如例一卷。詩補遺一卷。提要云。于經義悉無大裨益。特當南北宋間。正說春秋者掊擊三傳之時。而李氏獨篤志古學。爲足尚耳。又方舟集二十四卷。提要云。考鄧椿畫繼稱其出主石室。就學者如雲。閩越之士。萬里而來。刻石題諸生名幾千人。蜀學之盛。古今鮮儷。又言。先生亦學問氣節之士。其文字淵源出于蘇氏。故所作以閎肆見長云。

雲濠謹案。先生爲馮主簿墓誌云。己卯冬。石以太學博士罷。宰相憐其無罪。俾典成都教。且寓聲曰。此少司樂也。到官。喻以朝廷養育意。示以成均舊規。生徒負笈到千人以上。是卽鄧氏所稱者。自述亦云。除成都學官。左右至千二百員。

方舟易論

易六十四卦。而言刑獄者凡六卦。皆易之生德所寓。天地資其生。聖人權其生。其爲刑獄之詞。概之曰。不殺之殺。生中之殺也。繫辭曰。生生之謂易者。生天地之生。生聖人之生。其生之大者乎。中孚則議而致信。旅則審而不留。豐則折之欲其不明。解則宥之欲其無過。賁則明其政而已。于獄有所不敢者。不以刑飾政。故曰。六卦者。易之生德也。惟噬嗑一卦。著之繇詞何也。以明飲食所自。除去口吻之間。爭不至訟。衆不至師。則周仁之始基也。刑獄論。

人之生死。司命于天。而統氣于易。自伏羲畫卦八。而索之而有三墳。先儒謂。人之始生。騰光于天者。爲連山之艮。艮爲小石。隕石則爲星氣。此則精氣爲物也。文王因八索而重之爲六爻。上下卦虧盈。猶月之有魄魂。卽魄之化化分上下弦。此則游魂爲變也。是二聖人者。皆知易變化。託鬼神以妙其道。以詔天下後世。不曰鬼神。而曰卜筮者。寓其妙于蓍龜也。故孔子首于乾大人之釋曰。與天地合其德。與鬼神合其吉凶。是以易之蓍龜。知人之爲鬼神也。鬼神論。

雲龍者。水木之像也。風虎者。木金之像也。乾以純陽之卦。而有龍虎風雲之像。以二五君臣相應。精神變化。陰陽奇耦之用也。以二爲陽中之偶。以五爲陰中之奇。乘初承三則成離。乘四承六則爲坎。水火之會。則二五中氣混然。冥乎五行之像。此雲從龍。風從虎。所以具于乾之六畫矣。以乾比坤。取象猶是也。坤六畫皆陰。而有取于馬之牝者。馬。大畜也。上六取龍之戰者。龍。陽類也。以天地之雜曰龍戰。陰疑于陽也。以乾坤二卦取象爲他卦之例。皆象之變化因卦爻而寓其像。鱗介飛走。蝡蠕肖翹。有目有趾者。無不具此乾坤卦例也。龍虎論。

繇言利涉大川者。曰需。曰蠱。曰大畜。曰同人。曰益。曰復。曰中孚。繇言不可涉大川者。

特訟之一卦耳。爻言利涉大川者二。曰頤之上九。曰未濟六三。用涉大川者一。曰謙之初六。不可涉大川者。特頤五耳。曰繇辭。曰爻辭。初若以象爲主。乃不在于坎之水。不在于舟楫之用。不在于重坎之險。一卦一爻。各有定象。以寓其利與不利。似各有意。惟君子所以用之何如耳。利涉論。

繇之言大人者。主一卦之義。爻之言大人者。主一爻之義。其爲大人則均。其所以定象立言。因言制法。則有間矣。乾者卦之首。二五者爻之尊。以乾統天則爲天之大人。以二五爲君臣之大人。以此調一天下。亭毒萬物。措諸事業。而關諸百世。皆大人職也。積此以臨涖于有作者。大人之聖也。積此而鼓舞于不測者。大人之神也。凡易所謂天之陰陽。人之性命。以探賾索隱。極深研幾者。大人聖神之運。則總之曰易道之變化也。大人論。

卦之有世。必自其父母者始。父乾而索震坎艮。子之從父也。母坤而索巽離兑。子之從母也。要之不出八索。八之數。三墳同實異名。雖吾夫子有取焉。而説者以爲專出劉牧。似未通也。世數論。

易之有日月也。由陰陽之分也。六陰六陽以定一歲。而各職其分。陰與陽類。以肇成歲功。一卦職六日。六十四卦凡三百六十四爻。因以歷日月之度。以測其度之所底。剛柔消長吉凶禍福之變。故曰。易之有日月者。陰陽之分也。且始子終巳。六陽也。始午終亥。六陰也。此一歲十二月。以立日月之經。而以六日一卦者爲之緯。或計之卦。或計之爻。此日月歲之次敘也。歲月論。

易之爲書也。文王初爲爻繇之詞。吾夫子益以大象。統一卦意。而爲之辭曰。君子者。謂天下後世君子。公稱之也。凡有三説焉。一曰行道之君子。二曰脩身之君子。三曰治世之君子。而易之見于用者盡矣。伏羲三畫。索而八之。文王六十四。因而重之。孔子十翼。繫而翼之。包六極。統三才。以倡其學于後。凡易之道。率本三聖。爲五經所祖。此行道之君子也。窮于性命。達于死生。洗心德業。研極幾微。咸恒以息其謬用之心。損益以擇其可爲之事。六氣以調節。四序以消息。出處語默。無一不在。此修身之君子也。五常所紀。三王所尚。文質不同。剛柔各異。禮樂法度。律曆法象。治亂之術。安危之符。愈取愈有。受命如響。此治世之君子也。三君子者。天下後世之君子。其施于易甚公。所以行道。所以修身。所以治世。則有別矣。吾夫子因以統一卦之體。先總其數。命之曰大象者。六十四卦而君子用易之目特五十三。而爻之所謂君子凡十爻。八卦無預焉者。蓋一卦以總其體。一爻以散其用。不可一概。莫不皆有敘也。君子論。

孔安國之疏子思説曰。天命之謂性。率性之謂道。修道之謂教云。天人自然。氣質無礙。沖融會通。無或間斷。其趣一也。天以陰陽爲道命。人以爲性。性卽道之出于天者未遠矣。天以五行分四時。而寓其鼓舞不測之神。囚旺乘除。其來無端。其去無迹也。木之神生仁。火之神生禮。金之神生義。水之神生智。故率道爲教。此合四德以統乾。合四端以統信。易之中。與中庸之中。皆其自然。非勉强矯揉之也。四德論。

時者。天之時也。天可爲時。人不可爲時。人爲天地之先後而奉時周旋者。斯可矣。且有治有亂。有安有危。小則一身。大而天下。所遭之時有不同者。豈人爲哉。天之時也。唯君子能御其時。以探天之機。因時移易者。易之不常也。所謂義者。宜也。無適不宜也。用者。通也。無適不通也。義而權其宜。用而求其通。一以適時爲正。猶曰天之四時也。春而生之。夏而長之。秋而收之。冬而藏之。因卦取時。以隨易變化者。則繫之人矣。故君子之于易也。時先之。義次之。用又次之。乾曰。時乘六龍以御天者。一唯其時而已。時義論。

易互體例自序

易者。以天地五行而生數。由數而生卦。因三而成六。正悔内外。以數通于天地五行。而八卦相資爲用。以三而五。而五行互體。以六而八。而八卦互體。若非互體。則易之變化。内外上下不相應。數有所窮。數窮則生成之理或幾乎熄矣。易之有互體。出漢人二鄭。學易者以互體出劉牧。非也。因取説卦占象與卦爻相通者爲互體。以應天地五行之數。作互體例。

附録

築書臺。作方屋爲方舟。曰方舟子者。石隱名也。

自試院論罷。執政導意欲留官近州。答以虎死不卧。負琴書徑登舟還蜀。太學之士數百扶送。爭曰。陽城去國矣。

學以易春秋爲本。蓋嘗總之曰。易者。春秋之天。春秋者。易之人。天人合統。而皇極立矣。至于詩者。春秋之世。書者。春秋之事。二禮者。春秋之制。實則原于一也。

或問二經之學。曰。以易而讀春秋。則嚴而理。以春秋而讀易。則潔而通。問師。曰。心。以上自敘。

先生在太學時。適右學生芝草。學官稱賀。先生獨以爲兵兆。由是坐斥。趙雄。其鄉人。驟貴。先生不與通書。及先生罷官。值雄秉政。遂不復起。建炎以來朝野雜記。

方舟講友

知州程先生揆大父沂。

程揆字端卿。世家眉之武陽。大父沂。熙寧間。經學教授犍爲。因爲犍爲人。宣和初。以博士宋齊愈挈之入太學。補中舍。未幾。以春秋科登建炎二年進士第。任彭州司户參軍。試中教官潼川府教授。累知昌州資州。致其事以卒。年六十一。其爲政。一切以推行所學爲本。崇大體。略細故。愛民惜物爲務。所至有能稱。文集五十卷。通鑑發揮十卷。春秋外傳十卷。尚書外傳五卷。史評三卷。雜誌三卷。佛心印三卷。李方舟嘗與文字往來。評其文凡三。云。始以經術。中以議論。終以敘述。經述之文淵而旨。議論之文陳而肆。敘述之文理而盡。方舟文集。

文學趙廣眞先生㮶年附子恕。

趙㮶年字難老。一字子壽。蒙陽人。以詞賦爲鄉貢選。尤長于春秋。其説破凡例傳注。以尊聖人之經。嘗曰。優柔饜飫。用心如是足矣。補忠州文學以卒。李方舟與爲文字之友。自號廣眞野人。家藏千卷書。自丹鉛鉤提。至老不衰。子恕。以春秋世傳其學。方舟文集。

正字劉先生望之

劉望之字夷叔。許州人。與方舟善。官至正字。方舟文集。

舍人趙先生莊叔

趙莊叔。方舟之友也。官中書舍人。卒。方舟爲文祭之云。與尊府公同壻何氏。我則于公輩行道義五年之長情好兄弟。又云。元祐絶派。炳然蜀文。誰其有㊀之。用以得君。所施幾何。負志莫伸。方舟文集。

王先生九成附師黄源。

王九成字夷仲。世變流人。誠厚樂善。劉夷叔過二江。館于其家。如素所熟。李方舟官成都。挾夷叔之知以至。自言從臨邛黄源學。讀易久之。幸以劉子故得印證。可乎。方舟文集。

孝廉錢先生造父

錢造父。資州人。號孝廉先生。鄉人私先生。故以名孝廉因舉也。李璆制置四川。以先生應選。先生憮然曰。孝者不違親以徇禄。廉者不輕生以貪糈。使吾蒙其名而敗其實。可乎。識者高

㊀「有」當爲「嗣」。

之。年六十二以卒。有文集四十卷。許州劉望之與先生交遊。其舉孝廉之詞曰。孝友之行。著見頗多。狷潔之志。一毫不苟云。方舟文集。

樧溪門人

文節楊誠齋先生萬里詳見趙張諸儒學案。

清純門人

文節楊誠齋先生萬里詳見趙張諸儒學案。

隱君劉西溪先生承弼

劉承弼字彥純。安福人。嘗再與計偕報聞。則歸隱于安福之西溪。謝艮齋嘗倡郡士百千人列其孝行節義于朝。詔旌門閭。有和陶詩。誠齋序之。楊誠齋集。

李似剡先生燧

李燧字與賢。安福人。紹興丁卯。與誠齋同學于清純先生之門。晚嘗特奏名。不就。所著曰似剡正論。蓋其所居似剡溪。故自號似剡老人云。楊誠齋集。

劉先生景明

劉景明。□□人。亦安成劉先生之門弟子也。楊誠齋與之定交。其游長沙也。誠齋序以送之。

其序云。拜雩都爲師。而友於劉子彥純。彥純卽西溪。楊誠齋集。

施氏家學

施先生宿

施宿字武子。長興人。知餘姚縣。以興廢舉墜。加意風教。市田置書。教誨學者。姚北瀕海。歲役民修隄。民甚苦之。先生爲石堤。建莊田二千畝。以備修隄之役。功與前令謝景初同稱。姓譜。

梓材謹案。阮亭居易録載。先生紹興間爲左司諫。又爲淮東倉曹。言路與有嫌。欲劾之。無以爲罪。嘗以其父所注坡詩鋟板。倉司因摭此事。坐以贓私云。見西吳里語。第以爲爲左司諫。恐因其父而誤。阮亭又云。坡在湖爲小人所譖。興詩案之獄。至高宗朝。正蘇黄詩文大顯之日。而小人猶能爲祟如此。又在湖州。尤奇。又云。武子又嘗參諸家本。訂以石鼓籀文。刻于淮東倉司。辨證詳備。見宋章樵石鼓文釋。吹景集引之。以爲奧衍奇博。可與鄭漁仲爭衡。亦一博雅好古君子也。

東坡續傳

程先生洵

程洵。

潁濱續傳

少卿錢白石先生文子詳見徐陳諸儒學案

德卿家學

周敏翁先生嗣明詳見屏山鳴道集説略。

德卿門人

學士王滹南先生若虚附師劉正甫。

王若虚字從之。稾城人。承安三年經義進士。少日師其舅周德卿及劉正甫。得其論議爲多。博學强記。誦古詩至萬餘首。他文稱是。善持論。李屏山杯酒閒談。辨鋒起時。人莫能抗。先生能以三數語窒之。使噤不得語。其爲名流所推服類此。釋褐鄜州録事。歷門山令。入翰林。自應奉轉直學士。居冷局十五年。崔立之變。羣小獻諂。爲立起功德碑。以都堂命召先生。先生外若遜辭。而實欲以死守之。時議稱焉。北渡後。居鄉里。卒年七十。自先生没。經學史學文章人物公論遂絶。中州集。

梓材謹案。先生自號慵夫。著有慵夫集。又有滹南遺老集四十五卷。四庫全書提要云。此本凡五經辨惑二卷。論語辨惑五卷。孟子辨惑一卷。史記辨惑十一卷。諸史辨惑二卷。新唐書辨三卷。君事實辨二卷。臣事實辨三卷。議論辨惑一卷。著述辨惑一卷。雜辨一卷。謬誤雜辨一卷。文辨四卷。詩話三卷。雜文詩五卷。與四十五卷之數合。

滹南遺老集

三老五更。蔡邕謂更當爲叟。蓋長老之稱。與更相似。書者遂誤爲更耳。嫂字女傍叟。今亦爲更。以是知應爲叟。又以三爲三人。五爲五人。此最近乎人情。

或問。禮謂三宥制刑之説何如。曰。先王之法。亦求其實而已。哀矜審愼則有之。至于當罪無疑。而必三宥焉。以爲有司當執法。而人主貴收恩。此後世之虛文。而非先王之正道也。成王命君陳曰。予曰辟。爾惟勿辟。予曰宥。爾惟勿宥。惟厥中。斯則得其正道矣。

孔子誅少正卯事。誰所傳乎。其始見于荀卿之書。而吕氏春秋劉向説苑家語史記皆取而載之。作王制者。亦依放其意者。著爲必殺之令。後世遂信以爲聖之大節而不復疑。以予觀之。殆妄焉耳。荀卿又曰。有父子訟者。孔子同狴。執之三月不别。其父請止。孔子舍之。季孫不説。孔子爲言教化不至。不當罪民之意。幾三百語。永嘉葉氏曰。少正卯之誅。果于察姦。非先王之正刑。不治父子訟。以待其心之自回。所謂正刑也。竊亦以爲不然。蓋論語不教而殺者。謂其先務之不知。而專事其末耳。非以刑爲可廢也。哀矜而勿喜者。恐其以察慧爲能。而幸于殺人耳。非謂遂不治其罪也。荀卿因此設過正之事。以驚世俗。以爲衆疑于無罪者而遽誅之。疑于必殺者而卒赦之。操縱無常。開闔不測。此孔子所以異于凡人者。而不知聖人正不如是也。

家語載孔子之言曰。婦有七出三不去。七出謂不順父母者。無子者。淫僻者。嫉妬者。惡疾者。多口舌者。竊盗者。三不去謂有所取無所歸也。與共更三年之喪也。先貧賤而後富貴也。後世本之以爲律令。雖犯七出。而有三不去之名者。亦不得出。斯果孔子意乎。曰。非也。惡疾無子。出于不幸。而非其罪。自不當出。若乃失節而淫僻。不孝而違父母。是則罪之大者。雖有不去之名。亦安得存之。至于嫉妬口舌之類。量其輕重而處之可也。又曰。女有五不取。謂逆家子。亂家子。世有刑人子。有惡疾子。喪父長子。此亦非也。君子之娶婦。固有所擇。而此五子者。固在所疑。然不至皆可棄也。今直言而使之勿取。是絶物也。聖無絶物之法。以上五經辨惑。

曾子曰。吾日三省吾身。疏義以爲三次。而晦庵謂所稱三事殊不同。昔有人自言一日之點檢。程氏聞之曰。可哀也哉。其餘時勾當甚事。蓋倣三省之説錯了意。謂君子之學。造次不忘。則不待旋加省也。舊説順于本文。而新説有功于學者。姑兩存之。

學則不固。舊説以固爲蔽。而新説曰。固。堅也。不能敦重。則學亦不能堅。以語法律之。舊説爲長。

子張學干禄。孔子告之以愼言行。東坡曰。子張學干禄。將以自信也。孔子言禄在其中。教之以不求而自至者也。其説甚佳。

子曰。人而不仁如禮何。人而不仁如樂何。晦庵曰。記者序于八佾雍徹之後。疑其爲僭禮樂者發。此殊有理。勝于泛論者矣。

儀封人曰。天將以夫子爲木鐸。達巷黨人曰。大哉孔子。博學而無所成名。二子可謂深知聖人者矣。而記者不著其姓名。殆爲闕典也。

子罕言利一章。説者雖多。皆牽强不通。予謂利者。聖人之所不言。仁者。聖人之所常言。所罕者。唯命耳。然而云爾者。予不解也。姑闕之。

不疾言。不親指。孔子在車時。其端重固如此。而説者以爲。恐惑人。不知此事有何惑人者。若曲禮所謂。登城不指。城上不呼。則有此理矣。

東坡以患得之當爲患不得之。蓋闕文也。余以爲然。

博學而篤志。切問而近思。大勢則兩句相耦。細分則四者各爲用。東坡曰。博學而志不篤。則大而無成。泛問而遠思。則勞而無功。偏枯而不類矣。朱氏不必取。以上論語辨惑。

聖人之言。亦人情而已。是以明白而易知。中庸而可久。學者求之太過。則其論雖美。而要爲失其實。亦何貴乎此哉。夫子之言性與天道。子貢自謂其不得聞。而宋儒皆以爲實聞之。問死問鬼神。夫子不以告子路。而宋儒皆以爲實告之。鄉黨所載。乃聖人言動之常。無意義者多矣。而或謂與春秋相表裏。終篇堯舜禹湯之事寂寥殘缺。殆有闕文。不當强解。而或謂聖學所傳。所以著明二十篇之大旨。若是之類。皆過于深者也。

聖人雖無名利之心。然常就名利以誘人。使之由人欲而識天理。故雖中下之人。皆可企而及。兹其所以爲教之周也。如曰。不患莫己知。求爲可知也。此正就名而使之求實耳。而謝顯道曰。是猶有求知之意。非聖人之至論。子張學干禄。夫子爲言得禄之道。此正就利而使之思義耳。而張九成曰。聖人之門。無爲人謀求利之説。禄之爲義自足而已。甯武子邦無道則愚。夫子以爲不可及。而楊龜山曰。有知愚之名。而非行其所無事。言不可及。則過乎中道矣。蘧伯玉邦無道則卷而懷之。夫子以爲君子。而張南軒曰。此猶有卷懷之意。未及乎潛龍之隱見。果聖人之旨乎。

若是之類。皆過于高者也。

凡人有好必有惡。有喜必有怒。有譽必有毁。聖人亦何以異哉。而學者一以春風和氣期之。凡忿疾譏斥之辭。必周遮護諱而爲之説。子曰。十室之邑。必有忠信如丘者焉。不如丘之好學也。此蓋篤實教人。欲其知所勉耳。而衛瓘以焉字屬下句。意謂聖人不敢以不學待天下也。此正謬戾。而世或喜之。子曰。四十五十而無聞焉。斯亦不足畏也已。年四十而見惡焉。其終也已。人固有晚而改節者。然概觀之。亦可見其終身矣。而蘇東坡皆疑其有爲而言。子貢問當時從政者。夫子比之斗筲而不數。蓋師弟之間商評□㈠語。何害于德。而張九成極論以爲自稱之辭。至于杖叩原壤。呼之爲賊。此其鄙棄。無復可疑。而范純夫猶有因其才而教誨之。若是之類。皆過于厚者也。

以上論語辨惑總論。

仲尼不爲已甚者。蓋每事適中。皆無大過耳。或者見論語疾不仁之言。及孟子論泄柳段干木事。亦有已甚字。遂專以此意解之。失之拘矣。然已甚之事。在他人或有之。非所以論仲尼也。聖人本分之外。無毫末之過。豈至于已甚而得㈡不爲乎。

呂東萊策問進士孟子論孔子集大成之説云。譬之金玉。則智始而聖終。譬之巧力。則聖至而

㈠「□」當作「之」。
㈡「得」當爲「後」。

智中。以智爲尚則害前説。以聖爲尚則害後説。此雖一時科舉之文。實有可疑。學者不得不辨也。以予觀之。當云。智譬則力。聖譬則巧。後説字誤耳。以上孟子辨惑。

正閏之説。吾從司馬公。性命之説。吾從歐陽公。祭祀之説。吾從蘇翰林。封建之説。吾從范太史。餘論雖高。吾弗信之矣。

甚矣。中道之難明也。戰國諸子託之以寓言假説。漢儒飾之以末節繁文。近世之士參之以禪機玄學。而聖賢之實益隱矣。以上議論辨惑。

君子有德政而無異政。史不傳能吏而傳循吏。答張仲傑書。

萬物相刃乎無窮。要不可容。吾意智者困。勇者殘。而至人免于無所累。移刺仲澤虛舟堂銘。

智可以欺王公。而不可以欺豚魚。力可以得天下。而不可以得匹夫匹婦之心。事固有非人之所能强致者。民至愚而神者也。其心有同然之好惡。其口有同然之毁譽。有以服其心。則比閭之徒可使之俛首而聽命。不然。國之得失。長上之是非。皆將喧囂論議于其下。蓋有誘之而不信。劫之而不從者。孰謂其可以强之而使無譽之哉。眞定縣全國公德政碑。

古之君子。其德甚盛。則其心愈謙。其責己也重。其取名也廉。雖有軼羣絶俗之資。而自視欿然常若不足。此其尊而光。卑而不可踰者。善而無伐。所以爲顔氏。聖而不居。所以爲孔子。其與浮躁衒露。急于人知。虛而爲盈。處之不疑者。豈可同日而語哉。祖唐臣愚庵序。

韓愈原道曰。孟軻之死。不得其傳。其論斬然。君子不以爲過。夫聖之道。亘萬世而常存者也。軻死而遂無傳焉。何耶。愚者昧之。邪者蠹之。駁而不純者汨之。而眞儒莫繼。則雖存而幾乎息矣。秦漢以來。日就微滅。治經者局于章句訓詁之末。而立行者陷于功名利欲之私。至其語道。則又例爲荒忽之空談。而不及于世用。髣髴疑似而失其眞。支離汗漫而無所統。其弊可勝言哉。故士有讀書萬卷。辨如懸河。而不免爲陋儒。負絶人之奇節。高世之美名。而毫釐之差。反入于惡者。唯其不合于大公至正之道故也。韓愈固知言矣。然其所論。亦未至于深微之地。則信其果無傳已。自宋儒發揚秘奧。使千古之絶學一朝復續。開其致知格物之端。而力明乎天理人欲之辨。始于至粗。极于至精。皆前人之所未見。然後天下釋然。知所適從。如權衡指南之可信。其有功于吾道豈淺淺哉。道學發源後序。

有虞之時。衆賢和于其朝。而無乖爭之患。垂讓于殳斨。伯夷讓于夔龍。皋陶之不知者以問諸禹。禹所不知者以質諸益。賢于己而不妒。不賢于己而不侮。師于人而不恥。告于人而不吝。志同氣合。不知物我之爲二。蓋其量誠宏。而其德誠厚。此其能共成一代之極治歟。送彭子升之任冀州序。

附録

元遺山表其墓曰。公資稟醇正。且有師承之素。故于事親待昆弟及與朋友交者無不盡。學無不通。而不爲章句所困。頗譏宋儒經學以旁牽遠引爲夸。而史學以探賾幽隱爲功。謂天下自有公是。言破卽足。何必呶呶如是。經解不善張九成。史例不取宋子京。詩不愛黄魯直。著論評之凡數百條。世以劉子玄史通比之。文以歐蘇爲正脈。詩學白樂天。作雖不多。而頗能似之。秉史筆十五年。新進入館。日有記録之課。書吏以呈。宰相必問王學士曾點竄否。

王氏講友

進士程先生良附子鎮。鑄。

程良字子美。世家于鼓。大父滋。父革。遺德不仕。鄉里以孝謹稱。先生篤于力行。明昌末舉進士。崇慶之變。辟地河南。再赴廷試。歸而身閉關居澱水之上。從而受學者甚衆。與魏璠麻九疇王若虛爲道義交。常稱先生。以爲遠之如不可得。近之如不能去。問學淵深。行業純備。粹然一世之師儒。輗固申公未足多也。子二人。鎮字安卿。鑄字伯禄。先生嘗語之曰。鎮。汝執余之巹。幹余之蠱。鑄。汝繼余之志。述余之事。且禮罰醫藥不可忽。禮以閑邪。罰以厲行。醫以攝生。三者修身之要。安卿以先生之故。學不爲仕。而史學淹長。工于詩。伯禄舉進士。才幹通敏。郝陵川集。

監倉高唯庵先生斯誠別見屏山鳴道集説略補遺。

經略劉先生遇

劉遇字鼎臣。眞定人。興定五年。詞賦魁也。少與王從之周晦之遊。兼經義。學有譽。南渡爲國史院書寫。已而擢第。應奉翰林。後出爲鄜州帥府經歷官。遇害。歸潛志。

元受家學

縣令任先生清叟

任清叟。元受子。以寺丞令新昌。楊誠齋爲元受小醜集序云。元受。忠敏之孫。待制象先之子。至清叟。家世不替四世。楊誠齋集。

元受門人

教授徐先生端卿附師章階。

徐端卿字子長。武義人。幼貧。厲志于學。始事鄉人章階。又從任元受盡言率讀書至五夜。嘗曰。士之學道。貴于自得。豈徒以絺章繪句爲事。舉紹興進士。累調教授鎮江。請于長修學舍建貢院。卒年五十四。著有麟經淵源論十篇。漢鑒十篇。覆瓿集二十卷。魏鶴山集。

方舟家學

縣令李先生占附師何之㊀捷。子浩。忻。彝稟。毅稟。畓稟。門人牟灼。

李占字知來。築室資之丹神山。號雲巢子。幼依其兄方舟子修古學。學古文。行古道。學則

㊀「之」當爲「三」。

曰。孔習周。顏孟習孔。以習爲學也。文則典之嚴。雅之正。語如先秦。不陋不華。左氏戰國策以下不問也。道則曰。中庸心傳。皇極大法。帝王作者。無過不及。賢不肖所共由也。二氏比吾道。非不學。特空耳。甫冠。何先生三捷鄉會㈠壻之。往依焉。尋卽返丹神山。大監楊朴上殿薦其學問。被旨記姓名。登紹興二十七年進士第。初筮廣都簿。歷知鄞縣。行東南。以卒于湖州之舟中。自繪像授學徒牟灼權後事。年五十四。文集五十卷。五子。浩。忻。彝稟。毅稟。嵤稟。皆篤學。方舟文集。

李小舟先生開

李開。小名正稟。更名方。字去非。其父爲方舟子。故以小舟自號。以明世學之傳。初授以元祐諸公先天皇極。以推新説爲專門。季父雲巢子教以先秦古書。章句一本聖人之正。絢六經之詞以爲文。尤深大易春秋。淳熙三年。感目疾喪明以卒。年四十六。方舟文集。

方舟門人

司户李枕流先生僑

李僑字德秀。臨邛人。早從方舟先生李石寂通先生宋興遊。諸弟事之如師。仲氏何貢于鄉。

㈠「會」當爲「舍」。

叔氏民彝第進士。先生以索居益得肆力于學。晝誦夕惟。凡十有六年。始擢紹熙進士第。授司户成都。以禄不逮親。願上所得官以爵考妣。朝論謂非故事。不可。光宗御批。其志可嘉。特依所乞。公卿百執事榮其行。歌以送之。宰相爲摘上語名所居堂曰嘉志。郡表其宅里曰節行。先生有别業在白鶴山下。爲小室曰枕流。號枕流居士。詔轉承奉郎。魏鶴山集。

附録

光宗不豫。久闕朝重華宫。先生初釋褐。卽慨然上疏乞致仕。有曰。禄不逮養。乞將所得官資回贈二親。冀以感動上意。朝論偉之。

劉起居誄曰。公之歸。蓋傷夫三綱五常之掃地。而士不盡知其心。

劉東溪先生伯熊

劉伯熊。一作伯龍。方舟門人。爲方舟編易十例略。互體例。象統。左氏卦例。詩如例。左氏君子例。聖語例。詩補遺諸篇。四庫書目提要。

梓材謹案。先生爲後溪先生光祖從父兄所從受學者也。眞西山爲後溪墓誌言。後溪于東溪執弟子禮終其身。存也買宅以居。歿也爲之製服。且取其所作易傳續之。朱子與劉後溪書云。東溪語説。伏讀再三。乃知師友淵源所自。深遠如此。士不通經。果不足用。信矣。如韓子之言也。

范先生仲黼附見二江諸儒學案。

樂先生材

樂材字元修。邛安人。世以儒學授鄉里。先生少穎悟。太學博士李石以文名重許可。紹興壬午。校鄉舉。奇其文。上之類省。報罷。益肆于學。取古今一言一事可爲訓戒者揭寘屋壁云。魏鶴山集。

梓材謹案。方舟集有樂先生墓誌云。先生諱才。字子美。家資州。兄弟二人。號大小樂君。方舟與子夔益同爲蹇氏甥。蓋別一人也。

王先生龔附師宋遠遜。賈敦夫。門人王珉。劉棠。王巖。

王龔一名齊褒。字漢卿。簡州人。冠。從李石授春秋大易。其人專默靜篤。謂可與爲皇王帝霸之學。既而習爲古文。宋遠遜賈敦夫教授簡州。又往從之。卒。貧甚。不能葬。其學徒王珉劉棠王巖與持無服喪。以葳其事。方舟集。

馮復庵先生誠之祖汝舟。附師史楠。李叔獻。

馮誠之字明仲。號復庵。綿州人。祖汝舟。以太學上舍生同陳伯陽上書論時政。請斬六賊。後勸進應天府。庭叱王時雍。一時想望風采。與張忠獻公爲至交。先生同産兄弟皆以儒科奮雄。獨先生屢試不利而著書。從遊者數百人。後仕江油縣尉。未弱冠時。謁李知幾石于成都。學官一見改容。延之學職。嗜周程子書。黎明正衣冠危坐。與諸生共講正義。反覆涵泳。每謂爲學自一念始。一念欲萌。天地鬼神實臨之。故進趨有度。識與不識。望而知爲復庵先生也。師事李知幾。又師史楠。李叔獻。著有復庵讀論語十卷。詩解二十卷。書傳二十卷。易英十卷。詩文五十卷。藏于家。魏鶴山集。

教授句龍先生復成

句龍復成。資陽人。方舟學子。作誠齋。求銘。方舟懼其汰也。爲益一字。曰思誠。其銘曰。以指指空。空本未立。説空向人。信指所及。吾性如空。空中有誠。引性説誠。如指空名。水之方諸。火之陽燧。本諸日月。空斯不匱。爾盍不思。誠厥有因。思以自導。渺乎爾身。馬則思馳。鴻則思射。誰無父兄。貽我一室。聖門幽深。惟天之師。爲弟爲子。淵泉其思。方舟文集。

句龍先生立夫

句龍先生德方合傳。

句龍立夫。資陽人。與弟德方皆從方舟游。方舟集。

句龍先生惠夫

句龍惠夫。牛鞞人。人方舟爲學問文章。方舟集。

鄉舉塗先生森父勉仲。

塗先生柄合傳。

塗森。塗柄。中江人。父勉仲。剛介有守。方舟爲成都學官。歲遣二子修執經禮。二子得于二程大小戴氏。學亦出父之親授。森以治禮。兩預賓薦。柄更從方舟讀春秋。方舟集。

程先生驤

程驤。眉人。方舟守眉。登門。能誦説蘇氏學。無一語預官事。方舟集。

程先生師夔

程師夔。犍爲人。知資州揆之子。執經方舟之門。方舟集。

穆先生璵父深之。

穆璵。世爲彭人。游學方舟之門。其父承奉郎深之。藏書萬卷。博學。喜讀書。好議論性理。提刑馮時行當可。侍讀程敦厚子山。皆其素交。方舟使彭。與之游。日説學吟詩云。方舟集。

蘇先生茂

蘇先生葵合傳。

蘇茂。蘇葵。彭州人。至成都學官。從方舟爲學。方舟集。

鄉舉皇甫先生瓌

皇甫先生壬仲合傳。

皇甫先生壬叔合傳。

皇甫先生仲卿合傳。

皇甫瓌。雙流人。方舟官蜀學。與兄之二子壬仲壬叔皆隸學弟子員。同壬午薦書。人謂一門之秀。子仲卿。亦泮林高第。未娶。卒。方舟文集。

馮先生恕父知微。

馮恕。樂至人。亦方舟泮林生徒也。父知微。喜藏書。至萬卷。四庫之目甚富。有一錢卽惟書之市。曰。有一不惜。露㊀淫吾書。非儒門子也。方舟集。

程氏家學

程先生師夔見上方舟門人。

㊀「露」當爲「蠹」。

劉趙門人

李先生文炳

李文炳。恭州人。嘗從劉正字夷叔趙舍人莊叔游。方舟因二友得交其人。方舟文集。

滹南門人

提刑董先生瀛父思誠。

董瀛字巨源。雲濠案。滋溪集名源兹。從王秋澗先友記改正。稾城人。父思誠。舉進士知名。先生生七年。從親避地居河南之永寧。讀其父書。稍長而有俊才。又多謀略。金將亡。父母俱卒。藁殯永寧之野。未幾。兵興。被俘一大帥帳下。以儒生得存。帥命教其子弟。有間。徑歸永寧。訪其親遺骸。負而北還。既葬。依宗人稾城令文炳以居。復師事翰林王若虛。及門者衆。獨推先生爲第一。丞相史公承詔宣撫河南。薦爲經歷官。又以爲左司郎中。歷拜江北淮東道提刑按察使。語同列曰。大夫七十而致事㊀。禮也。吾敢久貪榮寵。弗知止乎。即移病謝拜。嘗作家訓。以敕子孫。導江張氏覽而喜之。曰。匪止家訓。要以警世可也。子孫服其訓。皆以學行聞于時。年八十有七卒。蘇滋溪集。

㊀「事」當爲「仕」。

宣慰趙先生椿齡

趙椿齡字壽卿。藁城人。以中奉大夫使持節宣慰荆湖北道。卒年七十三。少從金□□〔一〕王若虚學。中元戊戌眞定選。性孝友。高朗尚氣節。姚牧庵集。

劉道濟先生德淵詳見魯齋學案。

文康王鹿庵先生鶚

王鶚字百一。東明人。幼聰悟。日誦千餘言。長工詞賦。金正大元年。中進士第第一人出身。授應奉翰林文字。天興二年。金主適蔡。累除左右司郎中。三年。蔡陷。將被殺。萬户張柔聞其名。救之。輂歸。館于保州。甲辰冬。世祖在藩邸。訪求遺逸之士。遣使聘先生。及至。使者數輩迎勞。召對。進講孝經書易及齊家治國之道。每夜分乃罷。歲餘乞還。賜以馬。近侍庫庫柴禎等五人從之學。繼命徙居大都。賜宅一所。世祖卽位。首授翰林學士承旨。制誥皆所裁定。至元元年。加資善大夫。上奏宜置局纂修實録。附修遼金二史。始立翰林國史院。先生遂薦李冶李昶王磐徐世隆高鳴爲學士。復奏立十道提舉學校官。五年。乞致仕。詔有司歲給廩禄終其身。有大事則遣使就問之。十年。卒。謚文康。先生性樂易。爲文章不事雕飾。嘗曰。學者當以窮理爲先。

〔一〕「□□」當作「翰林」。

分章析句。乃經生舉子之業。非爲己之學也。著論語集説一卷。汝南遺事二卷。詩文四十卷。曰應物集。元史。

梓材謹案。先生爲滹南遺老集引云。予以剽竊之學。由白衣入翰林。當代鉅公如趙閑閑楊禮部滹南先生。皆士林儀表。人莫得見之。而一旦得侍几硯。渾源雷晞顔。良鄉王武升。河中李欽叔。亦稱天下之選。而十年得遇從遊。又云。玉堂東觀。側耳高論日夕。獲益實多。然愛予最深。誨予最切。愈久愈親者。滹南先生一人而已。

滹南私淑

文忠陳先生天祥

陳天祥字吉甫。因兄祐仕河南。自寧晉徙家洛陽。少隸軍籍。中統三年。李璮叛據濟南。結宋爲外援。河北河南宣慰司承制以爲千户。屯三汊口。防遏宋兵。事平罷歸。居偃師南山。有田百餘畝。躬耕。從之遊者甚衆。其居近緱氏山。因號曰緱山先生。初。先生未知學。祐未之奇也。别去數歲。獻所爲詩文于祐。祐疑假手它人。及與語。出入經史。談辨該博。乃大稱異。至大十一年。起家從事郎。郢復州等處招討司經歷。從元兵渡江。因論軍中事。深爲行省參政賈居貞所器重。十三年。興國軍以籍兵器致亂。行省命之權知本軍事。凡所設施。皆合衆望。居歲餘。詔改本軍爲路。總管權知壽昌府事。二十二年。拜監察御史。擢吏部郎中。二十三年。除治書侍御史。二十八年。擢行臺侍御史。未幾。以疾辭歸。三十年。授燕南河北道廉訪使。元貞元年。改山東西道廉訪使。以任滿辭去。大德三年。遷河北河南廉訪使。以疾不起。六年。陞江南行臺御史中丞。謝病去。七年。召拜集賢大學士。商議中書省事。八年正月。移疾謝去。九年五月。拜中書右丞。議樞密院事。提調諸衛屯田。使者五致詔。以年老不能辭。延祐三年。卒于家。年八十。累贈河南江北等處行中書省平章政事。追贈封趙國公。謚文忠。元史。

梓材謹案。先生著有四書選注二十六卷。經義考云。佚。又有四書集注辨疑十五卷。經義考云。存。又云。按。四書辨疑。元人凡有四家。雲峯胡氏。偃師陳氏。黄巖陳成甫氏。孟長文氏。是書專辨集註之非。曾見吴中范檢討必英藏本。不著撰人姓氏。經註中語。成甫長文並浙人。注辭不類。若雲峯四書通。一宗朱子。不應互異。其爲偃師陳氏之書無疑。又按。蘇伯修撰安熙行狀曰。國初有傳朱子集注至北方者。滹南王公以博辨自負。爲説非之。趙郡陳氏獨喜其説。增多至若干言。及來爲眞定廉訪使。出其書以示人。先生懼焉。爲書以辨之。其後陳公深悔而焚其書。元史列傳亦云。然則范氏所藏。乃陳氏焚餘本也。第竹垞以先生爲謚文靖。蓋傳寫之譌。四庫書目提要云。蘇氏謂安熙爲書以辨之。其後陳氏深悔而焚其書。今此本具存。或蘇氏欲張大其師學。所言未足據也。

附録

張養浩曰。或謂四書辨疑雖不作亦可。竊謂人非生知。孰能無疑。疑而辨焉。乃講學之事。昔司馬温公疑孟子。歐陽公疑繫辭。固不害其爲大賢也。

淮海續傳

姚江村先生雲附子成德。

姚雲字聖瑞。高安人。宋咸淳進士。初調高郵尉。太守程公雅相敬重。辟入僉政事。淮東招討使復招典司書檄。後除龍興察推。再除工刑部架閣。入元。授承直郎。撫建兩路儒學提舉。秩滿家居。求文者門無虚日。工於詞。風韻不減秦淮海。一時莫不推之。有江村遺稾行於世。子成德。克紹家學。臨江路儒學教授。歷任國子助教。姓譜。

附録

虞疏齋與姚江村先生書曰。蓋先生之文。先秦西漢之文。本六籍而支三傳。左右以羣史諸子者也。其淵粹博贍。當與王介甫曾子固頡頏。至于近代葉適洪咨夔劉克莊諸人。則瞠乎若後塵者也。摯知先生者如此。

東溪家學

文節劉後溪先生光祖詳邱劉諸儒學案。

馮氏家學

參軍馮先生甲

馮甲。復庵季子也。舉嘉定四年進士。爲潼州録事參軍。鶴山稱其有士行。魏鶴山集。

馮氏門人

茶事彭先生輅

彭輅。□□人。馮復庵誠之尉龍州江油時。先生主管茶事。辟復庵巖昌茶帛庫。不敢吏也。留之幕府而師事之。魏鶴山集。

蘇學之餘

侍郎陳蓮覺先生大震

陳大震字希聲。番禺人。寶祐癸丑進士。釋褐。爲博羅主簿。陞循州長樂令。以文辭敏捷政事寬厚稱。咸淳七年。權知雷州。慮西湖湮廢。乃大築堤岸。建平湖書院。以祀寇準二蘇。造石井闌。以護井之當道者。泉得不竭。民德之。在郡二年。判語數百。人刻之。號蘧翁山判。轉朝奉大夫。以倅陞守全州。元兵至。誓與城存亡。至元辛巳。有詔甄録舊臣。宣授司農卿廣東儒學提舉。避貫請閒居。從之。自號蘧覺先生。立靈位以待死。日與常所往來者飲酒賦詩。曰。吾可以下見穆陵矣。卒年八十。先生性剛正。平生御子孫嚴而有禮。不冠不見。雖老。讀書不釋卷。爲文典雅。有集數十卷。廣州人物傳。

姚先生獬孫父斅。

姚獬孫字應獬。慈谿人。宋末舉鄉薦。補國子助教。正身率下。勤于啓迪。改學録。父斅。

前爲司業。諸生稱爲東南遺老。先生繼之。人以爲世典成均。善于其職。尤所罕者。先生博學清介。爲文本家傳。皆以蘇氏擬之。及元混一。不屑于仕。即退隱雙峯別墅。所著有雙峯文集詩稿行于世。姓譜。

舒平山先生公平 附師塗□。門人洪汝懋。

舒公平字廉夫。洪之靖安人。高祖邦佐。任衡州録事參軍。受知連帥朱文公。先生幼年。值家中衰。往依外氏。刻勵奮發。期于立身興家。從其舅學進士詩賦馳聲。得其父像故土。遂奉二親以歸。父喪。哀毁廬墓側。服喪母時。年幾六十。如喪其父。攜弟就學。迄成人不更他師。先生文字。卓然不羣。博涉經史。于春秋尤邃。又不苟作。必傳經理。裨世教。評論宋文。推蘇明允第一。後進寸長片善。繩之不置。一時秀彦多出其門。曾受講書者。尊稱曰平山先生。母塗氏。家世儒宦。諸孫侍立。必勉以學。先生延祐丁巳卒。門人鄉貢進士洪汝懋爲述行實。吴文正集。

文康門人

文正廉先生希憲 附子恪。恂。

廉希憲字善甫。北庭人。父布魯凱雅。贈大司徒。謚孝懿。母封魏國夫人。先生生。司徒拜廉訪之命。欣曰。兒適承慶。宜以官氏。遂廉姓。自蚤歲已見偉度。魏國延明師教之以經。輒掇其要言。試諸行事。年十九。宿衛世祖王邸。一日。問其所懷何書。對曰。孟子。又問大指。對曰。陳王道。明義利。不忍一牛。恩充四海。上善之。嘗呼爲廉孟子。從征雲南。師還。留爲京兆宣撫使。薦大儒許衡提舉儒學。辟智仲可參綜府事。扁所居堂曰止善。公退。卽與諸儒講求事君立身大義。評品古今人物是非得失。焚香鼓琴。夜分乃息。世祖登位。建元中統。進拜中書右丞。行秦蜀省事。拜平章。故事賜甲第一區。年始三十。魏國夫人薨。喪禮。水不入口者三日。爲詔奪情。至元改元。進榮禄大夫。司徒薨。力請終制。上不聽。强起之。墨衰卽事。奏議上前。讜論直陳。無少回借。七年。罷相。杜門養德。談經講道。課試諸子。然食頃不忘朝廷。命往北京。乃大興學。旦旦㊀親至校官講授。以倡他郡。撤官屋以復竹林書院。予書萬四千卷。學者日盛。朝于上都。詔復入中書。戒子恪恂曰。丈夫見義勇爲。禍福不足逆計。又曰。稷契臯夔伊傅周召便謂無及。是自棄也。疾革。曰。吾疾不起矣。兒惟多讀書以承父志。卒年五十。諡文正。追封恒陽王。恪。台州路總管。恂。中書平章政事。元清河集。

附録

世祖一日命廉文正□㊁受戒□□□□㊂。對曰。臣已受孔子戒。上曰。汝孔子亦有戒耶。對

㊀「旦旦」當爲「旦日」。
㊁「□」當作「希憲」。
㊂「□□□□」當作「於國師」。

曰。爲臣當忠。爲子當孝。孔子之戒。如是而已。

宣撫默勒吉先生庫庫

庫庫字子清。本默勒吉氏部族。元初。舉族内附。世祖居潛邸。選爲近侍。世祖聞王文康鶚賢。遣使徵至。命先生與廉文正希憲皆師事之。既而出使于外。迨還。而文康已行。思慕號泣。不食者累日。世祖聞而異之。憲宗復召文康至和林。仍命先生從之游。每旦起。盛飾其冠服。文康讓之曰。聖王好賢樂善。徵天下士。命若從學。若等不能稱主上心。惟誇衒鮮華。以益驕貴之氣。恐窒于外而塞于中。道義之言無自而入。吾所不取也。先生深自悔悟。明日。俱純素以進。文康乃悦。世祖卽位。特授中書左丞。未幾。遷大名路宣撫使。以疾卒。年四十。子堅通。元史。

柴先生禎

柴禎。

承旨默勒吉先生堅童別見魯齋學案補遺。

江村門人

朱潛山先生隱老別見晦翁學案補遺。

江村私淑

學士盧疏齋先生摯

盧摯字□□。涿州人。仕至翰林學士。博學有文思。元初稱能詩者。必以劉因盧摯爲首。所著有疏齋集。姓譜。

梓材謹案。元文類載先生大德四年與姚江村先生書。自稱後學涿郡盧摯。則先生固私淑江村者也。其書云。摯由諸生承乏侍從。遂叩持憲節。膺一道之寄。又有潭學素號多士云云。蓋先生持節潭州。有絳帳江村之請。卽與議往。司講黎生季芳飭禮幣以來云。又案。先生與姚牧庵尤深契。見其所作宣慰趙公墓誌。

蘧覺門人

尚書王先生道夫

王道夫。番禺人。少從陳大震遊。苦志力學。登咸淳四年進士。仕連山尉。有保民敺寇功。度宗寵以御札。由是以才略知名。端宗召大震爲尚書吏部侍郎。先生權兵部侍郎兼轉運判官。大震固辭不就。先生拜命。景炎二年。文天祥復惠州。先生與凌震謀復廣州城。詔褒諭之。有敬于事上。忠于謀國。緬維純誠。深用咨歎之獎。以震爲廣東制置使。先生拜兵部侍郎廣東轉運使。端宗崩。衛王卽位。加先生學士兼兵部尚書。元人復陷廣州。爲元人所執。宋亡之後。不知所終。廣州人物傳。

廉氏家學

參政廉先生惇別見晦翁學案補遺。

承旨廉先生輝善哈雅

廉輝善哈雅字公亮。希憲之從子也。幼孤。言及父輒泣下。獨養母。而家且不給。垢衣糲食。不以爲恥。母喪。哀毁踰禮。年弱冠。大臣欲俾入宿衛。辭曰。吾伯父事世祖。以通經號廉孟子。今方設科取士。願讀書以科第進。乃入國學積分。至治元年。登進士第。授承事郎同知順州事。歷陞江南衛御史臺經歷。初行郊禮。召拜侍儀使。預修遼金宋三史。遷崇文太監。累拜翰林學士承旨。知制誥。兼修國史。卒。元史。

盧氏門人

知事孔存齋先生濤

朝列郝先生采麟並見魯齋學案補遺。

宋元學案補遺卷一百目錄

(一)「興」當爲「輿」。

宋元學案補遺卷一百

後學 鄞 王梓材 慈谿馮雲濠 同輯

屏山鳴道集説略補遺

劉氏先緒

中大劉南山先生撝

刘撝字仲謙。宏州順聖人。當遼金革命擾攘際。學未嘗一日廢。天會二年。以詞賦第一人中選。先生勵精種學。文詞卓然天成。其後學者如孟宗獻趙樞張景仁鄭可珊皆取法焉。釋褐右拾遺。兩貳大理寺。出刺石州。累官中大夫。年六十三卒。先生性渾厚。見義固執。待物以誠。好誘掖後進。素愛渾源山水幽勝。買田家焉。晚號南山翁。王秋澗文集。

運判劉西嵓先生汲附弟渭。

劉汲字伯深。南山翁長子。穎悟絶人。早傳家學。與弟渭仲清同擢天德三年進士。屢爲州縣有聲。累官西京路轉運司都勾判官。平生寡合不羈。慕郭林宗黄叔度之爲人。晚節倦于游宦。放浪山水間。以遺興讀書爲樂。稱西嵓子。卒年五十八。有西嵓集行于世。李之純引其端。王秋澗文集。

主簿劉善人先生似父濬。

劉似字稚章。南山翁之孫。父濬。博學强記。用蔭入仕至安遠大將軍。饒陽令。先生孝敬友愛。出于天性。力學能文。稱其家聲。用恩賜第華州教授。主沂水縣簿。遺文雄深簡古。有乃祖風。嘗訓子孫曰。爲士當先行檢。如絲之潔。將立其身。愼無點污。汝佩吾言。則無忝矣。屏山李純甫表其竁曰。善人劉公之墓。子從益。王秋澗文集。

楊氏先緒

處士楊先生青

楊青。樂平人。文獻公雲翼曾祖。處士。嗜讀書而不事科舉。嘗誨其子孫。言聖人之道無他。至誠而已。誠者何。不自欺之謂也。蓋誠之一物。存諸己則忠。加諸人則恕。是道也。出于人心。誰獨無之。然今山野小人有能行。而世之才智士大夫或有愧焉。吾百不及人。獨此事不敢不勉耳。若等能從吾言。眞吾子孫也。元遺山集。

南山門人

判官王遯齋先生元節附弟元德。

王元節雲濠案。歸潛志作元朗。字子元。弘州人。壻于南山翁。傳其賦學。第進士。雅尚氣節。不能從俗俯仰。故仕不達。既罷密州觀察判官。卽閒居鄉里。以詩酒自娱。號遯齋老人。年五十餘卒。弟元德。亦第進士。有能名于時。終于南京路提刑使。中州集。

周氏師承

王先生去非附門人班忱。

王去非字廣道。平陰人。嘗就舉。不得意。卽屏去。督妻孥耕織以給。伏臘家居教授。束脩有餘。輒分惠人。弟子班忱。貧不能朝夕。一女及笄。先生爲辦資装嫁之。大定二十四年卒。年八十四。金史。

醇德先生語

善者吾獎之。不善者吾勉之誠。均入于善。奚必擇。

君子得志則行道。不得志則明道。明道者。不必與邪説辨。辨而勝猶激怒之。其害道滋甚。故曰。孰將闢之。寧自翼之。孰將敺之。寧自扶之。邪説之勝久矣。善爲道者。其在扶而翼之歟。

附録

党承旨表其墓曰。先生束髮知問學爲文章。不喜爲進取計。嘗試有司。不合卽屏去。益探六經百家之言。務爲博贍該詣。又雜取老莊釋氏諸書。采其理要。貫穿融會。折諸大中。要本于吾儒修身養性之道。自信而力行之。其發于誠接于物者。求諸古人或難焉。鄉鄰化服。翕然咸尊師之。

又曰。先生之教人。皆因其材而勉其可至。凡所答問。皆孔子教仁教孝之意。或挾□□(一)。則就其所學而引之正。有□□(二)釋氏之戒定慧。道家之攝生者。則對曰。易之寂然感通。中庸之中和。詩之思無邪。若是者。非定慧歟。孔子語顔淵。視聽言動勿以非禮。非戒歟。易之愼言語。節飲食。孟子之養心寡欲。非攝生歟。蓋未嘗深詆佛老。而其徒頗自棄其學而歸焉。

又曰。先生没。門人議謚之。皆曰。先生之德。所謂大醇者。非耶。乃名曰醇德。

又曰。懷英昔者宦學山東。是時東阿張子羽。茌平馬定國。奉符王頤。東平吴大方。與其兄大年。郭弼憲。趙慤。申公綽。諸公與先生相友善。論講道義。援據古今。以孔孟所傳爲諸儒倡。其後出者聞于朝。處者行于鄉。雖隱顯不同。而先生之譽。得友而章者已廣矣。諸公相繼去世幾廿年。先生獨無恙。其力道益强。傳道益宏。信于人者益著。士大夫聞先生之風。過者必見。居者必式焉。石峽舊以安樂名。鄉邑從事之賢者改曰居賢。著其行也。

又曰。先生之道。蓋與韓愈氏歐陽氏同。所以行之者或異。二子達而顯。其用力易。故剛以決。先生窮而約。其用力難。故順以化。所遭者然也。君子論其功與二子表裏云。

(一)「□□」當作「他道見」。
(二)「□□」當作「問以」。

廣道學侶

翰林王榆山先生去執

王去執字明道。醇德先生之從弟也。幼好學。長應進士舉。一試不合。卽拂衣去。乃閉門。益究經傳百家之說。古今上下。經緯異同。靡不淹貫。遂與醇德齊名。生平所學。皆天人之極致。經綸之遠業。以父母多病。于黄帝内經。老子攝生之旨。尤盡心焉。既入翰林。議論長而理趣深。不斤斤求合于古人。而卒與古人合。未幾卒。先生家榆山。故以爲號云。年五十有九。趙黄山集。

王氏同調

副使姬正叔先生平叔

姬平叔。本姓宗。避簡肅廟諱。改氏曰姬。字伯正。一字正叔。汝陽人。與人交。怡聲下氣。恂恂若無能。至臨大事。遇大患。雖頹嵩岳。不吾壓也。此一反。生平不喜佛讀㊀道書。拳拳如奉戒律。寡言笑。不飲酒。屏絶聲氣。年四十餘。喪其配。遂不復娶。終身無媵妾。此二反。家素殷羨。未嘗有綺繡之奉。鐘鼎之食。視一物若靳惜。至田宅之券。盡推以與其姪輩而弗子。曰吾先兄之所積也。此三反。嘗語人曰。吾有三反。第不足道。既第必樹名節。年六十必致仕。中大

㊀「佛讀」當爲「讀佛」。

定二十五年進士第。調唐州司候。授監察御史。改左學博士。未幾。黜爲彰德府判官。除大理司直。轉寺丞。是時輦轂不雨。久繫冤獄。坐主者罪。反爲所擠。奪一官。歲餘授知盤安軍節度副使。俄規措東北路軍儲。卒年五十有九。常奏對。以君子小人爲言。上遣近侍局使李仁惠問小人爲誰。以仁惠對。上聞之愕然。及其歿。而仁惠敗。天下哀其忠云。滏水文集。

附録

趙滏水表其墓云。世之知平叔者。其卓絶之行。忠義之節。臨窮達。處禍福。無愧於古君子。或以爲勉强自苦。或以爲蔽窒不通。孰知平叔之賢。凡以知道故也。

又曰。公嘗語人曰。凡聲色勢利之屬。皆客氣也。人能無以客氣害其良心。斯幾矣。故予以爲知道。

又祭先生文曰。司馬之伸。平叔之躓。易地皆然。人無異議。

党氏師承

蔡先生松年附子珪。

蔡松年字伯堅。父靖。以宋燕山府降金。元帥府辟先生爲令史。除眞定府判官。自此爲眞定人。歷拜右丞相。封衞國公。卒年五十三。加封吴國公。謚文簡。先生事繼母以孝聞。文詞清麗。尤工樂府。與吴激齊名。時號吴蔡體。有文集行于世。子珪。字正甫。中進士第。累改工部員外郎。號爲辨博。及遷禮部郎中。封眞定縣男。卒。有補正水經五篇。合沈約蕭子顯魏收宋齊北魏志作南北史志三十卷。續金石遺文跋尾十卷。晉陽志十二卷。文集五十五卷。金史。

□□□□

縣丞崔先生憲附劉器博。翟瑜。

崔憲字子眞。良鄉人。先生學爲人師。行爲世表。以大定二十九年卒于官。年五十有二。官止于孝義縣丞。與同邑劉器博翟瑜以道義相友善。左司郎中劉昂。其門人也。滏水文集。

王蘇學派

補翰林李屏山先生純甫

梓材謹案。屏山名字。一作名之純字純甫者。譌。

鳴道集説

雲濠謹案。直齋書録解題儒家類諸儒鳴道集七十二卷云。不知何人所集。涑水。濂溪。明道。伊川。横渠。元城。上蔡。無垢。以及江民表。劉子彝㊀。潘子醇。凡十一家。其去取不可曉。蓋其書本宋人。而屏山爲之説云。

㊀「彝」當爲「翬」。

屏山文集

儒者之言。與方士之説不兩立久矣。請以近喻。諸君嘗見夫海乎。汪洋澄渟。浩無涯涘。際空如碧。白波不興。魚龍鴻洞。不水其水。此儒者之所謂日用而不知者。隱然而風雷震。劃然而蛟龍鳴。非不砰轟可喜。大抵索隱行怪。君子不爲。彼方士之所慕。吾儒之所羞也。山東賢士大夫。觀水于其瀾。必有能辨之者。棲霞縣建學廟碑。

人心不同如其面。其心之聲。發而爲言。言中理謂之文。文而有節謂之詩。然則詩者。文之事也。豈有定體哉。故三百篇什無定章。章無定句。句無定字。字無定首。大小長短。險易輕重。惟意所適。雖役夫室妾。悲憤感激之語。與聖賢相雜而無愧。亦各言其志也已矣。劉西巖集序。

附録

以文酒爲事。人有酒見招。不擇貴賤必往。往輒醉。亦未嘗廢著書。

天資喜士。後進有一善。極口稱推。一時名士。皆由公顯于世。又與之拍肩爾汝。忘年齒相歡。教育撫摩。恩若親戚。故士大夫歸附。號爲當世龍門。以上歸潛志。

其自贊曰。軀幹短小而芥視九州。形容寢陋而蟣虱公侯。語言蹇吃而連環可解。筆札訛廢而挽回萬牛。寧爲時所棄。不爲名所囚。是何人也邪。吾所學者。淨名莊周。

王滹南復屏山交説曰。狂生既以交説規慵夫。己尋以忤物獲罪。杜門索居。將無意乎世。慵夫因人而寄聲曰。子之病果革矣。己實行之。謂人之危。憫我將顛。而子則先是。何其言之近似。而踐迹之乖歟。子之病革。怨之不可媒也。禍之不可賈也。雖微子言。吾寧不知。逐逐而羣。疇非吾鄰。形交跡接。何者可絕。鍊修調適之善。而吾病始兆。悟而藥之。治養以方。寬中溫外。茹柔吐剛。駐其明而內視。凝其聰而反聽。行之期月。乃復其常。心平氣和。百邪不攻。乃愈而康。子獨日臻以達膏肓。醫望而走。無施其良。嗟夫殆哉。無以招之。彼孰汝尤。無以結之。彼孰汝仇。待物太狹。謀身未周。睢盱彷徉。蔑視九州。羣讙以咻。凶乘禍鳩。勢窮力竭。而投諸囚。以伏于幽。閔氏之與居。槁伯之爲游。悒悒兮而私自憐。孑孑乎其遺此而無求也。吾絕物耶。抑子絕也。山淵之峻。子將趨而過。今胡其摧汝車而沈汝舟。豺虎之毒。子將不之接。今胡其齕汝趾而齒汝喉。出于外者。亦既然矣。伏于中者。竟如何哉。顧嘗憂我。今爲子憂。蓋將持吾之所以自治者。而復以治子。豈能從我而冀其少瘳乎。狂生聞之。不覺汗下。

又道學發源後序曰。國家承平既久。以經術取人。使得參稽衆論之所長。以求夫義理之眞。而不專于傳疏。其所以開廓之者至矣。而鳴道之說。亦未甚行。三數年來。其傳乃始浸廣。好事者往往聞風而悅之。今省庭諸君。尤爲致力。慨然以興起斯文爲己任。且將與未知者共之。此發源之書所以汲汲于鋟板也。

耶律文正序屏山鳴道集曰。江左道學。倡于伊川昆季。和之者十餘家。涉躐釋老。膚淺一二。著鳴道集。食我園椹。不見好音。誣謗聖人。聾瞽學者。噫。憑虛氣。任私情。一讚一毀。獨去獨取。其如天下後世何。屏山哀矜。著鳴道集説。廓萬世之見聞。正天下性命。發揮孔聖幽隱不揚之道。將攀附游龍。騣騣乎。吾佛所列五乘教中人天乘之俗諦疆隅矣。鳴道諸儒。力排釋老。拌陷韓歐之隘黨。孰如屏山。尊孔聖。與釋老鼎峙耶。

又序屏山楞嚴外解曰。余故人屏山居士。牽引易論語孟子老氏莊列之書與此經相合者。輯成一編。謂之外解。實漸誘吾儒不信佛書者之餌也。

又序糠孽教民十無益論曰。昔屏山居士序輔教編有云。儒者嘗爲佛者害。佛者未嘗爲儒者害。誠哉是言也。蓋儒者牽掌銓衡。故得高下其手。其山林之士。不與物競。加以力孤勢劣。曷能爲哉。

又序屏山金剛經別解曰。昔予與屏山同爲省掾。時同僚譏此書。以爲餌酸餡之具。予尚未染指于佛書。亦少惑焉。今熟繹之。自非精于三聖人之學者。敢措一辭于此書乎。

又書金剛經別解後曰。屏山先生幼年作排佛説。殆不忍聞。未幾。翻然而改。火其書。作二解。以滌前非。所謂改過不吝者。余于屏山有所取焉。

梓材謹案。湛然諸序。其傾倒于屏山至矣。盡矣。又題西庵歸一堂詩序云。摶霄元帥築西庵于廳事之隅。以舍沙門。建歸一堂。置三聖廟貌。屏山居士有云。卷波瀾于聖學之域。徹藩籬于大方之家。摶霄之謂乎。摶霄謂賈非熊。當時習染佛子。轉相矜詡如是。甚矣其可畏也。

元遺山中州集曰。屏山爲舉子日亦自不碌碌。于書無所不闚。而于莊周列禦寇左氏戰國策爲尤長。文亦略能似之。三十歲後。徧觀佛書。能悉其精微。既而取道學書讀之。著一書。合三家爲一。就伊川横渠晦菴諸人所得者而商略之。毫髮不相貸。且恨不同時與相詰難也。

元遺山誌雷希顔曰。之純以蘇州軍事判官上書論天下事。道陵奇之。詔參淮上軍。詔驛遣之。太和中。朝廷無事。士大夫以宴飲爲常。之純于朋會中。或堅坐深念。咄咄嗟嗟。若有旦夕憂者。或問其故。之純曰。中原以一部族待朔方兵。然竟不知其牙帳所在。吾見華人爲所魚肉去矣。聞者訕笑之。未幾。北方兵動。之純從軍還。知大事已去。無復仕進意。蕩然一放于酒。未嘗一日不飲。亦未嘗一飲不醉。談笑此世若不足玩者。

王忠文公序鳴道集説曰。屏山資識英邁。取先儒之説。箋其不相合者。著爲成書。遺山元公嘗以中原豪傑稱之。謂其庶幾古者立言之君子。

梓材謹案。華川謂屏山之文略似莊列諸書。其言當是也。至謂其學術不苟同于衆人。而惟道之是合。恐不足以服諸儒。要之。屏山學術之偏陂。當以鈍翁謝山之説爲定論云。

謝山鮚埼亭詩集。篙師編修。近忽佞佛。至誠且篤。貽六絶句以諧之。其二曰。先生經術更無儕。不是元城卽了齋。莫似屏山鼓狂舌。生薑樹上妄安排。原注。屏山謂李純甫。

雷氏先緒

運同雷學易先生思

雷思字西仲。渾源人。舉進士。累官大理寺。持法寬平。後同知北京轉運使事。嘗註易。有易解。季子淵。姓譜。

屏山講友

修撰王黄華先生庭筠父遵古。

王庭筠字子端。熊岳人。父遵古字仲元。正隆五年進士。仕爲翰林直學士。才行兼修。道陵所謂昔人君子者也。先生早有重名。大定十六年甲科。歷州縣。用薦者供用翰林。承安中爲言事者所累。謫鄭州幕官。未幾復應奉。稍遷修撰。卒官。年四十七。平生愛天平黄華山水。居相下十年。自號黄華山主。有集傳于世。屏山故人外傳云。子端名家子。風流醞藉。冠冕一時。爲人眉目如畫。美談笑。俯仰可觀。外視若簡貴人。初不敢與接。一見之後。和氣津津溢于眉宇間。又其折節下士。如恐不及。苟有可取。極口稱道之。故人人恨相見之晚也。中州集。

梓材謹案。金史先生本傳云。從游者。如韓温甫。路元亨。張進卿。李之度。其薦引者。如趙秉文。馮璧。李純甫。皆一時名士。世以知人許之。

黄華遺文

人之思出于心。心爲俗物所敗則亂。故治心者。先去其敗之之物然後安。既安而思。則思之精。香林館記。

補 資善趙滏水先生秉文

梓材謹案。劉氏歸潛志云。公幼年詩與書皆法子端。後更學太白東坡字。兼古今諸家學。及晚年。書大進。詩專法唐人。魁然一時文士領袖。

滏水文集

夫道足以爲萬世法。而澤足以爲萬世祀。是將有以備制法。闡百聖。參天地之化育。後天地而不亡者矣。故桀紂爲獨夫。而仲尼得通祀。景公有馬千駟民不稱。夷齊到今稱之。德之在人。焉可誣也。况乎有聖人之德。都天子之位。道出百王之上。而教傳百世之下者哉。乞伏村堯廟碑。

言有非耶。行有違耶。君子之棄。而小人之歸耶。日省齋銘。

古之君子。不以外傷内。視貧富貴賤死生禍福皆外物也。隨所遇而安之。無私焉。譬之水。升之則爲雨露霜雪。下之則爲江河井泉。激之則爲波。瀦之則爲淵。千變萬化。因物以賦形。及其至也。推而放諸東海而準。故君子取平焉。斯不亦無適而不安乎。適安堂記。

天地之大。以無心也。何嘗擇善人而賞之。惡人而罰之。譬如一氣之所春。一雨之所滋。甘苦美惡。蕃然並育。至其華者實。條者榦。霜降木落。萬物皆虚。而松柏傑然于歲寒之後。其不變者可必也。種德堂記。

法書不必嗜。不必不嗜。嗜書近乎僻。不嗜近乎隘。人不能無所嗜。寧僻無隘。實墨堂記。

自唐舜禹相授以精一大中之道。歷六七聖人。至孔子而大備。其精則道德性命之説。其人㈠則禮樂刑政。經綸君臣父子兄弟夫婦朋友之大經。立天下之大本。贊天地之化育。其教人始于戒愼恐懼于不見不聞之間。其極至于配天地高明博厚。其學始于致知格物。正心誠意。至于治國平天下。下至道術陰陽名法兵農。一本于儒。裁其偏而求其失。要其歸而會之中。本末具備。精粗一致。無太高極行之論。無荒虛怪誕之説。聖人得其全。賢者得其偏。百姓日用而不知。天地以此位。日月以此明。江河以此流。萬物以此育。故稱夫子與太極合德。豈不然耶。

凡天之所以授我者與聖賢同。而未免爲鄉人者。利欲蔽之耳。人欲日消。天理日明。而吾之心乃天地之心也。仁遠乎哉。勉之而已。以上葉縣學記。

自古忠之大者。未有若周公者也。以成王年幼。恐其荒怠。作無逸一篇。以伸勸戒。舉殷三賢王及周文王皆以憂勤得壽考之福。其意欲使祚胤長遠。又欲其君憂勤無逸。頤愛精神。壽考無窮。以至成王享國長久。刑措四十年而不用。至今稱爲賢王之首。此皆周公篤實愛君之力也。無逸直解自序。

唐賢雖見道未至。而有忠厚之氣。至于宋儒。多出新意。務詆斥。忠厚之氣衰焉。學聖人之

㈠「人」當爲「粗」。

門。豈以勝劣爲心哉。中說類解引。

天地有大順至和之氣。自然之理。根于心。成于性。雖聖人教人。不能與之以其所無。有疾苦必呼父母。此愛之見于性者也。有悖逆愧生于其心。此敬之見于性者也。然愚者知愛而不知敬。賢者知之而不能擴而充之以及天下。非孝之盡也。道學發源引。

郡縣之制。可以大治。亦可大亂。封建之制。不可大治。亦卒不至大亂。人主權其輕重可也。侯守論。

在易之蠱。曰先甲三日。後甲三日。說者曰。甲爲春。仁也。庚爲秋。義也。蠱者。物壞而有事之時。治蠱之道。不可以亟也。于卦一陽生而爲復。二爲臨。三爲泰。四爲大壯。五爲夬。夬。決也。以五陽而決一陰。猶戒之曰。健而說。決而和。柔乘五剛也。然則聖人之意亦可見矣。東漢論。

小人不知大體而寡小過。苟得苟合。易進而難退。君子知大體而不免小過。不苟得。不苟合。難進而易退。人主者。赦君子之小過。而不怵于小人之寡過。以責其遠者大者。亦庶乎其可也。知人論。

直之名一。而其別有四。有直而陷于曲者。有曲以全其直者。有直而過于直者。有直以遂其直者。其父攘羊而子證之。此直而陷于曲者也。魯昭公娶于吴。孔子以爲知禮。此曲以全其直者也。國武子以盡言見殺。洩冶以諫死。此直而過于直者也。齊魯之會。孔子歷階而進。齊梁之見。孟子不肯枉尺而直尋。此直以遂其直者也。此亦可以辨是非。在君子而必知有所擇矣。直論。

虛心有道。惟誠能虛能盈能動能靜。虛而不誠則餒。盈而不誠則亢。動而不誠則躁。靜而不誠則槁。皆非道之正也。故曰不誠無物。題異壺圖。

予嘗怪太史公傳扁鵲倉公行事。并載其治法之詳如此。而王公大夫功業無聞者。略而不及一言。何也。既而歎曰。此後世作史。宂長無法。徒爲紛紛。而太史之書。言簡而事核。獨爲良史之法者也。有一人之人。有百千萬人之人。有百世之一人。有千萬世之一人。之二人亘千百世千萬人之一人者。非耶。可使以其技無聞也哉。任子山壙銘。

孔子稱。有殺身以成仁。無求生以害仁。夫所謂仁者。豈特立言踐行。循循醇謹而已哉。必將有至誠惻怛憂國之心。遇不可必行其志而已也。廣平郡王完顏公神道碑銘。

附録

公自幼至老。未嘗一日廢書不觀。

楊文獻滏水文集引曰。其所爲文章。粹然皆仁義之言也。蓋其學一歸諸孔孟。而異端不雜焉。故能至到如此。所謂儒之正。理之主。盡在是矣。天下學者。景附風靡。知所適從。雖有狂瀾橫流。障而東之。其有功吾道也大矣。

元遺山誌其墓曰。公至誠樂易。與人交不立崖岸。主盟吾道將四十年。未嘗以大名自居。又爲閑閑眞贊曰。周旋于王廣道宗平叔之間。而獨能紹聖學之絶業。斂避于蔡無可党竹溪之後。而竟推爲斯文之盟主。不立崖岸之謂和。不置町畦之謂誠。不變燥濕之爲定。不污泥滓之謂清。藹然粹温。見于丹青。雖無老成人。尚有典型。鳳衰無周。龍移啓魏。殄瘁攸屬。古爲悲欷。人知爲五朝之老臣。不知其爲中國百年之元氣。

郝陵川爲太極書院記曰。宋濂溪周子創圖立統。以爲道學宗師。而傳之河南二程子。及横渠張子。繼之以龜山楊氏。廣平游氏。以至于晦菴朱氏。中間雖爲京檜侂胄諸人梗踣。而其學益盛。江淮之間。粲然洙泗之風矣。金源氏之衰。其書浸淫而北。趙承旨秉文麻徵君九疇始聞而知之。于是自稱爲道學門弟子。及金源氏之亡。淮漢巴蜀相繼破没。學士大夫與其書遍于中土。于是北方學者始得見而知之。然皆弗得其傳。未免臨深以爲高也。

監使王先生特起附師張大節。

王特起字正之。代州崞縣人。知識精深。好學善論議。長于辭賦。出入經史。在張代州大節門下。與屏山爲忘年友。泰和三年。進士甲科。令沁源。又遷司竹監使。朝議欲以館職召試。會卒。中州集。

梓材謹案。中州集張代州傳云。字信之。五臺人。天眷中進士。歷横海軍節度使。吏部尚書。明昌初請老。特授雁門節鉞。信之好奬進士類。滄州徐韙。太原王澤。大興吕造。經其指授。卒成大名。又言。其子嵓叟字夢弼。亦第進士。歷嵐潞懷三州節度。終于集慶軍。屏山謂吏事不及乃父。而以長厚見稱。

御史史澹軒先生肅

史肅字舜元。京兆人。僑居北京之和衷。天資挺特。高才博學。優于政事而不苟。所至有聲。

吏畏而安之。累以廉陞歷赤縣及幕官。入爲監察御史。遷治書。出刺通州。大中黨獄起。爲所詿誤。謫靖難軍節度副使。大安初。召爲中都路轉運副使。超户部正郎。復坐鐫降同知汾州事。卒官。先生尚理性之學。屏山學佛自先生發之。詩號澹軒遺稾。中州集。

監倉高唯菴先生斯誠

高斯誠字法颸。大興人。至寧九年。經義魁也。讀書有學問。與王從之李之純游。而詩文恬澹自得。初調鳳翔府録事。爲行部檄監支納陳州倉。因忤郡魁。吏媾之。下獄幾死。已而赦免。病終。頗喜浮屠。自號唯菴。歸潛志。

李趙學侶

補御史劉蓬門先生從益

梓材謹案。金史先生本傳。稱其博學强記。精于經學云。

附録

閒居淮陽。與諸生講明伊洛學。久之。選令葉縣。大起孔子廟。既樹教本。集諸生肄習其中。風化大行。考課爲河南最。

趙滏水爲遺愛碑曰。起爲葉令。下車修學。詔義聳善抑惡。一之曰勵而教之。二之曰惠而安之。奸吏惡少。望風革面。君曰未也。事有大于此者。華㊀。劇邑也。路當要衝。餘入七萬餘石。自擾攘之後。户減三之一。田不毛者千七百。雲濠案。中州集作萬七千畝。下文二萬作一萬。自歸者數千作二千餘家。而賦仍舊。可乎。請于大司農減二萬石。賴以濟。流民自歸者數千。

滏水講友

周迂齊先生馳附師李時亨。門人吴子英。

周馳字仲才。濟南人。經學出于醇德先生王廣道。賦學出于泰山李時亨。至于党趙。又其忘年友也。資性古雅。而以襟量見稱。大定中仕太學。屢以策論魁天下。私試亦頻中監元。家素饒財。鄉人强以子弟從之學。所得束脩。皆散諸生之貧者。貞祐之兵。濟南陷。不肯降。攜二孫赴井死。鄉人葬之宅後之壽樂堂。遼東人吴子英。嘗從之學。中州集。

梓材謹案。泰山李守純。見王醇德先生墓表。又王榆山墓表。泰山老人李時行。蓋卽一人也。

滏水同調

補治中董無事先生文甫

㊀「華」當爲「葉」。

附録

元遺山中州集曰。無事道人爲人淳質。恬于世味。于心學有所得。人知尊敬之。而不知其所以得也。子安仁亦學道。父子嘗閒居寶豐。閉户不出。以習靜爲業。朝夕不斷。晏如也。

文獻楊先生雲翼

楊雲翼字之美。樂平人。明昌五年。經義進士第一人。詞賦亦中乙科。天資穎悟。博通經傳。至于天文律曆醫卜之學。無不臻極。事母孝。與人交款曲周密。處事詳雅。而能以大節自任。南渡後二十年。與禮部閑閑公代掌文柄。時人號楊趙。而先生以後輩自處。不敢當也。興定末。拜吏部尚書。正大五年。終于翰林學士。年五十九。謚曰文獻。評者以爲。百餘年以來。大夫士身備四科者。惟先生一人而已。中州集。

雲濠謹案。先生所著有文集。校大金禮儀。續通鑑。周禮辨。左氏莊列賦。又有五星聚井辨。天㈠象賦。勾股機要。象數雜説。積年雜説。藏于秘府。

㈠「天」當爲「縣」。

每召見。公獨得賜坐。且呼學士而不名。初命講尚書。公爲言。帝王之學。不必如經生舉子分章析句。但知爲國大綱足矣。因舉任賢去邪。與治同道。與亂同事。有言逆于汝心。有言遜于汝志等數條。一以正心誠意言之。敷繹詳明。上聽忘倦。尋進萬年龜鏡録。聖孝聖學之類凡二十篇。

公見朝士廷議之際多不盡所欲言。上下依違。寖以成俗。一日經筵畢。因言人臣事君之道有二。有所謂事君之禮。有所謂事君之義。禮不敢齒君之路馬。蹴其芻者有罰。入君門則趨。見君之几杖則起。君命召。不俟駕而行。受命不宿于家。是皆事君之禮。人臣所當盡者也。然國家之利害。生民㊀休戚。一在敷陳之間。則向所謂禮者。特虛器耳。君曰可而有否。獻其否以成其可。君曰否而有可。獻其可以替其否。危言正論。期于益國補民而已。言有不從。雖引裾折檻。斷鞅軔輪。有不恤焉者。若姑徇事君之虛禮。而不知事君之大義。阿合取容。國家何賴焉。上變色曰。非卿。朕不聞此矣。

公自興定元光間病風痺。至是稍愈。上親問療之之術。對曰。無他。但治心耳。此心和平。則邪氣不干。豈獨治身。至于治國亦然。人君必先正其心。然後可以正朝廷。正百官。遠近萬民。

㊀「民」下脱「之」。

莫不一于正矣。上矍然知其爲醫諫也。待二弟仲翼叔翼備極友愛。家貲悉推與之。至百負之而不恨。嘗語人。于昆弟之間。若以昆弟待之。則容有不可堪忍之事。當以父母待之耳。或以爲疑。公曉之曰。父母。吾不得而見之矣。得見兄弟。非父母而何。此念一生。雖百世同居可也。

典貢舉三十年。門生半天下。而于奬借後進。初不以儒宗自居。所以教誘之者。率君子長者之事。益其所未盡。而勉其所可致。苦言至戒。或寓于疑□㊀周密之間。異時想聞風采。若龍門之峻朗出天外。及一被接納。則又恨造之晚也。

元遺山爲神道碑曰。若夫才量之充實。道念之醇正。政術之簡裁。言論之詳盡。粹之以天人之學。富之以師表之業。則我内相文獻楊公其人矣。識者以爲中國之大。平治之久。河岳炳靈。實生人傑。非宏衍博大之器如公者。曷足以當之。降材爾殊。取稱斯見㊁。商略前後。擬倫名勝。惟其視千古而無愧。是以首一代而絶出。然則元光正大以來。大夫士推公爲中朝第一。而不以百年計之者。知公爲未盡歟。

主簿王洺川先生磵附鄺元輿㊂。

㊀「疑□」當爲「欵曲」。
㊁「見」當爲「允」。
㊂「輿」當爲「與」。

王磵字逸賓。號遺安先生。其先臨洺人。先生實生于汴梁。常以洺川自號。不忘本也。初學詩于伯父震。落筆驚人。加之孝于親。友于弟。誠于人。篤于己。遠近論大行必曰王逸賓。孟宗獻友之。張璧叔獻。趙渢文孺。皆師尊之。明昌末。詔舉德行才能之士。鄉人耆德諸生五百餘人。薦先生孝義忠信。文章爲世師表。朝廷以素知名。特賜同進士。授鹿邑主簿。先生年幾七十。即日移文有司。以老疾乞致仕。泰和三年卒。先生教人。先行後文。與人交。終始不易。其詩沖澹而潔似韋蘇州。趙秉文於明昌間轉河南轉運幕。過相謁坡軒居士酈元輿㊀。居士曰。君知王逸賓乎。斯人當今顔子也。君不可不掃門求見之。既見曰。酈公知人矣。自是之後。虚往實歸云。滏水文集。

附録

元遺山中州集曰。明昌中。故相馬吉甫判開封。舉逸賓王彦功游宗之德行才能。逸賓得鹿邑主簿。就乞致仕。彦功以親老調鞏州教官。宗之讓不受。三人者。雖出處不齊。而時人皆以高士目之。

㊀「輿」當爲「輿」。

蓬門講友

治中時拙庵先生戩

時戩字天保。後改字多福。滄州人。官治中。少爲人奴。後讀書爲學。第進士。其主良之。南渡爲監察御史。歷清要。致仕卒。爲人純厚好學。多讀易左氏春秋。君子儒也。自號拙庵。與劉京叔家三世交。歸潛志。

廣道家學

王先生守正

王先生守素合傳。

王守正。守素。醇德先生之二子也。皆好學樂善。不慕榮利。得先生之志。党竹溪集。

廣道門人

文獻党竹溪先生懷英

党懷英字世傑。故宋太尉進十一代孫。馮翊人。父爲泰安軍録事參軍。卒官。不能歸。因家焉。應舉不得意。遂脱略世務。放浪山水間。簞瓢屢空。晏如也。大定十年。中進士第。調莒州軍事判官。累除翰林待制兼同修國史。先生能屬文。工篆籀。當時稱爲第一。學者宗之。嘗與鳳翔府治中郝俁充遼史刊修官。再遷國子祭酒。侍講學士。翰林學士。承安二年。乞致仕。改泰寧軍節度使。明年。召爲翰林學士承旨。久之致仕。大安三年卒。年七十八。謚文獻。金史。

梓材謹案。元遺山中州集有先生傳云。少穎悟。日授千餘言。師亳社劉嵓老。濟南辛幼安。其同舍生也。是先生與辛氏同學。不獨一師也。傳又云。夫人石氏。徂徠先生之後。亦能安貧守分云云。蓋本諸趙滏水所作先生墓碑。

文獻遺文

六藝者。夫子所以傳唐虞三代之道。衆流之所從出。而儒爲之源也。曲阜重修至聖文宣王廟碑。

周迂齋先生馳見上滏水講友。

榆山家學

府判王錦峯先生仲元

王仲元字清卿。東平人。廣道先生之姪也。官府判。工書。法趙黄山。自號錦峯老人。卒于京兆幕。歸潛志。

梓材謹案。歸潛志本作廣道之孫。考黄山表榆山墓云。生子仲元。清修端愿。文稱其德。元文類載楊奐爲先生墓表云。廣道先生之從子。明道先生之子。世以儒道著。一時名公鉅人若党懷英趙渢皆師尊之。是先生爲榆山之子。而榆山兄弟本党趙之師也。墓表又云。先生用薦者召應奉翰林文字。改陝西路轉運判官。以貞祐四年卒于官舍。

附録

嘗知阿平㈠縣憲司。以簡靜聞。退食擁琴書不出。遇會心者。雖對談竟日。未聞㈡貴游可喜事。

榆山門人

郎中趙黄山先生渢

趙渢字文孺。東平人。第進士。明昌末。終于禮部郎中。性沖澹。學道有得。黄山其自號也。有黄山集行于世。中州集。

雲濠謹案。金史先生本傳言其尤工書。趙秉文云。渢之正書體兼顔蘇。行草備諸家體。其超放又似楊凝式。當處蘇黄伯仲間。党懷英小篆。李陽冰以來鮮有及者。時人以渢配之。號曰党趙云。

蔡氏門人

党先生懷英見上廣道門人。

㈠「平」當爲「干」。

㈡「聞」下脱「涉」。

忠敏辛稼軒先生棄疾別見晦翁學案補遺。

崔氏門人

左司劉先生昂

劉昂字之昂。興州人。大定十九年進士。天資警悟。律賦自成一家。泰和初。自國子司業擢左司郎中。降上京留守判官。道卒。中州集。

雲濠謹案。金史先生本傳引屏山故人外傳。言其早得仕。年三十三爲尚書省掾。調平涼路轉運副使。時術士有言其官止五品。不信。俄以母憂去職。連蹇十年。卜居洛陽。有終焉之志。有薦其才于章宗者。自國子司業擢爲左司郎中。會掌書大中與賈鉉漏言除授事。爲言者所劾。獄辭連之。章宗震怒。降上京留守判官卒。竟如術者之言。

屏山門人

補御史雷季默先生淵

附録

改東平府録事。以勞績遙領東阿縣令。東平。河朔重兵處也。驕將悍卒不可制。先生出入京中。偃然不爲屈。不數月。家有先生畫像。雖大將亦不以書生遇之。

正大初。拜監察御史。時主上新卽位。宵衣旰食。思所以宏濟艱難者爲甚力。希顏以爲天子富于春秋。有能致之資。乃拜章言五事。大略謂精神爲可養。初心爲可保。人君以進賢退不肖爲職。不宜妄費日力。以親有司之事。上嘉納焉。

先生學甚博。文甚奇。生平慕孔融田疇陳元龍之爲人。先生之友高廷玉李純甫亦以奇節自負。人號之爲三傑。

梓材謹案。元遺山誌先生墓亦云。南渡以來。天下稱宏傑之士三人。曰高獻臣。李之純。雷希顏。又云。凡此三人者。行輩相及。交甚歡。氣質亦略相同。又云。一時有重名者非不多。獨以獻臣爲稱首。獻臣之後。士論在之純。之純之後在希顏。則先生行輩後于屏山矣。

補 翰林宋先生九嘉

附録

元遺山中州集曰。飛卿不喜佛法。自言平生有三恨。一恨佛老之説不出于孔氏前。二恨辭學之士多好譯經潤文。三恨大才而攻異端。

庫使劉先生昂霄

劉昂霄字景元。別字季房。陵川人。其學無所不闚。六經百代外。世譜官制與兵家所以成敗者爲最詳。嘗用門資調慶陽軍器庫使。不就。卒年三十七。中州集。

雲濠謹案。歸潛志字景賢。博學能文。從屏山游。與雷希顏。章敬之。元裕之善。

高先生永

高永字信卿。出于盤陽梓材案。歸潛志作漁陽。大族。讀書略通卽棄之去。貞祐初。避太原。南渡。居嵩州。出入屏山之門。其學遂進。初名夔字舜卿。又名揆。屏山改焉。卒年四十六。中州集。

敬先生鉉詳見北山四先生學案。

雷氏同調

補主簿周放翁先生嗣明

周嗣明字晦之。眞定人。叔昇㊀德卿。名士。文章氣勢。一時流輩推之。屏山最愛之。嘗曰。若德卿操履端重。學問淳深。眞韓歐輩人也。先生爲人有學。長于議論。自號放翁。屏山嘗爲作眞贊。與雷宋張李輩頡頏。歸潛志。

附録

元遺山中州集曰。晦之短小精悍。有古俠士風。年未三十。交游半天下。長于義理之學。下筆數千言。初不見其所從來。主淶水簿。從其叔北征得還而不忍去。使晦之不死。文字不及其叔。

㊀「昇」當爲「昂」，下脱「字」。

而理性當過之。嘗謂學不至邵康節程伊川。非儒者也。其説類此。

劉房山先生伯熙

劉伯熙字善甫。燕人。年十六七入國學。喜爲詩文。卓犖有聲。與雷御史希顔齊名。號曰雷劉。崇慶之變。遂不就舉。貞祐初。入汴。金亡而復歸燕。往來燕趙之間二十餘年。復如汴。卒于旅次。年七十四。房山。其自號也。先生資度瑰偉。面若頳玉。出于宦族。而交一時鉅公。故王綱國體。大禮經制。無不洞練。如性理象數經學文章。皆能道其抵㈠要。其書法出于二王。尤善眞行小楷。郝陵川集。

黄華門人

判官高先生憲

高憲字仲常。遼東人。黄華之甥。幼學于外家。故詩筆字畫俱有舅氏之風。天資穎悟。博學强記。泰和三年。乙科登第。釋褐博州防禦判官。遼陽破。歿于兵間。中州集。

韓先生玉

韓玉字温甫。其先相人。曾祖錫。仕金以濟南尹致仕。先生明昌五年經義辭賦兩科進士。入

㈠「抵」當爲「柢」。

翰林爲應奉應制。一日百篇文不加點。歷授河平軍節度副使。且覘其軍。先是。華州李公直以都城陷絶。諫舉兵入援。而先生恃其軍爲可用。亦欲爲勤王之舉。傳檄州郡。京兆統軍使謂公直據華州反。使者覘先生軍。疑預公直之謀。先生道出華州被囚。死于郡學。臨終書二詩壁間。士論冤之。金史。

臨終遺子書

此去冥路。吾心浩然。剛直之氣。必不下沈。兒可無慮。世亂時艱。努力自護。幽明雖異。寧不見爾。

李六峯先生瀣

李瀣字公渡。相人。少從王内翰子端學詩。性寬緩。笑談有味。居京十五年。善處世。不爲人所忌嫉。雅有前輩典刑。累舉不第。年六十餘。卒于通許陳留之間。中州集。

雲濠謹案。歸潛志言。先生自號六峯居士。工詩及字畫。皆得法于黄華。與趙閑閑諸公游。

資善趙滏水先生秉文詳上屏山講友。

路先生元亨

路元亨。

張先生進卿

張進卿。

滏水門人

員外元遺山先生好問別見明道學案補遺。

文康王先生鶚別見蘇氏蜀學略補遺。

隱君中屠先生義附解器之。梁希然。

中屠義字順之。世居于汴。幼好書。務實踐。從趙禮部秉文遊。效其字法。金季遷都河南。占籍壽良。隱于賈。衡量必公。其子致遠。兒時問何事可立身。先生督勖以學。内師金進士解器之。外師鄆牧嚴侯所聘梁希然。遂成大器。後任御史。仕至廉訪僉事。吴文正集。

尚書馮横溪先生延登

馮延登字子駿。吉州人。國子祭酒。擢刑部尚書。平生以易爲業。及安置豐州。止以易一編自隨。日夕研究。大有所得。既歸。集前人章句爲一書。曰學易記。藏于家。中州集。

梓材謹案。秀水莊氏金文雅作者攷于先生云。承安三年進士。天興中官禮部侍郎。城陷。投井死。又言。其于正大末北使見留。降之不從。覊管二年放歸。卒以節見。受詩法于趙閑閑。有横溪翁集。今佚。

趙蘧然先生滋

趙滋字濟甫。本出馮翊。其大父來爲汴梁户籍判官。遂爲汴人。先生號蘧然子。筆勢飛動。得趙閑閑不傳之妙。一時學閑閑者皆不及。而閑閑亦有咄咄逼人之歎。畫入能品。詩學江西派。元遺山集。

蓬門家學

補 進士劉神川先生祁

梓材謹案。雷希顔答先生詩云。卽今海縣漫㊀腥羶。獨挽洙泗可先前㊁。迺公有志屏山賢。二豪在日予牽連。傷哉未售墳已顛。老我欲種南山田。子之兄弟其周旋。事業絶□㊂空言傳。其序云。京叔將拜掃于陳徵言爲贈。老孏廢學。茫無所得。獨記其交屏山雲卿襟期所在者云。

歸潛志

人之生有三樂。有志氣之樂。有形體之樂。有性命之樂。今吾旣不得時。有志氣之樂。又不

㊀「漫」當爲「謾」。

㊁「先前」當爲「洗湔」。

㊂「□」當作「勝」。

富厚。有形體之樂。居荒山之中。日惟藜藿之爲養。其所享無一毫過于人。捨性命其何樂哉。方士之術。西方之教。其有無誰能知。因思吾道。天地日月照明山河。草木蕃息其間。君臣父子兄弟夫婦禮文粲然。而治國治家煥有條理。賞罰黜陟立見榮辱。生死窮通互分得失。其明白如此。豈有惑人以不可知之事者哉。而世之愚俗。徒以二氏之詭誕怪異出耳目外。則波靡而從之。而飲食起居日在吾道中。而恬不自知。反以爲尋常者。良可歎也。

國之不可治。猶可以治其家。人之不能正。猶能正其身。使家之齊而身之修。雖隱居不仕。猶可謂得志。故吾嘗曰。雖天下未太平。而吾一家獨不可太平乎。是誠在我者也。

六經中莫難窮者易。莫難斷者春秋。故予三十而學春秋。以其壯而立志也。四十而學易。以長而多練事也。

賢人君子得志。可以養天下。如不得志。天下當共養之。

分人以財。有時而盡。分人以善。百世不磨。

張平章萬公父彌學座右銘有云。欲求子孫。先當積孝。欲求聰明。先當積學。此至言也。

爲善而遇災屯困窘者。命也。非分也。爲惡而遇災屯困窘者。分也。非命也。爲善而得富貴亨達者。分也。非命也。爲惡而得富貴亨達者。命也。非分也。

命分之理。惟識者爲能辨之。

慾心不死。道心不生。

寧使敬而疏。毋使狎而親。人敬而疏。不失爲端士。人狎而親。恐流而爲小人。獨不見冰雪與脂韋乎。其所喻何如㈠。

厚于道味者必薄于世味。厚于世味者必薄于道味。士君子苟不爲世味所誘。何名之不成。何節之不立哉。

富貴爵禄。世人所共嗜。故忘身屈節而徇之。惟君子視之爲外物。得失付之自然。苟與世人同。安得爲君子。

保養乎身。勿以壽夭委之天。勤儉乎家。勿以有無付之命。强勉乎政。勿以否泰歸之時。忠愛乎君。勿以昏明託諸上。此所謂先盡人事。後言天道。先盡其立己者。在人者初不計也。定心之法。莫善于此。

凡事寧失之緩。無失之急。寧失之不及。無失之過急者。古人以爲病。前輩有云。優柔和緩。又云。天下事孰不因忙得㈡錯了。曷嘗令君緩不及事。宜深思之。

附録

少穎異。爲學能自刻勵。有奇童目。

㈠「何如」當爲「可知」。

㈡「得」當爲「裏」。

弱冠舉進士。廷試失意。即閉户讀書。務窮遠大。涵濡鍛淬。一放意于古文。間出古賦雜説數篇。李屏山趙閑閑楊吏部雷御史王滹南諸公見之。曰。異才也。皆倒屣出迎。交口騰譽之。及與父御史公退居于陳。相與講明六經。直探聖賢心學。推于躬行踐履。自是振落英華。收其眞實。文章議論。粹然一出于正。士論咸謂得斯文命脈之傳。

壬辰。北還鄉里。躬耕自給。築室。榜曰歸潛。

戊戌。詔試儒人。先生就試。魁南京。選充山西東路考試官。後征南行臺拈合聞其名。邀至相下。待以賓友。凡七年而卒。

王鹿庵銘其墓曰。神川力學。洞鑒心胸。明理貫道。匪文奚工。玉佩瓊琚。大振辭鋒。導家學之淵流。會百川而朝東。章甫適越。惜不時逢。

郝陵川爲渾源先生哀辭引曰。歲庚子。經甫踰童。獲拜先生于館舍。而遽南軔。闊越八九歲。己酉春。先生往來燕趙間。始得奉杖屨。格言義訓。雖屢得聞。而頑鈍椎魯之資。捍輮而不入。是以塵心槁思。渴而未沃也。庚戌春。方負笈南邁。以遂摳衣之問。而凶訃掩至。繼而其弟義季來。以先生易簀時所付一書四十篇曰處言見示。經再拜。雪泣讀之。其辭汪洋煥爛。高壯廣厚。約而不缺。肆而不繁。其理則詣乎極而窮乎性命。于死生禍福之際尤爲明析。非世之所謂文章古所謂立言者也。于是感愚志之不卒。傷先生之不天。憫吾道之不競。恨憤惋激。吐辭以哀之。

王秋澗追輓之曰。我自髫髦屢拜公。執經親爲發顓蒙。道從伊洛傳心事。文擅韓歐振古風。

四海南山青未了。一邱洹水恨何窮。泫然不爲山陽笛。老屋吟看落月空。

趙穆識歸潛志後曰。神川一代偉人。世爲賢獻之門。其所志窮理盡性以至于命。進則以斯道濟當時。退則以斯道覺後世。以永聖脈。一時士大夫尊師之。人文之盛。實所賴焉。孟子謂君子所以教。有成德者。有達材者。有私淑艾者。神川私淑之徒。成德達材。彬彬輩出。是身雖没而道不没也。道寄于文。文傳于世。世傳其文。卽傳其名矣。夫何憾兹。

神川講友

陳先生時可

陳時可字秀玉。自號寂通居士。劉京叔之友。金文雅作者攷。

陳氏遺文

易曰。君子之道。或出或處。或默或語。應處而出非道。應出而處亦非道。語默何異哉。夫魚不厭深矣。龍德則不然。升潛以其時。孔子。聖之時者也。乃所願則學孔子。子謂顏淵曰。用之則行。舍之則藏。其論逸民則曰。我則異于是。無可無不可。艮。止也。聖人彖是卦曰。時止則止。時行則行。動靜不失其時。其道光明。莊周。陽擠陰助者也。至其舉養生之道。亦引仲尼曰。無入而藏。無出而陽。柴主其中央。豈有吾聖門弟子。反專于潛之一字者耶。歸潛堂銘序。

楊氏門人

員外元遺山先生好問

別見明道學案補遺。

文康王先生鶚

別見蘇氏蜀學略補遺。

洛川門人

同知孟先生宗獻

孟宗獻字友之。開封人。大定三年。鄉府省御四試皆第一。供奉翰林。曹王府文學兼記室參軍。以疾尋醫久之。授同知單州軍州事。丁母憂。哀毁致卒。中州集。

趙黄山先生渢

見上榆山門人。

張先生璧

張璧字叔獻。

奉直趙先生端卿

曾祖弼。父渥。

趙端卿字正之。浙人。遠祖以商販留東京。因而家焉。曾大父弼居通許。以教讀爲業。先生幼孤。養于叔父澤。天資簡重。薄于世味。少日。父渥教以科舉之業。而于經有所得。定興五年釋褐。徵仕郎。守解州安邑丞。卽閉户讀書。無復仕進意。教誨子弟。以孝弟忠信爲根本。身自表率。使知踐履之實。不徒事章句而已。正大初。召至史館。力辭而去。先生師尊王逸賓。而高先生正之。其交久而敬者也。天興壬辰。避亂京居。車駕東狩。崔立劫殺宰相。都人聞變。求死無所。先生方與高正之對食。顔色不少變。投筯而起。嘆曰。知有今日久矣。尚何言哉。其七月二十八日。以病卒于寓舍。年五十有四。用覃恩積官至奉直大夫。元遺山集。

趙氏講友

隱君高學易先生仲震

高仲震字正之。號學易先生。出于世家。而能以清介自守。究心于六藝之學。隱居嵩山二十年。人望之以爲神仙。元遺山集。

遯齋續傳

御史王先生國綱

王國綱字正之。元節孫。業儒術。尤長吏事。爲人端重樂易。或有忤者。略不與校。亦未嘗形于怒色。大定三年。試補尚書吏部掾。累擢監察御史。秩滿。敕留再任。開興元年。關陜完顔總帥屯河中府。與元軍戰。敗績。哀宗遣之。乘上廄馬。經詣河中。問敗軍之由。還至中途。值元兵見殺。時年四十四。金史。

党氏門人

安先生常

安常字順之。從党承旨學大篆。多識古文奇字。太和末。曾見内府所藏湯盤。作白玉方斗近四寸。底銘九字。卽德日新。日日新。又日新也。續夷堅志。

黄山門人

府判王錦峯先生仲元見上榆山家學。

申屠家學

申屠先生致遠別見泰山學案補遺。

神川門人

文定王秋澗先生惲別見張祝諸儒學案補遺。

宋元學案補遺別附卷一目録

宋元學案補遺別附卷一

後學 鄞 王梓材 慈谿馮雲濠 同輯

宋儒博考上

魯國范先生質

范質字文素。大名宗城人。九歲能屬文。十三治尚書。教授生徒。後唐長興四年舉進士。累官户部侍郎。周廣仁初拜中書侍郎平章事兼參知樞密院事。進位左僕射兼門下侍郎。恭帝嗣位。加開府儀同三司。封蕭國公。宋初。加兼侍中。進封魯國公。卒年五十四。先生力學强記。性明悟。既登朝。猶手不釋卷。身没。家無餘資。太祖因論輔相。謂侍臣曰。朕聞范質止有居第。不事生産。眞宰相也。有集三十卷。又述朱梁至周五代爲通録六十五卷。行於世。宋史。

梓材謹案。四庫提要于熊節所編性理羣書云。其上及范質者。以朱子作小學嘗録其詩。旁及蘇軾者。則以司馬温公行狀之故也。

原孝

立身之謂道。本道之謂孝。上自天子。下至於庶人。未有不由而立也。嗚呼。爲孝之道。是因乎心者焉。孝有小大。性有能否。君子小人亦各存其分也。聖人之教。布在方策。不敢毁傷。

存其始也。立身行道。要其終也。居必誠其心。遊必擇其方。然後謹以温凊之禮。愼以飲食之節。起居進退。罔㣲其志。善事幾諫。勞必無怨。至於愛敬之道。乃天性也。無忽天性。以慢人紀。斯可錫其類而不匱也。世之愚者。知其孝乎。而不知所以爲也。越禮以加敬。輕生以致養。且曰。親之疾弗瘳者。子之股可療焉。乃折體斷股。密寘於味。苟親之壽。幸而未盡。而或生也。則鄉里神其事。以爲孝之感。乃聞之於州縣。聞之於天子。官給其賜以優之。然後傳之於後。旌之於門閭。率土之民向之而思其效者矣。嗟乎。風俗之移人也。而官其事者。遂以之自賞。俾蚩蚩者知其室而不知其户也。踰牆鑽穴而進殞乎命。且親之憂心以疾也。非疾而自刑。是致其憂者也。予曰。毁不滅性。死生之際尚或存也。苟居疾以剥膚。由味而喪軀。則所謂陷之於不義者也。禽之相食。尚曰無有。安在爲人父母而食其子者乎。古之孝以感者多矣。猶是者未之覩焉。且民之耳目。烏知所謂聖人之道。在乎諭之而已。既諭之。且制之。俾爲孝之民。誠其心而不誠其名。愛其生而不愛其賜。始於一邑。迨於一郡。然後天下之民可率之以道也。斯之謂王化之基。人倫之本。可不急乎。

戒兒姪詩

戒爾學立身。莫若先孝弟。怡怡奉親長。不敢生驕易。戰戰復兢兢。造次必於是。
戒爾學干禄。莫若勤道藝。嘗聞諸格言。學而優則仕。不患人不知。惟患學不至。

戒爾遠恥辱。恭則近乎禮。自卑而尊人。先彼而後己。相鼠與茅鴟。宜鑒詩人刺。戒爾勿曠放。曠放非端士。周孔垂名教。齊梁尚清議。南朝稱八達。千載穢青史。戒爾勿嗜酒。狂藥非佳味。能移謹厚性。化爲凶險類。古今成敗者。歷歷皆可記。戒爾勿多言。多言衆所忌。苟不慎樞機。災厄從此始。是非毀譽閒。適足爲身累。舉世重交游。擬結金蘭契。忿怨從是生。風波當時起。所以君子性。往往淡如水。舉世好奉承。昂昂增意氣。不知奉承者。以爾爲玩戲。所以古人疾。籧篨與戚施。舉世重任俠。俗呼爲氣義。爲人赴急難。往往陷刑制。所以馬援書。勤勤告諸子。舉世賤清素。奉身好華侈。肥馬衣輕裘。揚揚過閭里。雖得市童憐。還爲識者鄙。我本羈旅臣。遭逢堯舜理。任重才不充。戚戚懷憂畏。深淵與薄冰。蹈之惟恐墜。爾曹當憫我。勿使增罪戾。閉門斂蹤跡。縮首避名勢。勢位難久居。畢竟何足恃。物盛則必衰。有隆還有替。速成不堅牢。亟走多顛躓。灼灼園中花。早發還先萎。遲遲澗畔松。鬱鬱含晚翠。賦命有疾徐。青雲難力致。寄語謝諸郎。躁進徒爲耳。

高先生頔

高頔字子奇。雍邱人。後唐清泰中。舉進士。擢乙科。四遷魏博觀察使。周顯德中。符彥卿奏署掌書記。時太宗親迎懿德皇后於大名。彥卿遣之迎候。日夕陪接。尤伸款好。後隨彥卿鎮鳳翔。會詔留彥卿洛陽。先生復爲天雄軍掌書記。後以病免。居於魏。雍熙二年。太宗親試貢士。其子南金舉學究。自陳父年八十四。家貧。無以存養。願獲寸祿。以及老父。上問左右。其父何人。宰相宋琪以頔對。上曰。此高頔子耶。頔在大名幕中。嘗與朕遊處。迨踰旬月。晨暮對案飲食。常拱手危坐。未曾少懈。其恭謹蓋天性也。惜其老矣。不欲煩以官政。卽擢南金第。拜先生左補闕致仕。後卒於家。先生有清節。力學强記。手寫書千餘卷。彥卿待之甚厚。或過致優給。先生計口受費。餘皆不納。宋史。

博士聶先生崇義

聶崇義。洛陽人。舉三禮。五代時累官博士。校定公羊春秋。周顯德中。進司業兼太常博士。世宗以宗廟祭器漸失規式。命檢討纂書以聞。宋初。又上三禮圖。凡宗廟禮制。多所更定。姓譜。

三禮圖集注自序

冠冕衣服見吉凶之象焉。宮室車旗見古今之制焉。弓矢射侯見尊卑之別焉。鐘鼓管磬見法度之均焉。祭器祭玉見大小之數焉。圭璧繅藉見君臣之序焉。喪葬飾具見上下之紀焉。舉而行之。易於詳覽。

梓材謹案。四庫全書著録先生三禮圖集註二十卷。提要言。周世宗詔參定郊廟祭玉。因取三禮舊圖。凡得六本。重加考訂。所謂六本者。鄭玄一。阮諶二。夏侯伏朗三。張鎰四。梁正五。開皇所撰六也。宋代諸儒不以所圖爲然。然其書鈔撮諸家。亦頗承舊式。不盡出於杜撰云。

附録

竇儼曰。國子司業兼太常博士聶崇義。垂髫之歲。篤志禮經。會國朝創制彝器。迨於車服。乃究其軌量。親自規模。於是博采三禮舊圖。凡得六本。大同小異。遂鑽研尋擇。推較詳求。躬命繢素。凡舊圖之是者率由古典。否者以實裁量。作程立制。昭示無窮。

朱子論文廟釋奠祭器曰。祭器並依聶崇義禮圖之樣式。某見政和中議禮局鑄造祭器。皆考三代器物遺法。制度精密。氣象淳古。足見一時文物之盛。可以爲後世法。紹興十五年。曾有旨以其樣制開説印造。頒付州縣遵用。今州縣既無此本。而所頒降儀式印本。尚仍聶氏舊圖之陋。未爲得也。

陳伯廣跋三禮圖曰。予觀其圖。度未必盡如古昔。苟得而攷之。不猶愈於求諸野乎。

諫議崔先生頌

崔頌。偃師人。後唐平章事協之子。以蔭補官。歷漢周。官至左諫議大夫。宋初判國子監。太祖問以一時典禮。應對閒雅。上甚重之。姓譜。

知州辛先生文悦

辛文悦。□□人。太祖幼從肄業。逮卽位。召見。授判太府事。時周鄭王出居房州。太祖謂先生長者。命知房州以保全之。姓譜。

尚書竇先生儀附弟儼。侃。偁。僖。

竇儀字可象。漁陽人。周諫議大夫禹鈞長子。諫議嘗建書院。延名儒以教遠近之士。先生學問優博。風度峻整。累官禮部尚書。太祖欲相之。趙普忌其剛直。沮之。及卒。太祖憫然曰。天何奪我竇儀之速耶。弟儼。侃。偁。僖。與先生皆登第。時謂燕山竇氏五龍。儼字望之。好賢樂善。官禮部侍郎。侃。官起居郎。偁字日彰。參知政事。僖。左補闕。姓譜。

附錄

黄東發曰。竇内翰儀。有識操。多知故事。不肯短趙忠獻普。旣全國體。亦以自全。

竇先生儼見竇儀傳。

望之遺文

昔者秦始皇之重法術。而天下貴刑名。魏文帝之惡方嚴。而人間尚通變。上言化下。下必從焉。是以雙劍崇郎。飛白成俗。挾琴飾容。赴曲增抃。自然之道也。

朱靜裕先生昂附弟協。

朱昂字舉之。其先京兆人。父寓潭州。遂家於衡山。先生少好學。有朱遵度者。時謂之朱萬卷。目先生曰小萬卷。北游江淮。時周世宗南征。韓令坤統兵揚州。先生謁令坤。陳治亂方畧。令坤器之。以權知永正縣。有政績。令坤遂表授本縣令。改衡州録事參軍。知州李昉見其文。深加歎賞。既又爲薛居正所知。二人遂薦引之。太宗朝擢知水部郎中直秘閣。眞宗即位。除知制誥。入翰林爲學士。屢表乞骸骨。敦諭彌確。乃授工部侍郎致仕。仍令俟秋涼南還。故相張齊賢而下皆賦詩贈行。詔從臣祖於東門。弟協。仕至主客郎中。雍王府翊善。亦告老而歸。時以比之二疏。陳堯咨知荆南。表其居曰。東西致政坊。先生所得俸。常以三之一購奇書。於所居爲二亭。曰知止。幽棲。自稱曰退叟。卒年八十二。門人諡之曰靜裕先生。先生方正恬淡。十五年爲洗馬不遷。非公事不至兩府。有文集三十卷。隆平集。

梓材謹案。宋史文苑先生本傳云。少與熊若谷鄧洵美同學。又言。其老而閒居。著賢理論三卷上之。詔以其書付史館。弟協以純謹稱。又稱門人諡先生曰正裕。其子三人。正彝。正辭。正基。皆以正爲名。似不當復以正字諡先生也。

陳氏師承

蔡貞白先生蒙叟

蔡蒙叟字□□。閩縣人。博通古今之務。養高不仕。弟子從遠方至者常滿其門。諫議陳從易洎里中顯達者十餘人。皆北面焉。郡守薦授州助教。非其好也。年八十餘。卒於家。號貞白子。著繩子三卷凡五十七篇。行於世。姓譜。

焦先生□

焦夫子亡其名。居岷山。宋初時人。飽詩書。以博學教導人。故世人稱夫子云。全蜀藝文志。

和先生峴附弟㠓

和峴字晦仁。浚儀人。晉宰相凝子。十六登朝爲著作郎。丁父憂。服闋拜太常丞。建隆初。授太常博士。從祀南郊。贊導乘輿。進退閒雅。拜刑部員外郎。仍判太常寺。乾德元年十一月甲子。有事於南郊。丁丑冬至。有司請復祀昊天上帝。詔議其禮。先生以祭義戒於煩數。請罷之。三年十二月十四日戊戌臘。有司以七日辛卯蜡百神。先生獻議正之。四年南郊。建議望燎。位置爟火。謂八佾之舞以象文德武功。請用玄德升聞天下。大定二舞。先是王朴竇儼洞曉音樂。前代不協律吕者多所考正。朴儼既没。未有繼其職者。會太祖以雅樂聲高。詔先生講求其理。以均節之。自是八音和暢。上甚嘉之。開寶初。遷司勳員外郎。太宗即位。遷主客郎中。太平興國二年。

知兗州。改京東轉運使。削籍配隸汝州。六年。起爲太常丞。分司西京。端拱初。上躬耕藉田。先生奉留司賀表至闕下。因以其所著奉常集五卷。秘閣集二十卷。注釋武成王廟贊五卷奏御。上甚嘉之。復授主客郎中。判太常寺兼禮儀院事。是秋。得暴疾卒。年五十六。弟㠓字顯仁。太平興國八年。擢進士第。釋褐霍邱主簿。累遷光禄寺丞。先是。其父嘗取古今史傳聽訟斷獄辨雪冤枉等事。著爲疑獄集。顯仁因增益事類。分爲三卷。表上之。召試中書。擢爲太子中允。撰七榜題名記。并補註其父所撰古今孝悌集成十卷以獻。遂以本官直集賢院。遷右正言。累加水部員外郎中理檢院。至道元年。賜金紫。與王旦同判吏部銓。是秋。晨起將朝。風眩暴作而卒。年四十五。宋史。

祭酒孔先生維

孔維字爲則。雍邱人。乾德中。以九經及第。爲國子博士。使高麗。王治問禮。先生對以君臣父子之道。升降等威之序。治悦曰。今日復見中國之夫子也。累遷國子祭酒。校定五經疏義。姓譜。

宋先生準

宋準字子平。雍邱人。開寶中。舉進士。擢甲科。授秘書省秘書郎直史館。八年。受詔修定諸道圖經。太平興國四年。遷著作郎。通判梓州。轉左拾遺。歸朝。預修諸書。再知貢舉知制誥。

端拱二年卒。年三十二。賜錢百萬。先生美風儀。喜談論。辭采清麗。莅官所至。皆有治聲。宋史。

文先生祚

文祚。居蜀之温江。有經學。邑人師之。氏族譜。

文靖李先生沆

李沆字太初。肥鄉人。侍御史炳之子。太宗時進士。爲右補闕知制誥。上嘗稱其風範端凝。眞宗时拜相。日取水旱盜賊奏聞。曰。人主少年。當使知四方之艱難。不然。則留意於土木禱祠之事矣。王文正旦初以爲細事。後果驗。歎曰。李文靖。眞聖人也。至於焚封妃之詔。奪西夏之謀。不用浮薄。不市私恩。可謂正大光明矣。張忠定詠曰。吾榜得人最多。謹重雅望無如李太初。卒謚文靖。姓譜。

附録

文靖爲相。專以方嚴重厚鎮服浮躁。尤不樂人論説短長。胡祕監旦謫州。久未召。嘗與公同知制誥。聞公參政。以啓賀之。歷詆前爲参政者。而譽公甚力。公慨然不樂。命承吏封置别篋曰。吾豈眞優於數公。亦適遭遇耳。乘人之後而譏其非。吾所不爲。況欲揚一己而短四人乎。終爲相旦不復用。

司馬温公訓儉曰。李文靖公治居第於封邱門外廳事前。僅容旋馬。或言其太隘。公笑曰。居第當傳子孫。此爲宰輔廳事誠隘。爲太祝奉禮廳事則已寬矣。

尹和靖曰。伊川論國朝名相。必曰李文靖。

黄東發曰。劉元城有言。本朝名相惟李沆最得大臣體。以不行利害文字事奏水旱盗賊爲證。愚亦謂本朝名相。度量無如王公旦。膽畧無如寇公凖。公預憂禱祠土木之事作。則王公旦所不及。預知丁謂不可在人上。則寇公凖所不及。

又曰。文靖作相。嘗讀論語曰。節用愛人。使民以時兩句。尚未能行。

周先生頊

周頊。蜀人。有隱德。號正晦先生。氏族譜。

員外李先生覺

李覺字仲明。本京兆長安人。曾祖國子祭酒鼎。於唐末避亂。徙家青州益都。先生太平興國初舉九經。爲秘書丞。太宗以孔穎達五經正義刊板。詔先生校定。太宗視學。先生講易泰卦。述天地感通君臣相應之旨。上甚悦。詳校正義成。改水部員外郎。姓譜。

邢先生敦

邢敦字君雅。不知何許人。家於雍邱。與宋準趙昌言交遊甚厚。太平興國初。嘗舉進士不第。慨然有隱遯意。性介僻。不妄交友。耽玩經史。精於術數。工繪畫。頗嗜酒。或遊市廛。過客詢以休咎者。多不之語。里中號邢夫子。大中祥符七年。眞宗幸亳回。邑人列上其事。王沂公爲考制度使。以名聞。詔可許州助教。讓而不受。乾興元年。無疾而卒。年七十四。宋史。

孫先生成象父儁。附子頎。

孫成象字乾曜。長沙人。父儁。居郡城南。輕財樂施。教子有方。里人以爲長者。湖湘衣冠論治家可法者。推城南孫氏。先生性篤孝。事親能竭誠力。友弟以愛。居喪致哀謹禮。鄉里稱之。好學問。爲文章長於歌詩。善書法。有名場屋間。聞善見德。篤好而力行之。嘗以事出旁郡。而母以疾亡。既還。伏棺悲摧。累日不能飲食。忽撫其子曰。吾不爲無後。死當免於聖人乎。其從先君遊。無所恨。語已。號頓而卒。年三十三。長子頎。荆湖北路轉運使。累贈先生刑部侍郎。劉忠肅文集。

梓材謹案。轉運字景修。號拙翁。咸平閒進士。官終太常太卿。以才顯於世。少孤。受教於母。爲賢母録。以致其思。亦見忠肅集。

陳先生充

陳充字若虛。成都人。家素豪盛。少以聲酒自娱。不樂從官。邑人敦迫赴舉。雍熙中。天府禮部奏名。皆爲進士之冠。廷試擢甲科。釋褐孟州觀察推官。就改掌書記。會寇準薦其文學。得召試殿中丞。出知明州。入爲太常博士。累遷兵部員外郎。景德中。與趙安仁同知貢舉。改工部刑部郎中。大中祥符六年。以足疾不任朝謁。出權西京留守御史臺。旋以本官分司。卒年七十。先生詞學典贍。唐牛僧孺著惡善無餘論。言堯舜之善。伯鯀之惡。俱不能慶殃及其子。先生因作論以反之。性曠達。善談謔。澹於榮利。自號中庸子。臨終自爲墓誌。有集二十卷。宋史。

周先生儀

周儀。邵陽人。讀書武岡紫雲石室。雍熙初。舉進士。官至諫議大夫。爲嘉祐直臣。後徙武岡。以原籍田廬分贍宗族。姓譜。

吴先生元扆父廷祚。

吴元扆字君華。太原人。父廷祚字慶之。在周爲樞密使。宋興。加中書門下三品。建隆初。爲雄武軍節度使。改京兆尹。卒贈侍中。先生尚太宗蔡國公主。累擢至山南東道節度使。兩知河南。又知定州。徙知徐州。以疾卒。年五十。贈中書令侍中。厚重寡言。治家有法。好儒學。聚書數千卷。至先生聚書乃至萬卷。喜讀左氏春秋。尤通内典。精筆札。臨事愼重。御下有術。在藩鎭能愛民。待賓客必盡禮。奉身簡素。所得禄賜。均及親族。宋初以來。尚主者獨稱其賢云。隆平集。

愼先生知禮

愼知禮。衢州信安人。幼好學。年十八。獻書於錢俶。署校書郎。命掌書記。宋太平興國三年。授鴻臚卿。歷知陳州興元府。母年八十餘。居宛邱。懇求歸養。退處十年。縉紳稱其孝。友㊀母服除。表請納祿。至道三年。以工部侍郎致仕。先生自幼至白首。歲讀五經。周而後止。每開卷。必正衣冠危坐。未嘗少懈。咸平初卒。年七十七。宋史。

主簿盧先生禎

盧禎字叔徵。杭州人。自幼穎悟。及長。曉五經大義。酷嗜周易孟子。端拱初。登進士第。調東鹿主簿卒。嘗著五帝皇極志。孺子問。翼善書數十篇。萬曆杭州府志。

李先生士眞

李士眞。衡陽人。至道中。講學石鼓書院。重加修建。上聞賜額。湖廣通志。

楊先生大雅

陳先生從易合傳。

楊大雅字子政。初名侃。避眞宗藩邸名而更之。唐靖恭諸楊虞卿之後。家錢塘。端拱二年。

㊀「友」當爲「及」。

登進士第。久歷外官。復與陳從易並命爲知制誥。二人者。皆博學有行義。時謂之楊陳先生。以右諫議大夫集賢院學士知亳州。卒年六十九。所著有大隱集三十卷。西垣集五卷。職林二十卷。兩漢博聞十二卷。從易字簡夫。泉州人。端拱初。登進士第。踐歷之久。始擢知制誥諫議大夫。進龍圖閣直學士。知杭州。卒年六十。所著泉山集二十卷。中書制稿五卷。西清奏議二卷。隆平集。

閭先生路

周先生式合傳。

閭路字蹈之。□□人。太子中舍致仕。號太原先生。夫人華陽楊氏。少孤。外祖張崇文春卿攜養於其家。春卿爲孟昶時秀才。通五經。博極羣書。昶歸朝。春卿留蜀。畏遠仕。遂爲西南士人文章宗師。既老無子。止有女及夫人在左右。後以女妻國子助教周式。而以夫人配先生。式講道著書。爲詩書名儒。先生履尚簡潔。學問無厭。常以易理春秋左氏傳名其家。居陋巷。坐甕舍。教諸生。與二子四時弦誦。風雨不廢。夫人亦以章句字畫訓誨諸女及里中內外親表之甥姪。二子。長温以職方員外郎通判戎州。次灝授雅州名山縣。假蜀之永康縣。文丹淵集。

梓材謹案。丹淵集又有屯田郎中閭君墓誌銘云。其先太原人。五世祖某。嘗爲唐安郡從事。因家焉。考某贈屯田郎中。刻意於學。尤喜左氏春秋。日㈠爲學者左右采獲持去。精義以下其他師。淳化中。順賊起。郡邑大擾。郎中盡委去資槖。挈

㈠「日」當爲「最」。

家所有書。居二江野外奧曲賊不能到處。穴地藏之。曰。貨財吾不屑。此書如爲兵火蹂燼。後求無有也。又言。其以屯田郎中知磁州。磁人鈍漫少文。公爲立學選師以教育之。又屯田員外郎羅君墓誌銘云。君諱致恭。字奉之。自大父始遷於益之雙流。君既生七年而孤。與母閻。依外氏於唐安。由是爲其郡人。順賊叛。唐安先遭兵。君始九歲。其外兄閻太古攜君遁逃。伏匿草野。賊誅。太古收斂其所藏書。與君日夜講讀。君能暗誦尚書。自堯典至秦誓一遍不絕。太古每稱愛之。授以左氏春秋。盡通其學。君復以其所能。勉厲太古之子顒。故有文行。爲西南名人。又云。築室北城外。使子弟學。求名儒爲之師友。自身督其業。日考其進否爲勸沮。又言。其生男二人。長職方登。行誼粹敏。居官。人德之。次懿。爲學有守。郎中父子無名可考。太古與子顒。未知卽其人否也。然據此則太原先生之族。其爲學者多矣。且俱爲春秋左氏傳之學。其家學淵源亦可見。

查先生道

查道。□□人。以謹儉奉己爲龍圖閣待制。每食必盡一器。度不勝則不復下箸。雖蔬菜亦然。嘗謂所親曰。福當如是惜之。王君玉國老談苑。

陳先生堯附子象之。

陳堯。公適經之曾王父也。其先平原厭次人。與子象之始徙居海州。世治經爲儒者。長興集。

向先生榮

向榮。皖之熙人也。咸平閒處士。少通經史。長而遊於江淮。及晚憩志龍山之下。結茅而居。朝夕與諸徒講易。安慶府志。

高先生志寧

高志寧字宗儒。洛陽人。幼通六經。尤深於大易。咸平中。舉明經。應識洞韜畧運籌決勝科。召對龍圖閣。言兵事莫備於師卦。因講其卦於上前。眞宗大悦。授大理評事。又應才識兼茂明於體用科。執政罷之。改太子左贊善大夫。天聖中。充河北沿邊安撫副使。以右領軍衛大將軍致仕。享明堂恩轉衛尉卿。所著周易化源圖行於世。韓安陽集。

王先生□

王□。□□人。文康公父。訓誨童蒙。必盡心力。脩脯不計。每與同輩論師道曰。天地君親師五者並列。師位何等尊重。後生以師事我。則終身成敗榮辱俱我任之。若不盡心竭力。誤人子弟。與庸醫殺人等罪。又喜爲童子講孝弟故事。曰。學者先心術而後文藝。先敦本而後施仁。如孝弟有虧。雖才華處世。不足重也。晚年生文康公。人謂爲善之報。人譜。

宋先生惟亮附門人任玠。

宋惟亮。成都人。號無爲先生。嘗授經任玠。晚究易。氏族譜。

李先生行簡

李行簡字易從。同州人。少苦學。坐石誦六經常至夜分。雖寒暑不渝。又聚木葉學書。筆法遒勁。舉進士登第。擢至龍圖閣待制。眞宗數幸閣。命講易。因訪大臣能否。必稱其所長。人以爲長者。仁宗卽位。進給事中。以疾求外。知河中府。徙虢州。卒年七十一。有集二十卷。先生簡重不妄交。一介不取諸人。聚書萬卷。多其自録。人謂之書樓。隆平集。

蔣先生至

蔣至。

丁先生度父逢吉。

丁度字公雅。其先恩州清河人。祖顗。後唐清泰初陷契丹。逃歸。徙居祥符。父逢吉。以醫術事眞宗藩邸。然好聚書。與儒者游。先生强力學問。好讀尚書。嘗擬爲書命十餘篇。大中祥符中。登服勤詞學科。爲大理評事。累遷中書舍人。慶曆中。副杜衍宣撫河東。久之。遷端明殿學士知審刑院。擢工部侍郎樞密副使。言契丹嘗渝盟。預備不可忽。因上慶曆兵録五卷。贍邊録一卷。明年。參知政事。罷爲紫宸殿學士。改觀文殿學士。再遷尚書左丞。卒贈吏部尚書。謚文簡。先生性淳質。不爲威儀。居一室十餘年。左右無姬侍。然喜論事。在經筵歲久。帝每以學士呼之而不名。嘗問蓍龜應占之事。乃對。卜筮雖聖人所爲。要之一技而已。不若以古之治亂爲監。嘗示以攲器曰。朕欲臨天下以中正之道。對曰。臣等亦願無傾滿以事陛下。因奏太宗嘗作此器。眞宗亦嘗著論。於是帝製後述以賜之。嘗著邇英聖覽十卷。龜鑑精義三卷。編年總録八卷。奉詔領諸儒集武經總要四十卷。宋史。

梓材謹案。四庫全書著録集韻十卷。提要云。舊本題宋丁度等奉敕撰。前有韻例。稱景祐四年太常博士直史館宋祁等建言。陳彭年邱雍等所定廣韻多用舊文。繁畧失當。因詔祁等與賈昌朝王洙同加修定。刑部郎中知制誥丁度。禮部員外郎知制誥李淑爲之典領。然考司馬温公切韻指掌圖序。稱仁宗皇帝詔翰林學士丁公度李公淑增崇韻學。自許叔重而降。凡數十家。總爲集韻。而以賈公昌朝王公洙爲之屬。治平四年。余得旨繼纂其職。書成上之。有詔頒焉。嘗因討究之暇。科别清濁爲二十圖云云。則此書奏於英宗時。非仁宗時。成於司馬公之手。非盡出丁度等也。其書凡平聲四卷。上聲去聲入聲各二卷。共五萬三千五百二十五字。視廣韻增二萬七千三百三十二字。又著録附釋文互註禮部韻畧五卷。附貢舉條式一卷。提要言。禮部韻畧舊本不題撰人。晁公武讀書志云。丁度撰。今考所併舊韻十三部。與度所作集韻合。當出度手云。

陳先生耿祖審交。父昌業。

陳耿字仲操。眞定人。祖曰審交。父曰昌業。世世傳鄭氏禮易不仕。先生受學父祖。祥符中以經中第。得上元尉。歷遷建雄軍節度推官。知永濟縣。王丞相沂公鎮魏。善其政。奏徙大名。拜權永清軍節度判官。丞相以爲賞薄。知其有親。更勑其弟子融辟監光州茶場。便奉養。累遷太子左贊善大夫。殿中丞。卒。劉公是集。

員外王先生絲

王絲字敦素。會稽人也。晉右將軍逸少之後。世居蕭山。先生幼稟親訓。未嘗釋卷。復游學京師。大中祥符八年春。擢進士第。除興國軍司理參軍。累改太常博士。通判衢州。州人子弟多習詩書。而未有學校。士望缺然。而先生募郡中高貲。始建學舍。其堂室僅百楹。朝廷賜州學額。

又營資糧之具。最於諸郡。歷遷兵部員外郎。知通州。朝廷召權三司鹽鐵判官。卒年六十一。范文正公集。

王氏學侶

沈先生僑

沈僑。蕭山人。依其外兄吏部王絲以學。以子衡登朝。爲大理評㈠致仕。後贈尚書刑部侍郎。蘇魏公集。

王先生世則

王世則。長沙人。冠歲辭親入南嶽讀書。其父遺錢一千。居數年還家寧親。出二千封識如故。人以爲異。太平興國八年。御試進士。以六合爲家賦。擢第一人。雍熙初。官右正言。與右拾遺洪湛等請立許王元僖爲太子。太宗怒。出知蒙州。至道二年。爲永州太守。湖南通志。

彭先生乘

彭乘字和建。華陽人。大中祥符五年。登進士第。授漢陽軍判官。與同年生游相國寺門㈡。

㈠「評」下脱「事」。
㈡「門」當爲「閣」。

顧望皆有從游之樂。先生獨曰。親老矣。敢舍晨昏之奉乎。翌日遂乞侍養以歸。久之。有薦其文行者。召試除館閣校勘。固辭還家。天禧初。用寇準薦。復召試爲校勘。遷秘書丞集賢校理。懇求便親。得知普州。舊制。蜀人不許赴蜀官。特恩自先生始。父卒既葬。甘露降墓柏上。人以爲孝感。起居注闕。中書擬人。先生在選中。仁宗指其名曰。此老儒雅。有恬退稱。遂用之。擢知制誥翰林學士羣牧使。卒年六十五。家聚書萬卷。多先生手自校正。質重純孝。特爲文少工。隆平集。

梓材謹案。費氏氏族譜云。國史載乘爲華陽人。繁華陽皆隸成都。而乘實以太平興國八年生於繁。見於故待制韓公駒所爲跨竈先生李公新集序。曰。繁上則彭乘之文詞云。

黄先生敏求

黄敏求。懷安軍鹿鳴山人。祥符五年。以爲本軍助教。先生明經術。嘗著九經餘義四百九十篇。轉運使滕涉以其書上進。帝命學士晁迴等看詳。迴等言所著撰可采。故特有是命。會要。

魏先生京

魏京。高安人。天禧進士。博學能文。鄉里以魏夫子稱之。名其所居曰儒榮坊。姓譜。

文孝張先生觀

張觀字思正。絳州人。以資政殿學士知相州。徙澶州。河壞縣陳埽及浮梁州。人大恐。或請移北原以避水。先生曰。太守獨去。如州民何。乃躬率徒平塞之。堤完。水亦尋止。趣多恬曠持廉。仁宗嘗飛白書清字賜之。以賞其節。姓譜。

梓材謹案。小學外篇載。先生官參政時。教劉器之等三人勤謹和緩四字。晁氏客語。吕氏雜録。皆以爲李若谷事。小學蓋誤。

雲濠謹案。隆平集字思政。初名正觀。御去正字。卒謚文孝。

文孝公座右銘

怒者變常而逆德。戕賊和氣。和氣爲性命之本。可不寶之。和順積中。大盈若沖。保其宗。施於公。吾與之終。

附録

平生未嘗草書。因自爲詩曰。保心如止水。爲行見眞書。性至孝。爲祕書郎。而父居業猶爲幕職官。請以官回授其父。眞宗嘉其請。擢居業京官。遷尚書左丞。丁父憂。哀毀過甚。既練而卒。

陳先生希亮附子悦。恪。恂。慥。門人宋端平。

陳希亮字公弼。其先京兆人。唐廣明中違難。遷眉州青神之東山。先生幼孤好學。年十六將從師。其兄難之。使治錢息三十餘萬。先生悉召取錢者。焚其券而去。業成。乃召兄子庸。

諭使學。遂俱中天聖八年進士第。里人表其閭曰三儁。初爲大理評事知長沙縣。再遷殿中丞知鄠縣。老吏曹腆侮法。以先生年少易之。先生視事。首得其罪。腆叩頭出血。願自新。先生戒而捨之。卒爲善吏。累遷太常少卿。分司西京。未幾致仕。卒年六十四。贈工部侍郎。先生爲人。清勁寡欲。不假人以色。自王公貴人皆嚴憚之。見義勇發。不計禍福。所至奸民猾吏易心改行。不改者必誅。然出於仁恕。故嚴而不殘。少與蜀人宋輔游。輔卒於京。母老。子端平幼。先生養其母終身。以女妻端平。使同諸子學。卒登進士第。四子。悦度支郎中。恪滑州推官。恂大理寺丞。慥字季常。少時使酒好劍。嘗從兩騎挾二矢。與東坡游西山。鵲起於前。使騎逐而射之。不獲。乃怒馬出㊀。一發得之。因與東坡馬上論用兵。及古今成敗。自謂一世豪傑。稍壯。折節讀書。洛陽園宅壯麗與公侯等。河北有田。歲得帛千匹。晚年皆棄不取。遯於光黄閒曰岐亭庵居。蔬食徒步往來山中。妻子奴婢皆有自得之意。不與世相聞。人莫識也。見其所著帽方聳而高。曰此豈古方山冠之遺像乎。因謂之方山子。及東坡謫黄過岐亭。識之。人始知爲季常云。宋史。

㊀「出」上脱「獨」。

附録

胡一桂曰。先生長於易。謂韓康伯著十三象。徒釋名義。莫得尚象之制。故作論以明之。

陳先生庸附族弟諭。

陳庸字景回。眉州青神人。始與季父希亮族弟諭學於成都。天聖中。俱登進士第。縣令名其所居坊爲三俊。初授灃州推官。累以太子中允致仕。買田築室於淮汝閒。曰。潁川。吾故郡也。宴居十年卒。先生白首好學不衰。以義將其氣。喜作詩。不加琢磨。而能自達其意。黄豫章集。

齊先生唐

齊唐字祖之。山陰人。天聖進士。南雄州僉判。歷職方員外郎。姓譜。

梓材謹案。鄭氏通志載。先生五經要旨五十卷。經義考云佚。

學士羅先生孟郊

羅孟郊。興寧人。生而穎異。早喪父。事母孝。弱冠結廬羅嶺以學。鄉子弟從之。先生指授篤至。邑始多學者。天聖八年。舉進士第三人。累官諫議大夫翰林學士。乞歸養母。茆葦蕭然。母冬月思膾(一)。先生解衣入池。取魚供母。鄉人目其池爲曾子湖。廣東戴志。

(一)「膾」當爲「鱠」。

林草範先生巽

林巽字巽之。海陽人。天聖中。應才識兼茂明於體用科。慶曆中。投匭論事。仁宗異之。除徐州儀曹。不就。南歸。讀易著書八篇。曰卦元。卦經。卦緯。叢辭。起律。吹管。範餘。敘和。總名曰易範。人稱爲草範先生。姓譜。

宋先生堂

宋堂。雙流人。舉賢良方正。成都府府學說書。名載國史。氏族譜。

陳先生之奇

陳之奇字虞卿。其先自長安徙吴。先生天聖中禮部進士。廷試下第。里居十年。無仕進意。後又以進士爲鄱陽尉。歷丹徒泰興二縣令。李瑋尚公主。詔舉經術行義者。爲隴西郡王宅教授。卒以太常博士賜緋魚袋。閒居十八年。先生孝親信友。約身篤行。好學知道。吴人言家行者必推之。每出乘羸駒。里巷見之。歛然曰。此吾陳君子也。是時胡安定以經術教授諸生。蘇子美以文章退居山林。先生以德行棄官而歸。名動海内。稱吴下三賢人。姑蘇志。

黄先生孝綽附子莘。

黄孝綽字公裕。世居浦城。自其父殿中丞覺徙居舒州之太湖。爲太湖人。自號潛山叟。而舒人尊之曰先生。先生於孝弟有至性。居鄉。與人子言必以孝。與人弟言必以順。所居人用化之。

至相詔語曰。毋或作非。使黄先生知也。其子莘居官。每歸省。必問今日治事何如。使條其狀。聞其當於義理。則歡然爲之飲酒。常謂曰。吾所以不仕。爲有子仕。足以行吾志。汝視義利是非。可不慎所蹈歟。卒年七十四。先生尤善書。其法本二王顔柳。子自莘以下五人。皆服儒。能如先生教。莘字任道。自少奇穎。有器識。皇祐五年進士。仕至知汝州。遷朝奉郎致仕。有集四十卷。劉忠肅集。

林先生概

林概字端父。福清人。舉進士。知長興縣。值歲大飢。先生出俸粟。勸富人以飼飢者。歷知連州淮安軍。官至太常博士集賢校理。著史論百篇。辨國語四十篇。姓譜。

茅先生知至

茅知至字□□。仙遊人。操尚介潔。不求聞達。築廬隱於縣西。博通墳典。倡六經孔孟之道。以開明人心。著二十一史繹註。十三經旁訓。以闡發末學。清德介行。鄉黨信服。漕使龐藉疏其德行。薦於朝。景祐四年。敕輔國子助教。累徵不起。著周易義三十卷。梓材謹案。萬姓統譜作景祐中。龐藉以德行薦。補州學教授。有周詩義二十卷。至性書㈠。爲道南一脈。知縣皇甫當記其事。蔡襄書其實。仙遊縣志。

㈠「書」下脱「三卷」。

仲先生訥

仲訥字樸翁。定陶人。景祐元年進士。起家莫州防禦推官。歷遷爲尚書屯田員外郎。而以皇祐五年卒。年五十五。厚重有大志。不妄言笑。喜讀書。爲古文章。晚而尤好爲詩。其在越蜀。士多從之學。爲禦戎議二篇。王臨川文集。

朱先生寀

朱寀。□□人。官秘書丞集賢校理。春秋之學。爲士林所稱。苦心探賾。多所發揮。其所著春秋指歸若干卷。范文正文集。

劉先生庚附子常蒙。

劉庚字□□。渤海人。河中永樂主簿。博學多識。善教諸子。門内講習。自相師友。長子常。字子中。嘉祐進士。輔祁州司理參軍。幼喜讀書。長益自刻苦。寢食道次。不輒廢書。以爲天下之至樂在是。而世所謂樂無以易。性和靜而疏達。與人交。忠信不渝。居官閒。則與士子講學。所以教誘之甚厚。其弟蒙。有文行。被召試校書郎。知唐州湖陽縣。以不合投劾去。劉忠肅集。

崔先生謙禮

崔謙禮。

李先生照

李照。

附録

金人論雅樂疏曰。宋初。亦用王朴所制樂。時和峴以周顯德律音近哀思。乃依西京銅望縣石尺重造十二管。取聲下王朴一律。景祐初。李照取黍累尺成律。以其聲猶高。更用太府布帛尺。遂下太常樂三律。皇祐中。阮逸胡瑗改造上下一律。或謂其聲弇鬱不和。依舊用王朴樂。元豐閒。楊傑參用李照鐘磬。加四清聲。下王朴樂二律。以爲新樂。元祐閒。范鎭又造新律。下李照樂一律。而未用。至崇寧閒。魏漢律以范鎭知舊樂之高。無法以下之。乃以時君指節爲尺。其所造鐘磬。卽今所用樂是也。然以王朴所制聲高。屢命改作。李照以太府尺制律。人習舊聽。疑於太重。其後范鎭等論樂。復用李照所用太府尺。卽周隋所用鐵尺。牛宏等以爲近古合宜者也。

龍圖梅先生摯

梅摯字公儀。成都新繁人。進士起家。慶曆中。擢殿中侍御史。時數省災異。引洪範上變戒曰。王省惟歲。謂王總羣吏。如歲四時有不順則省其職。今日食於春。地震於夏。雨水於秋。一歲而變及三時。此天意以陛下省職未至。而丁寧戒告也。伊洛暴漲。漂廬舍。海水入台州。殺人民。浙江隤防。黄河溢埽。所謂水不潤下。陛下宜躬責修德。以回上帝之眷。依陰不勝陽。則災異衰止。而盛德日起矣。徙開封府推官。遷判官。改度支判官。進侍御史。歷進龍圖閣學士。知滑州。勾當三班院同知貢舉。請知杭州。帝賜詩寵行。累遷右諫議大夫。徙江寧府。又徙河中卒。先生性淳靜。不爲矯厲之行。政迹如其爲人。平居未嘗問生業。喜爲詩。多警句。有奏議四十餘篇。朱史。

五瘴説

仕有五瘴。避之猶未能也。急征暴斂。剥下以奉上。租賦之瘴也。深文以逞。良惡不白。刑獄之瘴也。晨昏荒宴。廢弛王事。飲食之瘴也。侵率㊀民利。以實私儲。貨財之瘴也。盛陳姬妾。以娱耳目。帷薄之瘴也。有一於此。民得以怨之。神得以怒之。而後逆氣成象。俾安者疾之。疾者殈之。以示天戒。雖日在輦轂下。亦不可逭。矧荒遠乎。世之仕者。或不自知五瘴之過。止歸咎於土瘴。得不謬歟。

梓材謹案。張邦基墨莊漫録云。公儀。景祐初。以殿中丞知昭州。昭號二廣煙瘴。水土惡弱處。公常爲説。吾讀之。慨然有感泣。仕者當書於座右。亦可爲訓也。

㊀「率」當爲「牟」。

蒲先生遠猶

蒲遠猶字仲輿。劒南人。少而能賦。與女弟幼芝俱有聲。幼芝嫁成都張俞。學問文章與其夫抗衡。先生登慶曆六年進士第。詞賦甚嚴。學詩易太玄。皆從蜀之大儒講授。有師法。爲緜竹尉。丁内艱。益自刻苦於文學。調河南尉。薦爲臨晉閿令。黄豫章集。

楊先生構附子持。瓌。玩。瑁。琛。

楊構字起宗。華州人。始以蔭補官。舉進士。爲永州推官。累通判明州江寧河南。未之河南而卒。其爲臨安也。以著作佐郎。六遷爲職方郎中。先生好學。善屬文。日誦數千言。事繼母以孝聞。所至其職以不廢。民樂其政。而利其所興作。尤篤意於學者。所至必興建學舍爲事。士以此多從之遊。在明州。築錢湖儲水數千頃以救凶旱。而民不以爲勞。熙寧六年卒。年五十有八。子五人。持竇應主簿。瓌知中盧縣。玩光州司理參軍。瑁琛皆世其學。長興集。

張先生蒭

張蒭字聖民。濮州鄄人。少貧力學。爲文章起家。應鄉舉。爲州第一人。覆試禮部復第一。補江州司户參軍。遷餘杭令。縣初無學。先生爲開堂廡。盛勸迎之禮。率其子弟。日講誦其閒。自是邑多學者。累遷國子監直講。丞相潞公監修國史。以爲史官檢討。歷拜諫議大夫。知鄧州。徙知應天府兼南京留守司公事。卒於官。年六十有六。沈存中括壻其門下。少好讀易。老而彌劭。

所爲文章凡四十卷。長興集。

房先生昭庶附子審權。

房昭庶。蜀人。洞曉樂道學。仁宗朝。以大臣薦。得旨賜對。特受秘書郎。有樂書行世。國史有傳。子審權。著大樂演義。氏族譜。

邵先生餗

邵餗。丹陽人。素有節行。精於篆書。范文正仲淹嘗稱之。王琪守潤。薦於朝。賜號沖素處士。姓譜。

梓材謹案。范文正尺牘有與邵餗先生奏。蓋請篆書所作嚴子陵祠堂記云。

陳氏家學

陳先生經父尚。附子寀。宇。察。宰。

陳經字公適。海州人。其父尚。以家學進。終駕部員外郎。先生少好學。能屬文。以進士起家。爲廣濟主簿。恤親喪。去喪。除六合主簿。州部官長交薦之。稍遷羅崟。乃開館延四方學者。與之講學。卒於官。年四十。生四子。寀。宇。察。宰。皆學於鄉先生。察知烏程縣事。長興集。

張先生公裕

張公裕字益孺。蜀之江源人。皇祐中。應進士舉。中甲科。爲戎州軍事推官。歷改太子中允。

知定州唐縣。以韓魏公薦。英宗選充秘閣校理。同知太常禮院。改判吏部。丐郡。知嘉州。遷太常博士。以父喪。哀毀致疾。服除。請閒官就醫。授管勾成都府玉局觀。會改官制爲承儀郎。終於官。於書無所不讀。而於詩易春秋尤能究達其義。各爲之注解。共三十三卷。范忠宣集。

陶先生叔獻

陶叔獻字元之。其先世爲廬江大族。自其父杭州巡檢卒官。始家於杭。家甚貧。奉母孫氏。以孝稱。好學。明經能文。吴越學者多從之。寶祐元年。登進士第。卒於京師。所爲文章皆散亡。獨所撰西漢文類行於世。西漢文集。

王先生□附子肱。

王□。蓋瑯琊臨沂諸王在齊不遠遷者。於其鄉有德。卒而其妻崔與門人子弟誄其行曰。恭睦先生子肱。字力道。黄浩翁童子時與力道游。是時恭睦尚無恙。兩孺子同學閒相愛。故兩家親亦相愛。力道於書無不觀。而尤喜易春秋。而終以酒死。黄豫章集。

張先生錫

張錫。漢陽人。知新州。初建學校於州。自是人始知學。一統志。

朝奉李先生渤附弟巖。

李渤字子文。樂昌人。世業儒。有聲嶺表。性至孝。與弟巖事母張氏惟謹。登嘉祐進士。郡人尊之。號爲李夫子。嘗試南昌。作聞伯夷之風頑夫廉賦中魁。時人膾炙。稱爲李伯夷。有詩云。嶺北嘗聞夫子號。江西曾振伯夷風。巖字子章。皇祐四年。以上書召見崇政殿。特賜同進士出身。官皆至朝奉郎。子文知白州。子章知象州。粤大記。

沈先生括

沈括字存中。湖州人。嘉祐中進士。累官太子中允。提舉司天監。置象器新歷。轉太常丞。時籍民車。禁蜀鹽。先生論止之。使契丹。圖其山川風俗上之。拜翰林學士。後謫秀州卒。先生博學無所不通。凡律學醫卜諸家。皆有論著。姓譜。

梓材謹案。宋史藝文志載先生春秋機括二卷。王氏玉海作三卷。又案。宋志有左氏紀傳五十卷。不著撰人名氏。馬氏通考作三十卷。李氏燾謂陵陽觀沈存中自誌。乃知此書存中所著。則亦先生之書矣。

孟子解

人之情。無節則流。故長幼貴賤莫不爲之節制。從流而下則狎於鄙慢。從流而上則樂於僭侈。必有事焉而勿正心。勿忘。勿助長也。舜有事焉。非以爲仁義而後爲之也。人皆有是心。舜能勿忘而已。求仁義而爲之。所謂正心與助長也。

耳目能受而不能擇。擇之者心也。故物交物則引之而已。心則不然。是則受。非則辭。此其所以爲大也。從耳目口體而役其心者。小人之道也。

禮説

喪服但有曾祖齊衰三月。曾孫緦麻三月。而無高祖元孫服。蓋由祖而上者。皆曾祖也。由孫而下者。皆曾孫也。雖百世可也。苟有相逮者。則必爲之服喪三月。故雖成王之於后稷。亦稱曾孫。而祭禮祝文無遠近。亦皆曰曾孫。儀禮喪服。

夢溪筆談

知道者苟未至。脱然隨其所得。皆㈠有效驗。

易象九爲老陽。七爲少。八爲少陰。六爲老。舊説陽以進爲老。陰以退爲老。九六者。乾坤之畫。陽得兼陰。陰不得兼陽。此皆以意配之。不然也。九七八六之數。陽順陰逆之理。皆有所從來。得之自然。非意之所配也。凡歸餘之數。有多有少。多爲陰。如爻之偶。少爲陽。如爻之奇。三少乾也。故曰老陽。九揲而得之。故其數九。其策三十六。兩多一少。則一少爲之主。震坎艮也。故皆謂之少陽。少在初爲震。中爲坎。末爲艮。皆七揲而得之。故其數七。其策二十有八。三多坤也。故曰老陰。六揲而得之。故其數六。其策二十有四。兩

㈠「皆」上脱「淺深」。

少一多。則一多爲之主。巽離兑也。故皆謂之少陰。多在初爲巽。中爲離。末爲兑。皆八揲而得之。故其數八。其策三十有二。盈則變。純少陽盈。純多陰盈。盈爲老。故老動而少静。吉凶悔吝生乎動者也。卦爻之辭皆九六者。惟動則有占。不動則無朕。雖易亦不能占之。國語謂屯悔豫皆八。遇泰之八是也。今人以易筮者。雖不動亦用爻辭酌之。易中但有九六。既不動則是七八。安得用九六爻辭。此流俗之過也。

朱子曰。諸家揲蓍説。惟筆談此論簡而盡。但謂不動則易不能占與引國語之説爲誤爾。

據唐人琵琶録。以爲調琴之法。須先以管□(一)合字定宫絃。乃以宫絃下生祉(二)。祉絃上生商。上下相生。終於少商。凡下生者隔二絃上生者隔一絃取之。凡絃聲皆當如此。但今人苟簡。不復以絃管定聲。故其高下無準。出入(三)臨時。

朱子曰。按沈氏所言可救流俗苟簡之弊。世之言琴者。徒務布爪取聲之巧。其韻勝者。乃能以蕭散閒遠爲高耳。豈復知禮樂精微之際。其爲法之嚴密乃如此而不可苟哉。

(一)「□」當作「色」。

(二)「祉」當爲「徵」。下同。

(三)「入」當爲「於」。

附　調絃法

散聲陽㊀四而得二聲。宫與少宫。商與少商。中徽亦如之而得四聲。按上散下得二聲。按下散上得二聲。其絃則同。入徽陽㊁三而得六聲。宫與羽。商與少宫。角與少角。按上得三聲。按下得三聲。九徽按上者。隔二而得四聲。宫與祉。商與羽。角與少宫。祉與少商爲四。○内角聲在九十閒四之一○㊂少濁。按下者。隔一而得五聲。少商與羽。少宫與祉。羽與角。祉與商。角與宫爲五。○内角聲在九八閒四之一少清。十徽按上者。隔一而得五聲。宫與角。商與祉。角與羽。祉與少宫。羽與少商爲五。○内角聲在十一徽少濁。按下者。隔二而得四聲。少商與祉。少宫與角。羽與商。祉與宫爲四。○内角聲在十一徽少濁。十三徽之左比絃相應而得六聲。宫與商。商與角。角與祉。祉與羽。羽與少宫。少商與少商凡六。

附録

李端叔爲畫像贊曰。先天弗違。聖時以乘。人謀鬼謀。其誰與能。彼雖淵密。我則揆敘。萬目交張。維綱之舉。展也吾人。一世絶擬。孰友多聞。宛在中沚。用此以通。亦以是窮。自崖反

㊀「陽」當爲「隔」。
㊁「陽」當爲「隔」。
㊂「○」衍。

矣。凜然孤風。

侍其先生沔

侍其沔字國紀。吳縣人。爲學貫穿經傳。與人交。如澹薄。遇其急。奮義以往。不避奸險。屢不退。爲鄉先生。姓譜。

柯先生述

柯述字仲常。南安人。嘉祐四年登第。元祐元符中兩知福州。歷福建提刑。湖南轉運使。終朝議大夫直龍圖閣。先生粹於易。著否泰一十八卦。以明君子小人之分。閩書。

馮先生□

馮□字損之。其先蓋長樂郡著姓。後爲彭山人。生而聰穎。纔五歲。聞鄰人誦書輒喜。稍長。遂好學。讀五經。尤專詩書。探深抉奥。志其本統。泛閱古史百氏。該綜得失。舉進士不第。退而講學誨人。每正席横經。演明大旨。凡訓傳之殊駢及其膚説。則判(一)是否。歸於至當。學者多信嚮之。往往化而博彊。先生嘗曰。學所以治性修身。而充吾之所有。非特誇論辨。要利禄爲也。能積乎中。發而粹乎外。則無媿爲君子。若夫貴賤榮辱。通塞險易。當以義命委之。世俗所謂厄

(一)「判」下脱「别」。

窮憔悴者。安足累吾靈臺。是以抗志礪行。愈困愈篤。口不出柔言。目不顧令色。不枉己以徇物。不違義以求人。簞㊀瓢藜藿。裕然白首云。吕淨德集。

太博李先生彤附師張中行。

李彤字周伯。晉原人。少篤學。時鄉先生職方員外郎張中行守岳陽。往就正。得易與春秋大旨。朋友畏其博聞。又嘗摭前世忠邪事。以類相從。爲史斷十二篇。以監治亂。慶曆六年。中進士第。調青神尉。移萬州司理參軍。累改秘書丞。尋遷太常博士知鄭縣。以疾分司西京。卒年五十四。吕淨德集。

于先生房

于房。

趙先生承慶

趙承慶字祐之。秦悼王之孫。武信軍節度使。天水郡公。追封循國公。謚康簡。生平博覽墳典。嘗註易十二卷。極天人性命之理。天子覽而嘉歎。賜以金幣。宋宗室著述自先生始。楊無爲集。

㊀「簞」當爲「簞」。

王先生岳

王岳字景申。彭城人。爲人剛毅。少所屈下。其父捐館時尚未冠。治喪哀毁如成人。終喪閉門讀書。不履世故。數年學大就。進止屹然爲古儒者。山東學士皆右之。州以禮請爲庠正。其所教導弟子。悉有師法。治平四年。登進士乙科。試秘書省校書郎。最後補東安尉。夷人不知爲學。先生爲新孔子廟使雄壯。方秋。與其令釋菜行禮。禮成。以書報沈睿達遼曰。使後世有學者。知是爲名教主。其所存如此。元豐三年卒。年四十有六。雲巢編。

楊先生從

楊從字存道。江陽人。累世以儒學著名。薦於鄉。乃登治平四年進士第。爲人孝弟慈祥。其文學鄉先生以爲可宗。其爲吏不媿古之長民者。年四十九而卒。其葬也。黄涪翁爲贊其畫像。以教其鄉縣之子弟云。黄豫章集。

張先生俞

張俞。隱居岷山。七被詔命不赴。賜以官。又乞回授其父。號曰白雲先生。大節見國史。事見先賢篇。氏族譜。

梓材謹案。先生字少愚。益州郫人。秘書郎。辭官歸隱。居青城山白雲谿杜光庭故居。性樂山水。遇有興。雖數千里輒盡室往。遂涉湘沅。觀浙江。升羅浮。入九疑。買石載鶴以歸。杜門著書。未成而卒。妻蒲氏。賢而有文。爲之誄云。

費先生求

費求。蜀人。登熙寧第。官止眉山令。博學爲鄉先生。氏族譜。

胡先生堯卿附子遵度。遵道。遵義。章。

胡堯卿字宗元。新喻人。少孤。自力問學。年十九。以進士薦於鄉。二十有五。再試禮部。再不利。益自刻苦。治經術。厲操行。客游高安。太子中允蔡仲舒□(一)其孤立。以兄子妻之。爲闢書館。留與甥共學。旁近士家多就之者。已而講授常數十百人。年四十。築草堂於高安之魯公嶺。捐十萬錢買官書。無所不讀。終日與其徒辨析義理。初不經意時事。熙寧癸丑。里人强起之。迺行應詔。授臨江軍長史。而歸猶讀書不休。子遵度。遵道。遵義。章。皆力學。遵道登第。仕太和主簿。黄豫章集。

余先生燾

余燾字元輔。方舍法欲行。上書引成周事力贊之。因命以官。累遷至正郎。後復上書改洪範篇。自王省惟歲。至月之從星則以風雨。乃屬之四五紀。一曰歲。二曰月。三曰日。四曰星辰。五曰曆數之下。謂凡九疇。皆有衍文。惟四五紀無之。至於八庶徵之後。既言肅時雨若。止蒙恒

(一)「□」當作「奇」。

風若。意已斷矣。而又加王省惟歲以下之文。則近於贅。或者是其説。然爲臺諫所彈。不果行。襲明之紀聞。

句先生居體

句居體。成都人。登熙寧第。官至朝請大夫。王素使東蜀。知其賢。請權領懷安軍事。卒懷安。先生素號鄉先生。著書爲多。諸生從之廣。多知名。氏族譜。

李先生傑

李傑。邵陽人。熙寧進士。歷知永絳二州。四川提刑。湖南安撫使。所至有聲。後終大理卿。嘗置書萬卷。以遺郡庠。置田數千畝。以贍宗族。明一統志。

李先生安國

李安國。洪都人。熙寧中。徙安化。悦山水靈奇。卜築伊溪側。隱居讀書。自號梅山老人。又徙新化。事母孝。邵人重其行。請入學教子弟。未幾辭歸。一統志。

黄先生誥

黄誥字君謨。平江人。熙寧三年進士。爲長沙簿。徙知益陽。尋居喪廬墓三年。芝生墓前。凡六十餘本。哲宗賜帛五十匹。紹聖二年。以朝散郎起知歙州。首謁先聖。升堂講周禮。諭父老遣子弟入學。更葺學舍。後還湖南提刑。仕至太府卿。湖南通志。

提學劉先生暐

劉暐。韶州翁源人。登熙寧庚戌進士第。博學洽聞。百家九流之書。無所不窺。崇寧中。置廣南東路提舉學事司。掌州縣學政。歲巡所部。以察師儒優劣。生員勤惰。而專舉刺之任。以先生爲之。其教士子。立課程。懸賞罰。責實行。崇信讓。雖鄉曲一無所私。自是人才輩出。宣和三年罷歸。士林稱之。祀邑鄉賢。翁源志。

大中呂先生防

呂防字大防。龍游人。熙寧中進士。有學行。龍游士子發舉。自先生始。累官至大中大夫。明一統志。

附録

嘉祐末。於縣南雞鳴山設義學。士之慕道從游者衆。一日登山。見雞鳴棘叢中。張羅飼之。得白金數十鎰。輸之官。

員外姚先生舜仁附兄舜哲。

姚舜仁字會由。歸安人。元豐八年登第。爲太學正。召對稱旨。除館職。遷庫部員外郎。進明堂定制圖并序。上賜對褒奬。又譔明堂訓解一卷。擬上之而疾作。後兄舜哲表進。以成其志。西吴里語。

提舉韓先生謹

韓謹字去華。晉江人。崇寧二年進士。累除處州教授。著詩禮義解上之。辟廱長貳稱獎。援之朝。召爲國子博士。改廣東東路提舉學士。罷歸。以所著義理數篇見當路。朝廷大開禮制。即日除編類御筆所編類官兼禮制檢官。一日抗章謝事。同僚剡奏請留。朝廷還以舊職。未就卒。廣東黄志。

曾先生誼

曾誼字子常。南城人。進士及第。官至尚書都官員外郎。生而好學。其家學者自先生始。博聞强記。明於大體。善屬文。一時名出衆右。其家故貧。節廉自重。爲吏平恕質慤。務在愛人。不爲刻察。元豐類稿。

范先生隱之

范隱之。□□人。官太常寺奉禮郎。所著春秋五傳會義。經術深明。旨趣醇正。且其履行高介不羣。張樂全文集。

黄先生裳

黄裳字勉仲。其先金陵人。五代時遷延平。元豐五年。登進士第。累官太常少卿。徽宗朝。

遷兵部侍郎。又遷禮部侍郎。求外任。差知潁昌府。移河南。未行。留爲禮部尚書。歷知青州廬州鄆州。丏宫祠。提舉杭州洞霄宫。政和四年。以龍圖閣直學士起居福州。復以提舉杭州洞霄宫。居錢唐。至宣和七年。除端明殿學士。再領宫祠。建炎二年始歸。延平抗章乞致仕。轉正議大夫卒。程瑀爲之碑。經義考。

周禮講義自序

天理之有盈虚。人事之有邪正。天下後世。類不及此。務盈以邀凶。邪以致亂。夫誰不然。先王之於愚衆。吉凶與之同患。以義寓之數。而告之以禍福之理。於是乎作易。邪正與之同患。以道寓之法。而制之以上下之分。於是乎制禮。三代之世。皆有是書。夏之易曰連山。商之易曰歸藏。其道未全。夏之禮則立忠。商之禮則立質。其法未備。夏商之君。豈不能一日而預言之耶。適丁斯時。人僞世習。未足以全是道。備是法耳。故名易曰連山。則象其顯諸仁。名易曰歸藏。則象其藏諸用。仁所以闡幽建常。能常而已。未足以爲易也。智足以闡微適變。能變而已。未足以爲易也。仁智之道合。則易之道至焉。故吉凶與民同患。至周然後易之書著。禮以忠爲心。以質爲體。文則剛柔乎此者也。故邪正與民同患。至周然後禮之書著。二書特言周者。以辨夏商焉耳。二書之效。使人知有消息之數。吉凶之象。則守謙以防虧。作善以消譴。知有上下之分。高卑之勢。則循理以避僞。由義以歸正。然後號令者順。而典謨之書行。吟詠者樂。而雅頌之詩作。

則聖人何俟於春秋哉。二書之教不行。然則三頌之次聖人。以魯望周。周不可望也。以商戒周。周不可戒也。聖人始卽書之後。絶之以秦誓焉。然則春秋安得而不作耶。

梓材謹案。經義考載。周禮講義六卷。存。又周易瀘州講義一篇。存。載演山集。

朝議丁先生璉

丁璉字玉甫。番禺人。少有才名。杜門讀書。講明經學。遠近受業者羅屨於外。元豐二年進士。授融州司户。遷宣教郎。尋拜太府丞。改朝議郎。元祐六年。夏人侵靈州。廷議討之。先生言於朝。以爲天下之患。莫先其大者。苟知所豫防。則纖芥之患。可不勞而除。契丹猖獗。積有年所。朝廷未有以制讐之。此元昊餘孽之所以敢肆而不加憚也。請休士氣。養精鋭。儲財粟。專意北邊。以爲豫備之計。則西賊之膽落矣。然後以餘力討之。未晚也。當國者惡其言。出爲桂州學教授。訓迪有方。人材多所造就。紹聖初。以薦授左朝散郎知連州。元符三年。轉朝散大夫。賜緋魚致仕。卒年七十三。先生性廉潔。與物無忤。而政號剛明。博學多識。退藏若愚。鄉鄙稱其長者。知廣州蔣之奇以才自負。每輕廣南士大夫。嘗泛舟與之同游九曜石。劇談至三鼓。驚曰。君學問精博。中州士不如也。廣州人物傳。

杜先生唐卿

杜唐卿。宜章人。元豐進士。調浮梁主簿。首興學校。未幾芝生於學。有善政。百姓德之。

累官司農卿。姓譜。

王先生格附陳軒。

王格字伯庸。長汀人。家貧。授徒與陳軒厚。元豐閒。軒來守郡。割俸錢五十萬饋之。先生悉歸諸郡庠。置田百畝膳生徒。汀學有田自先生始。福建通志。

俞先生易直

俞易直字平叔。歙縣人。元豐登第。爲彭澤尉。以母老歸。清修苦節。臨歿。郡守曾諤命其屬往視。問以後事。答曰。棺已具。衣已浣。方屬妻子祔葬先塋。不爲齋具。此外無所須也。曾遣吏齎錢五萬供湯藥。不受。曰。吾平生貧。豈以五萬變吾志哉。江南通志。

運使李先生熙載

李熙載。德廣州人。登元豐八年進士。任廣西運使致仕。稱爲夫子。德廣州志。

林先生絢附弟繹。

林絢字伯素。廣州懷集人。少敦敏順悌。其交不妄。而篤於好善。閉其户。以讀書爲文。至忘寢食。母弟繹。與之偕名。皇祐中。同日擢第。先生之教也。釋褐授潭州長沙。改賓州嶺方簿兼令。遷桂州修仁令。先生志尚高潔。其臨政惠愛。撫循其民。而教之以善。猶子弟也。故所莅稱治。差韶州恭城令。以父喪歸。歠粥面墨。廬居以終憂經年。始領端溪之命。以疾卒於官舍。

繹官至桂州永寧令。鄭西塘集。

龍圖章先生楶

章楶字質夫。浦城人。以叔得象蔭應舉。試禮部第一。官權户部侍郎。紹聖初。加集賢殿修撰。知廣州時。廣人冒犯鯨波。浩殖貨利。不知有義以制其欲。至於婦代夫訟。父子異居。兄弟骨肉急難不顧。男女嫁娶至無媒妁。喪葬之儀過禮越制。先生以習俗積久。卒未能化。日夜積㊀躬。思以導之。乃以教化所始。莫先於學。人倫之序。莫先於教。於是以城西之學與尼寺相比。其不合古制。乃謀遷於城東番山之前。日與學士諸生講論六經。嘗告諸生曰。夫學不力不足以成德。善不明不足以擴充其性。誦孔孟之書。學先王之道。苟無至誠好善之實。而不知性命死生之説。外禍福富貴。則何足以爲君子儒哉。文章可學而工也。議論可講而到也。巍科殊級可以力取也。富貴利達可以苟達也。皆世俗之所貴。彼所謂貴者。非良貴也。君子之所異於人者。以其存心。心之所存。四端而已。不誠其意。不足以正心。不正其心。不足以齊家。至於治國平天下之道。一本諸心而已矣。諸生其勉焉。夫喪良心而逐外物。君子謂之惑。循虚名而忘實行。君子謂之盜。盜可爲乎哉。惑可久乎哉。諸生其與師友朝夕講論德誼。息心以明善。變如魯之國。是太守之所望。先生平素以文人自負。其爲是論。士人翕然稱之。後以龍圖閣直學士致仕卒。廣東黄志。

㊀「積」當爲「祇」。

梓材謹案。先生嘗爲游景叔墓誌篆額。謝山題跋以先生爲元祐黨人之同岑。則先生亦一學人也。

楊先生恕附師王由。

楊恕字寬之。河東人。居於蜀。爲兒童。日誦千言。師以爲不煩。稍長。酷愛春秋左氏。有王由先生者。砥礪名節。以教鄉閭之子弟。來學者必考其素至。先生來。欣然受之。曰。此諸生之表也。先生論學取友。是是非非終不以寒微貴勢奪其名實。黄豫章集。

党先生禹錫

党禹錫字唐卿。許之郾城人。起布衣。取進士第。凡仕四十六年。由太子賓客遷卿貳。以尚書工部侍郎謝事還里。所著述有周易集解十卷。生平篤信推命之學。自撰周易流演遁甲圖一卷。蘇頌志其墓。謂之儒學之老。蘇魏公集。

令狐先生揆

令狐揆字子先。安陸名儒。筮仕齊安理掾。歲滿還里。卜筑涓涘之南。耕釣之外。彈琴著書而已。於書無所不讀。著易疏精義。王得臣説。

胡先生晏

胡晏。衡陽人。至性孝友。鄉里爭訟。咸就質成。開館延四方賢士教諸子。及卒。孔武仲表曰。處士胡君之墓。明一統志。

楊先生總

楊總字公元。巴陵人。修身力學。起名進士。爲石首尉。以勤毖服公。以恬正事上。以和信得友。作樂養軒於廨東。以奉二親。兄弟六人。皆服儒。其已仕者皆在左州右邑之近。安否之問日至庭闈。闈門中怡聲安節。先意恭順。婦子侍御亦化其誠孝。相與以給其力。劉忠肅文集。

李先生常寧附子弼。

李常寧子安邦。虞延人。結髮學問。晚而彌勵。元祐三年。上始臨軒策士數百人。而先生爲第一。時年踰知命。釋褐。授宣義郎簽書鎮海軍節度判官。是歲以疾卒。子弼。有學行。秦淮海集。

元祐對策語

天下至大。宗社至重。百年成之而不足。一日壞之而有餘。

林少穎曰。某嘗三復斯言。以爲得伊尹所以訓太甲之意。雖晁董公孫之策皆不及也。

史先生通

史通字子深。青神人。以貢舉不第。退居楠溪之上。杜門著書絶人事者數年。得易蓍若干卷。乾坤別解三卷。禮記義一卷。詳説四卷。律吕氣數十二卷。書義八卷。詩義若干卷。論語孟子解各若干卷。史論若干卷。其書既出。學者翕然稱之。後中元祐三年進士第。歷達州通州尉。資州磐石令。唐子西集。

王先生定民

王定民字□□。亳人。元祐中。知湘陰縣。時州縣無學。肄業之士惟歸書院。先生始剏學宫於南浦。於是居業有所。又知衡陽縣兼權教授。修葺學宫。撰勸學文以告多士。一時士皆知奮。一統志。

知州宋先生守之

宋守之。不傳籍貫。慶曆閒知瓊州。教諸生讀五經。於先聖廟建尊儒閣。暇日親爲講授。置學田以資膏火。由是州人始知好學。廣東郝志。

郡博藍先生奎

藍奎字秉文。程鄉人。性强記。書不再閲。家無圖史。或假於友。越宿則歸之。問之輒能成誦。嘗有詩云。懶思身外無窮事。願讀人閒未見書。其志學如此。元祐三年第進士。官文林郎郡博士。嘗授詔校文福州。文章氣節。人稱爲藍夫子云。廣東黄志。

吴先生偕

吴偕。道州人。元祐六年登第。王履道謫道州。屢造其廬。名其堂曰聚德。嘗爲賦詩。有田園九世四百載。儒學一門三千人之句。永州府志。

郭先生大昕父紘。

郭大昕字方進。臨邛火井人。父紘。聚徒教授於富義。因家焉。先生幼少機警能文。韓獻肅公守成都。大興學。學者至數千。試進士以泮宫服淮夷賦。先生年十六。考第一名。聲傾西州。登進士科。調遂州法曹參軍。歷知成都縣。元祐初政。以議法忤使者。移蜀州永康縣。累官知蜀州卒。有家集三十卷。先生好學。未嘗一日去書不觀。在蜀州。士多從之學。黄豫章别集。

林先生慮

林慮字德祖。其先福清人。後爲吴縣人。紹聖四年進士。教授潤州常州揚州。擢河北西路提舉學事。除開封府左司録。一日上章請老。夜自書牘。旦報可。家人無知者。即自束裝出國門。士大夫走餞皆不及。既歸杜門。與宗族故鄰嘯詠山水閒。無一言及世事。所著有易説詩義書禮解。陸友仁説。

孝子仰先生忻

仰忻字天貺。永嘉人。力學。以篤行稱。年五十餘。執母喪盡禮。躬自負土。廬於墓側。有慈烏白竹之瑞。紹聖中。郡守楊皤表其里。大觀二年。以八行取士。郡以先生應詔。未幾卒。贈將仕郎。史傳。

梓材謹案。孝子著有訓蒙規鑑。永嘉百題詩集。

附録

嘗有富室欲與通婚。先生著同姓圖拒之。曰。姬周鄭江與仰同姓。後世論氏不論姓。非也。樓攻媿書孝子行實後曰。先生孝行出於至誠。本不求人之知。清朝官之以風厲天下。而後先生之名顯。

唐先生瞻

唐瞻字望之。丹稜人。子西長兄。後名伯虎。字長儒。治易春秋。皆有家法。元祐三年。其父游瀘南。先生兄弟居母喪於丹山。先生夜半蹴子西曰。吾夢收父書。發之。得亟來二字。吾父得無有他乎。吾心動矣。汝奉母奠朝夕。吾趨瀘南。子西未及應。先生奮曰。吾決矣。起裹糧。黎明走洪川。僦舟三日半至瀘南。父果病甚。見之大驚。問其故。具告之。父歎曰。天告汝也。是日疾少閒。具舟侍父以歸。居數日。疾復作。遂卒。元符二年。子西以貢舉事繫獄臨邛。語連先生。臨邛并械之。凡對吏逾年。掠治無完膚。其詞確然一不及子西。以故獄久不具。卒會赦治之。先生性眞率。無威儀。人多易之。至是皆大服。以爲不可及。仕於四方。每數年一歸。不過旬日復去。後卒於家。宋史。

州守古先生革

古革字仲通。梅州人。紹聖間進士。教授瓊州。訓士不倦。洞蠻多遺子弟受學。會黎人叛。奉檄往諭。蠻素敬先生。遂率服。狀聞於朝。擢守潮州。有惠政。梅州志。

曾先生存

曾存字存之。□□人。與吳坰先人同官秦邸。靖康初。以少蓬召。與坰再見於京師。一日語坰曰。余在林下二十七年。僅與世絕。但每知朋厚善者長進。則爲之寢食有味。或聞有不長進處。何止作十日惡。五總志。

直閣陽玉巖先生孝本

陽孝本字行先。贛縣人。博學高行。隱於城西通天巖凡二十年。一時名士多從之遊。東坡爲號曰玉巖居士。贊其眞曰。道不二。德不孤。無人所有。有人所無。崇寧中。舉八行。累官國子博士直秘閣歸老。姓譜。

王先生縉

王縉字子雲。分水人。崇寧五年進士。自侍御史遷右司諫。知無不言。每謂人才實難。多事之際。尤宜爲朝廷愛惜。故不專彈擊。而惟論安危大計。與所以啓沃君心者。高宗嘗以得諫臣體稱之。姓譜。

梓材謹案。先生之先。自桐廬家於明而處者爲分水人。先生卒年八十七。張宣公誌其墓。

附録

朱勝非當國。故卿監官至都堂亦使趨庭自列。公不肯。入堂言多採用。公之存子孫悉從吏部選。無詣堂者。

劉靜春曰。嘗得公遺書。所謂霜臺諫垣稿者。合九卷。讀之累日。深惟既往之是非易定。而當時之毁譽難公也。觀前輩奏篇。至毁譽之際。雖元祐忠賢。猶惜其是非之未定焉。而公手書具存。繫以時日。皆可依據。至所尊信必天下鉅人。所排黜必其自絶於善人之類者。非唯當時。迨今實然。而後知公之所言。蓋有見於中。非苟然也。

林先生震

林震字時旉。莆田人。崇寧二年進士。累官左正言權給事中。遷太常少卿知鎮江府。移守汝州。召入。除起居郎。遷秘書少監卒。自號介翁。所著禮問三卷。易問五卷。易傳十卷。閩書。

劉韓門人

知州李先生南仲

李南仲。英州湞陽人。少穎悟。日記數千言。閲數月。師友詰之。闇書朗誦。一字不差。十歲舉神童。遂中童子科。授從事郎。歸省其母。自以學未大成。遯於羅浮。誦讀不輟。提舉儒學司韓謹劉暐皆重其文行。大觀初。授奉議郎知康州。以治行聞。英州志。

知州廖先生君玉

廖君玉字國華。荆州人。元祐間。三禮出身。以朝請郎知英州。素好學。建書堂於桂山。名曰紫桂堂。偃仰其間。時作吟詠。而政事未嘗廢也。邃於理學。未嘗手釋經史。人多效之。廣東黄志。

參軍何先生大正

何大正。大庾人。博通諸經。尤邃於易。元祐間入國學。雖老師宿儒。莫不推遜。時稱上庠三傑。先生其一也。官至南雄州司理參軍。治獄察情。根於所學。後致仕。卒於家。廣東黄志。

唐氏家學

唐子西先生庚

唐庚字子西。丹稜人。善屬文。舉進士。稍爲宗學博士。張商英薦其才。除提舉京畿常平。商英罷相。先生亦坐貶。安置惠州。會赦。復官承議郎提舉上清太平宫。歸蜀道病卒。年五十一。先生爲文精密。通於世務。作名治。察言。憫俗。存舊。前行諸篇。時人稱之。有文集二十卷。宋史。

子西文集

國家舊物宜使斯民嘗見而熟識之。以習其耳目而繫其心。自非不得已者。不宜輕有改易變置。以自絶於民也。存舊論。

今士大夫。達時變。識事情。警敏有餘矣。至於學治道。通大義。氣力度量足以支久而任重者。未可多得。是豈無有也。有則不容於時。

吾聞江海之水。必有吞舟之魚。通邑大都。必有千金之家。以四方萬里之國。而非得恢廓宏遠之風以充之。是猶衣九尺之衣。束十圍之帶。高視闊步而血氣不逾中人也。可乎。以上憫俗論。

孔子曰。以孝事君則忠。曾子曰。朋友不信。非孝也。是相生法也。何名爲私乎。父子兄弟出於天。君臣夫婦朋友出於人。而父子兄弟夫婦主恩。君臣朋友主義。則五教之中近於君臣者。唯朋友爲然。故欲知人臣之忠者。必於朋友焉觀之。寧有賊害其友而能忠於所事者乎。是物理之必不然者。夫以公心處之。何適而非公。苟私矣。則君臣父子夫婦長幼皆私也。寧獨友哉。正友論。

士之通經術知古誼者。不爲不衆。日夜講究治道以遊於世者。亦不爲不熟其所稱引。動以宗周爲言。而問以當代治體。則茫然不知所以名之。惟其無得於此。是以有慕於彼。名治論。

今夫戰則除害於時。不戰則遺患於後。此有必勝之勢。彼有必敗之道。思慮深熟。利害之形了然於胸中。知其決不誤國而後爲之。若此者。爲國計。非身謀也。察言論。

殿丞馮先生寅附族子晦。

馮寅字賓之。英德人。少博學好古。登大觀三年進士。官殿中丞。族子晦。字文顯。少篤學。嘗師之。學行兼優。尤工詩賦。教授生徒。敦德自好。著有南山雜詠傳於世。廣東黄志。

曾先生元忠

曾元忠字居正。永豐人。崇寧五年進士。仕司户。改廣州教授。所著有春秋曆法。論語解。周易解。門人私謚文節先生。江西通志。

李先生琉附門人謝皓。謝皺。

李琉字粹之。建寧人。學行爲鄉閭所推重。同邑謝皓謝皺皆受業其門。後以八行薦。未受而卒。姓譜。

教授林先生勳

林勳。賀州人。政和間。舉進士。爲廣州教授。建炎中。獻本政書十三篇。書奏。以爲桂林節度掌書記。朱子甚愛其書。東陽陳龍川亮。嘗謂其考古驗今。思慮周密。世之講井田之學者。孰有加于此乎。姓譜。

本政書

國家兵農之政。率因唐末之故。今農貧而多失職。兵驕而不可用。是以飢民竄卒。類爲盜賊。宜倣古井田之制。使民一夫占田五十畝。其有羨田之家。毋得市田。其無田與游惰末作者。皆驅之使爲隸農。以耕田之羨者。而雜紐錢穀以爲什一之税。宋二税之數。視唐增至七倍。今本政之制。每十六夫爲一井。提封百里。爲三千四百井。率税米五萬一千斛。錢萬二千緡。每井賦二兵。馬一匹。率爲兵六千四百人。馬三千四百匹。歲取五之一。以爲上番之額。以給征役。無事則又分爲四番。以直官役。以給守衛。是民凡三十五年而役使一遍也。悉上則歲食米萬九千餘斛。錢三千六百餘緡。無事則減四分之三。皆以一同之租税共之。匹婦之貢。絹三尺。綿一兩。百里之縣。歲收絹四千餘匹。綿三千四百斤。非蠶鄉則布六尺。麻二兩。所收視絹綿悉倍之。行之十年。則民之口算。官之酒酤。與凡茶鹽香礬之榷。皆可弛以予民。

周制步百爲畝。百畝僅得唐之四十餘畝。唐之口分人八十畝。幾倍于古。蓋貞觀之盛。户不及三百萬。永徽惟增十五萬。若周王畿千里。已有三百萬家之田。列國不與焉。是以唐制受田倍于周。而地亦足以容之。狹鄉雖裁其半。猶可以當成周之制。然按一時户口。而不爲異日計。則後守法難矣。

既無振貧之術。乃許之買田。後魏以來弊法也。是以啓兼并之漸。

陳及之曰。林勳本政書云。凡調役之法。宜使丁夫皆十人爲聯。歲輪一人。祇役一月。其九人各于其家償其三日之役。則民無道路之苦。官無交番之宂。周官所〔一〕五人爲伍。十人爲聯者。大概如此。若每人用之三日。煩擾已甚。

林先生幹

林幹字國材。温州人。崇寧初。士皆以舍法論秀登名。先生獨不與舉業。閉門著書。居木榴山。因號木榴子。著淵通四十八篇。覃思十三篇。邑令鮑輝遺先生書。謂讀覃思。知古大聖人治心養性盡于此矣。淵通一書。理學精微。非晚學能窺涯涘。一日見先生草衣木質。進退疏野。始知爲遯世士。益尊事之。浙江舊通志。

蔣先生猷

蔣猷字仲遠。金壇人。政和宣和間直言人也。謂今日羣臣無他能。唯以善候伺人主。承望大臣爲向背者謂之才。又言内侍省不隸六察。又言三省吏官至四品。又言近倖建墳〔二〕寺。論趙良嗣

〔一〕「所」下脱「謂」。

〔二〕「墳」當爲「塔」。

獻平燕書爲狂妄。論范之才謂滁水有鼎可出爲狂妄。論徐惕等進奉後苑。建炎三年。避兵明州。卒于昌國縣蓬萊。葬鄞縣隱學㊀。黄氏日鈔。

梓材謹案。先生官至吏部尚書。以徽猷閣直學士致仕。見四明延祐志。

附録

汪浮溪誌其墓曰。其爲文一本經術。無益于時者未嘗言。精深簡古。似其爲人。

蕭先生潯附子正奇。正章。正立。

蕭潯。廬陵人。天資樸厚。博極羣書。三舍法行。以明詩賦充辟雍。繼習戴氏禮。名益彰。國子先生才之。會天子命妙簡諸生粹于學問者。俾以經訓諭諸王。遂膺其選。宣和甲辰春。始特奏名選辰州士曹。遷蘄州推官以卒。子正奇。字端偉。偕弟正章正立。懋營雪窻。示以矩矱。二弟學種。文績惟謹。而端偉之譽益靄然。郡博士偉其文。命講説以諭後學。談道有本。衿佩宗之。薦紳子弟屨滿户外。再薦不偶。還里。館名儒。模範子姓。須臾弗措。與外人交。洞略細故。號耐久朋。胡澹菴集。

㊀「隱學」當爲「學旁」。

知州王先生之才

王之才。□□人。知韶州。樂善好修。敏而有才。雖韶稱事劇。而日有餘暇。嘗新州學。日與弟子員討論講解。崇奬秀異。俾之進業。粵大記。

張先生邦彦

張邦彦。□□人。政和二年。由太子上舍擢進士第。官至左朝散郎。贈朝議大夫。有經解雜著數十卷。

許先生潤

許潤字子瑩。績溪人。政和中。累徵不起。構樂山書院于沈山。講道其中。徽州府志。

李先生申之

李申之。湘陰人。政和二年進士。知灌陽縣。未滿乞致仕。轉承仕郎。歸。杜門讀書。號永退居士。州長辟之不納。湘陰縣志。

朝奉陳先生謨

司法陳先生慥合傳。

陳謨。東莞人。丱歲博通羣籍。政和五年登進士。官朝奉郎署縣。居官清廉勤慎。以文學飾吏治。興利治害。切切以民生爲念。尤加意學校。一時人士。蒸蒸向化。旋以親老解組歸。生平廉介自持。不爲阿徇。然與人和易。偕從弟應辰。往來青紫峯亭講學論道。夜分不輟。足跡不至公庭。邑令慕其賢。往往造廬商決。正言侃論。主於便民。邑人賴之。同邑陳慥。隆興元年。特奏官司法。生平學行極爲人所推重。後邑令陳琦建思賢堂。以祀翟傑與二先生。邑人祁順有詩曰。卓犖三夫子。才名重一鄉。東莞舊志。

汪先生杞

汪杞字堅老。建陽人。政和二年進士。以御史致仕。里居十五年。講學著書不倦。郡守魏矼見其所著孝經。歎曰。他日變此邦人爲曾閔。必是書也。閩書。

正議傅先生凝遠父嵩

傅某字凝遠。其祖始居泉州晉江縣。父嵩。以累舉進士。推恩閉門教子。不肯仕。先生幼有美質。讀書日數千言。學爲文輒驚其長老。崇寧中。甫年十八。入太學。試中高等。然猶幾二十年乃以上舍登第。調滄州無棣主簿。遭父憂。終喪。得南劒州順昌縣府。調泉州安溪縣丞。徙南安縣丞。遷知晉江縣。安撫使張忠獻公聞于朝。特減磨勘年。遂爲奏事司幹辦公事。秩滿赴銓。得通判南劒州而歸。卒年六十有八。官至左朝奉大夫。累贈正議大夫。疾革猶戒子孫曰。吾平生無愧熲。仰後汝曹。居官主清。治家主嚴。奉先主敬。收族主恩。造次顛沛。必至忠信。能用吾言。雖貧賤猶爲有德君子。不然。躐取光顯。奚爲哉。語終遂瞑。陸放翁集。

陸放翁跋傅正議至樂庵記曰。正議傅君。在學校二十年。聲震京師。同舍生去爲公卿者袂相屬。而公始僅得一第。既仕矣。遭時艱難。妄男子往往起閭巷取美官。公又棄不用。則亦何樂哉。及讀所作至樂庵記。自道其胸中恢疏。不欲薄所以樂而忘憂者。文辭辨麗動人。有列禦寇莊周之遺風。然後知公蓋有道者。

陳氏家學

陳先生與義

陳與義字去非。其先居京兆。自曾祖希亮始遷洛。故爲洛人。先生天資卓偉。爲兒時已能作文。致名譽。流輩斂衽。莫敢與抗。登政和三年上舍甲科。授開德府教授。累遷太學博士。擢符寶郎。謫監陳留酒税。及金人入汴。高宗南遷。遂避亂襄漢。轉湖湘。踰嶺嶠久之。召爲兵部員外郎。紹興元年夏。至行在。遷中書舍人。並掌内制。拜吏部侍郎。尋知湖州。召爲給事中。駁議詳雅。又以顯謨閣直學士提舉江州太平觀。召爲中書舍人直學士院。六年。拜翰林學士知制誥。七年。參知政事。唯師用道德。以輔朝廷。務尊主威而振綱紀。從帝如建康。明年。扈蹕還臨安。以疾請。復以資政殿學士知湖州。陛辭。帝勞問甚渥。遂請閒提舉洞霄宫。卒年四十九。先生容狀儼恪。不妄言笑。平居雖謙以接物。然内剛不可犯。其薦士于朝。退未嘗以語人。士以是多之。尤長于詩。上下陶謝韋柳之間。宋史。

張先生志行

張志行字公澤。東陽人。力學砥行。鄉閭推仰。以禄不逮親。遂不事科舉。州郡屢辟不應。紹興三年。浙東宣諭使朱異表賜號沖素處士。金華府志。

傅先生崧卿

傅崧卿字子駿。山陰人。擢甲科。累遷考功員外郎。爲林靈素所譖。出爲蒲圻縣丞。後官至給事中。紹興府志。

夏小正戴氏傳序

崧卿少時。讀禮記著孔子得夏時于杞。鄭氏註曰。夏四時之書也。其存者有小正。而鄭注月令引小正者八。辭大抵約嚴。不類秦漢以來文章。信其爲夏氏之遺書。顧欲睹其全。未之得。政和中。閱外兄關繪㈠藏書。始得而讀之。星昏見㈡伏見中正當鄉。若寒暑日風冰雪雨旱之節。草木

㈠「繪」當爲「澮」。
㈡「見」當爲「旦」。

稊荑之候。羽毛鱗蠃蠕動之屬。蟄興粥伏鄉遰陟降離隕鳴呴之應。罔不具紀。而王政民事繫焉。蓋夏之月令也。志時之有是物。往往以見言之。豈謂據人所見者辭固當爾耶。

關本戴禮。皆以夏小正錯諸傳中。洋洋之書。雜以漢儒文辭。醋駁弗類。且所訓疑有失本指者。乃放左氏春秋。列正文其前。而附以傳。月爲一篇。凡十有二篇。釐爲四卷。名曰夏小正戴氏傳。關本簡編失倫。悉以大戴禮是正。兩書互有得失。或字衍脱不同。則擇其善者從之。明注其下。而闕其可疑者。大戴禮無注釋。關本注釋二十三處。懼其與今注相糅。則云舊注别之。來者宜詳焉。

梓材謹案。四庫全書著録是書。提要云。是書之分經傳。自傅氏始。朱子作儀禮經傳通解。以夏小正分析經傳。宜沿其例。其詮釋之詳。亦自傅氏始。全氏通鑑前編所註。實無以勝之。于是書可謂有功。儒者盛稱朱子考定之本。與全氏續作之注。而不以創始稱傅氏。非公論也。又案。繼先生而考正經傳者。又有句東史季教。見靜修學案補遺。

直閣王先生岡

王岡字壽基。無錫人。父軾。築室舍旁。儲書數百千卷。千里迎師教其子。凡累十二封至通奉大夫。先生少時。已嶷自立。讀書著文。出語驚人。既冠。得太學上遊所爲文章讀之曰。吾可以一出矣。則贏糧往從之。元符三年。辟進士。主睦州青溪縣簿。累遷左司員外郎。早以文藝遊場屋。爲名進士。故終徽宗朝。五更内外學官之選。而未嘗任事。建炎初。吕服浩入相。召爲尚書郎。先生嗜書。尤長于易。嘗著論以黜先儒之謬。晚年深明春秋左氏之學。考質諸侯卿大夫之功罪。以推明當時得失理亂之故。傅經爲説。反覆貫穿。切于時務之要。一日奏事殿中。上曰。屢讀卿奏。指事據經。皆本春秋之旨。居亡何。引疾自去。除直秘閣主管臨安府洞霄宮。徙台州崇道觀。上書告老。守本官左朝散大夫致仕。卒年七十有五。鴻慶居士集。

鄭應庵先生銓

鄭銓字應權。宜春人。學通于六經。宣和間。兩貢上舍不偶。棄歸。學者踵門日衆。嘗號應庵。因稱應庵先生。姓譜。

上舍毛先生徹父通彦。附子宏宣。

毛徹。其先括蒼人。父通彦。元祐間以經術詞賦三與計偕。後徙樂清。先生有文行。受詩學。試爲上舍優等。以久謁告不及貢。居鄉以賢德稱。與邑大夫交。雖毫髪不干以私。縣起新學。先生治其事。學成。邑令俾爲之長。以表率後進。子宏。字叔度。資稟不凡。幼與兄宣俱有儁聲。俱能世其家學。當時目之曰二毛公。入太學。繼試禮部。以春秋魁天下士。中紹興第。授寧海簿。沈毅有守。民莫能犯。甫半歲而政教大行。會丁父憂。居喪過制。尋以毀卒。兩浙名賢録。

梓材謹案。温州舊志載。先生字知微。居父母祖父母喪一十二年。禮不少變云。

宋先生德謙附子洪。孫禧。曾孫和。

宋德謙。名某。太原樂平人。宋宣和時進士。博學多能。名與趙國器埒。三晉以西皆宗之。遠近學者輻輳。故晉之言師道者必首宋氏。子洪。在金爲名進士。父子以家學相傳。自樹益茂。敬敏公禧。其子也。禧子和。字君和。幼值亂離。轉徙雲朔。猶著書不舍。長通六經。大指慨然有及物心。刻意而方。無所不習。元至元二十七年卒。年七十八。以子超封燕寧郡公。謚文康。程雪樓集。

雷先生度

雷度字世則。臨川人。靖康初爲舉首。然無意利禄。研精于易。有易口義。江西通志。

范先生弇

范弇。河南學究。居嵩山道中小市曰金店。貌古性直。君子人也。鄰有酒肆。詩云。喫飲二升。糴麥一㪷。磨麪五斤。可飽十口。遇歲時歌樂喧集。鄉人競觀。先生讀書閉户自若也。又有戒訟詩云。些小言詞莫若休。不須經縣與經州。衙頭府底陪茶酒。贏得貓兒賣了牛。鄉人畏而服之。范公稱過庭録。

馮先生安國

馮安國字彦修。順昌人。時行王氏學。先生晦迹于家。聚徒講經。建炎中。范汝爲據尤溪。籍民降附。先生不屈死。福建通志。

唐先生日宣

唐日宣。邵陽人。爲武岡軍教授。建奎文閣。倡明正學。雖深山窮谷中素不知書者。皆遣子弟肄業。邵陽縣志。

鄭先生綺附六世孫文嗣。

鄭綺字宗文。白麟二十一世孫也。自其祖居浦陽。先生通春秋穀梁學。撰合經論數萬言。事父母孝。父以非罪繫獄。當入死。先生上疏郡守錢端禮。請以身代。端禮察之。白其誣。母病風攣。保持若嬰兒。祖適廁。必按就之。三十年不懈。自先生至文嗣。凡同居六世。歷二百年。咸如先生在時。至大四年。旌表門閭。浦陽人物紀。

梓材謹案。晏穆誌其墓云。傳家學以春秋爲宗。其所篤好。獨在穀梁氏。乾道中。賜號曰沖素處士。

李先生邦獻

李邦獻。懷州人。太宰邦彥之弟。官至直敷文閣。著有省心雜言一卷。其書切近簡要。質而能該。于範世勵俗之道頗有發明。四庫書目提要。

梓材謹案。四庫提要又云。是書在宋有臨汝刊本。題爲林逋撰。或又以爲尹焞撰。至宋濂跋其書。則謂逋固未嘗著。焞亦因和靖之號偶同而誤。皆非其實。而王佖所編朱子語録續類。内有省心録。乃沈道原作之文。必有所據。當定爲沈本。陶宗儀説乳㊀録其數條。仍署爲林逋所作。迄無定論。今考永樂大典具載是書。共二百餘條。蓋依宋時槧本全帙録入。前有祁寬。鄭望之。沈濬。汪應辰。王大實五序。後有馬藻。項安世。樂章三跋。并有李氏孫耆岡及四世孫景初跋三首。皆謂此

㊀「乳」當爲「郛」。

書邦獻所作。又考王安禮爲沈道原作墓誌。具列所著書傳論語解等。並無省心雜言之名。足證非道原所作。實朱子語録之舛誤。宋濂執而定論。亦考之未審矣。

省心録

聞善言則拜。告有過則喜。有聖賢之氣象。

坐密室如通衢。馭寸心如六馬。可以免過。

心不清則無以見道。志不確則無以立功。

天下有甚于饑渴飲食之道。而世或以名稱。己或以爲能事。哀哉。臣之忠。子之孝。弟之悌是也。孔子以文學爲孝悌之餘事。孟子謂良知良能不出于學。是非聖人强人以甚難。蓋以愛欲汩其心。而妻子爵禄爲賊忠孝之具。間有得臣子之道者。宜乎表出于世。苟以孔孟之道求諸己。則知捨孝悌不足以爲人。移孝悌爲忠順。則立身行己之道當然。世何稱。己何能之有。

事親孝者。事君必忠。何以知之。良知故存。雖妻子不能移其愛。推此以盡爲臣之道。則爵禄安可易其守。子惟知有親。安得不孝。臣惟知有君。安得不忠。所謂良知者。其可忘乎。父慈子孝兄友弟恭。相須之理也。然子不可待父慈而後孝。弟不可待兄友而後恭。譬猶責人以信。然後報之以誠。夫盡己之當爲。乃君子所以立身之道。非求備于人也。

自信者人亦信之。胡越猶弟兄。自疑者人亦疑之。身外皆敵國。至于推誠則不欺。守信則不疑。非但六合之内可行。動天地。感鬼神。非誠信不可。

知不足者好學。恥下問者自滿。一爲君子。一爲小人。自取如何耳。

爲善者不云利。逐利者不見善。舜跖之徒自此分。捨生取義固不可得。見利思義聖人亦取之。殆哉。利不可言。況可爲乎。孟子答梁惠王之言至矣。

靜吉動凶。德休僞拙。聖人戒告甚切。至反身而誠。樂莫大焉。知此爲君子。昧此爲小人。

木有所養。則根本固而枝葉茂。棟梁之材成。水有所養。則泉源壯而流派長。灌溉之利溥。人有所養。則志氣大而識見明。忠義之志出。可不養哉。故孟子所謂。苟得其養。無物不長也。

歲月已往者不可復。未來者不可期。現在者不可失。

高不可欺者天也。尊不可欺者君也。内不可欺者親也。外不可欺者人也。四者既不可欺。心其可欺乎。心不欺。人其欺我乎。

爲善易。避爲善之名難。不犯人易。犯而不校難。

恐懼者。修身之本。事前而恐懼則畏。畏可以免禍。事後而恐懼則悔。悔可以改過。夫知者以畏消悔。愚者無所畏而不知悔。故知者保身。愚者殺身。大哉。所謂恐懼也。誠無悔。恕無怨。和無仇。忍無辱。

華藻見于外者謂之文。古今積于中者謂之學。苟見道不明。用心不正。適足以文過飾非。文學所以在德行政事之下。

窮不易操。達不患失。非見善明。用心剛者。不能也。

人有過失。己必知之。己有過失。豈不自知。喜是非者檢人。思憂患者檢身。

綺語背道。雜學亂性。

知之非艱。行之爲艱。誠能踐履。雖非聖賢。其亦聖賢之徒歟。

和以處衆。寬以接下。恕以待人。君子人也。

立身之道。内剛外柔。肥家之道。上遜下順。不和不可以接物。不嚴不可以馭下。

前輩論醫云。閉門看古方三年。知天下無病不可治。及其出而用藥療疾。知今古無方可用。此無他。聞見力極則止。至于應變。則無有窮盡。噫。豈但論醫也。士之學問。其失正在是。苟以是心反之。孳孳旦夜。自不知爲有餘。縱未能盡愈天下之疾。亦庶幾乎十失二三也。

人皆有好生惡死之心。人皆有捨生取死之道。何見善不明耳。

爾謀不臧。悔之何及。爾見不長。教之何益。

食能止饑。飲能止渴。畏能止禍。足能止貪。

以愛妻子之心事親。則無往而不孝。以保富貴之心事君。則無往而不忠。以責人之心責己。則寡過。以恕己之心恕人。則全交。

爲政之要。曰公與清。成家之道。曰儉與勤。

事親有隱而無犯。事君有犯而無隱。事師無犯無隱。聖人不易之論也。古之所謂犯者。以己所見陳于君。不以犯上爲狂也。後世所謂犯者。處卑位而言非其職。徒以沽名之心。務行其說。直前詆訐。無益于世。愚以爲若能以事師之道事君。無隱則不敢逢君之惡。無犯則不忍暴君之失。諫可行。言可聽。膏澤可下于民。不亦美歟。不臨難。不見忠臣之心。不臨財。不見義士之節。

保生者寡欲。保身者避名。無欲易。無名難。

張飽帆于大江。驟駿馬于平陸。天下之至快者。反思之則憂。處不爭之地。乘獨後之馬。人或我笑。樂莫大焉。

蓋棺始能定士之賢愚。臨事始能見人之操守。

舜耕于歷山。伊尹耕于莘野。聖賢力田見于經傳。後世以文學明道。其弊至于菽麥不分。豈止不知稼穡艱難哉。

主簿曹先生肅附子延祚。

曹肅字士先。郴州人。舉鄉薦。初撰通州寧遠簿。平生安分守道。四方學者多從之遊。著述數十卷。子延祚。字熙載。清修多學。足不履城市。卿士多出其門。姓譜。

魏先生文璉附子穎。

魏文璉字□□。其父自甌寧徙建陽。先生粹然儒者也。有春秋谿疑六卷。易説五卷。子穎。藏書甚富。胡籍溪門人挺之。其曾孫也。斐然集。

朱先生振

朱振。著有春秋指要一卷。又春秋正名賾隱要旨㊀十二卷。又敘論一卷。春秋講義三卷。宋志。

附録

程積齋曰。應天朱氏正名賾隱旨要并敘論不拘類例。專取經意。

林先生立之

林立之字叔恭。仙遊人。儒林宗派。

龐先生安仁附門人張正素。周道卿。

龐安仁字宅道。晉陵人。通五經。尤長于易。張正素。周道卿。皆在其門。儒林宗派。

奉議查先生許國

查許國。海陵人。精于六經。以奉議郎贊帥幕。僑居荆南。開門教授。一日從容書曰。七十三年。聖師之壽。許國何人。敢繼其後。唯是平生。恪遵善誘。故從門人。啓予足手。卽端坐瞑目。加朝服而終。姓譜。

㊀「要旨」當爲「旨要」。

周先生武仲

周武仲字憲之。浦城人。歷官吏部尚書。以朝請大夫致仕。著有春秋左傳編類三十卷。閩書。

附録

楊龜山志其墓曰。公嘗病春秋左氏傳敘事隔涉年月。學者不得其統。于是創新銓次其事。各列于諸國。俾易覽焉。

朝奉家學

通直陳先生應辰

陳應辰。東莞人。爲人謙和。舉動不妄。少時從師。獨處一室。夜半讀書。忽有鄰女越垣潛至。先生呼蒼頭明燈兀坐。女慚而退。黎明卽遷于他室。居邑之紹興橋。與翟旦爲比鄰。有以屋前之田來售者。將立券。先生曰。此田跨吾二家之門。吾全售則不便于翟。遂與翟分售之。且割田之當翟門者與翟。而自取其兩傍磽瘠者。其厚德多此類。初任南恩司法。再任龍川丞。後改連州推官兼署僉判。改遷通直郎致仕。家居作清講亭。延師訓子孫。年八十餘卒。廣州黃志。

宋元學案補遺別附卷二目録

宋儒博考下

宋元學案補遺別附卷二

後學 鄞 王梓材 慈谿馮雲濠 同輯

宋儒博考下

張先生大同附子敬修。從子聿修。

張大同。蜀人。登紹興進士。嘗教授成都。解官不復出。三奉祠録。多著書。號淡齋先生。子敬修。從子聿修。皆登科。故邑人推爲儒家。氏族譜。

方先生萬

方萬。莆田人。宋進士。留意經術。朱子名其堂曰一經。紹興間。邑人鄭裕爲之詩曰。莆之甲姓。實爲大方。紫囊錦帳。閥閱膏粱。有子盈之。乃其最良。心志乎道。視之如忘。博究六藝。并包五常。東家尼父。北牕羲皇。日相討論。兼收並藏。五經在笥。一經名堂。謙以自牧。雖晦而光。實浮于名。雖抑而揚。伊昔孟氏。排墨與楊。斯文羽翼。吾道棟梁。豈特詩書。獨稱其長。諸儒之説。于孟何傷。吾子命名。既擇而詳。貫而通之。輝涵汪茫。剖破藩籬。無門無旁。默契韶濩。能宫能商。正蒙折滯。起廢鍼肓。以一知萬。名實孔彰。人知同好。絺句繪章。玄酒太羹。子獨先嘗。經術之門。驥騁康莊。典謨之文。鳳鳴朝陽。學報天子。業纘星郎。以經名家。非子誰當。南宋文範作者考。

鮑先生祖文

鮑先生祖武合傳。

鮑祖文字獻夫。黄巖人。紹興二十七年特科進士。歷永嘉尉。東陽丞。韓元吉鄭伯熊薦之。知瑞安。以忤權貴罷。通判興化軍陳參政騤又薦之。平居奉養甚薄。至周人急。惟恐不厚。弟祖武。字承夫。志尚亦高。與兄相爲師友。里中稱二鮑云。台州府志。

太學鄭先生汝諧

鄭汝諧字熙績。平陽人。操行純固。言動必謹于禮。博學强記。老不釋卷。經史百氏器數刑名之書。無所不覽。舉輒成誦。時號武庫。紹興中入太學。會東朝稱壽覃恩封其母。乃曰。吾母爲命婦。吾復何求。于是歸隱。後格當推恩。卒不就。兩浙名賢録。

架閣林先生椅

林椅字奇卿。麗水人。登紹熙進士。淹貫經術。而於周禮尤精。以周禮爲周公經世之書。凡民極所由立。日用之常。誠僞之變。莫不區別。纖悉畢備。乃隨類條列之。名曰周禮綱目。調紹興府教授。時翰林學士樓鑰禮部尚書倪思表其所著。進奏。除刑工二部架閣。兩浙名賢録。

項先生璣

項璣字仁卿。臨海人。居山闢室。讀書自樂。當高宗時。王卿月薦之。三徵不起。隱處教授以終。卒之。時門人會葬被青紫者四十餘人。學者尊爲松𢛄先生。台州府志。

高可仰先生□

高可仰。貴溪人。唐福建觀察使寬仁七世孫。出身科第。授國子監學録。在家未仕時。刻苦學問。作書院于所居之旁。乃收召宗族及鄉人之子弟教之。因名曰桐源書院。而玉山爲之記。汪玉山集。

王先生治

王治。太原人。紹興初。知南恩州。值歲荒。發粟賑濟。存活甚衆。暇則詣學。課勵生徒。以厚風俗。歿後州人立祠祀之。一統志。

張先生夔

張夔。海陽人。高宗時。知新州。時學校自舍法罷。士習委靡。先生修郡庠。厚加餼廩。暇日與諸生徒執經問難。學者聞風而至。又築陂瀦田。民蒙其澤。稱張侯陂云。一統志。

知州黄先生牧之附師徐世英。

黄牧之字穉卿。樂城人。八歲喪父。十歲喪母。哀動弔者。父澤將仕郎。自幼不羣。女兄歸浮梁之李氏。族長户部侍郎椿年主席。先生年十三。機警詳雅。李舉以訓其子弟。逮志學鄉人。工部侍郎徐深以女妻之。從臨川徐世英傳春秋學。經子百家。無不貫穿。踰冠。求監南嶽廟。宿其業秩。調江陵府司户參軍。累擢知均州並管内安撫。卒年六十。周益公集。

周先生淳中

周淳中字仲古。瑞安人。及進士第。乞監南嶽廟。教授全州。以心喪去。又教授廣德軍。改知台州寧海縣。歷授淮東安撫司參議官。淳熙十年卒。著文集十卷。春秋説約六卷。葉水心文集。

華先生鏜

華鏜。□□人。秀才。著六經解。楊誠齋以長句書其後云。華鏜晨趨孔子堂。今日覃思彫肺腸。又云。毛穎爲君禿盡髮。問君何時放渠歇。楊誠齋荆溪集。

廖先生庚

廖庚字西仲。大冶人。有喪服制度。朱子文集。

梓材謹案。朱子稱先生爲廖丈。則其行輩較長于文公。

侯先生宣

侯宣。衡山人。少遊四方。好與名士交。還家築室一區。俾遊學者往來館焉。時湖南道學最盛。遊學之士踵至如歸。先生館延之。二十餘年不倦。遠近稱松林處士。一統志。

羅先生無競

羅無競字謙中。廬陵人。仕爲建寧主簿卒。門下客謚曰孝逸先生。有經解數卷。胡澹庵文集。

劉先生元迪

劉元迪字德華。玉山人。隆興初進士。知德安縣。爲政一本于儒術。以惠愛得民。後居家。建義學。以教族子弟及鄉人之願學者。累官至朝奉郎參議沿海制置使軍事。姓譜。

雲濠謹案。朱子文集有玉山劉氏義學記。

章先生元崇

章元崇字德昂。歙人。博通諸經。尤長于春秋。兩冠鄉書。待次於潛簿。築讀書堂于杏城。溪人號環溪先生。有著述數卷。名蟹螯集。終奉議郎。歙縣志。

梓材謹案。先生著有周易釋傳。經義考云佚。

何先生逢原

何逢原字希深。世爲温州人。擢進士乙科。累官至中書舍人。乾道二年。除金部郎中。丐祠。除福建提點刑獄事。長于理學。尤精論語。覃思二十年。每見學者。必與講論。集解簡嚴明白。超詣處。諸儒所不到。王梅溪集。

羅先生棐恭

羅棐恭字欽若。廬陵人。武岡軍太守。增廣左氏指蹤春秋盟會圖二書。有詩文三十卷。號不欺先生集。胡澹庵文集。

唐先生閲

唐閲字進道。山陰人。舉進士。歷都官員外郎。乾道間。爲浙東檢察。嘗以左氏春秋。倣遷固史例。以周爲紀。列國爲傳。又爲表志贊合五十一卷。號左史傳。行于世。紹興府志。

張先生淑堅

張淑堅字正卿。其先自開封遷于衢。官止承節郎。有詩書解合三十卷。吕東萊文集。

謝先生英

謝英字楚華。寧鄉人。隱居教授。著書自娛。孝宗時。屢辟不就。一統志。

姚先生宋佐

姚宋佐字輔之。桂陽人。少嗜學。登乾道八年進士。官靜江府教授。性廉公。家極貧。有詩名。湖南通志。

張先生布

張布字伯雋。臨海人。乾道八年進士。歷太學録博士。樞密院編修官。宗正丞。權金部右侍郎。遷秘書丞知徽州。不赴。奉祠。終朝散大夫。有六經講解藏于家。陳簀窗説。

鄭先生公敏

鄭公敏字明之。龍溪人。幼孤。苦學篤志。乾道己丑登第。歷福清簿。有政聲。以薦調古田教官。嘗謁憲使楊萬里。大奇之。以理學見重于時。著文集語録傳世。道南源委。

葉先生汝士

葉汝士。餘姚人。乾道間爲鄉先生。仕而歸老。邦人高之。特舉鄉飲酒禮以賓之。孫燭湖集。

黄先生定

黄定字泰之。三山人。乾道壬辰對策。謂以大有爲之時。爲改過之日月。又云。雖有無我之量而累于自喜。雖有知人之明而累于自恃。又云。欲比迹太宗。而操其所不用之術。顧盼周行。類不適用。則曰腐儒。曰好名。曰是黨耳。于是始有棄文尚武親内疏外之心。何不因羣臣之所共違。而察一己之獨嚮。其言皆剴切。孝皇擢之第一。有以見容直之盛德。而秉史筆者未之紀焉。困學紀聞。

陳先生研

陳研字叔幾。晉江人。乾道進士。官臨汀令。時權貴欲排擊故相。將引爲御史。先生曰。公議不可犯。故相不可彈。以忤去提點湖南刑獄。遷起居郎卒。著有易詩書禮記解。泉州府志。

通直劉先生興祖附門人藍廷堅。

劉興祖字孝先。大庾人。習易春秋。旁通聲律。登乾道五年進士第。以春秋授藍廷堅。先生初調韶之録參。因感陽膚爲士師之言。遂五仕爲冷官。以通直郎致仕。姓譜。

毛先生晃

毛晃。著有禹貢指南二卷。未見。經義考。

梓材謹案。禹貢指南。四庫全書本永樂大典釐爲四卷。提要云。宋史無傳。其始末未詳。世傳其增註禮部韻略。于紹興三十二年表進。自署曰衢州充解進士。蓋高宗末年人也。又言。其書大抵引爾雅周禮漢志水經注九域志諸書。而旁引他説以證。于古今山水之原委頗爲簡明。雖生于南渡之後。僻處一隅。無由睹中原西北之古蹟。一一統核其眞。而援據考證。獨不泥諸儒附會之説。故後來蔡氏集傳多用之。又案。四庫著録增修互註禮部韻畧五卷。提要云。宋毛晃增注。其子居正校勘重增。諸家所稱增韻。卽此書也。又稱其父子繼以成一書。用力頗爲勤摯云。

張先生大任附子華。

張大任。湘潭人。貢上舍。嘗注春秋。學子爭傳之。子迪功郎華。能傳其業。楊誠齋集。

邱先生何

邱何字漢規。瑞安人。登乾道丙戌第。宰連江縣。晚始登朝監進奏院。遷太府簿。時方詆道學。世以爲諱。雖六經孔孟語亦避之。先生獨奏疏論中庸及皇極偏黨之義。語意懇切。慶元丁巳。有事南郊。攝太常卿行禮。自受誓戒至飲福。細大無遺。聲名驟起。以不肯謁當路。積二年出守袁州。温州舊志。

李先生叔寶

李叔寶字景齊。莆陽人。有周禮精意刊行。周禮訂義。

周禮精意

仲長統以爲。周禮禮之經。禮記禮之傳。禮記作于漢儒。雖名爲經。其實傳也。蓋禮記所記多春秋戰國間事。不純唐虞夏商周之制。曾未若周官之純乎周禮也。

古人自抱關擊柝而上。皆以下士爲之。無非鄉舉里選。德行道藝之人。此成周建官之良法美意。

豳風陳王業之由。不出乎夫耕婦饁烹葵剥棗之事。孟子論王道之始。不過魚鼈材木雞豚狗彘無失其時數語。故周官羣吏之治。治此而已。三歲之計。計此而已。後世課羣吏者。責辦賦税與夫簿書獄訟之末。至民生之厚與否。田野之闢與否。不恤也。安識成周計吏之意哉。德行藝皆析而六之。恐難以責其才之全。則凡于六者之中得其一。皆足以自進。此天下所以無遺才也。

族師聯比其民。而歡洽其心。使之有相保相受之法。而于刑罰亦相及。則苟有一不爲善者。必爲衆庶所棄。而其心不得以自容。聖人善俗之道端在于此。

財之虧者有誅。裕者有賞。則吏急于規君之賞者。毋乃法外剝民。如後世所謂羨餘之進乎。不知賦民自有定制。成周之世。安得法外恣取。所謂長財者。不過調度有方。則財常充裕耳。

利之出于山林川澤者。先王與民共之。而有厲禁何也。利之所在。人競趨焉。官爲之守禁。然後無紛爭力奪。而利乃均及于民。

劉先生庭老附師歐陽彥文。戴仲弼。

劉庭老字季齡。安福人。娶安福名儒桂陽丞歐陽彥文之女而從之遊。又從通直郎戴仲弼講習切磋。學進進而文增增。然試輒不售。年四十而歸隱曰。此豈古人爲己之學耶。署其堂曰養浩。謝艮齋爲之記。杜門讀書。卒年五十有一。楊誠齋集。

主簿徐先生孝恭附兄孝寧。孝友。

徐孝恭字季中。淳安人。與兄孝寧。孝友。自邑郭遷河溪。杜門讀書。五經皆精究。而先生尤深于易。人號五經徐氏。隆興淳熙間。兄弟聯登進士第。先生主德化簿。政教兼善。士多從之。嚴陵志。

參軍潘先生預

潘預字晉卿。博羅人也。篤學該洽。以古文爲鄉黨推重。而尤邃于易。三山林東負時名。少許可。及抵羅浮。見先生論易。遂爲之屈。乾道中。以特科授宣州司法參軍。時龔茂良帥廣。聘至番禺。訓迪諸生。南州經學。自是日盛。廣東戴志。

李先生元綱

李元綱字國紀。錢塘人。號百練眞隱。乾道間。居吴興之新市。力學好古。雖困窮。操履益堅。怡然自得。不爲外物所搖奪。撰聖賢事業圖集説。三先生西銘解。厚德録。言行編諸書。兩浙名賢録。

譚先生世選附兄子知言。

譚世選字勤之。零陵人。世業儒。永州郡博士策上等者自先生始。兄子知言。字養正。嗜學明經。再中選試。嘗築一堂。藏書千卷。謝艮齋爲書學林以扁于楣。楊誠齋集。

梓材謹案。先生有毛詩傳二十卷。經義考引陸元輔説。以先生爲茶陵人。云。初以上書獻策補官。凡五薦漕臺。三爲舉首。詩傳羽翼漢儒。茶陵或是零陵之訛。湖南通志分爲二人。未必然也。

句龍先生傳

句龍傳字明甫。夾江人。精于春秋三傳。博習詳考。又分國而紀之。自東周而下。大國次國特書。小國滅國附見。不獨紀其事與其文而兼著其義。凡采其説者數十家。蓋嗜古尊經之士。確乎其能自信者也。劉後溪集。

唐先生人鑑

唐人鑑字德明。零陵人。楊誠齋解零陵法曹任。假寓先生齋舍。稱其莊靜端直。有聞于道。齋首種竹萬竿。誠齋名曰玉立。以見其爲人。楊誠齋集。

唐先生如晦

唐如晦字幼光。零陵人。博學無所不通。易山齋題其書堂曰善齋。姓譜。

周蠹齋先生孚

周孚字信道。濟北人。居京□㊀。淳熙初。眞州學教授。自號蠹齋。顧湄説。

梓材謹案。先生著有春秋講義一卷。經義考云。周氏講義止及隱公。凡一十六條。附載蠹齋鉛刀編。又案。先生著又有非鄭漁仲詩辨妄一卷。凡四十二事。經義考云存。

㊀「□」當作「口」。

周靐齋語

聖人之經。其以爲名。皆因舊而不改。易之爲易。書之爲書。詩之爲詩。聖人未出其名。固已如是。至于春秋。則猶三經也。晉謂之乘。楚謂之檮杌。魯謂之春秋。錯舉四時以爲之名。聖人何加損焉。

非鄭氏詩辨妄自序

古之教人者。未嘗有訓詁也。故曰。不憤不啓。不悱不發。舉一隅不以三隅反。則不復也。自聖人没而異端起。先儒急于警天下之方悟者。故即六經之書而訓詁之。雖其教與古異。其意則一也。自漢以來。六經之綱維具矣。學者世相傳守之。雖聖人起。未易廢也。而鄭子乃欲盡廢之。此予之所以不得已而有言也。

易山齋祓附門人陳章。

易祓字彦章。號山齋。寧鄉人。淳熙十一年。上舍釋褐出身。慶元六年。除著作郎知江州。所著周易總義。門人陳章季臯序之。又著易學舉隅。于先儒所未發。發明尤多。春陵樂雷發謁山齋詩云。淳熙人物到嘉熙。聽説山齋亦白髭。細嚼梅花看總義。只應姬老是相知。蓋先生于易周禮皆有總義也。經義考。

梓材謹案。四庫書目著録周易總義二十卷。提要云。祓。人不足重。其書于經義實多所發明。與耿南仲之新講義。均未可以人廢言也。又案。宋史藝文志載周禮總義三十六卷。讀書附志作三十卷。四庫本永樂大典亦勒爲三十卷。提要謂。其書研索經文。斷以己意。與先儒頗有異同云。

周禮總義

建子爲時王之正月。示萬民以更新之意。故太宰縣治象。于月吉而後斂于挾日。建寅爲民時之正歲。吏治于是乎始。故小宰帥治官之屬。觀治象于已斂之後。以治官之屬觀治象之法。不拘乎縣治象之時也。

九竅見于外。覘其證之變。而有通塞之二候。故曰兩。九藏藏于内。察其脈之動。而有浮中沈之三部。故曰參。

冢宰歲終受歲會而無月要之文。小宰月終受月要而無日成之文。宰夫旬終正日成。而無參互之文。財開散在有司。而總滙于司會。自宰人以上。又遞職其要焉。以上天官。

以六鼓聲用攷之。唯雷鼓專用于天神。鼖鼓專用于役事。若靈鼓用于社祭冥氏。又用之以敺猛獸。路鼓用于鬼享。大司馬又用之以教戰。太僕又用之以待達窮者與遽會〔一〕矣。以至辟雍作樂。

〔一〕「會」當爲「令」。

鼖鼓唯鏞。仲春蒐田。軍將晉鼓。則鼖鼓不止乎軍事。晉鼓不止乎金奏矣。聲用各有所主。不可不辨。

利之所在。奸弊百出。既禁之。又會之。又從而巡之。然後卝人聚之而入于職金。以上地官。

小子職曰。珥于社稷。祈于五祀。羊人職曰。凡祈珥共羊牲。並與肆帥㊀之文同。至秋官士師職則曰。凡刉珥奏犬牲。後鄭因皆改祈爲刉。謂毛牲曰刉。羽牲曰珥。案刉珥惟見士師職。祈珥凡三見。不應盡改爲刉。又劉氏中義云。珥當爲弭。祈謂祈福。弭謂弭災。然則社稷五祀曰祈曰弭。山川曰侯曰禳。落成則曰釁。各有倫矣。

考之傳記。災祥所應多不誣者。然亦有可疑焉。武王錢㊁殷。歲在鶉火。伶州鳩曰。歲之所在。我有周之分野。蓋指鶉火爲西周豐岐之地。今乃以當洛陽之東周。周平王以豐岐之地賜秦襄公。而其分星乃謂之鶉首。如燕在北而配以東方之析木。魯在東而配以西方之降婁。秦居西北而鶉首次于西南。吴越居東南而星紀次于東北。此皆稽之分野有不合者。賈氏以古者受封之月。歲星所在之辰。以爲分次。則春秋戰國之諸侯。以之占妖祥可也。後世占分野而妖祥亦應。豈皆古者受封之辰乎。以上春官。

㊀「帥」當爲「師」。

㊁「錢」當爲「伐」。

挈壺之制不可攷。以唐制推之。水海浮箭。四匱注水。始自夜天池入于日天池。自日天池入平壺。以次相注。入于水海。浮箭而上。以浮箭爲刻。分晝夜計十二時。每時八刻二十分。每刻六十分。箭四十八。二箭當一氣。銅烏行水而下注。浮箭而上登。則晝夜之刻。分至之候。冬夏長短。昏曉隱見。與周官晷景無差。

守之以水。則均其晷刻之多少。守之以火。則知其漏箭之遷易。

禹貢揚州之域。東距海。北據淮。故曰淮海惟揚州。殷人以淮入徐。故揚州止謂之江南。周人復以入揚。循禹之舊。

禹貢荆及衡陽惟荆州。殷之荆州。其北境曰漢南。以地理志考之。荆山在南郡臨沮縣。漢水又在其北。正屬襄陽。言漢南則跨荆山之北。至周復以荆門以北屬豫州。復禹封域。

禹貢荆河豫州。其封在大河之南。南條荆山之北。故曰荆河。殷之豫州。則南境距漢。北境接河。故曰河南。周人于豫州亦曰河南。而南境則仍禹貢之舊。

禹貢有青有兖有徐。殷并青于徐。而徐兼揚之淮。故江南曰揚州。周復以淮歸揚。而并徐于青。正在織東。故曰正東。

夏殷皆言濟河惟兖州。謂東河之東。濟水之北也。周人以青兼徐。而兖州又越濟之東南。故徐之岱山。職方以爲兖之鎮山。徐之大野。職方以爲兖之澤藪也。故曰河東。

沛。水經及漢志字皆從水從巿。説文沛字註。出兖州之川。惟禹貢從水從齊。又案。漢志從水從齊者。其水出常山郡房子縣贊皇山。乃別一水名。則此二字音同實異。後世雖例以從水從齊者爲兖州之川。其實乃字之誤。當以古文爲正。

禹貢有雍有梁。故梁爲正西。而雍爲西北。殷周皆省梁入雍。故雍州爲正西。

舜十二州本有幽州。水土既平。因冀爲帝都。省幽入冀。殷人南都河南之亳。復舜幽州之名。周人又以幽州兼殷之營州。實禹貢青州隔海東北之境。故曰東北。

舜時十有二州。有幽有并有冀。水土既平之後。以冀爲帝都。省幽入并焉。以餘州準之。則知禹貢冀州東西南三面距河。而北境則越乎常山。今之燕雲營平諸州皆其地也。殷人以冀州北境復舜之幽州。而東西南北皆禹跡之舊。蓋東。河之西。西。河之東。南。河之北也。故曰兩河間。周人又分冀而復舜之并州。故曰河内而已。

舜時有并州。禹貢以并入冀。殷因之。周復分冀立并州。以天下之勢言。冀州在西河之東。雍州在西河之西。而并州在冀州之北。故曰正北。以上夏官。

古者有五刑而無五罰。觀士師職左右刑罰則有五禁。先後刑罰則有五戒。周公建典。非特欲其無刑。亦欲其無罰也。司圜職罰不虧財。不過爲虞書之贖刑。施于宜加鞭扑者而已。至穆王作五刑之罰。視司刑所掌者增至三千。而宫及大辟皆得以金贖。觀其迹亦近于矜恤。而究其實則富者得生。貧者得死。害義傷教甚矣。

大荒大札。天地有裁。王者爲之不舉。所以爲内省自疚之道至矣。于是數者而殺禮。抑亦以其自處者而待賓客也。以上秋官。

考工記非周書也。言周人上輿而有梓匠之制。言周人明堂而有世室重屋之制。言溝洫澮川非遂人之制。言旂旟旐非大司馬司常巾車之制。眡周典大不類。韋氏之篇亡矣。其所掌不可考。上經鮑人之事則治革而柔之者。蓋皮之去毛則爲革。熟之則爲韋。革如革車之類。不必其熟也。韋如韋弁服之類。必待熟而後可。或者韋氏所掌。用于弁服之類云耳。

裘氏亡篇亦不可考。天官掌皮爲大裘。以至良裘功裘。此記復有裘氏。亦猶春官有典瑞。此記復有玉人耳。以上考工記。

附録

魏鶴山曰。易彥章周禮漢軍制。端足補先儒傳記之所未及。

林先生拱辰

林先生應辰合傳。

林拱辰字巖起。平陽人。淳熙武舉。換文登第。歷太府丞工部尚書。累知揚州婺州。廣東經略安撫。立朝剛介。不附史韓。有詩傳刊于平江。春秋傳刊于婺州。弟應辰。字渭起。同榜進士。監尚書六部門。著有易説。騷解。温州舊志。

駱先生季友附子士宏。

駱季友字觀國。寧海人。能清晨暗誦易全帙。大寒暑如一日。至老不廢。先生嘗讀佛書。有感。逍遙林壑者數年。專以達性爲事。後通悟。幡然而歸。曰。吾乃今知天地萬物初無二致。儒墨殊塗而同歸。求其體用具存者。莫大乎吾聖人之事業。精義入神。所以致用。由是求爲有用之學。年近五十。不復作出仕念。讀書必研究至極。嘗自歎曰。若欲窮理盡性。知時識勢。開物成務。無出于易。非圓機之士。孰可與論是哉。其子士宏至前。間取卦爻象詞以警之。使之通貫而後已。士宏讀孟子。至引而不發。躍如也。先生撫几三歎。且令掩卷。曰。此正孟子警拔人處。既不待發。尚思其所躍如者。何以得此。此不可以口耳章句求之。語之數四。士宏聳然。因名以躍。而字以子發。後始改焉。淳熙間。高宗慶霈。封迪功郎致仕。非其志也。樓攻媿集。

楊先生起宗附子嗣參。

楊起宗字振之。臨湖人。丱角能文。徧誦六經。累試不就。教子。長嗣參登進士。先生戒之曰。入官自學古始。汝宜厲哉。益課其講習。以求律己治人之道。及嗣參尉餘杭。迎侍以往。勉以廉勤公謹。又書古詩于中扁云。食淡精神爽。官清夢寐安。嗣參竟以清白聞。蓋義方之教也。台州府志。

知州朱先生權

朱權字聖與。休寧人。六歲入小學。一日偶失所業課册。先生頗有愠色。曰。毋多慮。某盡能默記。乃追寫之。他日得故帙。一字不舛。八歲能屬文。讀書率夜以繼日。寒暑不少替。鄉之南。有山曰顏公。其高三十里。上有精廬。館其上。手編諸家易説。凡百餘萬言。淳熙十四年。登進士第。累官差知惠州。轉朝奉大夫。累乞致仕。進朝散大夫。轉朝請大夫。天性純誠。表裏若一。其自處無異寒素。訓誨子孫。惟以循理讀書爲急。平生著述。有納言十篇。末議四篇。默齋文集二十卷。藏于家塾。程洺水集。

范先生筌

范筌字叔魯。臨海人。右僕射覺民之孫。築一軒藏脩其中。扁曰景言。居鄉授業。操履可尊。人稱勿庵先生。台州府志。

陳先生造

陳造字唐卿。高郵人。淳熙二年登科。官淮南西路安撫司參議官。自以無補于世。置江湖乃宜。遂號江湖長翁。申屠駉志其墓。有陳氏易説。首无妄。次屯。次同人。次大有。次豫。次蒙。次需。次夬。次姤。次小畜大畜。次復。次噬嗑。次革。次比。凡十五卦。經義考。

雷先生潨

雷潨。長沙人。淳熙九年。知宜章縣。建學宮給廩。課世士。多就其成就。歷官吏部郎中。姓譜。

李先生作乂附子日南。孫之傳。

李作乂字彦從。瀏陽人。淳熙間。官迪功郎。與其子日南。擇縣南建遺經閣。藏書萬卷。朱仲晦及張敬夫數十人賦詩美之。後燬于火。復于閣址迤北改築未成。父子相繼逝。孫之傳。踵成之。三世以學行稱。楊誠齋集。

包先生履常

包履常字適可。昭陵名臣孝肅公七世孫也。居樂清。登淳熙八年進士乙科。平生力學。有得于絜矩之一言。教授盱江。盱士之無所于館也。首闢講堂。繼又闢諸齋。增廩生徒至五六十人。其在豫章亦然。鄰壤之士。亦相與負笈從遊。弟子員溢幾數百。晚得倅吳門。未至而卒。其將卒也。猶以學之所得者。爲從子言之。俾勿忘。眞西山誌其墓。眞西山集。

黄先生雲

黄雲字鼎瑞。吴郡人。居幼自知學。年十二三已能授童子書。既冠入太學。文義益通達。吴中大書會稀少。至先生學早成。後生慕從常百餘人。勤苦誘掖。一變口耳之習。淳熙八年。特奏名。歷官監酒。以通直郎致仕卒。少師由。其子也。少師爲嘉王府直講。時嘉邸大書成齋二字以賜先生。成齋者。先生爲鄉先生授弟子經時所名也。葉水心集。

汪先生雄圖

汪雄圖字思遠。休寧人。淳熙十一年進士。歷建昌軍教授。所居據平坡植李。四方學者築室其旁。號李坡先生。所著有李坡集。徽州府志。

御史曾先生躍鱗

曾躍鱗字子龍。南恩州人。少警敏。博通經史。素善講書。人多從之遊。淳熙五年。登進士第。受知于學士李彦穎。薦入秘書。少師陳俊卿尤器重之。拜監察御史。廣東黄志。

莊先生夏

莊夏字子禮。永春人。淳熙進士。知寧國縣。慶元六年大旱。應詔上封事。言抑後宫戚里内侍爲抑陰助陽之術。召爲太常博士。累除兵部侍郎。累疏乞閒。以寶謨閣待制奉祠卒。贈少師。先生邃于經學。著有禮記解遺文二十卷。國史大事記十帙。典故備記五帙。宋史。

梓材謹案。經義考引陸元輔云。先生自號藻齋老人。

楊先生炳

楊炳字若晦。晉江人。少力學。精左氏傳。登淳熙進士。以薦爲國子監録。遷左司諫。論治贓吏當自大吏始。又乞節宫中浮費。嘗曰。大臣不爲私則小臣不敢干以私。臺諫不爲私而後可責人以私。歷官權吏部尚書。丐外。除寶謨閣直學士奉祠。卒年八十一。著易説禮記解。西掖類稿。

諫垣存稿。泉州府志。

梓材謹案。閩書云。乾道二年進士。號儵溪居士。

陳先生震

陳震字省仲。晉江人。淳熙進士。令新建。以帑積舊券代下户輸租。歷知韶州。遷太常丞。梓材案閩書作太府丞。奏減二廣丁錢。奉祠卒。著春秋解。史編雜著數十卷。道南源委。

梓材謹案。宋有二陳。震其一。金華人。何北山師也。

胡先生權

胡權字經仲。縉雲人。爲鄉先生。能以其學行犇走數州之士。士往往以不得從其遊爲恥。嘗官太常寺主簿。陳龍川集。

梓材謹案。同甫與周參政書有云。左宣教郎胡權。研六經之旨要。得聖人之心傳。持身端方。俯仰無媿。若置之講勸之地。當有以增助君德。

徐先生桐附門人趙與峕兄弟。

徐桐字子材。蘭溪人。爲鄉先生。趙與峕侍伯氏殿撰梓材案。宋史宗室世系表。燕王後與峕兄名與㦎。受易于先生。先生集諸家之長。著爲直説一編。授與峕兄弟。殿撰守嘉禾。與峕繼領郡紱。經義考。

沈先生棐

沈棐。著有春秋比事二十卷。史志。

梓材謹案。春秋比事本名春秋總論。陳同父爲更其名而序之云。或曰是沈文伯之所爲也。文伯名棐。湖州人。嘗爲婺之校官。陳直齋書録解題不以爲然。謂湖有沈文伯。名長卿。號審齋居士。爲常州。忤秦檜。貶化州。不名棐也。吴正傳亦以同父爲誤。云。棐。衢人。字文約。都穆聽雨紀談據嘉定辛未廬陵譚月卿序。又以爲莆陽劉朔撰。謂月卿親見劉氏家本。四庫書目提要以同父去棐世近。姑從所序。仍著棐名而録之。

黄先生惟直

黄惟直字德申。永豐人。自少以博習修潔爲鄉黨所稱。名卿達人爭致以誨其子弟。既連蹇場屋。志弗克施。則慨然曰。吾幸有薄田疇。與其私吾子孫。曷若舉而爲義塾。聚英材教育之。以樂吾志。迺建龍山書院。而眞西山爲之記。眞西山集。

吴先生元士

吴元士。朱子答其書。論律及琴甚詳。黄氏日鈔。

雲濠謹案。朱子續集答黄直卿云。吴元士曾相識否。昨看王伯照雜説。中間有段理會不得。或云渠嘗學于王公。恐能知其説云。

通判徐先生次鐸

徐次鐸。東陽人。負才尚氣。登紹興間進士。通判衢州。嘗倣周禮作漢官。又作唐書傳註。補註。音訓。總二百卷。中興兵防事類留之西府。姓譜。

樂先生思忠

樂思忠字仲恕。號祝融居士。所著周禮攻疑七卷。永嘉戴溪有望。豐城劉德秀仲洪爲之序。趙希弁讀書附志。

薛先生舜俞

薛舜俞字欽父。同安人。紹興進士。除南劒州教授。未上。三府交薦。差江西漕司幹官。尋罷。起江東常平幹官。與其長李道傳賑荒。多全活。改知金華縣。罷歸卒。著有易鈔。詩書指。文集行世。道南源委。

柴先生翼

柴翼字鴻舉。三衢人。著易索隱若干卷。周益公曰。可謂勤且博矣。講解會粹之學。有功于道豈小哉。經義考。

家先生頤

家頤字養正。眉山人。嘗著子家子一卷。黄氏日鈔。

子家子

人心惟危。道心惟微。惟精惟一。允執厥中。心若不精一。則流而雜矣。

不食無妄之粟。不衣無妄之帛。皆誠心也。

附録

黄東發曰。子家子多律己處世之言。有補世俗。惟其言理義勿于傳註中求。但於性根上求。卻恐未安。

梓材謹案。四庫存目著録子家子一卷。提要云。衛湜禮記集説嘗引其語。則亦研經之言。又言。此本載永樂大典中。蓋語録之類。亦頗明白平正。而率皆習語云。

薛先生高

薛高字寧仲。永嘉人。任連城簿。棄官而隱。讀書作文。至老不休。家有讀書樓。郡守樓鑰爲之記。陳益之贈詩。有萬卷編鈔高似屋。一門師友重如山之句。温州舊志。

易氏家學

易先生茂附弟開霖。

易茂字中甫。寧鄉人。祓從子。以嚴整律身。平居危坐終日。榜其居曰靜吉。與弟開霖。居官俱有能聲。寧鄉縣志。

彭先生宗茂

彭宗茂字尚英。湘陰人。隱居好學。作易解。吴獵吴旂序之。漕使鄧汝讜寘之學宫。經義考。

王先生蒙附子與權。遇。

王蒙字養正。號雙巖先生。番易人。以訓行孝謹著于州閭。再舉禮部。不得尺寸之位。以行其學。而義理之養。華皓不渝。二子與權遇。皆以儒學發身。魏鶴山集。

蘇先生竦

蘇竦字廷儀。海澄人。潛心理學。博通經史。慶元中。登進士。授肇慶府推官。公餘集先儒詩易二傳。折衷己見。從遊者數百人。福建通志。

李先生起渭

李起渭字肖望。三山人。家世長者。先生幼苦學。夜不解帶。旦不頮水者數年。十一能屬文。逾冠入太學。未幾擢慶元五年第。歷澧州户曹教授。辰州安豐令就知縣事。辰故夜郎國土。弗嫺文藝。博士舍距學遠。師弟子不相親。先生斥校士所得合俸餘更刱之。始朝夕與士接。改宣教郎。佛守意。匄崇道祠官以歸。築屋城東。時時召親友舉觴賦詠。或道古今。談性命。以爲樂。改奉仙都祠。紹定三年屬疾。顧家人曰。死生夜旦爾。何怛爲。以正大忠孝四言勵其子。正襟危坐而卒。年五十九。眞西山集。

梓材謹案。先生著有春秋集解。經義考云佚。

余先生克濟

余克濟字叔濟。安溪人。慶元五年登第。爲浙西常平幹官。終梅州知州。其學邃于春秋。著通解十五卷。閩書。

許先生奕

許奕字成子。簡州人。慶元五年。進士第一。授宣義郎簽書劍南節度判官。累除權禮部侍郎。遷吏部侍郎。知瀘州。改知遂寧府。進龍圖閣待制加寶謨閣直學士致仕。詞章雅健。兼通篆籒書。其所裒粹斷稿。僅得毛詩說三卷。論語尚書周禮講義十卷。所逸多矣。魏鶴山集。

知州應先生鏞

應鏞字子和。蘭溪人。登博學宏詞科。仕至知開州。所著有書詩義。禮記纂義。傳于世。姓譜。

應子和說

父子異宮。固各有西南隅之奥。然親在而自主之。亦有不安焉。非特以同宮而避之也。若同宮。則父自主之矣。且道路之間。豈父之所統哉。而行不敢中者。蓋無往而不寓其敬親之意也。殺氣未肅。而鷙猛之鳥已習于擊。迎殺氣之徵也。涼風未至。而鳴陰之物已居于壁。迎涼風之徵也。

樂正崇四術以訓士。則先王之詩書禮樂。其設教固已久。易雖用于卜筮。而精微之理。非初學所可語。春秋雖本于紀載。而策書亦非民庶所得盡窺。故易象春秋。韓宣子適魯始得見之。則諸國之教。未必盡備六者。蓋自夫子删定讚繫筆削之餘。而後傳習始廣。經術流行。

上天下澤。所以爲禮。而坤乾之書。以坤爲首。有其義也。陰陽循環。更相爲始。而夏時以寅爲首。有其等也。玩坤乾之自下而上。則知禮之交際無不通。且有卑法之意。玩四時之自始而終。則知禮之秩序不可紊。且有無窮之象焉。

情者。心之動也。養之不善則荒穢不治。而可欲之善塞矣。然仁義禮智根于心。其善端本無窮也。聖人以人情之不治爲己責。猶農夫以百畝之不易爲己憂。則固其自具之理。而加以順治之力。禮之有序。猶耕之有畊㈠。義之有節。猶種之有列。書曰。若稽田。既勤敷菑。惟其陳脩。是也。學探千古羣聖之奧。而思索問辨以求其正。猶耨之去草。而耘治益精也。仁總百行萬善之全。而滋養培植以豐其成。猶穫之擊斂。而收取無遺也。樂具五音六律之節。而動盪發越以宣其和。猶既穫之餘。安坐以食而熙皞自如也。

禮運自天子祭天地。至諸侯非問疾弔喪而入諸臣之家。凡八條。皆以明諸侯之失禮。而大夫

㈠「畊」當爲「畔」。

之失禮居其三。郊特牲自庭燎之百。至爲君之答己也。凡十餘條。皆以明大夫之僭禮。而諸侯之僭天子居其三焉。世愈降而失愈甚。亂愈速。孔子曰。禮樂征伐自諸侯出。十世希不失矣。信哉。

冶鑄難精而裘軟易紉。弓勁難調而箕曲易製。車重難駕而馬反則易馴。皆自易而至于難。自粗而至于精。習之有漸而不可驟進。學之以類而不可泛求。是之謂有志矣。

同里有禮樂之理。親敬者禮樂之效。流離者禮樂之偏。内合其精而相與交。致其親敬。外飾其貌而不使偏。勝于流離。此禮樂之見于事爲者。

性分之内。萬物皆備。即物而觀。其理尤實。即其身之所履。皆在義理之内而不過焉。猶大學所謂止于仁。止于孝也。違則過之。止則不過矣。夫物有定理。理有定體。雖聖賢豈能加毫末于此哉。亦循循然而不過耳。

曹先生絳附子沂。

曹絳字思厚。瑞安人。築鄉校于鳳岡。歲延名儒爲師。與人無競。里稱長者。遇歉歲。率族衆減定里中穀價。以便之。嘗著家訓四戒。以示子孫。年九十卒。子沂。字文起。能繼父志。晚以特奏利入官。終長興丞。温州舊志。

楊先生齊賢

楊齊賢字子見。寧遠人。慶元五年進士。穎悟博學。試制科第一。再舉賢良方正。官通直郎。

寧遠縣志。

吴先生之巽父良弼。附子中孚。

吴之巽字先之。中江人。受小戴氏書于其父良弼。自曲禮。檀弓。禮運。禮器。學記。樂記。祭義。中庸。大學諸篇。篤信而質行。故事親以孝著。處兄弟友。居家内外無間言。與人交色莊而氣怡。士之受業者。各厭所欲。教授于廣漢王氏塾。郡守率諸生造焉。逆曦嘗欲以季春聘士。豫令就聘者詣縣。書行義年。先生叱吏曰。此何時耶。義形于色。無所撓奪。賊平始應聘。後就養于郫。其子中孚。被郡符授博士弟子員。先生以書趣之歸。語以齊家持身之法而卒。年六十二。先生于歷代史□㊀。凡數四讐校于國朝。故實天文地理字書罔不精治。有諸經講義五卷。中庸口義三卷。通鑑類十卷。國典二十卷。中孚嘉定十年進士。官郫縣尉。魏鶴山集。

汪先生晫

汪晫字處微。績溪人。不求仕進。結廬曰環谷。取六經諸子百氏之書日益鑽研。眞西山德秀欲薦之。未果而西山卒。所著有環谷存稿。及編纂曾子十二篇。子思子九㊁。卒。門人私謚曰康範先生。徽州府志。

㊀「□」當作「書」。

㊁「九」下脱「篇」。

梓材謹案。四庫全書著録先生所編曾子一卷。子思子一卷。又案。先生三世孫夢斗。號杏山。嘗與葉李等議上書劾丞相賈似道。宋亡。元世祖特召赴京。卒不受官。著有北游集。

鄧先生驥

鄧驥。著有春秋指蹤二十一卷。宋志。

梓材謹案。程積齋云。延平人。字德稱。

李先生伯湛

李伯湛字若水。宜章人。嘉泰二年進士。調永新尉。改德慶府教授。日與學者講明道德之旨。辟恩州僉判。擢尚書吏部郎。湖南通志。

許先生文瑞附弟人瑞。

許文瑞。福清人。家貧不娶。與弟人瑞。以道自樂。解論語。莆泉之士稱二許先生。閩書。

徐先生定

徐定字德操。晉江人。解褐授秀州崇德縣尉。歷處州台州教授。知邵武縣。判太平州。知潮州。葉水心銘其墓。稱其學博而要。文約而費。諸子又自列銘旁曰。春秋解十二卷。書社問答二卷。禮經疑難一卷。詩文崇孝圖考録並藏于家。葉水心集。

禄先生堅復

禄堅復字子固。潼川人。父檩之。以經學教授于家。累贈朝請郎。先生生十七年而孤。率諸弟從舅氏王傅堂先生君行軫問學。夙夜不怠。習戴氏禮。金堂仲明舉以禮幣致先生。遣二子從遊。凡再舉于鄉。登開禧進士。歷差知盛州解官卒。魏鶴山集。

李先生嘉會

李嘉會字子華。

李氏經説

兵事以進退疾徐疏數之節爲本。武王誓師。不愆于六步七步乃止齊焉。武侯八陣。進皆進。止皆止。所以不可破也。荀子云。齊之技擊。魏之武卒。秦之鋭士。終不可以當桓文之節制者。以此。

用刑雖貴當其情。然必以事之所尚爲重。如治主僕之訟。必以名分爲先。蓋大體所關。若不論其所宜尚。則一情之得。一法之行。未必不妨其餘。

楊先生景隆

楊景隆字伯淳。晉江人。開禧進士。官建寧司法參軍。博學淵深。講授經史。學者常數百人。

著有春秋漢唐通鑑史志解。道南源委。

黄先生槩

黄槩。昭武人。開禧九年。以朝奉郎知靖州。論事有風節。爲政知先務。嘗建作新書院以講學。一統志。

孔先生拱

孔拱字執謙。□□人。孔子五十世孫也。少孤好學。篤意義方。鄉黨賢之。有習經讀史各三卷。錫山草堂集五卷。村居雜興三卷。闕里志。

孫先生之翰

孫之翰字文舉。慈溪人。少志學。天性孝友。母病劇。刲體取肝爲粥以進。越日。母如醉自醒。乃底于寧。里人以其事上于郡守趙伯堂。將聞于朝。先生曰。本心救母。他無所覬。力止之。卒。葬五磊山。楊慈湖誌其墓。寧波府志。

王先生霆

王霆字定叟。東陽人。生而狀偉。修幹長鬚。精韜畧。善騎射。嘉定四年。武舉中絶倫異等。喬行簡考藝。喜曰。朝廷得一帥才矣。辟鎮江都統計議官。從其帥趙勝戍揚州。與敵戰。身先士卒。大小一十八戰皆利。進奪其壕。賊大慴。時人以比宗澤。尋差知應州。以薦召試爲閤門舍人。

入對侃侃言時弊。且陳恢復之策。願効前驅。升武功大夫。出知濠州光州。尋召爲吉州刺史。仍改知江州。乃辭不赴。丞相鄭清之。制置司史嵩之。以書留之。不從。曰。士大夫當以世從道。不可以道從世。再授閤門舍人。遷淮西馬步軍副總管。差知高郵軍壽昌軍。改蘄州。遺書丞相杜範。乞沿江置三城。以備邊寇。不報。尋卒。有玉溪集行世。嘗訓子弟曰。窮理盡性。學之本也。世尊稱之。金華徵獻畧。

尹先生沂

尹沂。鄮人。積學好古。嘉定中。建臺山書院。延明經以教士。並置田百二十畝贍之。姓譜。

鄭先生士華

鄭士華。瑞安人。好學尚義。動必由禮。築書塾。招名儒以教子孫。壽一百十歲。咸淳戊辰。東朝慶壽。優禮耆年。郡應詔以聞。特賜迪功郎致仕。郡守鮑成祖。于其里建南山坊以表之。温州舊志。

彭先生進附門人彭沂。劉東父。彭拱辰。彭淳。彭子與。劉希傳。章貴。彭談。

彭進字子龍。□□人。有謙德。粹然古君子風。通書詩。業詞賦。晚精于易禮。四試國子監魁。從學者多。前彬倅彭沂。興國宰劉東父。靜江尹彭拱辰。國學士彭淳。秋官彭子與。祁陽監酒劉希傳。鄉貢士章貴。彭談。皆從學之顯者。姓譜。

秦先生噩

秦噩字公肅。安仁人。嘉定中進士。深于理學。學者尊爲南澗先生。湖南通誌。

林先生駉

黄先生履翁合傳。

林駉字德頌。寧德人。穎悟力學。九經註釋。默識成誦。下至山經地志。稗史小説。釋老之書。無不通曉。尤習當代典故。領嘉定九年鄉薦。鄰邑爭迎爲師。歲聚徒以百數。著有皇鑑前後集源流至論行世。同邑進士黄履翁。復彙別集十卷。補至論所未備。福建通志。

梓材謹案。萬姓統譜以林先生爲德祐進士。儒林宗派以林黄二先生皆入元儒。博考黄字吉甫。

林德頌説

聖人六經與天地並。漢自中世以來。上以表章自任。下以授受名家。朝廷之上。非經不能立事。搢紳之間。非經不敢建議。賈捐之語勿擊珠崖。王商則曰經義何以處。龔勝之奏王嘉。公孫禄則曰君議一無所據。一時君臣相與從事于經學亦善矣。董仲舒以元年謹始之意勉時君之初政。雋不疑以蒯聵出奔之事辨一時之疑獄。以此立論。豈不爲聖經之幸。若夫來歸自鎬。我行永久。詩雖有是言。而無關于邊功也。乃援之以頌陳湯之功。何泥也。乃眷西顧。此維與宅。詩雖有是語。初無關于郊祀也。乃取以定南北郊。何鑿也。甚者欲附姦臣則援不語怪力亂神之言。張禹傳。欲行榷酤則援有酒酤我之文。欲奪民利則援周禮五均之法。王莽傳。假託以文姦。援引以濟私。是先王學術至爲禍天下之具也。

聖經不幸于後世者三。曰議經。曰僭經。曰叛經。夫以聖人之經。天地鬼神不能易。而易之者。諸儒也。孔子不敢議夏五郭公之疑。游夏高弟不敢一辭之措。莊周異端之流。猶知尊聖人之教。君子以是知議經僭經叛經者之罪矣。

周先生思誠

周思誠。臨川人。嘉定間。知桂陽縣。嘗正學興文教。民歌思之。湖南通志。

史先生彌寧

史彌寧。鄞陽人。嘉定中。知武岡軍。見軍學頹腐。葺而新之。增學田。行鄉飲酒禮。文教大興。一統志。

進士王先生用亨

王用亨字子安。崇德人。少孤。事母至孝。嘉定初。舉進士。志欲盡讀天下書。手鈔口誦。至忘寢食。鄉之登仕籍者多出其門。作二記于座右。以不欺不貪自警焉。姓譜。

吴先生自牧

吴自牧字益謙。歙之溪南人。嘗取鄉薦。三上春官不利。退講究問辨。自信其所得。作講義史評雜著數百篇。執經來學歲百餘人。歙縣志。

吴先生自中

吴自中字益欽。嘉定中。以鄉薦授福州學教授。教人有方。學者多所造就。同上。

任先生直翁

任直翁。知眉州。著易心學。魏鶴山説。

林先生叔清

林叔清。三山人。爲周易古經解。依上下部。敘以六十四卦三百八十四爻。臚分彪析。而證以古今善惡是非之事。魏鶴山集。

毛氏家學

毛先生居正

毛居正字義甫。號柯山。著有六經正誤。校監本經籍之誤所欲刊正者。魏鶴山爲之序而刻傳之。大抵多偏旁之疑似者。凡六卷。直齋書録解題。

附録

魏鶴山序六經正誤曰。義甫以其先人嘗增註禮部韻奏御于阜陵。遂又校讐增益以申明于寧考更化之日。其于經傳亦既博覽精擇。嘉定十六年。會朝廷命胄監刊正經籍。司成謂無以易。義甫馳書幣致之。盡取六經三傳諸本。參以子史字書。選粹文集。研究異同。凡字義音切之毫釐必校。儒官稱歎。莫有異辭。旬歲間刊修者凡四經。乃猶以工人憚煩。詭竄墨本。以紿有司而板之。誤字實未嘗改者什二三也。繼欲修禮記春秋三傳。義甫以病自移告。其事中輟。或者謂。縱令有正其誤。而諸本不同。何所取證。豈若録其刊誤之籍而刊傳之。後學得以參考。余觀其書。念今之有功于經者。豈無經典釋文。六經文字。九經字樣之等。然此書後出。殆將過之無不及者。其于後生晚學。祛蔽痞疑。爲益不淺。因從臾其成而序識之。書曰。若升高必自下。若陟遐必自邇。學者其毋忽于斯。

梓材謹案。四庫全書著録六經正誤。提要言。先生字誼父。或曰義甫。誼義。父甫。古字通也。衢州人。免解進士。晃之子。又言。先生承其家學。研究六書。楊萬里爲作序。述其始末甚詳。今觀是書。校勘異同。訂正訛誤。殊有補于經學云。

趙先生若燭

趙若燭字竹逸。宜春人。寶慶二年進士。知光澤縣事。宋亡不仕。教授于鄉。袁州府志。

梓材謹案。先生著有書經箋註犆通。又毛詩粗通。經義考並云佚。又云。姓譜作趙思誠。

大理邱先生迪嘉附師余克濟。弟秉嘉。

邱迪嘉字惠叔。安溪人。少與弟秉嘉。受春秋學于鄉先生余克濟。見推高第。遂冠鄉試。登壬戌第。調永福尉。改武康。先世松楸在焉。清謹至不敢與宗人往還。教授潮州融州。知侯官縣增城縣。通判循州。累除大理卿。卒年七十三。劉後村集。

林先生子雲

林子雲字質夫。福安人。寶慶間進士。除融州教授。潛心聖學。躬行實踐。多所自得。學者尊爲鄉先生。著易說十卷。福寧府志。

翁先生永年

翁永年字可尚。永嘉人。少篤學。登寶慶第。教授沅州。有峒猺田姓者來學。或疑不類。先生納而教之。改知仙遊縣。輟俸新義塚。除武學博士。及判福州不赴。景定推恩。加朝奉郎。年九十三卒。温州府志。

傅先生實之

傅實之字莊父。清江人。登寶慶第。調袁州分宜簿。淳祐中。授承事郎。學者稱南齋先生。江西通志。

梓材謹案。先生著有春秋幼學記。經義考云佚。

蔡先生元鼎

蔡元鼎。漳浦人。不登宦籍。以文自豪。所著有中庸大學解。論語孟子講義。洪範會元。閩書。

賈先生蒙

賈蒙字正叔。梓材案。台州府志作叔正。天台人。著禮記輯解。集二十六家之説。視衛湜岳珂爲要。舊有鈔本在儀眞。見黄氏書録。天台縣志。

文清程訥齋先生元鳳

程元鳳字瑞甫。梓材案。歙縣志作申甫。歙縣人。紹定中禮部第一。歷監察御史右正言兼侍講。後拜右丞相兼樞密使。御書清忠儒碩昭光六字褒之。進封吉國公。卒贈少師。謚文清。所著有訥齋集。姓譜。

劉先生景山

劉景山。莆田人。有教學詩四十九韻。諄諄然教弟子職小學書之意。而無韓子利禄之誘。劉後村集。

方先生岳

方岳字巨山。號秋崖。歙縣人。紹定五年進士。官至吏部侍郎。罷歸。先生初忤賈似道。繼忤丁大全。氣節嚴正。才幹淩厲。尤工駢體。有秋崖集。南宋文範作者考。

包南堂先生整附子泰明。泰亨。泰有。

包整字□□。涇縣人。號南堂居士。孝友嗜學。訓子方嚴。貯書爲萬卷堂。子三人。泰明。泰亨。泰有。兄弟子姓聚居八十餘年。有靈芝産其舍。舍人王芾名之曰芝堂。寧國府志。

龍先生淼

龍淼。吉州人。著春秋傳。端平三年。李鳴復奏舉狀云。伏見吉州布衣龍淼。會萃經傳。科列其條。治亂興衰。本末該貫。評以己見。多所發揮。如謂魯僭紀元。獨承正朔。其于名分。所補良多。經義考。

葉先生得象

葉得象。寧海人。登紹定鄉榜。宋亡。隱居教授。徵辟屢至。竟不就。台州府志。

蕭先生山

蕭山。沙縣人。舉端平二年特科。仕長溪縣丞。性穎敏。于書無不讀。究理精奥。著有讀書傳。論語講説。讀易管見。道南源委。

梓材謹案。閩書云。一名石。著有詩傳。

樂先生雷發附門人姚勉。

樂雷發字聲遠。寧遠人。少穎敏。書無不讀。尤長賦詩。累舉不第。門人姚勉登科以讓第。疏上。理宗召親試。對選舉八事策。嘉納之。特賜及第。因數議時政不用。歸隱雪磯。一統志。

梓材謹案。先生號雪磯。有雪磯叢稿。

黄先生楠附子和中。得中。

黄楠。上虞人。居東門。性孝弟。刻志問學。善誘後進。不喜聲利。惟優遊林壑。二子。和中爲餘姚學正。得中爲沿海制置幹辦官。常從名士馬中學。並有文名。上虞縣志。

儲先生國秀

儲國秀字材文。寧海人。端平進士。歷知江陰軍事。乞侍養。親歿。哀毁骨立。未第時。從學者數百人。稱曰理所先生。台州府志。

趙先生汝溍附師王子明。

趙汝溍字文浩。宋宗室。太宗之後也。篤學能詩文。初尉定海。歷遷通判建昌軍攝軍事。值水後盜起。鎮撫不遺力。忌者反以爲言。遂杜門不復出。自號假庵。讀書養性終其身。少學于華容丞王子明。子明既死。先生出仕。若滿解而歸。必酹其墓。世多其厚德。咸淳九年卒。年六十七。東發文集。

賈先生鑄附師劉□。

賈鑄字君成。著有考信録三十卷。劉氏序署曰。成己少余十三歲。未署㊀舉子。累且教授。生徒所至。坐席常滿。而能歷年篤以成書。考諸古而信諸心。又以質于余而證于後世。用意遠矣。文獻通志㊁。

程氏門人

汪先生儀鳳

汪儀鳳字祥甫。歙人。師事程文清公元鳳。兩中江東漕試。又連中浙漕。以薦賜文學出身。爲丁大全所陰中而罷。賈似道嘗以治詩納交。爲伸前奏。度宗卽位。議以史館處之。謝不顧。以通直郎致仕。卒。著有山泉類稿四十二卷。徽州府志。

梓材謹案。歙縣志載。先生六歲能文。師吴自牧程元鳳。又云。晚築山泉亭。人稱山泉先生。

㊀「署」當爲「脱」。

㊁「志」當爲「考」。

程先生洙附子徹。

程洙字□□。休寧人。淳祐十年進士。授貴池縣主簿。調上元縣。撫字盡誠。及代。民請留。不得發。元兵入建康。百官投牒降附。先生仰天歎曰。吾受官二十餘年。忍移所守。以偷生乎。自縊死。子徹。能世其學。一統志。

邵先生士英

邵士英字子實。貴溪人。淳祐進士。理宗朝官翰林檢閱。不阿權貴。爲賈似道所扼。退居鶴嶺精舍。日與弟子講學其中。及卒。江丞相萬里謚曰介隱先生。廣信府志。

薛先生璞

薛璞。三山人。以其學講于泉。泉之大夫國人相師以聽。御史洪君疇取其引周禮經文以正歲爲周正。正月爲夏正之說。謂可以決千四百年之疑。劉後村集。

朱先生誥附陳少微。

朱誥字少揚。歸善人。少警悟。七歲受論孟。再讀成誦。敏于占對。鄉先生陳少微異之曰。此子必立身揚名。因命以字。長嗜學。通六經百家言。爲文不趨時好。在郡庠。常爲諸生祭酒。漕使慕其賢。辟攝新興令幕。檄至而先生卒。鄧巴西集。

僉判梁先生應龍附門人單崔明。

梁應龍。博羅人。貧而好學。嘗欲市書而困于錢。輒惋惜。其母怪而訊焉。告以故。因解所服簪珥與之。登嘉熙二年進士第。性不嗜進取。歷仕廣西二十年。始改常德僉判以歸。惠倅單崔明者。嘗學于先生。至是盛飾車騎往拜之。先生不懌。自是崔明造其廬。必屏導從。其嚴敬如此。惠大記。

王先生奕

王奕字子陵。瑞安人。研貫該博。杜門著書。不求聞達。淳祐間。有旨下州。索所著書。太守趙汝騰爲繕進。且薦之朝。竟不應。所著有六經語孟説。中庸本義。周禮答問。成周大事譜。西漢通志。補正漢天文志。釋地理志。復漢録。武侯遺事。多識録。瑞安縣志。

車先生景壽

車景壽字雷叟。黄巖人。寶祐四年進士。任信州教授。宋亡不仕。以文學授徒。稱龍淵先生。台州府志。

柴秋堂先生望

柴望字仲山。號秋堂。江山人。承務復曾孫。甫成童。博通經史。諸子百家。無不研究。理宗嘉熙間。爲太學上舍。除中書省奏名。淳祐元年丙午元旦日蝕。詔求中外直言。先生素明象數。

每夜瞻星斗。時復慘怛。悲歌慷慨。左右莫知其所爲也。及聞詔。乃撰丙丁龜鑑十一卷。起周威烈王五十二年丙午。止後漢高祖天福十二年丁未。自秦漢五代。上下通一千二百六十年。爲丙午丁未二十有一數。其凶吉禍福于前指。其治亂得失于後正。月書成。上進。忤時相意。秋七月。詔下府獄逮詰。幾不免。時大尹尚書節齋趙公素知其忠直。上疏言。柴望忠誠懇切。所述根據史傳。未可重以爲愆。得旨放歸田里。京師之人。謂其讜論不容。無不嗟惜在時。名公設祖道湧金門外。時與先生爲文字交者。三山鄭震。紹武吴陵。建安葉元素。松溪朱繼芳。錢唐翁孟寅。田井陳麟黄溱。南康馮去辨。西江趙崇皤曾原一。盱江黄載。汶陽周弼。咸在焉。既抵家。和淵明歸去辭以自遣。性至孝。早喪父。母毛氏孀節。授以學業。解職後。于所居重構堂曰瑞萱堂。居喪哀毁成疾。景炎二年。端宗登極。三山孔大諫舉薦。先生以布衣直疏前殿。特旨授迪功郎。史館國史編校。屢進疏論。及宋亡。杜門謝客。獨臥一榻。而感慨激烈。每于吟咏間見之。從弟通判隨亨。制參元亨。察推元彪。俱宋舊臣。與之同志。遯跡不事二姓。賡咏于煙霞之間。聳動江湖。稱柴氏四隱云。先生所著。有丙丁龜鑑。道州台衣集。詠史詩。涼州鼓吹。皆行于世。柴氏四隱集。

附録

淳祐丙午。衢士柴望上丙丁龜鑑。其表云。今來古往。治日少而亂日多。王聖臣賢。前車覆而後車誡。困學紀聞。

自敘道州台衣詩集曰。嗟乎。學詩四十年。吟咏數千首。求其優柔和平。哀樂中節。可以詔來世。而有關于世教者。蓋百不一二也。但其間所以有可存者。則以感時對物。撫景傷情。于嫠不恤緯之心。彼黍離離之懷。非此無以自託。有不可已者在焉。是則猶有取也。

揭仲宏序秋堂詩集曰。知公之詩者。要當知公之心。則李白少陵不足問矣。

詔許出獄。呈京尹節齋趙公詩曰。臣子狂愚獻直言。聖明寬大度如天。十封應詔皆焚稿。一片憂時祇似弦。數象逢丁陽九厄。元龜爲鑑後千年。今朝有旨從天下。知召長沙到席前。

秋堂學侶

通判柴先生隨亨

柴隨亨字剛中。登寶祐四年進士。知建昌軍。守己愛民。時稱循吏。當革命之際。與其兄國史望。弟制參元亨。察推元彪。俱隱于櫸林九磜之間。自以宋室遺黎。恥事二姓。並不應徵辟。而感憤激烈于弟兄唱酬中見之。柴氏四隱集。

梓材謹案。通判先生自號瞻岵居士。

附録

李襄敏爲建昌郡大夫柴公墓碑曰。蓋君子之仕也。以行君臣之義。是故或遠或近。或死或不死。蓋均有見于義無所逃。而分當自盡耳。彼以爲爲利禄而效忠者。亦淺之乎知士矣。建昌公審己揆時。守貞遂志。識微于幾先。而允蹈乎事後。雖志節未彰。抑亦文謝之流亞也。

制參柴先生元亨

柴元亨字吉甫。秋堂弟。以監丞參江陵閫。秋堂送之詩云。北虜纔聞郭子儀。上流決有退師期。諸公但釃臨江酒。老子祗圍别墅棋。露布夜傳誅韃靼。蠟丸便遞破符離。書生已辦平淮表。先寄鶺鴒原上詩。柴氏四隱集。

梓材謹案。萬曆戊子。刻柴氏四隱集。其十一世孫復貞序云。四隱公者。宋國史秋堂公。建昌大夫瞻岵公。制參吉甫公。察推澤臞公也。又云。吉甫集屢經兵火。無復傳焉。張紫垣序云。隨亨元亨。一乳所誕。俱以神童科登文文山榜進士。宜其爲宋逋臣。不愧爲文謝之流歟。

察推柴澤臞先生元彪

柴元彪字炳中。甫秋堂弟。官察推。號澤臞居士。爲宋逋臣。自序襪線稿詩集云。襪線無寸長。見者短之。余兄歸田翁。泛沅渡淮。遊赤壁。登廬阜。客西湖。三十年。以吞吐山川之奇麗與乾坤清氣。諸老交盟以詩。晚年僅僅得删餘二百篇。曰道州台衣。猶未免乎短而疏劣之嫌也。余侍歸田翁吟几間凡三十年。雖家庭短㊀襲。粗繩三尺。其如伎倆短之又短何。非詩之難。而工

㊀「短」當爲「矩」。

之難也。柴氏四隱集。

附録

其爲人心吟曰。長江萬頃深。風靜波自止。人心僅一寸。日夜風波起。桑田倏滄海。汩没勢未已。安得令人心。常如古井水。

何先生宏中

何宏中字子宏。樂安人。以博學善教爲鄉先生。其家懷綦綬。而歸拜者前後四人。安輿就養。益以廉勤爲訓。所至諄諄不舍。故仕學皆優云。程雪樓集。

梓材謹案。先生諸子霖。字商佐。景定進士。理分宜訟。浹旬數百牒皆盡。轉衢州録參。次希之。字周佐。登進士甲科。所著有雞肋集。次垚。字唐佐。咸淳進士。著有草亭漫稿。深衣圖説。小學提綱。鰲溪羣賢詩選。次夢午。字魯佐。亦登進士第。見江西人物志。雪樓誌先生墓則云。宜章令霖。永州教授希之。道州判官堯。廣昌主簿夢午。則諸子官職可考矣。

樂氏門人

姚先生勉

姚勉字述之。一字誠一。高安人。寶祐元年進士。廷對第一。除校書郎。終太子舍人。先生受詩法于樂雷發。奏劄亦侃侃不阿。有雪坡文集。南宋文範作者考。

方氏門人

吴先生龍翰

吴龍翰字式賢。歙縣人。咸淳元年貢于鄉。以薦授編校國史院實録院文字。宋亡不仕。家有老梅。因以古梅爲號。受詩法于方岳。有古梅吟稿。同上。

齊先生天覺

齊天覺字莘夫。青陽人。少好學。讀書倦。暫隱几而臥。三十年未嘗解帶就枕。由是經史子集靡不淹貫。舉于州。歷贛州僉判。江南通志。

別附

朱先生知常附師盧端叔。

朱知常字久道。號此山。金華人也。通儒學。爲黄冠師。主祐聖觀。開慶間。賜左街道録。先生少學于鄉先生盧端叔。後得易説于池陽周元舉。遂以見聞集爲一編。進之于上。遺籍藏此山道院。金華赤松山誌。

李先生君錫

李君錫字宗禹。永嘉人。博綜經籍。援筆成章。尤精于禮。登寶祐第。歷遷諸王教授。司農時。禮經自王氏倡新學。訓詁皆穿鑿。先生學正而博。由是擢太常丞。除直秘閣。有雜稿。温州舊志。

劉先生應登

劉應登字堯咨。安城人。景定間漕貢進士。宋社將危。隱居不仕。江西通志。

梓材謹案。先生著有詩經訓註。經義考云佚。

葛先生炳奎

葛炳奎字晦叔。寧海人。理宗時。任慶元司户參軍。條陳五事。累萬言。宗社既屋。斂跡家山。益究心理學。所著有煙村漫稿。台州府志。

黄先生從龍

黄從龍字伯雲。廬陵人。爲儒。先生專門毛詩。學深于六義。著書盈篋。其所獨悟。出毛鄭遠甚。江丞相搢紳大儒。獨推先生善學。元至元中。吴會雖平。寇盜竊出。先生一日攜所著有所詣。賊妄意袖中之藏。斃以一矢。卽之。書也。程雪樓集。

梓材謹案。時永豐有與先生同姓名者。嘉定進士。爲郢州推官。元兵入襄峴。郢當要衝。守將潛遁。推官抱印登城大呼曰。張巡許遠之事。正在今日。與子力戰而死。

戴先生景魏

戴景魏。□□人。著有中庸大學要義。黄東發爲之序。稱二書發明先儒未及處極多。眞是有功後學云。東發文集。

郭先生新

郭新。寧遠人。咸淳元年進士。因亂。築韞玉書室。以耕釣自適。隱居不仕。寧遠縣志。

汪先生注附子胄文。從子昌壽。從孫惟賢。

汪注字東之。旌德人。咸淳四年進士。官池州青陽簿。六年。棄官歸。益肆于學。經史百家。無不該洽。著有中庸演説。大易衍義。子胄文。温州路儒學教授。從子昌壽。字伯敏。咸淳元年進士。先以能賦聞。既讀易。心會其微。初調金陵户曹。改秩浙西帥司。主管機宜文字。杭州失。遂歸。至元中。請典鄉校。與先生協志訓誘。著有心易詳説。鐵崖自娱集。東林叩角集。講義雜文數十卷。其子惟賢。徽州路儒學教授。寧國府志。

胡先生芳附弟荂。

胡芳字秀實。平陽人。九歲默誦九經。與弟荂聯中神童科。眞西山奇之。其學尤長于春秋。魁鄉薦。會試下第。不復出。積書數萬卷自娱。晚薦入史館。致仕年八十餘。讀書不輟。温州府志。

常博湛先生若附錢起。錢演。

湛若。餘姚人。博雅以鴻碩稱。時舉子各占一經。或詞賦便足。先生于六經詞賦無不通解。同邑呂次姚建義學。聘爲師。諸生常數百人。每執經問難。辯若懸河。汎濫百家諸子。然後折衷聖經。諸生無不解頤。官終太常博士。時有錢起及其子演。亦相繼教授學徒。常與相等。兩浙名賢録。

陳在湖先生益新

陳益新。東莞人。博通羣書。尤邃性理之學。補貢不就。遂隱東湖之上。邑人尊之曰東湖先生。廣州黄志。

季先生致平

季致平。青田人。治詩書易傳。會其要領。著精覽歸一圖解。括蒼彙記。

邵先生桂子

邵桂子字德芳。淳安人。咸淳七年進士第。任處州教授。棄官歸隱。鑿池構軒其上。名曰雪舟。作忍默恕退四卦以自警。姓譜。

方先生公權

方公權字立道。莆田人。咸淳元年進士。歷廣東教授。太常丞。景炎後不仕。人稱石巖先生。閩大記。

嚴先生肅

嚴肅。吉之太和人。所著横山易説十四卷。咸淳中。江丞相萬里。馬丞相廷鸞。皆好其書。爲獻之天子。徵爲秘書省校勘。宋亡之歲三月。亦以疾卒。揭傒斯説。

翁先生夢得

翁夢得字景説。壽昌人。端平咸淳間。兩中詞科。尋隱居教授。著有春秋指南一卷。春秋摭實二卷。春秋要論十卷。春秋記要十卷。壽昌縣志。

俞先生西發

俞西發字明叔。德鄰之弟。咸淳中。以明經試太學。後隱居不仕。鎮江府志。

梓材謹案。先生著有經傳補遺三十卷。經義考云佚。

鄭先生君老

鄭君老字邦壽。長溪人。咸淳四年進士。元初交薦不起。學者私謚曰靖節先生。姓譜。

梓材謹案。先生著有五經解疑。經義考云佚。

王先生介

王介字文卿。吉水人。咸淳進士。投邵陽主簿。談經論道。各極旨趣。致仕歸。聚徒講學于山堂書院。學者稱山堂先生。吉安府志。

林先生一龍

林一龍字景雲。永嘉人。在太學。不就月書以求捷進。登咸淳辛未第。累秘書郎並説書。性直諫。樂道人善。工古文。有石室文集。温州舊志。

陳先生敬叟附子章伯。

陳敬叟字炳然。臨武人。博學工詩文。咸淳進士。授耒陽縣學録。德祐北狩。遂隱居不仕。子章伯。字奎龍。亦棄諸生。不治生計。茅屋數椽。釜盎亦無完器。臨武令薦之帥閫。以司教玉林。不赴。一統志。

汪先生維岳附兄維崇。

汪維岳。歙人。宋咸淳庚午省元。入元不仕。隱居教授。建友陶書院。以淵明自況。兄維崇。字賢甫。性忠孝。見宋祚不振。有志恢復。福王與芮聞其賢。妻以女。授承節郎。歸語先生曰。昔金人犯淮甸。先監丞尚慨時危主憂。抱憤以終。我今受恩。國亡不死。何以見祖宗于地下。遂不食卒。歙縣志。

徐先生文鳳附師陳存。

徐文鳳字伯恭。壽昌人。從吴興陳存受春秋。咸淳間釋褐。權知象山縣。至元革命。隱居教授。著有春秋捷徑十卷。嚴州府志。

王先生所

王所字喻叔。號南峯。黄巖人。咸淳乙丑進士。宋亡。致高郵軍事歸。營書院于溪之濱。中藏圖書。旁藝花竹。翛然有陶靖節風。黄超然題其墓曰。宋進士。元逸民。南峯王公墓。所著有五經類編。南峯集。葉丞相夢鼎爲序。稱其固窮君子云。台州府志。

王達觀先生珏

王珏字叔寶。號達觀。臨海人。登咸淳戊辰進士。授國子博士。德祐丙子。權知本州事。伯顔南下。先生與兵部侍郎仙居陳仁玉集義民。增陴浚隍。堅壁以守。力不能支。乃以郡章屬楊芳春者。大書忠烈二字于門。投左池以死。台州府志。

達觀同調

邵先生囦

邵囦字叔魯。臨海人。咸淳元年進士。歷本州教授。德祐丙子。元伯顔統兵入臨安。謝太后詔屬郡無與元敵。台守楊必大率先請降。先生與權知州事王珏不奉旨。伯顔以偏師徇之。城陷。火侵學宫。先生端坐而死。同上。

張先生伯文

張伯文。著有九經疑難十卷。其自序曰。予自幼年趨庭。先君鱓堂授以麟經。涉獵之餘。亦嘗取五經三禮與夫語孟。講究其大槩。凡平日得于先儒之議論者。寸長片善。靡有不録云。經義考。

戴先生埴

戴埴字仲培。桃源人。著有鼠璞一卷。書中楮券源流一條。歷陳慶元開禧嘉定之弊。知其爲南宋末人。故書録解題著録。而讀書志不著録也。四庫全書總目。

雲濠謹案。四庫提要稱鼠璞云。是書皆考證經史疑義。及名物典故之異同。持論多爲精審。又云。其他辨正。如謂詩序緇衣篇引高子靈星之言。知有講師附益之類。率皆確實有據。足裨後學。其曰鼠璞者。蓋取周人宋人同名異物之義。文獻通考列之小説家。失其倫矣。

十五國風二雅三頌解

風雅之正變以治言。自邶至曹。治固多變。鄘衛鄭秦。有美有刺。太王治豳。風化所基。何皆言變風。節南山至魚藻。治固變矣。六月車攻斯干諸詩。何以言變小雅。民勞至桑柔。治固變矣。崧高韓奕烝民江漢諸詩。何以言變大雅。或曰。衛鄭與秦。皆國人私美其君。不合于治之正。豳以周公遭變。宣王功業不終。悉難曰正風正雅。然六月序言。小雅盡廢。四夷交侵。中國微矣。宣王出而周道粲然復興。變雅不始于厲王。而始于宣王。何也。若專以治言。則溢美其君。豈得爲詩。夫子安得存之。周禮籥章歌豳詩豳雅豳頌。豳治未純于正。胡用之于樂章。況七月陳王業。與公劉戒民事。無以異。一繫正雅。一繫變風。何也。詩大小雅以治言。則受命作周。伐商繼代。爲政之大。燕羣臣嘉賓。燕兄弟朋友。爲政之小。嘉魚山臺菁莪卷阿棫樸。均爲養才用才之詩。何以分政之大小。六月采芑車攻江漢常武。均爲宣王中興之詩。何以分政之大小。周魯商三頌。以盛德成功爲主。則周頌之薦宗廟。告神明。稱述祖宗功業。極其形容。自稱曰。惟予小子。閔予小子。曾孫篤之。皆謙沖退託。而商頌言假祖之孝。曰湯孫奏假。言赫赫之功。曰於赫湯孫。言奉祀之誠。曰湯孫之將。言天命之久。曰在武丁孫子。不過頌美主祭之君。周頌簡嚴。商頌敷暢。已非一體。魯頌稱美之辭益侈。以衰微不振之魯。奔走于霸主之號令。惴惴自保不暇。乃謂其懲荆舒。服戎狄。修復伯禽之法度。與經傳大率相戾。聖人合商周與魯。並以頌稱。又何也。謂言天下之事。刑四方之風。則豳何以有雅。謂美盛德。告成功。則豳何以有頌。予謂求詩于詩。不若求詩于樂。夫子自衛反魯。然後樂正。雅頌各得其所。及言關雎之亂。洋洋盈耳。以樂正詩。則風雅與頌以聲而別。古者詩存于樂。延陵季子觀樂于魯。使工爲之歌。乃於五聲和。八風平。節有度。守有常。記禮言鄭宋衛齊之音與聲淫。及商和非武□。□[一]頌大小雅以爲聲歌。各有所宜。書。詩言志。歌永言。聲依永。律和聲。周禮。教六詩。以六律爲之音。左傳。晉得楚囚。

[一]「□□」當作「音歌」。

問其族。曰伶人也。與之琴。操南音。文子曰。樂操土風。不忘舊也。有娀之北音。塗山之南音。夏之東音。周之西音。專以音樂爲主。聲相形故生變。五音。樂之正也。應鐘爲變宮。蕤賓爲變徵。樂之變也。後之言樂。有三宮二十一變。樂有正聲。必有變聲。夫子正詩于樂。豈獨風雅有正聲而無變聲哉。故國風。十五國之土歌。土歌之正爲正風。土歌之變爲變風。採詩者以聲別之。列國非無正音。散而不傳耳。豳風邶風。周之變音。周南召南。周之正音。其雅樂之正變也亦然。瞽誦工歌。統別其聲之正變。復析爲小雅大雅。亦不過雅音之大者爲大樂章。大燕享用之。雅音之小者爲小樂章。小燕享用之。春秋穆子如晉。晉侯享之。金奏肆夏。歌文王。俱不拜。歌鹿鳴而後拜。韓子以捨其大拜其細爲聞㈠。對曰。三夏。天子所以享元侯。文王。兩君相見之樂。皆不敢當。鹿鳴。所以嘉寡君。敢不拜嘉。足見雅音小大卽樂章之小大也。以言于頌。周頌雖簡。商魯之頌雖繁。周頌雖敬懼而謙恭。商魯之頌雖侈麗而誇大。其音苟合。何往非頌。人不以言求詩。而以樂求詩。始知風雅之正變小大。與三頌之殊塗同歸矣。孔穎達云。取大雅之音。考其政事之變者謂之變。小雅言政而參以音。其論得之矣。蓋樂與政通。謂無關于政固不可。悉以政事解之。則有不可解者。今之樂章至不足道。猶有正調轉調大曲小曲之異。風雅頌既欲被之弦歌。播之金石。安得不別其聲之小大正變哉。

㈠「聞」當爲「問」。

庶官陳先生孚附師宋貫之。

陳孚。瓊山人。從太守建陽宋貫之學。得官以歸。自是瓊人始喜習進士業。輿地紀勝。

黄先生宙

黄宙字繇仲。晉江人。居鄉講授。有論孟解。閩書。

楊先生翼之

楊翼之。三山人。爲永州教授。訓諸生以躬行實踐。州人士翕然向風。湖廣通志。

李先生象

李象字材叔。南城人。居藍田山。于諸經無所不説。江西通志。

范先生西新

范西新字孟申。滁陽人。學者稱之曰青山先生。仕嘗贊閫席。教郡庠。其設教于鄉閭也。患後生小子淩虚厲空。而不省乎孝弟之實。乃爲詩三十篇。情切而理明。讀之。使人孝弟之心油然而生。誠有補于世教云。王忠文集。

應先生彌正附師張挺之。

應彌正。上饒人。從永嘉張挺之學春秋。後添倅徽州。方桐江集。

周先生宗岳附子雲龍。孫自立。

周宗岳字□□。新喻人。以文學名。江文忠公極禮下之。後用薦者。授迪功郎監廣西經署安撫司庫。辭不赴。門人私謚文範先生。子雲龍。元瑞州路儒學録。博學。著有文集。學録子自立。字本中。孳孳問學。下帷講授。相從者多以文行知名。宋文憲集。

廖先生應瑞附師胡觀道。丁守廉。

廖應瑞字祥國。臨江人。少從胡觀道丁守廉受戴氏禮。寒暑不釋卷。崇孝敬。敦信義。訓敕子弟。必本乎學。元貞二年卒。年五十五。程雪樓集。

王先生昕附子紹忠。經忠㊀。

王昕字明之。睢陽人。母韋氏。常逸其夫于事。而勞其子于學。先生以儒飾吏。初試浙東宣慰司令史。考滿授將仕佐郎。累轉承務郎杭州路推官。紹忠經㊁。忠父教也。聞于父教。而復以教其子孫云。林霽山遺文。

趙先生震揆

趙震揆。著有春秋類論四十卷。宋志。

㊀ 注文誤，當删。

㊁ 「紹忠經」當爲「號忠溪」。

春秋類論

左氏之害義。未有甚于記女寬之論萇弘也。自昔聖人。未有以天廢人。殷既錯天㈠命。王子則曰。自靖自獻。周天命不又。大夫則曰。黽勉從事。治亂安危。天之天也。危持顛扶。人之天也。以忠臣孝子爲違天。則亂臣賊子爲順天矣。而可哉。

鄭先生與叔

鄭與叔字希默。寧海人。仕至從政郎。宋亡。教授終身。台州府志。

顏先生褒

顏褒號唯庵。永春人。弱冠游江湖。邃于經學。詞藻豐瞻。書法尤精。嘗開塾以教後學。閩書。

張明善先生雄飛附子炳。鑌。

張雄飛字宏甫。歙縣人。聚徒三四十人。竹籬爲門。門之内皆花竹。花竹之後爲講舍。處士服華陽巾。未嘗見其出門。循規蹈矩。年八十三卒。門人私謚曰明善先生。長子炳。字仲文。純實莊雅。好學尚友。爲宣城教諭。次子鑌。字以洪。以禮記擢鄉書。方桐江集。

㈠「錯天」當爲「墜厥」。

閩書。

陳先生文叔

陳文叔字元彬。德化人。博搜洽聞。文詞薈蔚。名冠太學中。學者皆宗師之。著有西笑遺筆。

劉先生大有

劉大有字處謙。安福人。于書無不讀。嘗曰。人皮以篋。我皮以腹。所著文五百篇。曰遯齋野録。吉安府志。

胡先生鼎金

胡鼎金字貴剛。宣城人。究心易學。嘗作三陳九卦説。曰。文王九卦之取。上經取其六。取履于乾。先天之乾所以父。巽離兑于上者。敘倫于履矣。取謙於坤。先天之坤所以母。震坎艮于下者。敘倫于謙矣。復卦乾陽反動于坤陰之下。復禮爲人之本也。而三才之道備矣。六卦之取于下篇。至于巽以行權。而聖人之用意微矣。語見朱楓林易註。寧國府志。

林先生大年

林大年字壽卿。龍溪人。初試太學。以詩賦中選。年八十二。以書義再預卿㈠書。不赴南宮。

㈠「卿」當爲「鄉」。

爲州學正。日與生徒討論。終老湖山。卒年九十有六。福建通志。

謝先生升孫

謝升孫。南城人。舉進士。爲翰林編修官。朝士稱之曰南牕先生。江西通志。

梓材謹案。經義考載謝氏升孫詩義斷法。佚。四庫全書存目録詩義斷法五卷。不著撰人名氏。推爲謝氏之書。提要云。盖揣摩弋取之書。本不爲解經而作。

推官傅先生崧之

傅崧之字宗山。壽昌人。刻志好學。通詩書戴禮。弱冠以兩經領鄉薦。鄉人尊之。稱平齋先生。咸淳四年。與子明龍同登進士第。而先生爲榜眼。授廣元觀察推官。以内艱不赴。服闋。丞相馬廷鸞言于朝。調平江觀察推官。以勤政卒。嚴陵志。

隱君胡先生應璣

胡應璣字粹翁。淳安人。講明性理之學。隱居教授。不求仕進。著理髓三卷。學者宗之。嚴陵志。

應先生浩然

應浩然。□□人。戴剡源過先生墓云。人間萬卷龐眉老。眼見堂堂入草萊。行客須當下馬過。故交誰復裹雞來。山花不語如聽講。溪水無情自薦哀。猶勝黄金買碑碣。百年名字已煙埃。戴剡源集。

陳先生宗説

陳宗説。茶陵人。建汲古堂。藏書萬卷。人有以逋負繫獄幾死。先生爲代償之。茶陵州志。

王先生南美

王南美字乙道。安化人。隱縣之伊谿。博洽經史。尤邃于易。執經問難者。不遠數百里而至。置義莊以養族屬之孤貧者。所居有釣月樓耕雲堂。一統志。

盧先生元亮

盧元亮。安化人。積學能文。操行純固。兄弟九人。先生盡以産業分給。己纖毫無所取。一統志。

登仕李先生心道父彌世。附子泰亨。

李心道字聖傳。浮梁人。父彌世。業春秋。登進士乙科。以端方著爲鄉評器重。先生生而穎悟。稍長。從傅受易學。耳熟緒言。其從父兄原。尤邃于易。先生與爲師友。益鉤决玄奥。適事之變。若中理解。最受知于尚書朱貔孫。京尹吳益奏補登仕郎。先生治家嚴。不惑異端。子泰亨。嘗長幼安書院。及再仕襄樊。先生勉之往曰。子是教忠愼。勿以親遠增離憂也。自號疏嬾翁。扁其室曰砦軒。有詩稾藏于家。鄧巴西集。

許先生炳

許炳字仲明。平江人。通春秋。好學不倦。篤志力行。及卒。無以爲殮。一統志。

張先生師禹

張師禹字虞佐。□□人。天資耿介。不苟□㊀。不求仕進。從之遊者。莫不敬畏。號鄉先生。及屬纊。其友張具瞻來視疾。先生指心示之曰。血氣枯竭矣。而一點不動。言訖。溘然而逝。姓譜。

李先生闢

李闢字子羽。海陽人。早喪父。事母至孝。通春秋。餘經諸子皆知其大畧。隱居不仕。以教授郡邑子弟。貧者助其筆札。尤精醫術。鄉人賴之。號北源先生。有文集。同上。

梓材謹案。廣東戴志載。先生至正間。元兵逼城。先生乘夜負母避難。歸外族從姪曾氏云。

顧靖夷先生權

顧權字用衡。崑山人。力學。博通羣典。爲文刻意有古作者矩度。隱居不仕。門人謚爲靖夷先生。同上。

㊀「□」當作「同」。

張先生飛一 附子彬甫。鄰甫。孫復禮。

張飛一。居番禺之黄岐。通周易。能會萃諸家之説而折衷之。廣之士大夫推爲宗師。號曰黄岐張氏易。二子。彬甫。鄰甫。皆善傳父經。父既葬。晝夜念之弗置。構堂曰永思。兄弟躬耕以爲歲時祀事。彬甫次子復禮。字禮庭。薰炙家庭之教。而于易學尤精。發爲大義。頃刻千餘言。出入程朱二氏。無乖盭者。宋文憲集。

蔣先生巖

蔣氏説

道之大原出于天。天有是道而不能言。故託諸聖人言之。易書詩禮樂春秋。此聖人之言。而天地之道也。非易無以立天地之心。非書無以紀帝王之迹。詩以導風俗之美。春秋以嚴王霸之辨。禮以節民。樂以和人。用是訓天下萬世。一日不可廢。豈無用之空言哉。

以通書讀易可以會太極。以經世書觀洪範可以建皇極。中庸之愼獨可以位天地育萬物。大學之致知可以齊家治國平天下。論語一書。無非言仁。孟子七篇。無非道性善。

陳氏講友

李先生如雷

李如雷。臨武人。與陳章伯友善。時衡陽興石鼓書院。欲得士。有司以先生與章伯往。宋亡。隱居力學。所爲詩文甚富。愛貝溪山水之奇。結廬于上。自號貝溪居士。湖南通志。

馮先生彦玠

馮彦玠。永嘉人。岳飛閫幕成之孫。博學多才。畧有祖風。李守芾表其廬曰嘉忠。宋亡。入山不出。年九十餘卒。温州舊志。

鄒先生次陳

鄒次陳字周弼。一字悦道。宜黄人。宋末中博學宏辭科。遠近學者多從遊。及卒。何太虚哀以詩云。門生定展王通學。舊友誰成郭泰碑。所著有遺安集十八卷。史録十卷。江西通志。

梓材謹案。先生所著。又有書義斷法六卷。經義考謌其姓名爲陳氏悦道。四庫書目因之。提要謂其自題曰鄒次。不知何許人。蓋未之詳考也。提要又言。其書不全載經文。僅摘録其可以命題者載之。逐句詮解。各標舉作文之竅要。蓋王充耘書義矜式。如今之墨程。而此書則如今之講章。後來學者揣摩擬題。不讀全經。實自此濫觴云。

雲濠謹案。吴文正誌其墓云。取龐德公遺子孫以安之義。榜書室曰遺安。

附録

張雲章曰。書義斷法亦科舉書。以其流傳久存之。後附作義要訣。新安倪士毅所輯也。

田先生希呂

田希呂字志舒。慈利人。宋末。守節不仕。居天門山。剏書院以講學。誘掖後進。當路以爲書院山長。一統志。

褚雪巘先生□附門人馬虛中。

褚□。錢塘人。號雪巘。先生博學卓行之士也。執古刀尺裁量。晚得馬虛中從之學。盡其微妙。其居家篤于孝弟。清勤恬雅。動以古人自飭。暨出家。著道士服。隱約西湖之濱。士大夫慕與之交。仇山村遺集。

葉先生冠

葉冠。麗水人。宋季再領鄉薦。善言性理。而尤深于易。黄文獻集。

隱君劉南牕先生準附子汝舟。

劉準。鄞人。自幼好學。長而有成。宋末。隱居教授。絶仕進意。卜築青山之原。日以教子讀書爲事。學者稱南窗先生。子汝舟。字端父。確守父訓。平居無戲言惰容。郡之名士大夫相繼來居。一時林下衣冠爲盛。姓譜。

汪先生懋卿附弟森卿。子灝。瀚。灝師陳畧伯。

汪懋卿。奉化人。與弟森卿同學同貢。並因宋亡不仕。杜門著書。子灝。字季彝。瀚。字幼海。受家學。治易春秋。躬耕孝養。季彝嘗從海陰陳畧伯講學。幼海薦授衢州路學録。辭不赴。寧波府志。

江先生友直

江友直字德正。歙人。以薦爲經學長。陞本州教授。以節義自負。伯彦入臨安。恭帝被執。先生升堂痛哭。示諸生以大義。不食數日卒。葬梅口之原。書其墓曰。餓殺塚。歙縣志。

曾先生元圭

曾元圭號礲峯。江西人。宋末。屏居教授。有春秋凡例。大學演正。藏于家。王逢説。

李先生思正

李思正。德興人。生于宋季。入元不仕。黄虞稷説。

梓材謹案。先生著有中庸圖説。中庸輯釋。各一卷。經義考並云佚。朱楓林中庸旁註云。有融會之妙者。思正李先生也。思正蓋其字爾。

吴先生浩

吴浩。休寧人。隱居不仕。著直軒大學義。徽州府志。

趙先生若煥

趙若煥字堯章。進賢人。年二十餘。宋祚訖。賦草之茂三章。援琴而歌。以當黍離麥秀。年八十而卒。江西通志。

徐先生偉

徐偉。臨湘人。宋末舉孝廉。累辟不赴。去之野潭中山隱居教授。依以居者三百餘家。歲荒。貧不舉子者悉資給之。人感其惠。子多以徐爲名。有子八人。後皆知名。號徐氏八龍。一統志。

李先生𪻐

李𪻐字元明。臨湘人。博學通經。性至孝。葺養浩園。隱居不仕。自號默堂居士。授徒數百人。晚年尤精内典。著詩文五千篇。一統志。

練先生耒

練耒梓材案。或作來。字彦本。建安人。宋遺民。閉門著書。有八易發微。二禮疑釋。閩書。

陳先生煥

陳煥字時可。豐城人。兩與鄉漕薦。入元。隱居不仕。學者稱爲嶵山先生。江西通志。

梓材謹案。先生著有易傳宗。詩傳微。禮記解。經義考並云佚。

葉先生夢鼎

葉夢鼎。建安人。應聘赴臨安。少帝北行。遂隱于西甌。以講學爲事。有經史旨要及文集。姓譜。

梓材謹案。黄氏千頃堂書目稱其入元不仕。

俞時齋先生金

俞金字叔器。號時齋。金華人。少好學善。自程督一試。不合有司。卽退修于家。學者師尊之。受業者繼于門。宋亡。獨率其家以禮。深衣峩冠。談説古道。客造門。肅威儀。俯首拱而趨。以迓至門。左右立。三揖。至階。揖如初。乃升及位。又揖者三。每揖皆有辭相稱慰慶贊。周旋俯仰。辭氣甚恭。鄉人小子去宋久。不知宋俗皆然。或竊指爲異。或尤以爲迂緩。先生不顧也。王忠文集。

郡守邵先生繼賢

邵繼賢。番禺人。天資明敏。究心理學。早年領淳祐三年鄉薦。歷四川順慶知府時。元兵日盛。退處贛州玉龍山中。杜門修靜。元世祖以先朝名臣徵之。不出。廣東金志。

東湖家學

鄉貢陳月橋先生庚

鄉薦陳淡軒先生紀合傳。

陳庚字南金。東湖長子。以書經擢咸淳甲子鄉貢進士。南省罷歸。無復求仕志。日肆力詩古文。所論著明暢沈蔚。有歐曾風。隱居東湖。研心道德性命之學。學者多師之。邑人亦尊之曰月橋先生。年七十九卒。郭應木表其墓曰。生爲一邑之儒宗。没爲一鄉之善士。可謂有德君子矣。弟紀字景元。以周禮領咸淳癸酉鄉薦。宋季。與先生皆退隱于家。以賦詠自娱。有越吟斐稿傳于時。號淡軒先生。廣州黄志。

林氏門人

宋先生眉年

宋眉年字壽道。永嘉人。少從林一龍學。領胄薦。元初。都使者完顔貞徵爲郡學録。陞學正。轉興化贛州。授政和簿。頗有能聲。著有存稿集。温州舊志。

王氏門人

杜先生文甫

杜文甫。臨海人。號南峯山民。師事王達觀珏。登咸淳辛未進士。歷瑞安軍推官。德祐初。除國子博士。迄元代。宋翰林學士趙與票薦于朝。守令爲勸駕。先生自謂宋臣。辭以疾。御史程文謙奉召。終不起。台州府志。

林先生起潛

林先生起濱合傳。

林起潛字用夫。弟起濱。字顯夫。黄巖人。少時同遊達觀王先生之門。已而相與曰。人各有貴于己者。與其雕篆以干人爵。孰若釋靡踐實。求聖賢之所爲學者。以適吾志哉。遂辭歸。築室同居。以經籍相切劘。進退榮辱泊如也。篤于行誼。鄉人高之。稱東皐西墅二先生云。台州府志。

熊先生采

熊采。建陽人。寧武州參軍。入元不仕。著易講義。書説。姓譜。

歐陽先生應求附子哀。

歐陽應求字仲俊。世爲廬陵永和人。先生有賢父兄。而又弱不好弄。夙悟少成。于書無所不觀。尤深于易。早舉進士。以母老不行。建炎間。嘗類試漕臺。一出不合。卽退居。開門授徒。且學且養。無復進取意。與其徒道堯舜孔子正心誠意修身齊家爲可用之説。夷猶陋巷中蕭然藜羹。自以爲天下至樂也。學者心服而誠尊之。鄉人無少長。咸稱之曰先生。嘗著書課子。每曰。人强爲善。尚或罹禍。況爲惡乎。善而罹禍。正猶秋蘭之厭風霜。雖若槁矣。而芳不輟于歲時。惡或徼福。亦猶朝菌之蒙雨露。卽苟榮矣。而質不能于晦朔。吾寧爲善而罹禍。可爲惡而徼福乎。其言切理類此。喜吟詩。字畫遒勁。雖造次不作行草。自號樗叟。君子謂。先生不應辟召似徐孺子。頹乎處順似黄叔度。至耄期稱道不衰似及門于孔氏。殆未下游夏輩也。卒年七十有六。子裒。好學有立。蓋中鮮虞之傅摯云。胡澹庵集。

何先生先覺

何先覺字民師。桂陽人。建炎二年進士。紹興中知横州。弭盜除姦。勸農訓士。刻夫子小影夫子行教二石。置寧浦縣學。爲之記。改知連州。治行尤著。士民愛戴如父母。廣西通志。

謝先生致平

謝致平字康谷。零陵人。建炎二年進士。博學有聲于時。從學者衆。席舍至不能容。零陵縣志。

邱先生税

邱税字爲高。南豐人。入太學。建炎初。伏闕上書。乞徙都金陵。以圖恢復。所著有詩解義。

江西通志。

周先生日章

周日章。永豐人。操行介潔。開門授徒。僅有以自給。非其義一毫不取。家至貧。嘗終日絶食。鄰里或以薄少致餽。時時不繼。寧與妻子忍餓。卒不以求人。隆冬披紙裘。客有就之。亦欣然延納。望其容貌。聽其議論。莫不聳然。縣尉謝生遺以襲衣。曰。先生未嘗有求。吾自欲致其勤勤耳。受之無傷也。先生笑答曰。一衣與萬鍾等耳。儻無名。受之是不辨禮義也。卒辭之。汪聖錫亦知其賢。以爲近于古之所謂獨行者。容齋三筆。

魯吟齋先生訔附兄訾。

魯訔字季欽。世爲嘉興人。徙海鹽之武原。父孝寧。生六子。力教以學。先生與兄訾。同登紹興五年進士第。起家左迪功郎。餘杭縣主簿。歷進太常少卿兼權大理少卿。除直敷文閣江西轉運副使。徙浙東提點刑獄公事。又徙閩路。力請奉祠。得主管台州紫道觀。遂致仕。積官至朝請郎。淳熙三年卒。年七十有七。先生力學强記。入京師太學。每從儒先質疑義。聞見日廣。刻意古文。喜論天下事。廷對述安危治亂邊防形勢甚備。兩上萬言書。極陳利病。當官務行所學。平居喜稱人善。而覆匿其短。貌莊氣和。輕財重義。著述有易説二十卷。論語解十卷。蒙溪已矣集四十五卷。後集二十卷。須江雜著六卷。會稽酧唱二卷。當獨集十卷。芻蕘編十卷。南征録二卷。

自警録四卷。編集祖宗訓典五十卷。編註杜少陵詩十八卷。又年譜一卷。簪字如晦。累遷大理丞兼右部右曹官。請治郡。得池州。坐罷。起知眞州。初築通隱。至是改曰遂隱。素喜釋氏書。晚自謂有所悟。家範整整。子孫率勸飭雍睦。天性嗜書。少老如一。有文集三十卷。漢紀考異十二卷。集皇朝要覽一百卷。又嘗進江淮表裏圖。上邊防十二事。蓋將攷古驗今。自見于功名也。周益公集。

雲濠謹案。萬姓統譜載。先生自號冷齋。子可宗。以進士世其家。又中博學宏詞科。官至太常卿。

曾先生旼

曾旼字彦和。爲書解。朱文公吕成公皆取之。館閣書目書講義。博士曾肢等解。蓋誤以旼爲肢。困學紀聞。

附録

朱子曰。曾彦和説書精博。其解禹貢。夢穎吴才老甚取之。

畢先生良史附門人李師。魏良。

畢良史字少董。蔡州人。梓材案。直齋書録解題以先生爲知盱眙軍。東平人。紹興初。陷金居汴。閉户著春秋正辭。論語探古書。有宋城李師魏良。執經師之。好事者寫爲繙經圖。繪先生坐榻上。兩生執卷。而前有二女奴。各有所執。而阿冬者坐其間。先生之季子也。楊誠齋集。

附録

紹興十三年。獻春秋正辭二十卷。詔諫議羅汝楫。司業高閌。著㈠詳來上。特改京官。玉海。

司封鮑先生彪

鮑彪字文虎。龍泉人。精史學。以戰國策失次。爲之註定。時有論說。以正其謬。又有書解。杜詩注。爲司封員外郎請老。舊浙江通志。

梓材謹案。萬姓統譜載。先生紹興中爲尚書司封員外郎。篤學守道。安于靜退。清介端懿。致仕褒美賜緋魚袋。又案。葉水心志鮑清卿墓云。父得朋。縉雲令。族父司封員外郎彪。銘之司封。亦名士也。儒林宗派入先生于元儒博考。誤。

王先生鎡

王鎡字時可。石埭人。紹興戊午進士。授興國軍司務。高宗以時事召對稱旨。累擢監察御史。有風力。歷中書舍人兼直學士院侍講。先生素通經術。善訓導。高宗爲吳后家置大小教授。以先生領其職。其所撰戚里元龜。爲后家起也。又著春秋門例通解。及易象寶鑑諸書。安徽通志。

梓材謹案。樓攻媿爲永寧郡夫人墓誌言。先生以一時名儒。篤學洽聞。典內外制。光顯于朝。

㈠「著」當爲「看」。

汪先生皋會

汪皋會字元贊。黔人。紹興壬子進士。爲建昌軍教官。創建學宮。留意教養。遷醴陵宰。邑遭寇旱。民逃土荒。撫以惠愛。治以最稱。人稱醴陵先生。湖南通志。

李先生蘩

李蘩字清叔。崇慶人。第紹興進士。爲隆州推官。攝綿州。振飢。活十餘萬人。又知永康提刑。成都路兼提舉常平。歲凶。活百七十萬人。知興元府。奏罷和糴之法。梁洋間繪像祀之。遷太府少卿。先生講學臨政。皆有源委。所著有桃溪集百卷。姓譜。

梓材謹案。魏鶴山誌先生墓云。早有志節。嘗游秦。客大梁。浮淮泗江浙。道荆楚。其所交皆一時名流。又云。讀書有春秋至當集。春秋機關。春秋集解。經史子集。無不覃思研精。晝鈔夜誦。自號桃溪先生。又言。其薦進人才。如宋若水。楊大全。李舜臣。楊甲。韓炳。黄裳。范蓀。馬覺。吕商隱。張子震。王咨。費士戣。其後各有以自見于時云。

夏先生休

夏休。會稽人。梓材案。胡庭芳謂。先生中興時紹興府進士。以篤學名于鄉。年八十餘。無一日不著書。紹興間。有旨郡給筆札。録其所著書以進。郡出錢百萬。就姚江置局謄寫。幾千卷。春秋易有解。律曆有書。周禮井田有譜。以上書補官。一試吏而止。樓攻媿集。

梓材謹案。先生著有周易講義九卷。周禮井田譜二十卷。並見宋史藝文志。四庫存目本永樂大典録井田譜。提要言。其考訂舊文。多出新意。又言。阡陌既開以後。井田廢二千餘載矣。雖以聖人居天子之位。亦不能割裂州郡。剷平城堡。驅使天下久安耕鑿之民。悉奪其所有。使之蕩析變遷。以均貧富。一二迂儒。又竊竊然私議復之。是亂天下之術也。使果能行。又豈止王安石之新法哉。同時瑞安黄毅乃爲作問答一篇。條舉或者之説。一一爲之疏通證明。殆不知其何心矣。又引陳止齋之序。謂其多泥于度數。未必皆叶。言永嘉之學。雖頗涉事功。而能熟講于成敗。此亦一證矣。

附録

中興藝文志曰。夏休以禮記多漢儒雜記。于義未安者。乃援禮經以破之。然中庸大學。實孔氏遺書也。

馮厚齋曰。夏氏周易講義。其説以言動制器卜筮四尚之説綜而通之。以乘承比應爲例。

朝散黄先生勳附從弟熙。

黄勳字有功。南海人也。幼有至性。鄉鄙異之。紹興二年。登進士第。始授永福丞。累進朝散郎知雷州。以賢能遷去。改知新州。學田不足。缺膳羞。乃以俸資增置之。政暇卽與諸生講解。士子樂從之。當時號循吏云。終朝散大夫。致仕卒。先生爲人。博洽而有深沈之思。最明經義。凡聖賢格言。皆自鈔寫。字如蠅頭。少讀書。患無以爲燈。乃取烏柏子或油子仁榨爲油。人多效之。借人書。每于斷缺處留意補緝。士故樂假之。覿以此積學著名于時。從弟熙。後一科進士。攝新興令。爲韶州推官。胡寅極稱之。廣州人物傳。

提刑譚蛻齋先生惟寅

譚惟寅字子欽。高要人。紹興二年。登進士第。讀書一覽。終身不忘。應博學宏詞科。用參政龔茂良薦。除太學博士。出倅靜江容州。提舉廣西鹽鐵事。尋遷廣東提刑。改江西提刑。卒于官。有蛻齋講學大學中庸行于世。廣東戴志。

夏先生沐

夏沐。撰春秋素志三百十五卷。凡三百萬言。謂出于元聖素王之志。名曰素志。又略其文而約説之。爲麟臺獨講十一卷。玉海。

劉先生端

劉端。成都人。雖不第。從之游者甚衆。氏族譜。

章先生永

章永字延仲。平陽人。少孤。事親至孝。執喪如禮。每諱日。俗用浮屠。先生獨誦孝經。曰。吾聖人之教也。葬日。舟行遇風濤暴作。伏柩哭曰。永罪當逆殞。吾親何辜。俄而風息。温州舊志。

劉先生翔

劉翔字圖南。福州人。通諸經。尤注意于易。官蘄春尉。紹興十五年。上所著易卦辭。授福州教授。再授潭州教授。卒於官。閩書。

州倅卞先生圜父大亨。

卞圜字子東。其先泰州人。父大亨。字嘉甫。主懷寧簿。未幾隱居象山。自號松隱居士。著松隱集二十卷。尚書類數二十卷。先生于書。無所不讀。入太學有聲。人稱卞夫子。登紹興三十年進士。授揚州倅。著論語大意二十卷。行于世。姓譜。

徐先生珣

徐珣字温甫。上饒人。高宗朝進士。除辰州教授。轉池州判官。所著論孟易解。學者多宗其説。號止齋先生。江西通志。

彭先生與

彭與字帝錫。興化人。自言于易有見處。其易圖最多。有一圖謂之地中圖。以六居中。縱横十八。以與河圖爲對。蓋河圖五居中。左三右七。戴九履一。四二爲前。八六爲後。天中圖也。地中圖則每位加一焉。六居中。右八左四。戴十履二。五三爲前。九七爲後。此亦自然之數。林之奇説。

附録

紹興二十七年。上周易義解十册。神授易圖四册。太極歌一册。易證詩一册。易義㊀文圖二軸。館學看詳。謂潛心象數。訓釋淵貫。詔補上州文字。玉海。

蘭先生廷瑞

蘭廷瑞字惠卿。□□人。漁樵易解十二卷。自序稱白雲溪叟。釋上下經六卷。繫辭二卷。說序雜一卷。圖說二卷。外編一卷。自謂于先儒未嘗蹈襲。未嘗求異。惟其是而已。始于紹興己卯。成于淳熙己酉。三十餘年。又撰日月運行二圖說一編。胡一桂說。

陸先生筠

陸筠字嘉材。一字元禮。金溪人。紹興中進士。官江西帥司參議奉祠。平生好孟子。因著翼孟音解。嘗過豐城。僑居南禪寺綠筠軒。愛其名與己協。遂留不去。江西通志。

梓材謹案。周益公序翼孟音解云。擇春秋左氏傳莊列楚詞西漢書説文之存古文者。深思互考。遂成此書。

㊀「義」當爲「羲」。

初主貴溪簿。闢邪説而正官廳。王右史詳爲之記。厥後魔賊焚縣。相戒獨留簿廳。其感人心如此。

陳先生雲

陳雲字世望。吉水人。所居鄉名折桂。凡數十百家。溪山清曠可樂。自國初以來。未有登名于天府者。先生喟然曰。吾雖不能如歐陽生化閩俗。獨不能化一鄉乎。卽取毛鄭詩日夜業業。遂博涉羣書。且語兒輩。古之學者。不但章句而已。行必顧言乃可。故尤切切于管遴雎渠之義。館名儒以爲子師。間遣游宦四方。計一歲經費之阞。悉資束脩。至典衣市書以遺之。胡澹庵集。

州守任先生續

任續字似之。鄓縣人。起家爲雒縣尉。又尉永川。求監南嶽廟。中進士第。選澧州州學教授。晨策一羸馬。從一僮。謁守丞。退則繙校遺編。盡日與聖賢對。他無所問。當路交薦。累擢守涪州。易景州罷。主管台州崇道觀。命至而卒。先生靜重廉介。篤學喜爲文。所著號仙雲集者二十卷。又有任氏春秋十五卷。春秋五始五禮論五卷。篆隸石刻譜三十卷。周益公集。

劉先生季裴

劉季裴字少度。長溪人。舉紹興進士。官至秘閣修撰。乾道間進十論。上大稱賞。上殿奏事。笏偶跌碎。徐收碎笏。逐一敷陳。謂今日之事。有不可忽者。卽如此笏。上悦曰。季裴膽大如身。每延顧問。皆稱旨。著論孟周易解。頤齋遺稿。山川形勢論。司馬温公傳。道南源委。

藺先生敏修

藺敏修。龍游人。紹興中進士。官至朝奉郎。著論語解。時號中□(一)先生。曹學佺説。

宋先生藻

宋藻字去華。莆田人。紹興初。試禮部。尋進中興十君論。高宗稱善。以布衣召見。授廬陵尉。指畫敵人形勢。擢知江陰軍。孝宗立。除提舉浙東常平茶鹽事。察猾胥六百餘人。罷之。奉旨賑恤。永嘉發粟。寬租蠲税。坐彈劾温州守臣。爲權貴所擠。力丐休致。卒。贈太中大夫。著羣經滯穗。道南源委。

縣令黄浣溪先生開

黄開字必先。諸暨人。博學好古。邃于經術。所論著有語孟發揮。周易圖説。孟子辨志。麟

(一)「□」當作「山」。

經總論。春秋妙旨。六經指南。諸史決疑。暨陽雜俎。浣溪文集。共二百六十餘卷。舉紹興二十四年進士。官崇安令。紹興府志。

沈先生作喆

沈作喆。□□人。壯歲嘗作坐右書云。侈心生當念敗德。淫心生當念速死。此未能戒定者。攝心以其所畏也。寓簡。

王先生悅

王悅字習之。莆田人。紹興進士。調漳溪尉。嘗佐浙西憲幕。有負鹽繫于獄者。歲久莫剖。先生決以非辜。縱之。守懼不敢。先生請獨任其咎。官終南外睦宗院教授。著春秋解。五經贊疑。道南源委。

喻先生思然

喻思然。蜀人。捫膝先生子也。有家學。官奉節縣令。治邑有能聲。王梅溪集。

李先生長庚

李長庚字子西。江華人。紹興進士。歷官五十年。仕至朝議大夫。廉潔有守。不事生產。惟積書數千卷。號其讀書之室曰冰壺。卒年八十六。一統志。

王先生義朝

王義朝字國賓。麗水人。登進士第。主光澤簿。調紹興教授。因家上虞。嘗進易論十二卷。

高宗下其書國子監。命典諸王宫大小學。歷江東提舉。罷歸。著易説十卷。紹興府志。

盧先生點

盧點字師予。嘗官政和主簿。老儒博學。清謹有馴行。朱子文集。

梓材謹案。朱韋齋嘗請先生銘其父承事墓。

宋元學案補遺別附卷三目録

宋元學案補遺別附卷三

後學 鄞王梓材 慈谿馮雲濠 同輯

元儒博考

斡先生道冲

斡道冲字宗聖。其先靈武人。從夏主遷興州。世掌夏國史。先生八歲。以尚書中童子舉。長通五經。爲番漢教授。譯論語注。別作解義二十卷。曰論語小義。又作周易卜筮斷。以其國字書之。行于國中。官至其國之中書宰相而卒。夏人尊孔子爲至聖文宣帝。畫先生像列諸從祀。虞道園說。

馬先生定國

馬定國字子卿。茌平人。阜昌初。齊王豫授監察御史。仕至翰林學士。自號薺堂先生。中州集。

梓材謹案。先生著有大戴禮辨一卷。經義考云佚。

附録

石鼓自唐以來無定論。定國以字畫考之云。是宇文周時所造作。辨萬餘言。出入傳記。引據甚明。學者以比蔡正甫燕王墓辨。

徒單先生鎰

徒單鎰。本名按出。猛安人。大定九年。策女直進士。及第者二十七人。先生與上選。授中都路教授。官至左丞相。封廣平郡王。先生明敏方正。學問贍博。名士多出其門。胡沙虎之亂。賴先生一言。而宣宗立宗社以安。著宏道集。今佚。金文雅作者攷。

梓材謹案。先生論爲政之術疏。謂其急有二。其一曰。正臣下之心。其二曰。導學者之志云。

蕭先生貢

蕭貢字眞卿。咸陽人。大定二十二年進士。由涇川觀察判官。仕至御史中丞。以户部尚書致仕。卒謚文簡。先生博學能文。人比之蔡正甫。官右司郎中時。修泰和律令。爲帝嘉歎。以蕭何比之。著有史記注。五聲韻譜。文集。今皆佚。金文雅作者攷。

王先生建中

王建中。遼陽人。沃縣尉。安中之兄。學問仁義。暴白于天下。與王拙軒寂莫逆餘三十年。始終如一。王拙軒集。

王氏講友

王先生寂父礎。

王寂字元老。玉田人。系出三槐。父礎。字鎮之。金初名士。仕至歸德府判官。先生天德三年進士。興陵朝以文章政事顯。終于中都路轉運使。年六十七。謚文肅。有拙軒集。北遷録。傳于世。中州集。

梓材謹案。四庫全書本永樂大典編先生拙軒集。六卷。提要稱。其詩文清刻鑱露。有戛戛獨造之風。在大定明昌間。卓然不媿爲作者。金代知名之士。見于中州集者。不下百數十家。今惟趙秉文王若虛集尚有傳本。餘多湮没無存。獨是編幸于沈没晦蝕之餘。復顯于世。而文章體格。亦足與滹南滏水相爲抗行云。又案。集中有拙軒詩。易齋詩。又爲先君行狀。稱其爲唐縣令時。大新廟學。延集諸生。親爲指校。檢責其日課。又云。自號退翁。喜竺乾學。則其學不純矣。

喬先生□

喬某。上黨通守權鎮。正隆間。學者多困于征役。不暇修習。其學舍漸至摧毁。先生下車之始。首議興修。及告成。集僚屬郡儒于議道堂。大合樂以落之。而申良佐爲之賦。金文雅。

劉先生迎

劉迎字無黨。東萊人。初以蔭試部掾。大定十四年進士。除豳王府記室。改左學司經。自稱無諍居士。有詩文樂府。號山林長語。詔國學刊行。今佚。金文雅作者攷。

梓材謹案。先生寄題禹城孫氏茂德亭云。濟南孫夫子。養素抱絶識。孫未知其名。

馮先生璧

馮璧字叔獻。别字天粹。承安二年進士。歷州縣。召入翰林。官至同知集慶軍節度使。先生在太學有聲。其學長于春秋。宣宗朝。屢以使指鞫大獄。權貴有跋扈而朝廷不能摧伏者。能以法制之。詩筆清峻如其人。趙周臣。李之純。王從之。皆重之。金文雅作者攷。

梓材謹案。元遺山爲楊文獻神道碑。溯貞祐南渡名卿材大夫有云。張太保敬甫。兩趙禮部周臣庭玉。馮亳州叔獻。王延州從之。李都司之純之儒學。則先生之學問可想矣。

王先生渥

王渥字仲澤。以字行。太原人。興定二年進士。調管州司候。不就。高庭玉節度武勝軍。辟爲經歷官。至權右司郎中。天興元年。出援武昌。爲元兵所殺。先生博通經史。其辨博爲李之純所稱。天下談士。三人之一也。同上。

王氏學侶

陳先生彝

陳彝字良佐。以小字陳和尚行。其上世以上京軍戍天德。因而家焉。貞祐中。先生年二十餘。北兵破豐州。執之而北。時從兄安平都尉鼎。亦以力戰殁(一)入北中。先生南渡河。試護衛中選。宣宗知其材。未幾。轉奉御。安平行帥府事。奏先生自隨。詔以提控從軍安平。敬賢下士。有古賢將之風。辟太原王仲澤爲經歷官。故先生得師友之。天資高明。雅好文史。自居侍衛日。已有

(一)「殁」當爲「没」。

秀才之目。至是授孝經論語春秋左氏傳。盡通其義。軍中無事。則窗下作牛毛細字。如寒苦一書生。仲澤愛其有可進之資。示之新安朱氏小學書。使知踐履之實。識者知其非吴下阿蒙矣。安平罷帥職。例爲總領屯方城。以鎭防千户葛宜翁妻訟于朝。乃繫先生方城獄。先生聚書獄中而讀之。會赦。以白衣領紫微軍都統。再遷忠孝軍提控。北兵犯大昌原。張平章問誰可爲前鋒者。先生出應命。奏功第一。不四五遷。爲中郎將。官世襲。及鈞州陷。北人欲降之。不爲屈。時年四十一。元遺山集。

梓材謹案。遺山文集有良佐鏡銘序云。良佐忠于事君。篤于事長。嚴于治軍旅。又謙謙折節下士。從諸公授論語春秋。讀新安朱氏小學。以爲治心之要。故就其可致者而勉之。

雷先生琯

雷琯字伯威。坊州人。以薦從事史館。調入作司使。亂後南奔。爲兵士所殺。先生博學能文。與并州李汾善。金文雅作者攷。

張先生彌學

張彌學。□□人。平章萬之父座右銘有云。欲求子孫。先當積孝。欲求聰明。先當積學。此格言也。歸潛志。

白先生賁附孫淵。

白賁。汴人。自號決壽老。自上世以來。至其孫淵。皆以經學顯。客有求觀先生孝經傳者。

感而賦詩云。跋涉經險阻。鑽研閲寒温。仰觀及俯察。萬象入見聞。不勞施斧鑿。筆下生煙雲。高以君唐虞。下以覺斯民。中州集。

趙先生質

趙質字景道。遼相思温之裔。大定末。舉進士不第。隱居燕城南。教授爲業。明昌間。章宗遊春水。過焉。聞弦誦聲。幸其齋舍。見壁間所題詩。諷詠久之。賞其志趣不凡。召至行闕。命之官。固辭。泰和二年卒。年八十五。金史。

宗先生端修

宗端修。汝州人。大定進士。爲節度副使。汝州司候游彦執將之官。問爲政。曰。爲政不難。治氣養心而已。彦執不達。曰。心正則不私。氣平則不暴。爲政之術。盡于此矣。金史。

王碣石先生□

王□。永平人。南宫舍人從義之曾大父也。金兩舉進士。見世亂。不復仕。隱于昌黎碣石之下。學者謂之碣石先生。有文集十卷。軼于兵火。道園學古録。

胡先生景崧曾祖智。祖益。父仲溶。附從弟義。

胡景崧字彦高。其先威州人。曾祖智。避靖康之亂。遷武安。祖益。家累鉅萬。父課之讀書。涉獵經史。工于書翰。輕財好施。不責報償。正隆南征。以良家子從軍。載國子監書以歸。因之起萬卷堂。延致儒士。門不絶賓。父仲溶。嗜讀書。不以世務縈懷。先生幼有至性。十歲喪父。哀毁成疾。嘗泣謂其母言。吾父不幸早世。兒誓當學以成吾父之志。弱冠。有聲場屋。間擢大定詞賦甲科。累遷同知東平府路兵馬都總管事。年五十有九。卒于雒陽之傳舍。積官朝散大夫。上護軍。安定郡伯。族屬餘百口同居。先生卹睦之。小大無間言。從弟義。幼孤。賴之教督。繼擢高第。舊制。文資官例。提舉學校。故先生所在。必課諸生學。委曲周至。始終如一。前後三知貢舉。凡置在優等者。皆奇俊宏傑之士。士論以得人許之。元遺山集。

文懿尚先生野

尚野字文蔚。其先保定人。徙滿城。先生幼穎異。祖母劉厚資之使就學。至于十八年。以處士徵爲國史院編修官。累遷國子助教。諸生入宿衛者。歲從幸上都。丞相哈剌哈孫始命先生分學于上都。以教諸生。上都分學。自先生始。俄陞國子博士。誨人先經學而後文藝。每謂諸生曰。學未有得。徒事華藻。若持錢買水。所取有限。能自鑿井及泉而汲之。不可勝用矣。時學舍未備。先生密請御史臺。乞出帑藏所積。大建學舍。以廣教育。至大元年。除國子司業。延祐元年。累改集賢侍講學士兼國子祭酒。二月夏。移疾歸滿城。四方來學者益衆。六年。卒于家。年七十六。累追封上黨郡公。謚文懿。先生性闓敏。志趣正大。事繼母以孝聞。文辭典雅。一本于理。元史。

程先生震附兄鼎。

程震字威仰。東勝人。長兄鼎。孝弟仁讓。閨門肅睦。有古君子之風。以六赴廷試賜第。調濮州司候。先生資嚴毅。雖所親。不敢以非禮犯之。幼日夢人呼爲御史。故每以諫輔自期。明昌二年。經童出身。補將仕郎。尋擢詞賦進士乙科。累拜監察御史。攝治書侍御史兼户部員外郎。罷官。先生泰然自處。都無己仕之愠。聚書深讀。蓋將終身焉。卒年四十有四。元遺山集。

李先生景道

李景道。棲霞縣宰。故河中府君景韓之季也。下車將祀先師。吏曰。無廟。當奠牲帛于廳事。先生大愕。經營之志油然蔕于胸次。會士庶以興學請。欣然許之。會有京師之行。屬其同年友李純甫爲志。棲霞縣志。

臧先生夢解

臧夢解。慶元人。宋末中進士第。未官而國亡。至元十三年内附。授奉訓大夫婺州路軍民人匠提舉。浙東宣慰司舉其才兼儒吏。可試州郡。知海寧州。時淮東按察副使王慶之按行至其州。見其剛直廉慎。而學有淵源。自任職以來。門無私謁。官署蕭然。而政平訟簡。爲諸州縣最。乃舉才德兼優。宜擢清要。以展所藴。而御史臺亦以其廉能抗章薦之。屬江陰饑。江浙行省委先生賑之。先生不爲文具。皆躬至其地。而人給以米。所活四萬五千餘人。江南行臺治書侍御史荀宗道聞而躉之。舉其名上聞。除同知桂陽路總管府事。三十年。擢廣西肅政廉訪副使。大德元年。遷江西。六年遷浙東。九年除廣東肅政廉訪使。先生至是。既老且病。乃納禄退居杭州。以湖南宣慰副使致仕。及至元元年卒。先生博學洽聞。爲時名儒。然不少迂腐。而敏于政事。其操守尤爲介特。所著書有周官考三卷。春秋微一卷。嘗自號魯山大夫。稱之者不以官。皆曰魯山先生云。元史。

臧氏遺文

混沌未鑿。鴻蒙兹萌。固未有圖也。自宓犧氏之王天下也。河出龍馬負圖焉。聖人以此發造化之機。闡鬼神之秘。兩儀生四象。四象生八卦。而生生不窮之理實肇于此。于是易有圖一百二十有二。書有圖七十有七。詩有圖七十有六。禮有圖一百一十有二。記有圖九十有八。春秋有圖一百二十有六。而六經之圖備矣。其他五行有圖。天文有圖。地理有圖。三禮有圖。紹運有圖。器物制度亦各有圖。圖非不多也。惟四書章句集注未有爲圖者。林隱程君。生文公之鄉。志文公之學。而自得乎孔曾思孟之心。用力四書。闡微析幽。分章纂圖。垂三十年而書始成。又間出己見。以發明文公未盡之説。名曰四書章圖纂釋。後學之士。茍能因圖以求解。因解以求經。則四書義理瞭然于胸中矣。豈非後學之指南。讀書之捷徑也歟。程氏四書章圖序。

儲先生能謙附子惟賢。惟志。惟仁。惟德。

儲能謙字有大。宜興人。生宋季。少有能詩名。尤愛黄文節公詩。至長能力學。閎衍深博。靡所不窺。然于詩最工。事父孝謹。御子孫嚴而能教。庭序之間。不聞譁笑聲。諸生從之游。越月踰旬輒異于人。在元不仕。名其室爲樗巢。語其子曰。余生無用于世。死必樹吾墓以樗。所以志也。力排異端。作私論二篇。楮錢辨一篇。文十卷。詩十五卷。樗巢集一卷。子四人。皆通春秋學。惟賢任安定書院山長。惟志廉州路儒學正。惟仁常州路豐積庫副使。惟德入明爲國子助教。宋文憲集。

歐先生道

歐道字性之。寧鄉人。宋德祐初。舉進士不第。隱居讀書于泉溪。元兵破潭州。欲屠城。先生杖策入軍門。勸勿殺。行省阿里海牙納其説。後辟爲荆湖行樞密院掌書記。遷中書令史。卒。世祖憐其才。深悼惜之。姓譜。

寇先生靖

寇靖字唐臣。中山安喜人。力學爲士。元既定。中書令耶律楚材奏疏。遣使分諸道設科選士。中者復其家終身。疏通者補郡縣評議。先生既中選。署之縣。謝去。隱居教授。安勤樂儉。日撫琴數弄。讀易一編。卽所居自號松溪翁。靜修遺文。

杜先生善甫

杜善甫。東平人。以道游齊魯。客武惠公之門。時中原甫定。武惠方握重權。爲外屏。先生從容其間。切磋磨琢之德。善謔不虐之道。詩人所以美武公者。武惠有焉。則先生之行其道也。任松鄉集。

康先生燊從祖必厚。夢薦。

康燊字濟甫。番陽人。資性静愼。敬事重親。從祖茶陵主簿必厚。禮部進士夢薦。以鄉先生教學。甞往受業。詞藻記覽。爲同輩推許。生平足不履官府。中更徭役。峩冠博帶。與塵土相持。終其身。家敝。猶招師好客不少廢。檄授徽州紫陽儒學正。不赴。郡校延爲耆儒。吉月必黽勉一至焉。所居南榮。樹橘成林。里人稱之爲橘林先生。戴剡源集。

趙先生良弼

趙良弼。女直人。世祖十一年。同僉書樞密院事。屢以疾辭。十九年。得旨居懷孟。先生别業在温縣。故有田三千畝。乃析爲二。六與懷州。四與孟州。皆永隸廟學。以贍生徒。自以出身儒素。示不忘本也。或問爲治。先生曰。必有忍乃有其濟。人性易發而難制者。惟怒爲甚。必克己然後可以治怒。必順理然後可以忘怒。能忍所難忍。容所難容。事斯濟矣。元史。

王先生澍

王澍。胙城人。有雋材。弱冠。貫穿經史。于書無所不讀。而以聖賢爲歸。文無不習。而以明理爲主。年二十二卒。程雪樓集。

姚先生樞

姚樞字斗瓚。永嘉人。少聰敏。書一過目。終身不忘。爲文有詞采。通書經。宋季領鄉薦。元初絶口不言仕進。隱居教授。延祐間。郡守趙鳳儀請分教郡庠。從游甚衆。温州舊志。

曹先生理孫

曹理孫字悦道。瑞安人。博涉經史。談性命道德之旨。粹然成章。郡守趙鳳儀延至學宫。模範後進。立教嚴而有法。尤善古文。得韓歐家法。著有心遠齋筆記。讀書史要略類編。杜詩訣。同上。

黄先生石澗

黄石澗。永嘉人。博通經傳。宋末。早奉鄉書不就。元初。授徒。從者如雲集。趙守鳳儀延至郡庠分教。多所造就。同上。

程先生思廉附師白□。

程思廉字介甫。上世洛陽人。元魏遷兩河豪右實雲中三州。因著籍東勝。先生始知讀書。從樞判白公學。故文筆論議皆有師法。中統建元。用太保劉文貞公薦。事裕皇于春宮。累轉同知温州事。力辭養親。至元二十六年。雲南立行御史臺。擢拜中丞。改河東山西道肅政廉訪使。雲南舊有孔子廟。朔望長吏便衣拜謁而已。教官雖設。一無從學之士。先生乃舉釋菜之禮。先于所治中慶府。集行省臺以下諸官百餘人。公服以行禮事。屬城化之。有遺子弟受業者。其不鄙裔夷。推誠敷教如此。平居不事生産。惡衣菲食無難色。卒年六十一。元文類。

劉先生繩武附子楚蘭。

劉繩武。泰和人。宋亡。隱居講學。學者稱琴軒先生。長子楚蘭。字芳叟。至元初舉茂材。授建昌文學。陞吉水教諭。以親老辭禄歸養。益肆力于學。尤深于易。壘土結茅。名玩易齋。其後攝鄉校。凡親承議論者。悉有宏益。世稱深林先生。海桑集。

湯碧山先生彌昌父暉老。

湯彌昌字師言。梓材案。先生號碧山虞熊云。其先自瀏陽徙居于蘇。父暉老。咸淳進士。父子授受。皆以周禮發鄉解。先生及元舉教官。由長洲崑山儒學教諭。鄱江清獻兩書院山長。建康路學教授。轉從政郎瑞安州判官致仕。生平篤志義理之學。以文名于時。著有周禮解義。碧山類稾。湘江櫂歌。若干卷。姑蘇志。

劉先生蒙正附子文廷。

劉蒙正字聖功。長沙人。八歲能文。號曰奇童。元初廢科舉制。先生以負才卓犖用不適時。游衡湘間。悒悒不樂。既而發百家六籍。旁及盤盂隱奧。虞初稗史。靡不搜挾。乃大肆力于文。四方學者爭造其門。爲文渾厚條達。不事奇澀。下筆輒數千言。多裨益世教。切中治體。晚年科舉詔下。歎曰。吾已老而復見場屋。豈非天乎。卒年五十有三。子文廷。登第。調臨江録事。有惠政。遷國子助教。事稱其稟。以善教名。歐陽圭齋集。

楊先生如山

楊如山字少游。蜀嘉定州人。宋末。游江南。四請漕舉。宋亡。不仕。大德間。起爲淮海書院山長。因家京口。著春秋旨要十卷。鎭江府志。

季先生復初附孫德基。

季復初。號月泉。祖儼。登宋淳熙進士。任龍游令。因家焉。四傳至月泉。以道學鳴世。避元兵擾攘。遷温之瑞安鳴珂里。置别墅于篔簹山中。以自晦。其地多種竹。故名。著有月泉詩派。孫德基。有篔簹書舍記。德基字武抑。能詩文。明初以善書薦。母老乞歸。所著有竹所集。温州舊志。

王先生振附子元父。

王振。弘州人。閒關轉徙。占籍眞定。力學底行起家。至江南浙西道提刑按察司經歷。子三人。仲宗□。字元父。幼自知問學。侍經歷。居浚都。爲士子經師。尤長于詩歌。試浚都文學掾。辟江東道宣慰司令史。進將仕郎宣城縣簿。建孔子廟。築壇崇社。飭其牲器。以與邑人行事。未幾。擢江浙行中書省掾曹。無留事。歷監黄池務税㊀。卒年六十七。其所著有政要書十二篇。陶詩注三卷。詩一卷。馬石田集。

通議先生脱烈海牙父徹爾克齊。

脱烈海牙輝和爾氏。世居巴什伯里。自其祖始徙眞定。父徹理克齊。性純正。知讀書。先生幼嗜學。警敏絶人。性整暇。雖居怱㊁卒。未嘗見其急遽。喜從文士游。犬馬聲色之娱。一無所好。由中書宣使。出爲寧晉主簿。累陞右司郎中。贊劃之力居多。仁宗在東宫。知其嗜學。出祕府經籍及聖賢圖像以賜。時人榮之。歷遷淮東宣慰使。以疾卒于廣陵。贈通議大夫。追封恒山郡公。元史。

鄉薦蘇先生大初附師李玉溪。

蘇大初。即蘇嵩翔。樂昌人。宋末兵亂。日則躬耕。夜則讀古聖書。赴江西鄉試不第。留撫州。受業李玉溪之門。入元。更名大初。領鄉薦。能以義邺宗族。樂昌志。

㊀「務税」當爲「税務」。
㊁「怱」當爲「倉」。

黄先生巖孫

黄巖孫。□□人。儒林宗派。

參政曩先生秉彝附師瞿丙。

曩秉彝。蒙古人。一名加台。寓居澧州。受學于瞿丙。舉進士。官至河南省參政。姓譜。

俞先生希魯附師陳賡。

俞希魯字用中。其先平陽人。大父始遷鎮江。季父西發。宋太學生。有學行。先生師之。復受學于陳賡。志超氣明。融會濬發。以茂才舉授處之獨峯書院山長。移饒之長薌書院。除慶元路儒學教授。教有方。士人服之。擢歸安縣丞。陞江山縣尹。改永康。先生學行尊。雖仕下位。公卿貴人皆敬禮之。行省每大比。輒延先生進退士。主其事者三。同考者四。以松江府判官致仕。先生于學靡不通。爲文宏厚凝樸。豐衍不窘。人多傳而貴之。而退然未嘗有驕汰之色。將卒。以所著聽雨軒集三十卷授子文圭校遺脱。年九十。宋文憲集。

師先生天麟祖巖起。

師天麟字勝瑞。寧州人。州西南二百里。脩水出焉。師氏世居其上。宋嘉熙中。祖巖起嘗築進齋以讀書。司刑使者察其勤。爲著之記。後四十年。齋燬于兵。又三十年。先生始因故基作新閣。而名之曰尊經。承先志也。道園學古録。

潘先生迪

潘迪。元城人。博學能文。歷官國子司業。集賢學士。所著易春秋庸學述解。及格物類編。六經發蒙。行于世。畿輔通志。

董靈山先生珪

董珪字君實。靈壽人。以江都嘗著玉杯繁露。發春秋微。曰。吾家學也。遂專經春秋。當授室。鄉先生宗訥奇其願立女焉。事父母有純孝譽。味道自腴。恬忽勢利。生三子。延師私塾。務知修己治人之要。以篤其成才。不事記覽爲詞章誇逐時好。晚愛靈山。故人號之靈山先生。姚牧庵集。

陳先生德瑜附子棣孫。孫廷臣。

陳德瑜。閩縣人。長樂儒學教諭。有文行。學者號爲端質先生。子棣孫。孫廷臣。皆儒學。宋文憲集。

張先生克讓附師趙省齋。

張克讓字允恭。清苑人。受業趙省齋之門。博極羣書。不事章句。由體認而得者居多。生平敦義行。有德惠於族里。及將卒。謂家人曰。人之爲學苦節。唯在死生之際。死而不亂。學之力也。言訖而逝。畿輔通志。

許先生嗣

許嗣字繼可。天台人。自曾大父時。以子孫衆盛。俾人專一經。故許氏明經者代不乏人。先生少受尚書。而于經無不通。朝益暮習。皆爲己之學。父喪。哀毁骨立。諸弟尚幼。撫育訓誨。至于成人。基教子尤篤。寢疾病之三月。預爲詩示長子廣大。詩僅百四十言。而處己接物之道。靡所不該。卒年四十五。贈文林郎。有詩若干卷。因其自號。名之曰得靜齋。黄文獻集。

梓材謹案。台州府志載。先生號得靜山人。

示廣大詩

吾家詩書冑。天運遭中歇。雖乏兼濟功。尚守清白節。汝今志學餘。經史未明徹。歲月不汝延。努力無暫輟。斯文苟未喪。終當繼先烈。世道多嶮崎。含光養孤潔。非財不可取。勤儉用無竭。非言不可道。處默無禍孽。臨下必簡嚴。事上必柔悦。持心思敬謹。遇事毋滅裂。金馬誇豪貴。吾謂非世傑。誰能師古道。方與禽獸别。國章有常典。聖言亦諄切。書此爲庭訓。汝宜踵前哲。

楊先生巽

楊巽。□□人。知武岡軍。申明孝弟。勸學興禮。提刑王亞夫表其事。湖南通志。

劉先生聲之附門人瞿士弘。

劉聲之。□□人。以經學教授于錢塘。其門人瞿士弘。集其遺文。劉師魯序之。黄文獻集。

許氏家學

許先生廣大

許廣大字具瞻。天台人。性至孝。年十七。父卒未葬。值鄰火。呼天號慟。抱棺欲與俱焚。天爲反風。登元統進士。授慶元路昌國判官。其地接海。人乏禮讓。爲興學校。作岱山書院。毁淫祠以取材。賦圭田以餼公。一時尚風。慕學者甚衆。陞武義尹。值水患漂民居。躬率吏民。築堤以捍之。號許公堤。廉能著聞。調知鄞縣。鋤豪猾。平差役。丈程隄。有訴訟。必親辨析。吏莫能售其奸。台州府志。

許先生魯瞻

許魯瞻。天台人。嗣從子母徐守志撫之成立。適寇逼城。徐年八十有四。臨病不能起。諭之行。子伯逋亦請肩輿避難。先生曰。垂白高堂。豈能勝匍匐之勞乎。汝盡子情。我亦自盡子道。勿多言。侍母不去。竟死。元旌其門。同上。

陳氏門人

嚴先生敞

嚴敞。章貢人。篤志嗜經。博覽深採。于書有説略。述梗槩。如金屑花片。雖未底渾全。然嘗鼎一臠。已可知矣。吴草廬説。

文穆張先生起巖

張起巖字夢臣。章邱人。延祐中。進士第一。累官御史中丞。翰林學士承旨。卒謚文穆。姓譜。

推官楊先生載

楊載字仲宏。其先建之浦城人。後家于杭。少孤。博涉羣書。年四十。薦爲國史院編修官。延祐中。舉進士。歷寧國路推官。先生爲詩文。以氣爲主。嘗語學者曰。詩當取材于漢魏。而音節則以唐爲宗。與虞伯生。揭曼石。范德機齊名。世稱虞楊范揭云。姓譜。

楊氏學侶

應先生本

應本。錢唐人。初揭仲宏未弱冠。先生父普德施識其爲佳士。俾與共學。黄文獻集。

推官王先生景賢

王景賢字希賢。別號愚如。海康人。延祐閒登鄉舉。爲邕州路教授。陞天河縣令。尋□□□㊀路推官致仕。學富行修。著作超逸。皆抒自胸臆。廣東戴志。

文忠許先生有壬父熙載。

許有壬字可用。湯陰人。父熙載。博古通今。爲會福院照磨。嘗開義學。以教鄉人。先生幼穎悟。一目讀書五行。延祐中進士。累官中書左丞。歷事七朝。垂五十年。遇國家大事。無不盡言。所著有至正集。卒謚文忠。姓譜。

梓材謹案。湖南通志載。先生父熙載仕長沙日。設義學訓諸生。既殁。而諸生思之。爲立東岡書院。朝廷賜額設官。以爲育材之地云。

附録

至元元年。徹爾特穆爾拜中書平章政事。首議罷科舉。又欲損太廟四祭爲一祭。監察御史呂思誠等列其罪狀。劾之。帝不允。詔徹爾特穆爾仍出署事。時罷科舉詔已書而未用璽。先生入爭之。太師伯顏怒曰。汝風臺臣言徹爾特穆爾耶。先生曰。太師以徹爾特穆爾宣力之故。擢寘中書。

㊀「□□□」當作「擢清江」。

御史三十人。不畏太師。而聽有壬。豈有壬權重于太師耶。伯顏意解。先生乃曰。科舉若罷。天下人才觖望。伯顏曰。舉子多以贓敗。又有假蒙古色目名者。先生曰。科舉未行之先。臺中贓罰無算。豈盡出于舉子。舉子不可謂無過。較之于彼則少矣。伯顏因曰。舉子中可任用者。惟參政耳。先生曰。若張夢臣。馬伯庸。丁文苑輩。皆可任大事。又如歐陽原功之文章。豈易及耶。伯顏曰。科舉雖罷。士之欲求美衣美食者。皆能自向學。豈有不至大官者耶。先生曰。所謂士者。初不以衣食爲事。其事在治國平天下耳。伯顏又曰。今科舉取人。實妨選法。先生曰。古人有言。立賢無方。科舉取士。豈不愈于通事知印等出身者。今通事等天下凡三千三百二十五名。歲餘四百五十六人。謂德齊太醫控鶴皆入流品。又路吏及任子其途非一。今歲自四月至九月。白身補官受宣者七十三人。而科舉一歲僅三十餘人。太師試思之。科舉于選法果相妨耶。伯顏心然其言。然其議已定。不可中輟。乃爲温言慰解之。且謂先生爲能言。先生聞之曰。能言何益于事。徹爾特穆爾時在座。曰。參政坐。無多言也。先生曰。太師謂我風人劾平章。可共坐耶。徹爾特穆爾笑曰。吾固未嘗信此語也。先生曰。宜平章之不信也。設有壬果風人言平章。則言之必中矣。豈止如此而已。衆皆笑而罷。

許氏講友

馬先生熙

馬熙字初明。安仁人。歷官右衛率府教授。嘗游相城。與安陽許有壬。有孚。及有壬子楨。閒居倡和。著圭塘欸乃集。湖南通志。

高先生芝

高芝。濟南人。大德中。知新州。愛民禮士。修整學校。嘗于驛路栽松。以便行人。風流善政。久而猶存。一統志。

隱君何滋川先生體仁附師宋梅洞。

何體仁字德元。毋極人。幼穎悟。隨父官新淦。師名儒宋梅洞。博通經史。尤精於易。延祐間。舉茂才。授本縣教諭。教人去浮華。敦本實。學徒感化。及滿。隱居不仕。修空谷齋。終日端坐其中。自號滋川佚逸。畿輔通志。

馮先生翼翁父魯山。

馮先生獎翁合傳。

馮翼翁字子羽。永新人。與弟獎翁。幼受學于父魯山先生。兄弟繼領延祐鄉貢。表所居坊爲雙桂。先生授漢陽縣丞。歷官撫州守。于經有春秋集解大義。士禮考。正性理羣書十七卷。于史有通鑑小録考索類要。正統五德類要三十四卷。于子傳有古書正僞。讀書纂要。法家源流。異政録十一卷。于文章則合左國史漢韓柳歐蘇八家爲文章旨要八卷。自撰集又二十卷。奬翁字子將。未第而終。亦以學問與兄齊名。廬陵劉岳申志其墓。謂永新以三馮瑞其鄉云。永新人物志。

張先生士元附師黄□。

張士元字宏道。山陰人。生宦家。而自其少時。不習貴游子弟嬉戲事。稍長。從鄉先生黄君受毛氏詩。以延祐二年歷鄞縣丞。貴池縣尹。太平路總管府經歷。用致仕。授承直郎同知鎰山州事。命下而先生已卒。所學務平實。其居官以樂易稱。黄文獻集。

黎先生顔叔

黎顔叔。醴陵人。延祐進士。調大冶縣尹。博學多聞。尤邃于春秋。學者多出其門。醴陵縣志。

易先生炎正

易炎正。湘鄉人。延祐中進士。調寧鄉丞。善政著聞。尤邃于學。四方受經于門者甚衆。湘鄉縣志。

何先生元同

梁先生印孫合傳。

何元同。瀏陽人。以易學領延祐丁巳鄉薦。同邑梁印孫。以書學領鄉薦。與武昌邱堂同列文苑。楚紀。

參政韓先生鏞

韓鏞字伯高。濟南人。延祐五年。中進士第。授將仕郎。翰林國史院編修官。歷拜侍御史。以剛介爲時所忌。罷去復起。參議中書省事。授饒州路總管。凡境内淫祠有不合祀典者皆毁之。人初大駭。已而皆嘆服。先生知民可教。俾俊秀入學宫。求宿儒學行俱尊者。列爲五經師。旦望必幅巾深衣以謁先聖。月必考訂課試以示勸勵。每治政之暇。必延見其師生。與之講詩經義。由是人人自力于學。而饒之以科第進者。視他郡爲多。拜中書參知政事。出爲甘肅行省參知政事。遷西行臺中丞。歿于官。台州府志。

尚書先生布哈

布哈。河西寧夏人。楊朶兒只子。幼有才氣。能以禮自持。好讀書。善書。初仁宗聞而召之。應對稱旨。欲以爲翰林直學士。力辭。後遭家難。益自勵節爲學。以蔭補武備司提點。轉僉河東廉訪司事。天曆初。文宗入繼大統。除通政院判。將行。值陜西諸軍拒詔見殺。至順二年。贈禮部尚書。以襃其忠。元史。

王覺軒先生瑛附子子敬。仲德。予明。

王瑛字子英。義興人。襄愍五世孫。號覺軒先生。宋亡後。以文儒起家。官至蘭溪州判官。

當盛年。即委政歸。子子敬。與其昆季仲德。予明。皆克力學。以世其家。正思齋文集。

區登洲先生適子

區適子字正叔。南海人。幼爽邁。通經史。能文辭。及長。重厚寡言笑。以博學多聞稱。里人慕之。多造門求講。從游者數百人。號登洲。鄉里稱爲登洲先生。世食宋禄。先生以宦家子抱道不仕。優游里閈。嘉遯終身。有詩文若干卷。京口劉與學序之曰。翁。德人也。予始以文士目之。不亦淺乎。又曰。扶胥之南。越臺之下。豈復有斯人哉。廣州黄志。

季先生立道

季立道字成甫。世居處之龍泉。先生爲湖州歸安尉。推恩擇山水勝地便禄養祖妣。授臨汝書院山長。未赴而卒。嘗手鈔春秋左氏傳。考摭史記國語諸國名謚同異。及論著事變顛末。名曰春秋貫串。鄧巴西文集。

吴先生方

吴方。

鄧先生桂賢

鄧桂賢字國望。零陵人。少聰敏好學。大德間。任本路儒學正。調潭州路。不赴。講學授徒。總管以下皆師事之。延祐間。編輯郡志。置祭器于學宫。零陵縣志。

舒先生天民附子慕。趙宜中。

舒天民字執風。鄞縣人。著有六藝綱目二卷。取周禮保民六藝之文。因鄭玄之注。標爲條目。各以四字韻語括之。其子慕爲之注。同郡趙宜中爲之附注。俱能考證精核。于小學頗有發明。慕字自謙。號説齋。宜中字彦夫。四庫書目提要。

陳先生廷言

陳廷言字君從。寧海人。舉鄉試。授上蔡書院山長。舉進士。除慶元路教授。累官國子司業。及提舉福建學校事。士多造就。預修三史。除集賢侍講。以疾還。道錢塘時。方國珍據有三郡。遂止寓宗陽宫。號蓮屋道人。著書自晦。尋以漁陽營田復召入議。出知順昌。謝病歸寧海。台州府志。

王先生介

王介字萬石。上虞人。學博行修。司教臨海天台。並著教績。上虞縣志。

程先生一飛

程一飛字翀甫。歙縣人。精于詩。教授天台。郡守林洽延致郡齋。卽問政體。隨事據理以對。早孤。事祖母孝。晚得病。竭力朝夕侍。澣濯必身親之。自辛酉下第後。絶筆詩文。專以經學訓誨鄉閭。子弟負笈來自遠方。所居至不能容。一經指劃。皆爲名士。歙縣志。

劉先生光

劉光字元輝。歙人。幼孤力學。工詩賦。性恬澹。不與物競。閉門授徒五十餘年。郡守許楫深敬之。暇日輒訪。語終日。家故貧。勉主鄉邑文學。行省差充寧國路學正。不赴。有曉窗吟稿。歙縣志。

梓材謹案。方桐江集有跋劉光詩。

歐陽先生起鳴

歐陽起鳴。元進士。著有論範二卷。其書雜取經史諸子之語爲題名。繫以論。而史事爲多。共六十篇。四庫書目提要。

歐陽氏說

聖經未作。吾道一天地也。斯時也。六經之道藏于人心。聖經既作。吾道一日月也。斯時也。人心之道藏于六經。秦人累詩書而畀炎火。孔子周室之藏始灰。吾道一晦蝕也。然而六經之藏未始灰。漢人噓聖經之燼而復然。孔氏屋壁之藏始出。吾道一吐氣也。然而六經之藏未始出。六經之道。先太極而始。後太極而終。無古無今。無顯無晦。道無不在也。

曹先生毅

曹毅字士弘。廬陵人。讀書目過卽成誦。理財養兵。禮樂刑政之損益。折衷于古經而以通。

今所宜行者爲之準。訓諸生專席廣説。耳領心會。爭踵門受業。初爲郡史。燕公楠爲大司農。辟以自近。歷婺州。純孝。慶元。丈亭。廣德。陳楊村。杭村巡檢。至大三年卒。年五十二。所爲文若干卷。纂言行編曰鉤元五十六卷。其見于用也。不卑于簿領。而志足以展用。王尚書厚齋爲文餞之曰。闕里高第。冉有用矛。樊遲爲右。士弘爲此官。文武通方之道也。清容居士集。

純德郭梅西先生陞父正子。

郭陞字德基。長樂人。父正子。嘗著春秋傳論。先生幼孤力學。至元中。舉遺逸。授泉山書院山長。遷興化路教授。改吴江州。再遷興化。未任卒。爲人易直修潔。學者謚曰純德先生。著有梅西集。閩書。

梓材謹案。程雪樓爲先生墓碣云。父正子。第進士。教授廉州。是爲存齋先生。又言。先生改吴江州教授。代還。邑長貳執弟子禮。相從問學。又爲先生阡表云。于經又粹。易與四書皆有述。其雜著曰梅西先生集。又案。長樂縣志載。先生宋紹定進士。有春秋傳論十卷。誤以其父之科名著作爲先生事矣。

王先生幼學

王幼學字行卿。望江人。生于宋季。幼罹兵禍。俘掠至河南。陳氏養以爲子。乃命之學。勤苦博覽。業遂大進。元至元間。歸望江。耕慈湖之阪。講道不輟。所著有通鑑綱目集覽。始于大德己亥。迄于延祐戊午。積二十年。七易稿而編始成。卒年九十三。安徽通志。

學正馮東陸先生復

馮復字振文。信都人。少穎敏。該貫經史。世祖時舉茂才異等。授廣平學正。以母老病辭。嘗條上時政十事。不報。退居鄉里。以奉親講學爲事。所居東陸。學者稱東陸先生。畿輔通志。

張先生淳

張淳字子素。南樂人。志趣高遠。學識宏博。以著述爲業。至元中。徵辟不就。有四書拾遺及文集行世。同上。

陳先生潤附子樫。孫煒。

陳潤字澤民。號勉齋。臨海人。至元間。以德行聞于時。集賢院錫褒高明處士。善吟詠。其臥病述懷三章。爲時傳誦。子樫。字師聖。號納齋。通經史。敬行孝悌。教諸子以義方。同門士多登顯要。勸之仕。終不應。至正庚寅。方氏兵起。達參政兼善受命治師。聘納齋居賓容咨劃。多所裨益。達既死于難。納齋籲天慟哭曰。吾安得從公地下乎。竟憤懣以歿。士大夫高其義。納齋子煒。亦飽學不仕。創館授徒。尤工于詩。台州府志。

程先生翔

程翔字鵬舉。廣平人。以孝友聞于州里。二季以雍樂㈠表著。皆先生之教。先生浮㈡家治生。服其勤勞。俾弟悉意向㈢學。聚書延師。靡密蒙㈣雜。一不使亂意。弟則曰。匪我之能。維吾兄之成。其事父。承接意指。日侍食候可否。或卻食。卽不敢食。懷甘割鮮。斥幼者避席以立。佐治湯液。時其寒燠。卒能以上壽終。旣除喪。謹上家禮。脩誠厲行。分寸不使越繩墨。鄉國尊之。年七十有一。卒于元貞二年。後以推恩贈奉政大夫磁州知州。清容居士集。

李先生孟

李孟字道復。上黨人。父唐。歷仕秦蜀。因徙居漢中。先生生而敏悟。七歲能文。博學强記。通貫經史。善論古今治亂。開門授徒。遠近爭從之。一時名人商挺王博文皆折行輩與交。至元十四年。隨父入蜀。行省辟爲掾。不赴。後以至京師。時武宗仁宗皆未出閣。徽化㈤裕聖皇后皆㈥名儒輔導。有薦者曰。布衣李孟。有宰相才。宜令爲太子師傅。仁宗立拜中書平章政事。賜爵秦國

㈠「雍樂」當爲「宦業」。
㈡「浮」當爲「綜」。
㈢「向」當爲「問」。
㈣「蒙」當爲「叢」。
㈤「化」當爲「仁」。
㈥「皆」當爲「求」。

公。皇慶元年。授翰林學士承旨知制誥。兼修國史。仍平章政事。延祐二年。改封韓國公。七年。仁宗崩。英宗立。降授集賢侍講學士。嘉議大夫。至九年卒。贈舊學同德翊戴輔治功臣。進封魏國公。謚文忠。先生三入中書。民間利害。知無不言。遊其門者。後皆知名。元史。

雲濠謹案。先生詩文有秋谷集。許中丞有壬爲之序。

文惠陳先生孚

陳孚字剛中。臨海人。至元中。以布衣上大一統賦。署上蔡書院山長。擢禮部郎中。尋歷建德衢州兩路治中。召爲翰林待制。卒。追封臨海郡公。謚文惠。所著有觀光集。交州稾。玉堂集。赤城新志。

梓材謹案。先生爲安州鄉學記云。初余少卽與翁子游相好也。壯而行四方。皇然三十載。歸始聞翁子之鄉學。翁子當是仙居翁森。

附録

幼清峻穎悟。讀書過目輒成誦。終身不忘。

台州路總管府治中。大德七年。詔遣奉使宣撫循行諸道。時台州旱。民饑。道殣相望。江浙行省檄浙東元帥脱歡察兒發粟賑濟。而脱歡察兒怙勢立威。不卹民隱。驅脅有司。動寘重刑。先生曰。使吾民日至莩死不救者。脱歡察兒也。遂詣宣撫使愬其不法蠹民事一十九條。宣撫使按實。

宣其罪。命有司亟發倉賑饑。民賴以全活者衆。而先生亦以此致疾。卒于家。

陳氏同調

待制馮海粟先生子振

馮子振。攸州人。博洽經史。其爲文。當酒酣耳熱。命侍者二三人潤筆以俟。先生據案疾書。隨紙多少。頃刻輒盡。仕爲承事郎。集賢待制。號海粟。姓譜。

文忠張先生養浩

張養浩字希孟。章邱人。以省薦爲東平學正。改堂邑令。毁淫祠。息盜賊。拜監察御史。疏時政萬餘言。累官禮部尚書。以父老乞歸養。召爲吏部尚書。不拜。父喪未終。復以吏部召。不起。關中大旱。民饑。特拜陝西行臺中丞。泣禱華山。大雨如注。禾黍自生。至官四月。未嘗家居。遂疾卒。贈柱國濱國公。謚文忠。著三事忠告。歸田類稾。御史儀㈠諸書。姓譜。

文忠經説

庶子。卿大夫士之子也。以其衆謂之庶子。以其爲父之副貳謂之倅。以其受教于國學謂之國

㈠「儀」當爲「箴」。

子。以其未仕謂之游倅。周官多以庶子繼士而言。庶子未受爵。故後士。舊以爲卽庶子官。未是。庶子官何以反在士下耶。君臣燕飲。以洽情也。今日之庶子。卽他日之卿大夫士也。故凡爲國子。而屬于庶子官之職者。皆得與以觀禮焉。

正獻主于行禮。行禮則有節。旅酬主于和樂。和樂則易流。立司正以董之。則不至于流矣。

張氏講友

王先生執謙

王執謙字伯益。大名人。生數歲。入鄉校。旬月中已能習盡羣兒所授書。問難其師。其師爲絶席引寘坐側。羣兒無敢與並。因勸其父。送詣郡學。未數月。又絀其同舍生如鄉校。及長。其父資之游京師。爲符寶典書。徽政殿照磨。調眞定録事。淩州判官。改將仕院照磨。先生皆漠如也。徒日與彰德田衍師孟。河間李京景山。濟南張養浩希孟。飲酒賦詩。爲神交。後十餘年。始爲翰林應舉文字。承務郎。同知制誥。兼國史院編修官。年四十八。先生身長不過數尺。不喜騎馬。遇好友。卽提杖出門。竟日去不返。顧語妻子以爲常。未卒前一夕。猶與客飲酒人家。暮歸。坐閲案上書。趣喚其友楊載杜本來而後瞑。道園學古録。

邱先生應辰

邱應辰字詠聖。黄巖人。博極羣書。元貞間舉青田教諭。不就。作正異端復井田諸論。有憂憂集藏于家。台州府志。

康里先生脱脱

康里脱脱。雲中王阿實克布從子。歷拜御史大夫。改江南行臺御史大夫。卒贈太師義同三司上柱國。追封和寧王。謚忠獻。先生嘗卽宣德別墅。延師訓子。鄉人化之。皆向學。朝廷賜其精舍。額曰景賢書院。爲設學官。其没也。卽其中祠焉。子九人。其最顯者鐵木兒塔識。達識帖睦邇。元史。

景憲先生齊諾

齊諾。約勒伯里巴約特氏。莊肅和尚子。以御史大夫伊博諾延薦。入見大安閣。世祖念其功臣子。卽以其父官授之。拜武德將軍。江南浙西道提刑按察使。歷拜榮禄大夫。平章政事。商議樞密院事。延祐五年。乞致仕。退居濮上。築先聖宴居祠堂于歷山之下。聚書萬卷。延名師教其鄉里子弟。出私田百畝以給養之。有司以聞。賜額歷山書院。家居七年而卒。年七十一。追封衛國公。謚景憲。

景先生厚

景厚字□□。濮陽人。領鄉薦。至京師。中書左丞許有壬師事焉。姓譜。

俞先生漢

俞漢字仲雲。諸暨人。撰春秋三十卷。進呈。書付禮部刊行。辟爲儒學官。不就。卒。友人私謚曰文惠。紹興府志。

王先生之才

王之才。官編修。治春秋而專門左氏者也。嘗有取于獲麟之義。名其所居之室曰麟齋。而請劉靜修記之。劉靜修集。

鮑先生完澤附師蕭□。門人寇□。

鮑完澤字信卿。杭人。涉獵經史。過目輒不忘。元貞初。以蒙古言語文字。天下或不能盡習。詔所在州郡。並建學立師。貴游子弟及民間俊秀。皆令肄業。先生受業。其師蕭氏。悉究其精奧。乃攟摭史傳中故事。及時務切要者。二百五十餘條。譯以爲書。曰朶目。反覆應對。曲折論難。最爲詳密。又記其師所授之言爲書。曰貫通集。又採粹精微妙之言。門分類别爲書。曰聯珠集。又取蒙古及偉兀爾問答比譬之言。爲書曰選玉集。凡其音韻之所自出。字畫之所由通。豪釐之間。具有分别。南北人爲蒙古學。未有出其右者。隱居教授。至順初。翰林寇學士早從先生學。薦其學行于朝。力勉之出。先生以養母辭。王忠文集。

王先生廷

王廷字美宗。南陵人。元貞二年。除益州教授。創置學宫廟廡及祭器。士民悦服。先生性寬和友愛。葬祭一遵古禮。稱貸不能償者。舉券焚之。有古君子風。邑人尊之曰南澗先生。寧國府志。

白先生景亮

白景亮字明甫。南陽人。明法律。善書算。由征東行省譯史有勞。超遷南恩知州。陞沔陽府尹。奏最于朝。特授衢州路總管。郡學之政久弛。從祀諸賢無塑像。諸生無廩膳。祭服樂器有缺。先生皆爲備之。儒風大振。先生性廉介勤苦。自奉甚薄。妻尤儉約。惟以脱粟對飯而已。改授臺州路總管。卒于官。元史。

鍾先生過

鍾過字改之。永豐人。其學源本六經。動循古昔。爲文精深渾灝。著述甚富。性理大全多采其言。吴草廬跋其詩云。未冠時。聞改之先生爲世名儒。今見先生所著書。深歎斯人之不可復見也。永豐縣志。

于先生欽附師吴特。

于欽字思容。其先自東海徙文登。父又僑家吴中。先生少學于吴特。其苦力自進弗懈。宿儒先生皆折節與交。自國子助教至兵部侍郎。卒。柳待制集。

汪先生文龍

汪文龍字濟卿。太平縣人。弱冠舉茂才。任旌德銅陵文學掾。歷當湖鉛山等教諭。循循善誘。與人言若不出口。而踐履多弗能及。同時歐陽虞揭輩皆贈詩推重。汪文節澤民比之漢伏生云。所著有韻書撮要。寧國府志。

周先生尚之

周尚之字東揚。豐城人。至治元年擢丙科。授將仕郎零陵縣丞。調上猶縣尹。年六十一卒。其學根柢六經。旁出入諸史百家。需次里居。來學者常數十人。著有禮記集義。過言。卮言。轂音等書。柳待制集。

薛先生勉

薛勉字□□。貴溪人。故儒家。先生益以儒自勵。居鄉黨教授。名不蕲彰。築室宜陽。爲堂曰寶善。以示子孫。泰定三年卒。族黨婣戚私謚曰文清。清容居士集。

倉先生振

倉振。眞定人。延祐中。知新州。時猺賊蠭起。先生諭以威福。羣猺帖然。暇日召諸生講解經義。又于驛路夾植松榕。先是。高芝守新州。有善政。及先生繼之。故州人歌曰。高松倉榕。一道清風。一統志。

教授薛處靜先生觀

薛觀字景荀。一字處靜。鄞人。在宋時。聚族千指。同居合食者五世。號義門薛氏。先生于至治癸亥。以書經登賢書。分教平江之常熟。後遷杭州教授。攝沅江縣事。既而引年致仕。寧波府志。

謝先生源父附子應辰。

謝源父。定海人。閉門讀易。能古文詞。而尤邃于理學。晚年好游山水。興至則吟詩以自遣。子應辰。字濟明。受父易。得其指要。薦爲太子説書。改無爲州學録。至正初。解官歸。隱于山而老焉。寧波府志。

戴先生石玉

戴石玉。廬陵人。所著三禮。亦謂之治親書。虞道園序之曰。其意以爲。記禮者有曰。聖人南面而聽天下。所宜先者五。一曰治親。故雜取爾雅。儀禮。戴氏記。及先儒之言而成之。凡三篇。一曰釋親。二曰宗法。三曰服制。而親親之道備矣。品節之禮辨矣。道園學古録。

張定軒先生疾遷

張疾遷字子敏。安鄉人。號定軒先生。幼聰悟。能卓立。生十三年。元兵下江南。先生蒙犯巇嶮。奉親避兵天門山。會父喪山中。展轉護柩。歸窆故里。喪葬如禮制。廬舍燬蕩。黽勉葺理。

還定安集。式慰母心。遂力田以厚生。讀書以養德。事親教子。浮湛里社。若將終身者。或勸之仕。曰。名教中自有樂地。竟不出。燕石集。

夏先生鎮

方先生回孫合傳。

夏鎮。袁州人。方回孫。鉛山人。皆名進士。長于春秋。李稷兼得其傳。元史。

王氏門人

鄉薦陳義江先生杞

陳杞字楚材。號蘭畹。海康人。學于舅氏王景賢。淹貫經史。領鄉薦。不仕。讀書山中。究性命之學。遠近學者咸受業焉。所居里曰義江。元末盜起。過其鄉。相戒勿犯。曰。此陳先生居也。一統志。

達魯花赤札忽進義先生

札忽進義。香山縣達魯花赤。恤民勸農。察民貧者。給以牛種。且減其租。刻大學孝經。以教民子弟。皇慶二年。陞南恩州。既去。民思之不置。廣東黄志。

況先生逵

況逵字□□。廬江人。泰定末。爲光澤令。下車日。邑中富豪素爲長吏信從者。悉不聽入謁。獨延見諸生與講學。建雲巖書院。有兄弟爭田者。授以伐木之詩。親爲諷詠解說。皆感泣去。後爲高安令。平反冤獄。姓譜。

廉訪賈先生煥

賈煥字世南。大梁人。天曆初。爲海南海北廉訪使。愛民厚俗。嘗著勉學說以示士子。廣東黄志。

周先生鏜

周鏜字以聲。瀏陽人。篤學。通春秋。登泰定四年進士第。授衡陽縣丞。再調大冶縣尹。治行爲諸縣最。累遷國子助教。會修功臣列傳。擢翰林國史編修官。乃出爲四川行省儒學提舉。便道還家。無何盜起。賊至。欲推以爲主。先生惟瞠目厲聲大罵。賊知其不可屈。乃殺之。元史。

隱君趙先生慶祚

趙慶祚。永年人。博學多識。邃於名理。隱居不仕。教授于潭湘之間。學者多宗之。畿輔通志。

羅先生履泰附子文節。

羅履泰字以通。廬陽人。著書滿家。春秋禮記周禮三經皆爲之集解。復衍河洛圖書之義。列

圖三十多。前脩所未發。出其餘力。補正戰國策舛誤數百條。且爲年表。以次其先後。行丞相府聞其名。署東湖書院山長。世號通㊀齋先生。子文節。字仲正。從宦東湖。賢士大夫咸折輩行爲忘年交。問學日進。用國子助教姚登孫薦。署昆明州學正。秩滿。陞授孟傑府。列蠻夷子弟。曉之以君臣父子之懿。辭氣激烈。聞者聳然。後以同知重慶府瀘州事致仕。宋景濂以爲剛正之士。宋文憲集。

黄先生元實

黄元實字廷美。泰寧人。嗜學。凝重循矩度。終日危坐。不少傾倚。天歷間。試浙闈乙榜。授郡文學以歸。至正癸巳。邑妖民亂。令延議討賊。賊奄至。遂遇害。女貞奔哭罵賊。賊殺之。道南源委。

林先生泉生

林泉生字清源。居永福章山。治春秋。獨得微旨。天歷庚午。登進士第。授承事郎同知福清州事。累擢翰林待制。退居召入。爲翰林直學士。卒謚文敏。先生文辭居海内選。于春秋爲四方學者所宗。其著述有春秋論斷。聞過齋集。

梓材謹案。虞道園爲先生記書隱堂云。既登至順庚午進士第。蓋天歷末年。卽至順元年也。

㊀「通」當爲「道」。

郭先生翼附師衛培。

郭翼字義仲。崑山人。少從衛培學。邃于易。爲文詞必欲追古作者。先生素有大志。嘗出策干時貴。不能用。遂歸耕婁上。老得訓導官。竟與時逆。偃蹇以終。自號東郭先生。又自稱野翁。所著有林外野言。姑蘇志。

劉先生畊孫附子碩。

劉畊孫字存吾。茶陵人。至順元年進士。授承仕郎臨武縣尹。臨武近蠻獠。先生至。召父老告之曰。吾。儒士也。今爲汝邑尹。爾父老當體吾。教訓其子弟。孝弟力田。暇則事詩書。無自棄。以干吾政。乃爲建學校。求民間俊秀教之。設俎豆。習禮讓。三年文化大興。厯建德徽州瑞州三路推官。所至詳讞疑獄。其政績卓然者甚衆。轉寧國路推官。會長槍瑣南班等攻寧國。城陷。先生力戰遇害。子碩。爲武昌江夏縣魯湖大使。起義兵援茶陵。死之。元史。

陳先生士元

陳士元字元仲。東陽人。性冲淡。嗜學善文。尤長于詩歌。隱居不仕。開門授徒。學者甚衆。更其所居之山曰峨眉。作亭于麓。名曰玉雪。皆自爲記。別號玉雪。著有玉雪亭稿。行于世。隆慶東陽志。

劉氏講友

陳先生嗣道

陳嗣道字可儀。臨武人。廉謹苦學。縣尹劉耕孫以耆儒特奏名。授本縣教諭。令其弟壽孫受學焉。臨武縣志。

潘先生頤養

潘頤養字正卿。永嘉人。自束髮卽好讀書。經史百家語無不得其要領。嘗曰。科舉法行。理學不明。將何以深思實踐。而盡修齊治平之道哉。識者以爲格言。隱居求志。視聲利淡如。遠近咸敬慕之。詩文典實詳贍。有集若干卷。温州舊志。

吴先生子美

吴子美字世英。泰順庫村人。博通古今。授徒講談理學。尤喜吟詠。所著有怡情集。多出于性情之正。其詠詩諸作。卓有監戒。莆田林建邦爲之贊曰。志不慕顯。而爲塾師。學不今人。古人是師。詩不苟吟。監戒所資。身不徒韞。鴻羽之儀。温州舊志。

康里家學

文忠先生鐵木兒塔識

鐵木兒塔識字九齡。國王脱脱子。資禀宏偉。補國子學諸生。讀書穎悟絶人。事明宗於潛邸。文宗初。由同知都護府事。累遷禮部尚書平章政事。卒年四十六。追封冀寧王。謚文忠。先生天性忠高。學術正大。伊洛諸儒之書。深所研究。帝嘗問爲治何先。對曰。法祖宗。帝時修遼金宋三史。先生實爲總裁官。多所協贊云。元史。

司農先生達識脱睦邇㈠

達識特穆爾字九成。幼與其兄鐵木兒塔識俱入國學。爲諸生。讀經史悉能通大義。尤好學書。初以世冑補官。爲太府監提點。再爲大司農。張士誠自立爲吴王。先生飲藥而死。同上。

樊先生執經㈡

樊執經字時中。鄆城人。性警敏好學。由國子生擢授經郎。嘗見帝師不拜。或誋之曰。帝師。天子素崇重。王公大臣見必俯伏作禮。公獨不拜。何也。先生曰。吾。孔氏之徒。知尊孔氏而已。

㈠「達識脱睦邇」元史爲「達實特穆爾」。
㈡「經」元史爲「敬」。

何拜異教爲。歷官至侍御史。至正十年。授浙江行省參知政事。十二年死事聞。贈翰林學士承旨。追封魯國公。謚□□。台州府志。

項先生可立

項可立。臨海人。少穎悟好學。通羣經大義。晦迹不仕。一時名公碩士。若金華王文獻輩。多與之遊。台州府志。

薛氏門人

提舉劉木石先生希賢

劉希賢字仲愚。鄞人。少嗜學。長從鄉先生薛景荀學春秋。博習强記。爲文敏捷。至順進士。歷太平路天門書院山長。信州白石書院山長。郡牧邑長咸就講焉。後改會稽教諭。陞江浙儒學提舉致仕。所著有春秋比事。瓶窩類稿。自號木石子。人稱木石先生。成化四明志。

周先生之翰

周之翰。華亭人。博究羣書。通象數之學。其著述有乾坤闔闢。天地生成。陰陽變化。山川流峙四圖并贊。以發明其藴奥。講授于鄉。以壽終。姓譜。

張先生延

張延字世昌。號節齋。先生家藁城。以薦除眞定路教授。著周易備忘十卷。蘇滋溪集。

林先生廣發

林廣發字明卿。龍溪人。嘗謂陳淳號北溪。高登號東溪。蔡汝作號南溪。自號三溪。將兼而匹焉。生平孝友。以詩禮訓家庭。規言矩行。通貫六籍。融會百氏。爲後學矜式。郡學三聘爲師。以部使薦授安溪學職。邑僚師事之。著有三溪集。道南源委。

文穆曹先生鑑

曹鑑字克明。宛平人。通五經大義。用郝彬薦。爲鎭江淮海書院山長。元統初。同僉太平禮儀院。先生習典故。達古今。議事援據禮經。君子多之。仕至禮部尚書。卒謚文穆。畿輔通志。

夏氏門人

李先生稷

李稷字孟豳。滕州人。幼穎敏。八歲能記誦經史。從其父官袁州。師夏鎭。又從官鉛山。師方回孫。泰定四年。中進士第。授淇州判官。淇當要衝。先生至。能理其劇。歷命爲大都路總管兼大興府尹。除副詹事。出爲陝西行臺中丞。未行。改山東廉訪使。得疾。上章致仕。還京師。卒年六十一。追封齊國公。謚文穆。先生爲人。孝友恭儉。廉愼忠勤。處家嚴而有則。與人交一以誠恪。尤篤于鄉鄙朋友之誼。中丞任擇善陳思謙旣没。皆撫其遺孤。人以是多之。元史。

成先生遵

成遵字誼叔。穰縣人也。幼敏悟。讀書日記數千百言。年十五喪父。家貧。勤苦不廢學問。二十能文章。至順辛未至京師。受春秋業于夏鎮。遂入成均爲國子生。時陳衆仲旅爲助教。喜其文。數以語于虞道園。道園亟欲見之。衆仲令以己馬俾之馳諸道園。道園方有目疾。見其來。迫而視之曰。適觀生文。今見生貌。公輔器也。吾老矣。恐不及。生當自愛重也。元統改元。中進士第。授將仕郎翰林國史院編修官。歷陞中書左丞分省彰德。用事者嗾實坻縣尹。誣先生與參政趙中參議蕭庸等六人。皆受贓。鍛鍊成獄。竟皆杖死。中外冤之。元史。

陳氏門人

劉先生燾孫

劉燾孫。茶陵人。畊孫弟。以國學生下第。授常寧州儒學正。湖南陷。常寧長吏棄城走。民奉印請先生爲城守。城賴以完者一年。外援俱絕。死之。元史。

翁先生德修

翁德修字本敬。黄巖人。以五經教授于家。游其門者甚衆。其教恒以實行爲先。文藝爲後。講經至要處。嘗諄諄爲諸生言之。及門如趙由欽郭公葵輩。皆以文行著名。有忍齋集。台州府志。

衛先生謙

衛謙字山甫。華亭人。嘗建義塾。以教學者。姓譜。

梓材謹案。先生著有讀易管窺三十卷。經義考云佚。又引黃虞稷曰。元進士。號有山。

徐先生應虎附子季泰。

徐應虎。金華人。人稱爲文蔚先生。通諸經。尤長于詩。善書碑碣。授徒以終。子季泰。善讀父書。以文學稱。宋文憲集。

黃先生植附兄樟。彬。

黃植字國輔。臨海人。其先虞姓。後避難而以黃易虞。兄樟。彬。以文學名。皆爲郡教授。先生刻意爲學。名聞參出二兄間。甫十一。補上蔡書院直學。旣而郡守欲辟爲掾。力辭之。後調青田縣儒學教諭。迄不就。年五十二。無疾而卒。其學以六經爲本。以躬行爲務。以文藝爲末。始以此自爲。亦以此淑諸人。學者稱之爲鄉先生。六子皆士行。宋文憲集。

李先生守成

李守成。東安人。承旨士瞻子。官至翰林檢討。有德望。河朔學者多師之。有一山文集。姓譜。

王先生吉才

王吉才字□□。龍溪人。篤志古學。尤明典禮。郡守延爲弟子師。後爲泉州學正。親終皆及期頤。先生年老。哀慕痛毁。有如早喪。雖在家庭。亦冠衣斂容。未嘗見其遽言怒色。學者稱益齋先生。道南源委。

吕先生枋

吕枋字汝芳。旌德人。工詞賦。至元間。避地新安。辟紫陽書院山長。又辟攝録事。並辭不就。後以文行舉采石書院山長。設教詳明。士皆悦服。著有桂芳家集。采江吟稿。寧國府志。

鮑先生德賢附師陳孚仲。

鮑德賢字性善。黄巖人。少從鄉先生陳孚仲學舉子文。後乃隱居學詩。宗杜少陵。又好作行書。得聖教序遺意。揭其居曰有鄰室。所著有有鄰稿。台州府志。

舒先生卓

舒卓字可立。寧海人。有德操。善談論。事母以孝稱。博極羣書。潛心理學。至正間。登鄉榜。任象山縣包山書院長。時方國珍僭據。遂隱居教授。邑人多所矜式。台州府志。

尹先生起莘

尹起莘。鄮縣人。性樂閒適。不慕榮利。以讀書談道自足。至元間。以孝行聞。時宰舉領縣學事。舊學在治西。先生徙于治東。湖南通志。

梓材謹案。宋有著資治通鑑綱目發明者。與先生同姓名。見晦翁學案補遺下卷。

王先生宗岳

王宗岳字良佐。臨淮人。性厭俗學。講求性道。人勸之仕。輒不應。學者稱爲養高先生。江南通志。

雷先生德潤

雷德潤字志澤。一名逢辰。建安人。學粹于易。旁通諸子及律曆衍數。舉明經。除福州路教授。積學庾之餘。買田三百餘畝。以給貧士昏喪老疾者。號義士莊。里人爲建祠學宮。調長樂簿卒。閩書。

王先生以道附門人劉承直。

王以道字則臣。太和人。殿中侍御史贇之後也。自幼學詞賦。已而棄去。曰。此非所以爲學也。欲求聖賢之道。其在遺經乎。于是潛心窮研。晝夜弗之倦。從祖父遂初。自國學還。所交多宋季名士。日集其門。相與談前朝文獻。先生聽之。心領神會。學遂大進。自號三槐隱士。浙江部使者劉承直。嘗受經于先生。先生卒。爲之請銘于潛溪。宋文憲集。

葛先生涵

葛涵字敏問。滁州人。刻志典墳。善文辭。至正間。有司舉爲清流訓導。克以師道自任。學者尊之。姓譜。

張先生紹祖

張紹祖字子讓。潁州人。讀書力學。以孝聞。授河南路儒學教授。至正中。奉父避兵遇賊。執其父。將殺之。先生泣請代。且曰。若等非父母所生乎。何忍害人父也。賊怒。以戈擊之。戈應手挫鈍。因感而相謂曰。此眞孝子。不可害。乃釋之。元史。

王先生經附師余貞。

王經字孟遠。金溪人。習業甚勤。松滋陳氏建義塾曰墨濤。聘余太史貞爲五經師。先生徒步往從。悉傳其二戴禮之學。至正取江右鄉貢。文解值亂。不得上南宮。退隱漆溪。芟禮記疏爲纂要若干卷。其于名物制度多有折衷。入明徵起。擢爲刑部司門員外卒。著有金溪縣志。唐詩評。雜詩文。其一卽纂要也。宋文憲集。

錢先生義方

錢義方字子宜。湖州人。嘗舉進士。周易圖説二卷。成于至正六年。其説謂河圖爲作易之本。

大傳云。河出圖。洛出書。聖人則之。乃聖人卽理推數二者。可以相通。故並言之。非謂作易兼取洛書。又引朱子之説。謂圓圖有造作。且欲掣出方圖在圓圖之外。又謂朱子易本義。于先天後天卦位。必歸其説于邵子。似歉然有所未足。是以不揆其陋而有所述云云。其説較他家爲近理。四庫書目提要。

夏先生璿

夏璿。湘陰人。博學篤行。以氣節自負。領鄉薦。歷湖南行省都司。布素如寒士。至正間。棄官。入迫爲亂賊所蕲。不屈。自經死。孫元吉爲明少保。贈如其官。湘陰縣志。

劉先生朝端

劉朝端。茶陵人。至正間。拜翰林學士。方正嗜學。多所建白也。先帖木兒贊其像曰。選居分署。觀國之光。鞠躬盡瘁。羽翼朝綱。茶陵州志。

楊先生軥

楊軥字梓夫。慈利人。居彌勒山。通經史。工詩。登進士。任茶陵州同知。總管阿思蘭海牙最尊禮之。歷翰林待制。明初隱居。建聚奎書院。講學其中。一統志。

李先生文仲從父世英。

李文仲。長洲人。著有字鑑五卷。自署吴郡學生。從父世英。以六書惟假借難名。因輯類韻二十卷。以字爲本。音爲幹。義訓爲枝葉。自一而二。井然不紊。凡十年始成。而韻内字畫尚有未正者。先生因續爲是書。依二百六部之韻編次之。辨正點畫。刊除俗謬。于諸家皆有所駁正之。大旨悉本説文。以訂後來沿襲之謬。于小學深爲有裨。四庫書目提要。

李先生師道

李師道。高郵人。學者稱月河李氏。嘗爲通州教授。姓譜。

梓材謹案。先生著有大學明解一卷。經義考云佚。

汪先生泰初

汪泰初字希賢。黟縣人。儒林宗泒㊀。

周先生震附師劉雲章。艾元暉。

周震字宗振。吉水人。時名儒若書隱謙二李先生同里閈。朝夕俾從學安成劉先生雲章。河南艾先生元暉。資遣之卒業。學遂有成。解春雨集。

㊀「泒」當爲「派」。

盛庶齋先生如梓

盛如梓。雝州人。庶齋。其自號也。嘗官崇明縣判官。著有庶齋老學叢談三卷。其書多辨論經史。評騭詩文之語。而朝野逸事亦間及之。四庫書目提要。

庶齋老學叢談

前輩云。學貴知要。不在貪多。用貴適時。不專泥古。

先儒謂。貞志苦心之士。如饑不忘食。渴不忘飲。病不忘醫。流落不忘故鄉。求一日之安而不可得。豈肯悠悠歲月耶。

又曰。日用應酬。無非是學。但有主則明。無主則昏。

又曰。下學而上達。其事則下學之事。其理則上達之理。先儒云。詳于法者有法外之遺姦。工于術者有術中之隱禍。

趙先生良震

趙良震字伯起。别號東谷。于宋宗室郯勤孝王宗惠爲八世孫。家平陽。著有易書二經通旨。陳高爲之總序。而薛伯衡銘其墓。經義考。

鄭先生元秉附門人盧彦文。

鄭元秉。餘姚人。賣藥以養老母。且聚子姪輩。教之通經學古是務。里中子弟知學問者。亦皆受業于其門。其一人氣貌嚴重。所辨質落落皆經史大義。則太守魏郡盧公季子彦文者也。宋庸庵集。

陳寧極先生深

陳深字微静。吴人。號寧極先生。沈潛學問。淹貫羣經。年已耄。會諸先輩著書立言。咸造底藴。正思齋集。

附録

宋體仁代諸生祭陳寧極先生文曰。嗚呼先生。粹德之精。吴邦之英。學究邃古。心傳至誠。講貫之切。字畫之精。左圖右書。至老益劬。念昔髫齔。横經座隅。共盥正席。禮學之初。灑埽振袵。先生之居。朝夕獲誨。言論孔敷。勉勉循循。作我範軌。義爲師生。情若父子。先生既往。我徒孰倚。尊簋在前。有淚如洗。臨風三奠。先生以起。

王先生文澤

王文澤字伯雨。别號梅泉。家風涇。遷上海鹹魚港。累舉不第。爲府訓導。卒葬横雲山。秦裕伯銘其墓。松江府志。

梓材謹案。先生著有尚書制度圖纂三卷。經義考云佚。

朱先生雪附師何執中。

朱雪字元白。天台人。幼能屬文。六經子史靡不通貫。往處州何執中受尚書。年十九登座開講。徐伯顏薦授國子助教。固辭不赴。閉户讀書。著有雲齋集三十卷。人號清脩先生。且性至孝。執母喪甚哀。侍父往東莊。父指石失足。後過其處。必長號。人因名曰孝思巖。台州府志。

宜先生桂可

宜桂可字可山。湘潭人。博通經史。及門受學者以百計。湘潭縣志。

羅先生懋

羅懋字敬德。茶陵人。讀書好古。多醇德。有盜數犯其家。一夕捕得。先生諭之曰。此非可治生也。乃厚遺之。其人愧受而去。先生終身不言其姓名。茶陵縣志。

曾先生圭附子堯臣。

曾圭。衡山人。世業儒。爲零陵縣尉。慕唐顔眞卿元結風節文采。命其子堯臣。捐家資建浯溪書院祀之。又割私田三百餘畝。以廩學者。一統志。

張先生希文

張希文字質夫。瑞之新昌人。初爲吏。以薦授百丈尹。不赴。所居積書圜四壁。若巢然。人因號書巢先生。著有十三卦考一卷。傅若金爲之狀。經義考。

周先生馳

周馳。號景遠先生。名能文。爲南臺御史時。分治過浙省。每日與朋友往復。其書吏不樂。似有舉刺之意。大書壁上曰。御史某日訪某人。某日某人來訪。御史忽呼吏謂曰。我嘗又訪某人。汝乃失記。何也。第補書之。因復謂曰。人之所以讀書爲士君子者。正欲爲五常主張也。使我今日謝絶故舊。是爲御史而無一常。寧不爲御史不可絶人理。吏赧然而退。輟耕録。

胡存齋先生□

胡□。號存齋。江右人。官參政。能折節下士。賓客至如家焉。故南北士大夫。有經過其地無不願見者。不虞閽人不爲通刺。苟不出日。卽于門首挂一牌云。胡存齋在家。同上。

副使劉浮雲先生鶚

劉鶚字楚奇。永豐人。皇慶間。以薦授揚州學録。官累(一)陞廣東副使。守韶六年。屢卻强寇。

(一)「官累」當爲「累官」。

民賴以安。後分兵討洞獠。贛寇數萬猝至。戰守力盡。城陷被執。不屈。還贛之慈雲寺。自分必死。乃書曰。生爲元朝臣。死爲元朝鬼。忠節既無慚。清風自千古。不食而終。嘗建浮雲道院。以教鄉族子弟。學者稱爲浮雲先生。盧陵縣志。

俞先生長孺附門人顧德玉。

俞長孺字觀光。越之新昌人。寧國路儒學教授。檇李顧德玉。字潤之。自幼從之學。先生無子。嘗與人曰。吾昔寢疾于杭。潤之侍湯藥。性至切。若父子。醫爲之感動。不忍受金。今我行且老。必託之以死。既而訪醫吴中。疾且革。趣舟歸。潤之進次尹山下。卒時後至元閏三月戊子也。明日乃至檇李。潤之奉其尸斂于家。衰絰就位。邦人士爲潤之來弔者。潤之拜之。越明年。葬于海鹽。近顧氏之先塋。歲時祭享惟謹。或曰。斂之于家。禮歟。曰。吾聞之。師哭諸寢。又云。生于我乎館。死于我乎殯。非家斂之。則將師尸委諸草莽。生服其訓。死而委諸草莽。有人心者弗爲也。曰。師無服而衰絰。固近于掠美者矣。曰。疑衰加麻之絰帶。禮也。故曰。二三子絰而出。至葬除之。心喪戚容終三年。夫民生于三。師居其一。父子也何異。今吾則加一等以行。蓋出于人心天理之本然。若之何其惑也。問者歎服。輟耕録。

應先生恂

應恂字子孚。永康人。純朴好古。博涉詩史。治家勤儉。一介不苟取于人。訓誨子孫。教授門徒。必依于禮義忠信。嘗自贊曰。不能執中。寧過于厚。不能有爲。寧過于守。所著有純朴□(一)稿藏于家。金華府志。

翁氏門人

趙先生由欽

趙由欽。

郭先生公葵

郭公葵字秉心。黄巖人。元末翰林編修。夙負才氣。博覽載籍。工詩文。張承旨蛻闇嘗評其文整密高古。詩雅趣絶俗。所著有謌軒集。朱長史右爲序。台州府志。

陳氏家學

陳慎獨先生植

陳植字叔方。寧極先生子。能以文行學術結知士林。尤篤孝力學。其爲文以經爲準。貫穿諸史百氏。裒其菁華以立言。其爲詩尤刻苦精練。自號慎獨叟。朋舊私謚曰慎獨處士。正思齋集。

(一)「□」當作「齋」。

劉先生祖衍

劉祖衍。平陽人。至正間。建交川義塾于縣治北之半塘。捐己田三頃。山二頃。延師以訓鄉之子弟。御史孔訥薦之朝。授温州路儒學教授。温州舊志。

惠先生希孟

惠希孟。江陰人。家居如對大賓。趨蹌進退。動合矩度。兄希顔。弟希蔵。皆無嗣。先生奉兄如父。撫弟如兄。著雜禮纂要家範五卷。毘陵人物記。

梓材謹案。先生又著易象鈎玄。經義考云佚。又引黄虞稷云。號秋崖。

顧先生潤祖應春。父叔川。

顧潤字德輝。鄞縣人。祖應春。鄉進士。父叔川。號學海。皆名士。先生幼承家學。六歲卽善屬文。既長。肆力經傳。閉門卻掃。默索精思。晝夜孜孜。垂三十年。著書數百卷。宋濳溪集。

張先生夢臣

張夢臣。陳留人。居華亭之城東門。日與子弟數十人講春秋經。或勸之仕。不應。自號林泉民。貝清江集。

朱先生垚

朱垚字子厚。壽春人。孳孳嗜學。求名講師而事之。知解既至。不欲墮于一曲。晚而學易。

終日默坐。人以爲迂。則笑曰。主靜乃吾學也。舉署安豐路儒學正。辭不赴。鄉子弟擔簦從之游。日談道德仁義。刮摩其故習。以子貴。贈滎陽縣男。宋文憲集。

杜先生瓊附師陳繼。

杜瓊字用嘉。吴人。生一月而孤。母顧育而教之。長從陳繼先生學。博綜古今。爲文和平醇實。而必本于理。性至孝。所居在城西。有隱居之趣。其東有原。學者稱東原先生。年七十九。私謚淵孝先生。姑蘇志。

吴先生浩

吴浩字義夫。休寧人。隱居不仕。專務性理之學。所著有直軒集。大學口義諸書。明永樂間纂輯大全。多採録焉。徽州府志。

提學洪先生欽

洪欽字元成。温州人。博學能文詞。平居議論。必依名節。至正中。爲長洲縣學教諭。會張士誠陷平江。欲用之。先生抗節不屈。居數日。乘機脱走。見丞相達識貼睦邇言其狀。丞相重歎。以爲臨難不撓。眞師儒也。用承制授將仕郎江浙儒學副提舉。雖當亂世。化導不衰。元亡歸。卒于家。兩浙名賢録。

同知邱先生世良

邱世良字子正。其父由台州徙錢塘。先生幼穎悟。讀書過目輒解。父喪。奉母以居。日益貧。教授市中。經傳子史百家之言靡不蒐究。用薦爲海鹽州教授。復學田千餘畝。秩滿。除杭州路教授。既代。授慶元路總管府知事。先生所定文牘。吏不敢舞文法爲奸。仕終松江府同知。所著有梯雲集六卷。隨筆三卷。同上。

曾先生貫

曾貫字傳道。泰和人。以易經爲學者所宗。所著書有易變通。四書類辨。庸學標旨。爲紹興路照磨。後家居遇亂。鄉郡推舉率義兵禦寇。兵敗。守節死。楊士奇說。

梓材謹案。四庫書目著録易學變通六卷。提要謂。是書純以義理說易。剖析微細。往往能作㈠前儒訓解之外。閒有㈡互體立說。兼存古義。尤善持平。且其成仁取義。無愧完人。而元史忠義傳失于記載。殊傷漏略云。

李先生恕

李恕號省中先生。廬陵人。與龍麟洲劉水窗同輩行。著有五經旁注六卷。五經者。易書詩論孟。旁注簡明切當。便于學者。楊東里說。

㈠「作」當爲「出」。
㈡「有」當爲「取」。

雷先生杭

雷杭字彥舟。建安人。授儒學提舉。遷潮陽縣尹。以死事贈奉化府知州。嘗著周易注解行世。時稱雷氏易。

淩先生茂翁

淩茂翁字□□。吉安人。安鄉縣尹。講明理學。有五經注解。湖南通志。

張先生適

張適字子宜。長洲人。幼穎悟。十歲能賦詩彈琴。時稱奇童。元季隱居不仕。洪武中。官水部郎中。病免後。復以明經薦爲滇池宣課司大使卒。先生博學。攻詩文。與高啓楊基齊名。姑蘇志。

陳先生思禮父德祥。附師鍾士懋。

陳思禮字用和。四明人。世爲士族。生七歲。父名儒德祥歿。母石氏夙夜勵以學。遇之極嚴。雖大雪没脛。必使挾册以往。母病卒。先生操刃欲自刭。家人奪之。環守至旦。共譬解之。乃收涕謝之。入郡庠。從名師學明經。母未死時。爲擇配石氏。至是欲成昏。請緩之。其師鍾士懋持之急。不得已從之。洪武六年入成均。升上舍生。宋文憲集。

張先生以仁

張以仁。政和人。元季隱於蓮花峯下。與魏伯堅謝坤孫蘊余應相友善。旦夜講論經史。至忘饑渴。後俱以文行知名。而先生與伯堅終隱不仕。政和縣志。

曾先生勖

曾勖梓材案。原本作旭。此從文憲集。字旦初。臨川人。元末三舉解元。以薦歷五經博士。召見。問郊祀之禮。條對無不稱善。由是數承顧問。除禮部主事卒。有文集。宋潛溪序之。撫州府志。

田先生子仁

田子仁。寧遠人。元末隱居耕讀。與劉三吾友善。三吾徵赴行在。首薦先生。徵授本縣儒學教諭。敦尚教化。儒風大振。明一統志。

陳先生士桂

陳士桂號西郭生。崇德人。元季。奉其父螺室先生辟地于外者十年。既定而歸。謝客讀書。受業者恒數十人。貝清江集。

胡先生存道

胡存道字師善。會稽人。嘗以春秋經試于有司。官松江訓導。張士誠之入吴也。江浙行省以參政揚完者禦之入。分兵擊叛將王可權于松江。兵遂大掠。至夫子廟。執先生。責其金。先生叱曰。若不討賊。而反爲賊耶。衆怒刃之。尋卒。初先生分教裁兩月。而可權至。内外舉火。烈燄亘天。先生亟命闔閉門防寇。徙薪辟火。火且逼西北垣。乃率諸生李復。賈兼善。吳克敏。宋起潛。尚德卿升德(一)。大呼注水沃之。又令民撤草坊。而火乃反風。同上。

周先生天祐附師宇文子貞。

周天祐字思順。杭州人。好學。讀書日記數千言。後受易于吳興宇文子貞。居家以孝聞。薦授崇德州州倅。不赴。築室漁溪之上。耕釣自適。洪武四年卒。與之遊者私爲之謚。曰貞孝處士。同上。

羅先生蒙正

羅蒙正字希吕。新會人。縣尹沈壽創古岡書院。禮先生于師席。一時學者聞風雲集。未幾。領湖廣省檄爲高州文學。秩滿歸。仍授徒于書院。遭元季亂。避地郡城。館于憲史趙式家。式薦于有司。授南恩州教授。未幾卒。有詩集數卷傳于鄉。廣州戴志。

(一)「德」當爲「屋」。

資稟秀拔。勤學强記。諸史百家。無不成誦。甫弱冠。聞肇慶羅斗明工詩。往拜之。斗明嘉其誠。悉以詩法授之。一載而歸。大有詩名。

吴先生海

吴海字朝宗。閩縣人。元季以學行稱。值四方盜起。絶意仕進。洪武初。守臣欲薦諸朝。力辭免。既而徵諸史局。復力辭。嘗言。楊墨釋老。聖道之賊。管商申韓。治道之賊。稗官野乘。正史之賊。支詞豔説。文章之賊。上之人宜敕通經大臣。會諸儒定其品目。頒之天下。民間非此不得輒藏。坊市不得輒粥。如是數年。學者生長不涉異聞。其于養德育才。豈曰小補。著書一編曰書禍。以發明之。與永福王翰善。翰嘗仕元。先生數勸之死。翰果自裁。先生教其子偁。卒底成立。平居虛懷樂善。有規過者。欣然立改。因顔其齋曰聞過。爲文嚴整典雅。一歸諸理。後學咸宗仰之。有聞過齋集行世。福建續志。

梓材謹案。先生論書之失。其語甚詳。漳浦蔡文勤公載之古文雅正。

湯先生志眞附門人錢用壬。

湯志眞。廣德人。隱居求志。行式鄉閭。明錢用壬出其門。其學皆志眞所造就。廣德州志。

殷先生奎附師楊淮。

殷奎字孝章。崑山人。少從楊淮校授春秋。洪武初。以薦授陝西咸陽教諭。念母不置。鬱鬱而死。門人私諡文懿先生。先生文學精審。有法力。深于性理。勤于纂述。所著有道學統緒等書。姓譜。

附録

父君敘。視籯金不如一經。乃買書築室於婁江之上。命之日與師友講學食息寢處于其間。

鄔先生信

鄔信子中孚。寧海人。少倜儻善學。應科舉不利。輒棄去。四明好義者制田創義塾。延先生爲師。元亂。南北道梗。士夫多挈家海上。貧不能存。先生輒賑之。築室紫溪山中。徜徉其間。洪武初。徵遺逸詣天官。辭歸卒。台州府志。

謝先生應芳

謝應芳字子蘭。甫毘陵人。蚤有俊譽。嘗爲李晉仲俞用中諸公所知。生平重然諾。勇于爲義。紬繹經史。作爲文章。咸有根柢。與人論辨。亹亹不少休。在鄉里時。請復鄒忠公墓。寓吴中。又請作顧元公廟。世咸惑于異端邪說。先生因取經傳之言。作辨惑編以警之。自號龜巢老人。故名其集爲龜巢藁云。盧清溪集。

梓材謹案。先生龜巢稿朱逸齋先生輓詞云。前朝工習雕蟲巧。先生詞章風格老。功名到手陵谷變。雲霖竟作商山皓。駢花纚葉墜秋風。獨抱遺經自探討。嗚呼一歌兮懷我師。平生瓣香今爲誰。其三云。憶年十五受經學。先生眷之雙眼青。每隨杖履訪朋舊。耳聞目擊皆儀刑。是逸齋其師也。其祭唐仲傑文云。公之子。吾之門弟子也。

尚書余先生熂附師陳潛夫。

余熂字茂本。崑山人。少有俊才。從陳潛夫學。得春秋之傳。洪武初。歷通政司參議。拜吏部尚書。姓譜。

楊先生學可

楊學可。世居蜀之新都。相傳爲關西夫子之後。父某有隱德。弗仕。惟讀書課子。鄉里稱爲善士。先生自丱角好語孟。既長。從鄉先生某受詩書春秋三經。丁元季世。遯入雲南之昆明。士君子爭設皋比席以延之。尋歸西蜀。適遇明氏强盛。以國子助教逼之。先生辭不就職。逮明與故官宿儒計偕赴京師。訴老疾。辭歸蜀。蜀士知先生道學之明。執經座下無虚日。未幾。蜀邸就召先生。爲國中士子矜式。賜田宅于國之大安門外駟馬橋。特書流水畫橋題柱客。清風精舍讀書人十四字于先生之門。從學者皆稱爲清風先生云。全蜀藝文志。

孔先生克堅

孔克堅。平陽人。至聖五十五代孫。登元至正戊子進士。洪武癸丑舉爲翰林修撰。博學篤行。

尤精于史。上命釋四書五經。賜名羣經要領。宋濂歎賞。比之孔穎達云。平陽縣志。

王先生俊華

王俊華名仙。寧海人。元末教授于鄉。執經者履滿户外。洪武甲寅。薦任衡州府學教授。改紹興府學。適以星變求言。先生被召。疏對詳明。上悦。時稱江南書布袋。尋陞右春坊右贊善。以撰寫洪武故事忤旨見黜。性至孝。在衡有瞻雲集。親歿。哀毁過制。負土爲墳。鄉人以孝子稱。台州府志。

張先生由益

張由益名進。以字行。號淑西。黄巖人。篤學好古。尤長于詩。常曰。文以五經先秦爲準。詩以唐人爲準。性理之學以宋儒爲準。庶罔謬盭。識者以爲名言。所著有淑西集。同上。

訓導陳先生與延

陳與延名延。以字行。鄞人也。記覽該博。而尤熟于春秋。當元季盜起。人不聊生。悉散資産以贍諸親舊之貧者。僅存周廬田數十畝。朝耕暮讀。雖際屢空。裕如也。洪武二十七年。邑大夫多其賢。薦授本邑訓導。開誘諄諄。先義後利。一言一行。唯恐或後古人。故當時從游之士接其模範者。率知敦尚古道云。兩浙名賢録。

隱君張先生景仁

張景仁。寧鄉人。世業儒。性敏好學。日記萬言。經史百家。無不閱覽。元時隱居不仕。郡守以文教廢弛。士不知學。特聘爲諸生師。三十餘年。多所造就。郡使者檄進之。固辭不赴。嘗行市上。見遺鈔一囊。守之不去。失鈔者至。詢其實。還之。竟不受謝。其廉介如此。廣東郝志。

舒氏門人

鄭先生本忠

鄭本忠。鄞縣人。少篤學。從舒卓受書。元季方氏據浙東。杜門絶仕進意。益務記覽爲文章。洪武六年。舉明經。以親老不起。郡學教授趙思盛薦授昌國訓導。未幾縣革。會稽郡延爲訓導。秩滿。陞秦府保安王教授。講論純正。卒于官。王甚傷悼。遣使致祭。贈賻優渥。成化四明志。

張氏門人

莫先生轅附師易恒。

莫轅字翼仲。吴江人。少從張適易恒學。洪武初。父繫詔獄。將刑。先生年十一。願代父死。理官試加脅誘。語無異詞。遂奏釋其父而繫之。其父更爲稱冤致死。先生獲赦。後家被火。火逼母寢。先生躍入火中。抱持以出。鬚眉盡焚。卒年七十七。私謚貞孝先生。姑蘇志。

曾氏門人

危先生安

危安字子定。臨川人。清敏好修。嘗從郡諸生肄業成均。其師曾先生旦初爲之字。而宋潛溪補爲之辭。宋文憲集。

羅氏門人

張象山先生撝

張撝字彦謙。新會人。羅蒙正弟子也。幼嗜學。性敏强記。年十八賦座門懷古詩。蒙正器之。洪武初。以足疾不能行。益留心經籍。知縣謝景暘爲構書堂于象山之麓。俾邑人往從受業。扁其軒曰養拙。晚年自號病叟。人咸以象山先生稱之。其學以明理爲要。詩文以典雅爲本。不事巧琢。其弟子不拘學之淺深。皆能識其大要。不問可知其爲先生之徒也。廣州戴志。

吴氏門人

王先生偁

王偁字孟揚。永福人。洪武中爲國子生。永樂初。授翰林檢討進講經筵。修大典爲總裁官。爲人氣節高勁。議論英發。詩有唐人風。文章雄偉宏博。深爲解學士所知。所著有虚舟集。姓譜。

王氏講友

鄭先生旭

鄭旭字景初。閩縣人。居家孝友。有信義。貫通五經百家諸史。與王偁林鴻友善。以學行辟爲國子掌儀。後謫戍雲南。起爲高安訓導。所著有詩經總旨。初學提綱。咏竹稿。福建續志。

武先生□

武□。官博士。元遺山銘其墓曰。博士三年。誨誘循循。子弟秀民。自我作新。授之萬金良劑。以湔浣漱滌。易形而鍊神。朱墨進爲文儒。鈎距化而貞純。庚桑無羽山之年。鄒律發寒鄉之春。是之謂神而明之。存乎其人。元遺山集。

附録

慈谿縣志本傳

馮雲濠字五橋。幼穎悟。五歲喪父。哀痛若成人。長而才識過人。家素封。好行善事。凡邑之濬河濟荒等事。不惜千金倡首。爲一邑勸。並捌造德潤慈湖兩書院。濬北湖。築兩隄。凡排難一言立決。人皆敬服。以優貢中式道光十四年舉人。咸豐閒軍興。籌防助餉。先後捐銀二十萬兩。累敘至候選道。賞戴花翎。嘗於所居構醉經閣。藏書多善本。得全祖望宋元儒學案於鄞盧氏。與同年生王梓材校補完善。出資刊之。並著補遺一百卷。又得姜宸英上方山詩卷。及鴻臚禹之鼎所繪宸英與相國徐元文。檢討朱彝尊小像。勒石於所建姜祠壁。士林重之。行狀。

先師王子行狀

先師王子諱楚材。初名梓。楚材其字。更名梓材。後竟以字行。學者稱臒軒先生。世居鄞西柳莊坊。高祖炳。國學生。工詩善書。歷游大僚幕府。著有定海鹽政議。咄咄吟。曾祖畿。祖鍔。父謨。三世皆名諸生。先生稟承家學。復徧謁里中名師。肆力治經。融會漢宋諸儒之説。而獨衷一是。尤究心六書及音韻之學。嘗謂古人以此爲小學。童而習之。今則訛謬不勝指數。又謂書法盛於晉唐。亦壞於晉唐。蓋專講結構。任意增損。而六書之法寖失。惟顔魯公尚有典型耳。聞者駭之。既補郡博士弟子員。餼於庠。無錫汪寫園先生士侃。同縣童蕚君先生槐。先後掌教月湖書院。皆許爲學有根柢。學使道州何文安公按試。稱其研覃傳註。且終卷無俗字。特置高等。江右陳碩士侍郎繼任。復甄拔之。充道光十四年優貢。明年考取八旗教習。期滿出宰廣東。三十年九月署樂會縣事。纔數月。以疾卒於官。咸豐元年正月十四日也。年六十。先生勤於著述。其裒然巨帙最爲精力所注者凡四種。一曰重校宋元學案百卷。昔黄梨洲先生明儒學案刻於慈谿鄭氏。其宋元學案未及成編。季子耒史及吾鄉全謝山皆嘗補輯。何陳兩學使屢訪此書。後得黄氏耒史補本。而全氏弟子盧學博鎬之後人。亦出謝山遺書。先生與慈谿馮孝廉雲濠合校補訂。以付剞劂。文安公序之。板燬於西夷兵燹。先生攜書入都。復與文安伯子紹基重校刊於都中。先生别成宋元學案補遺百卷。馮氏何氏各存其副本。一曰彙録全校水經四十卷。謝山先生以水經舊本經註混淆。屢經考訂。晚主端溪講席。猶朝夕披覽。蓋已七校而未成完書。先生得其遺稾。重加釐正。闕佚者取趙東潛本引全氏語。兼採鮚埼亭集以補之。其副本一寄山右張石舟穆。屬其覆校。刻入楊氏叢書。一存慈谿馮氏。又依酈註作水道表。如原書卷數。由是讀水經者瞭如指掌。一曰世本集覽。上自皇古。下逮戰國。遇未見書。足資考證者。靡不薈萃其中。露鈔雪纂。歷三十餘年不懈。一曰王氏宗譜備考八卷。瑯琊太原各分支派。先生廣搜博採。元元本本。脈絡分明。雖譜學專家無以過之。其於諸經各有箋釋。彙爲解經録。惟易有專書。曰周易解詁。他書數種。曰夏小正輯註。曰説文引經録。曰補輯韻表。曰校註高郵王氏詩補韻。曰增補萬季野儒林宗派。曰補輯沈定川文集。曰句甬紺珠録。皆精核可傳。所著古文四卷。曰樸學齋文鈔。古今體詩一卷。曰北遊賸語。

並藏於家。先生世承儒業。家風孝友。白華潔養。脩脯之外。不名他錢。有弟二人。季早卒。與仲弟式好無閒。先生赴官。使掌會計。及先生卒。挈其眷屬扶匶歸葬某鄉之原。先生生於乾隆五十七年十月十六日。卒於咸豐元年正月十四日。配水氏。子二。長熙原。名龍光。克衍家學。以經解見録。兩補佾生。次縣原。名爲光。前卒。女二。長適陳懋煒。次適廣東候補道屠繼烈。孫二。潤培。恩培。先生教授鄉里。循循善誘。先品行而後材藝。先經術而後詞章。勱於先生之學。未窺藩籬。何論堂奥。第念先生汲古研精。殫心著述。儒宗經學並得薪傳。自道範云遥。長子又復不禄。有孫孤弱。恐日久無知先生者。會縣有修志之舉。用敢粗陳梗概。伏望秉筆諸君子垂採焉。至居官莅政。以受任日淺。無所表見。且先生之足傳者不在一官。諸君子當共諒之。受業陳勱謹狀。

壽鏞案。鄞志傳本此狀。不再録。又案。先生遺稾。壽鏞所見者四種。一爲宋元學案補遺。先成於道光戊戌者爲四十二卷。續於原稿中附益。始己亥春。終庚子冬者。乃釐爲一百卷。别附宋元儒博攷三卷。二爲世本集覽。其緣起作於道光辛卯。同時編目録分八册。今存稾爲六册四十八卷。自題書籤。並分題禮樂射御書數。三爲全謝山七校水經注十二册。先生取謝山遺稾重加釐正。更補水道表。所謂王氏重録本也。四爲校訂萬氏儒林宗派十六卷。先生依辨志堂本重爲釐訂。删其重複。而增註籍貫别號謚法。非於萬書外有所增益也。陳氏行狀謂增補。蓋未見原書。鄞志因此而誤。四爲雜纂一册。採取經書粹語。分類誌之。取於易者爲多。昔歲先生之孫名恩培者。交屠康侯收儲。壽鏞已將儒林宗派十六卷。宋元學案㈠一百卷。别附三卷。次第付梓。惟世本集覽六册。其兩册恩培交康侯時已有鼠嚙矣。全書浩繁。排整頗不易易。四顧躊躇。尚無善策。假我歲月。當完成之。丙子春。後學張壽鏞識。

宋元學案補遺序録

鄞張壽鏞約園補輯

謹案。宋元學案一百卷。全謝山先生因姚江黄氏本而修補之。更撰序録。以表全書之脈絡。王艧軒先生於刊刻時。並分列於各學案之端。俾學者得見每卷要領。而學案補遺於序録闕如也。壽鏞譾陋。何敢有所補綴。顧既刻是編。凡正編之遺漏與補編之所以必爲廣之者。宜伸其説。謝山序録各學案。確乎指其淵源。主之者從詳。而輔之者略焉。今仿其意。惟於先緒及師承與夫學術或有詆議之者。必著而辨之。蓋亦使讀者知其本末云爾。

安定之學。具有淵源。父訥。嘗撰孝行賢惠二録。直齋書録解題録之。安定學説見於周易口義。洪範口義。中庸義。律吕議者。尚可裒集。不特春秋説之宜補也。若夫書解。文公謂爲㈡未必是安定註。蓋間引東坡語。東坡不及見安定。必是僞書。汪浮溪序其言行録。謂弟子各以其經

㈠「案」下脱「補遺」。
㈡「爲」衍。

轉相傳授。常數百人。公卿偉人接踵於時。蓋數十年云。輯安定學案補遺第一。

泰山師承曰王文正曾。劉公是撰沂公祠記。嘗言沂公守青。爲齊人建學。守鄆。爲魯人建學。由是老師宿儒。幼子童孫。燦然自以復見三代之美。劉子卿曰。東學之倡。自孫石二先生始。孫明復居泰山之陽。王沂公。李文定公。范文正公。士建中。賈同。皆其師友也。吕中曰。春秋之學。前乎此。舉凡例而已。自孫泰山治春秋。明於諸侯大夫功罪。以考時之盛衰。而天下始有春秋之義。其論治。謂夏商周之治在於六經。其諭學者詩曰。擊暗敺聾明大道。身與姬孔爲藩籬。輯泰山學案補遺第二。

安定泰山諸儒。皆表揚於高平。而高平實發原於睢陽戚氏。見宋元學案高平學案序録。王朧軒案語。然以年稽之。非親受學於戚氏也。高平嘗從崔遵度。唐異。王衮游。易義而外。其見於文集者。粹言尤多。義莊規矩。更可爲後世法。少有大節。其於富貴貧賤。毁譽歡戚。不一動其心。而慨然有志天下。嘗曰。士當先天下之憂而憂。後天下之樂而樂也。又曰。爲之自我者當如是。其成與否不在我者。雖聖賢不能必。韓魏公曰。身安國家可保。明消息盈虚之理。希文之所存也。樓攻媿嘗著范文正公年譜。劉漫塘論本朝人物曰。南渡前。范文正公合居第一。輯高平學案補遺第三。

謹案。樓攻媿作范文正公年譜。補遺未録。宜補之。

廬陵少孤。父觀常夜治官書。屢廢而歎曰。我求其生不得耳。瀧岡阡表已歷述其家世。年二十餘。以其所爲文見漢陽先生。一見奇之。置門下。後妻以女。漢陽先生卽胥偃也。其學説易童子問而外。若詩說。詩本義。皆深於經術者也。自唐以來。說詩者莫敢議毛鄭。雖老師宿儒亦謹守小序。至宋而新義日增。推原其始。實自廬陵。然其立論未嘗輕議二家。而亦不曲徇二家。其所訓釋。往往得詩人之本志。嘗曰。六經之法。所以法不法。正不正。由不法與不正。然後聖人者出而六經之書作焉。仲尼之業垂之六經。其道閎博。君人治物。百王之用。微是無以爲法。固不僅說經見於武成篇也。後人謂廬陵無大裨於經術則非矣。劉蕺山人譜曰。歐陽永叔。一代文宗。於後進有片言隻字可采者。必加稱揚。又盡録之別爲一册。曰文林。輯廬陵學案補遺第四。

古靈之伯父諱則之。學爲鄉宗。隱居古靈村。其弟象。質美。趣使事學。卒有成。古靈之父也。古靈經術尤在中庸。謂不善非性。人之欲也。寬厚長者。接物誠恭。樂於薦士。富丞相當國。引古靈爲上客。所告富公者盡仁義也。閩中希蹤伊吕。季慈苦節艱難。蔡君謨守福州。令民間一家點鐙七盞。季慈作大鐙。長丈餘。書云。富家一盞鐙。太倉一粒粟。貧家一盞鐙。父子相對哭。君謨爲之罷鐙。公闢著春秋總例十二卷。鄭氏通志以爲周希聖撰。蓋誤孟爲聖也。輯古靈四先生學案補遺第五。

閩學之先有楊徽之。石熙載。李穆。賈黄中。濂學之先有劉元亨。蜀學之先止止先生而外。更有郭希朴。王默。廖及。而士熙道爲東州大儒。人尊之如孟韓。嘗曰。仕者既老。眷眷於禄。多出於退無地也。劉忠肅稱爲根本之論。劉子望時亦號曰明道。嘗言好問好察。蓋得其情實。適於理致。不必奇遠然後聽從。明州五子。大隱純篤。不爲爵禄羈。石臺人師。教化可觀。鄞江隨樵遺秉。怡然自得。西湖行善而信於友。桃源簞瓢有類顔子。古靈致書儒志。謂夙夜欲誠心盡禮。惟恐求而不得者。經行子弟。彬彬有禮。章望之論學求高深。譬如登山。黄聱隅效揚子法言。黄東發嘗謂其識有過於雄。又嘗著揚庭新論十篇。惜未見也。侯華陰發强壯厲。程明道誌其墓。止止直道。去不掛冠。漢州興學。古人所難。此魯浙閩關蜀學術之先河也。輯士劉諸儒學案補遺第六。

涑水之父諱池。仁宗謂宰相曰。人皆嗜進。而池獨嗜退。天性質易。温公嘗曰。先君以爲。邱明將傳春秋。乃先采集列國之史。取其精英爲春秋傳。而先所采集之稿。因爲時人所傳。命曰國語。非邱明本志也。洵屬至論。温公著述。迂書。疑孟。潛虚而外。如禮説。易説。如書儀。如家範。如讀玄。文中子補傳評。進資治通鑑表。上古文孝經指解表。薦賢劄子及見於傳家集者。與夫劉荀明本釋。晁景迂儒言。劉蕺山人譜所録。皆可證其學之平實。明儒霍韜發爲妄論。是嘘章惇蔡京久燼之燄也。輯涑水學案補遺第七。

百源之先天卦圖。傳自陳摶。摶以授种放。放授穆修。修授李之才。之才以授百源。然本於自得也。觀物内外篇。漁樵問答。先天卦位圖。經世天地四象圖。經世掛一圖。經世聲音圖而外。如伊川擊壤集。程明道讀之曰。眞風流人豪也。朱文公曰。堯夫六十歲。作首尾吟百三十餘篇。至六七年間。玩侮一世。只是一個四時行焉。百物生焉。其父字天叟。嘗登蘇門山。謂雍曰。若聞孫登之爲人乎。吾所尚也。遂卜隱於山下。異時堯夫侍親往來洛陽。見山川水竹之勝。架屋竹聞。水流其門。浩然其趣也。因自號伊川丈人。臨没。謂堯夫曰。吾平生不害物。不妄言。而康而壽。有子若孫。無恨矣。此又百源家學之所自也。輯百源學案補遺第八。

學士鄭向。愛濂溪如子。名子皆用惇。因以名甥。朱文公語録載濂溪傳授。自謂由於陸銑。銑乃參之誤。濂溪娶陸氏。參之女也。朱漢上表易。穆修以太極圖傳濂溪。然穆卒。濂溪年止十四。非親授也。聞道最早。初仕時年踰弱冠。從而講學者已衆。其所著通書。太極圖。朱文公各爲之解。並書於後。謂此篇本號易通。與太極圖説並出。實相表裏。故太極圖得通書而後明。黄梨洲於太極圖有微辭。因以通書先之。王魯齋謂通書上接中庸。張南軒序太極圖説。稱其自得之妙。黄東發稱其明白無疵。且謂詆訐者非也。罪也。輯濂溪學案補遺第九。

明道年十四五。伊川年十三四。從濂溪問學。其後彭推官之子一見明道。歎爲老成。以女妻之。見度性善跋彭推官詩序。推官諱應求。推官之子卽彭侍郎思永也。講聞之益。蓋有所自。識仁篇劉蕺山既云教人隨時精察力行。定性書論性説。朱文公解説最詳。明道嘗曰。物卽事也。凡事上窮極其理。則無不通。學須就事上學。又曰。學者全要識時。若不識時。不足以言學。道之外無物。物之外無道。天地之間無適而非道也。君子教人有序。先傳以近者小者。而後教以大者遠者。其論王霸之辨。論君道劄子。請修學校尊師儒取士劄子。論養賢劄子。南廟試策。顔樂亭銘。李仲通銘。皆見道之文也。輯明道學案補遺第十。

謹案。明道學案補遺所采語録第一條。吾學雖有所受。天理二字卻是自家體貼出來。第十條。心要在腔裏。均見正編。

應删。

明道德性寬大。規模廣闊。伊川氣質剛方。文理密察。其道雖同。而造德各異。此朱文公之言也。以道自任。源委於六經。集成於一易。治易使人先讀王氏注。朱文公既曰。伊川晚年文字如易傳。直是盛得水住。然又曰。程先生只説得一理。顧循其説以立身行己。亦足以發明剛柔進退義利公私之辨矣。顔子好何學論。蕺山既謂其得統於濂溪。而於伊川三不幸之説。少年高第一不幸。席父兄之勢爲美官二不幸。有高才能文章三不幸。以爲過激之論。謂人若能勤學敬身。兢兢自持。未始非不幸之幸也。伊川學説見於易傳。禮説。春秋傳。惟春秋傳未終筆。高息齋閔本其説爲集註。輯伊川學案補遺第十一。

謹案。息齋春秋集註。意在完伊川未竟之業。補遺未録。宜補之。

横渠之父諱迪。仁宗朝殿中丞。知涪州。卒官。諸孤皆幼。見正編横渠傳。清張伯行嘗著張迪宜配享啓聖議。以爲宋儒先人周程朱蔡之父與張子之父同也。其後配享。實從伯行議。見張清恪年譜。其文載集中。横渠著作西銘。東銘。正蒙。理窟而外。曰易説。曰周禮説。曰禮記説。曰女戒。皆本於仁之一字。又主於思自得。其西銘。龜山贊之曰。理一而分殊。知其理一所以爲仁。知其分殊所以爲義。而朱文公注之。答南軒書曰。推親親之厚以大無我之公。因事親之誠以明事天之道。蓋無適而非分立而推理一。南軒因作西銘説。眞西山。饒雙峯。吴草廬皆各有解説。劉蕺山謂東銘遠勝西銘。朱文公嘗與江西學者説東銘大旨。正蒙。朱文公亦有説。黄東發謂造化難測。横渠思索最精。又曰。理窟一書。氣節篇於學者最有益。輯横渠學案補遺第十二。

蜀公正書雖已殘佚。見於王伯厚困學紀聞所采録胡氏皇王大紀。其論刑一段。藹然仁者之言。黄東發又稱其凡所陳述。關涉甚大。爲天下孤忠。尤精樂律。其師承則薛簡肅公奎也。吕申公於范歐諸老爲親炙。其侍經筵。仁宗春秋高。於經傳同異。訓詁得失。粗陳其略。至於治亂安危之要。反覆深陳。韓持國從明道游。問答語可案也。其廟議及與涑水書。尤犖犖大者。吕汲公著有周易古經。宋世言古易自汲公始。王彦霖爲古良吏。不肯爲呈身御史。哲宗立。卒因薦用爲諫官。黄東發曰。公論君子小人不可參用。最關世道。豐相之從學於王鄞江。與樓西湖王桃源爲友。所著孟子注而外。古易。魯詩。春秋。禮記正説。渾儀浮漏。景表銘詞無可攷。其可裒集者猶夥焉。李君行凡所言多舉大體。務在廣諫諍。抑僥倖。博通史學。多所發明。輯范吕諸儒學案補遺第十三。

謹案。豐清敏遺事已録於正編。其見於他書者補遺猶多未采。壽鏞輯豐清敏公遺書。略可攷證。

忠定之父諱航。字仲通。與温公同年契。見正編忠定傳。其母爲太常博士石亞女。故自幼游新昌石溪書塾。朱文公既稱其有德有言。百世之下聞者興起。又曰。元城受學於司馬文正公。得不妄語之一言。拳拳服膺弗失。故其進而議於朝者無隱情。退而語於家者無愧詞。秋霜夏日相高也。獨謂其不知培植君子之黨。才一小事。便向搏擊。以致君子盡去。黄東發曰。温公爲相。於人情大鬱之後。得行其道。公爲諫官。於小人報復之時。不得行其言。效驗雖異。直大則同。元城著作譚録。道護録而外。尚有盡言集。蓋所謂心中所欲言者卽言之者也。盡言而不知所避。亦以其出於至誠而已。天下詐僞之風甚矣。以某從少至老觀之。誠實之風一日衰於一日。一年衰於一年。萬一有大禍亂。則君臣之閒無所不至矣。觀於此數語。益可見元城學術。輯元城學案補遺第十四。

謹案。家藏有劉元城盡言集。補遺未録。宜補之。

華陽幼孤。叔祖忠文公鎮撫如己子。華陽自以旣孤。每歲時親朋慶集。慘怛若無所容。閉門讀書。所與交游。皆一時聞人。忠文器之曰。此兒天下士也。唐鑑。帝學。仁宗政典及中庸論而外。語要所録。經説所著。講説所及。與載於文集中。皆湛深經術。練達事務者也。又講月令。凡數千言。備陳歷世遵陰陽爲政事之迹。與魏相柳宗元之説。反覆闡明。論時令者莫能過之。惜其書未見。嘗曰。有國家者當防微杜漸。若禍亂已成。雖聖人亦末如之何矣。又曰。聖人惟言利物之利。不言利己之利。尤爲至言。輯華陽學案補遺第十五。

景迂之學深且博矣。於易自商瞿下至河南邵先生。於書自伏生下至泰山姜先生。於詩雜以齊魯韓三家。不梏於毛鄭。於春秋攷至賈誼董仲舒。不膠於啖趙。其所引據。多先秦古書。卓乎獨立。確乎自信。成一家之説。與諸儒並傳。見陸放翁景迂先生祠堂記。儒言。客話。易玄星紀譜而外。若中庸傳。若易規。若一分律。皆有裨於世教。洪範小傳見景迂之自跋。而未見其書。自云。次序則本泰山姜至之。論五行則張廷評景發之云。輯景迂學案補遺第十六。

滎陽初學於伊川。後與明道。横渠。李公擇。孫莘老游。所見日益廣。此朱文公與林擇之書。

本於家傳之言也。固不僅學於焦千之。胡安定。邵康節。王介甫。歸宿於程氏矣。黄東發曰。公文穆之從曾孫。文靖之孫。正獻之子。生三世相門。而衣食或不給。其母申國夫人。督教甚嚴。動必循規矩。晚年名益重。陳忠肅至。拜公堂下。豈獨公之家可敬可慕。亦可想見政和閒前賢流風遺澤猶有存者。所著大學解。朱文公嘗辨之。然其所解以爲草木之微。器用之别。皆物理也。求其所以爲草木器用之理。則爲格物。草木器用之理。吾心存焉。忽然識之。此爲物格。確有至理。輯滎陽學案補遺第十七。

上蔡語録。全謝山既言或曰是江民表之書誤入。讀朱文公文集曰。以最後得胡文定家寫本上下篇爲正。而去吴中板本增多之百餘章。又得其遺語三十餘章。别爲一篇。凡定著三篇。今所傳三卷本是也。論語解自序。南軒以爲前面説得甚好。但後面説與天地同流處太多。所以啓學者想像不帖實之心。朱文公曰。上蔡説詩須識得六義。體會而諷詠以得之。此卻是會讀詩。又曰。所著論語説及門人所記遺語。皆行於世。如以生意論仁。以實理論誠。以常惺惺論敬。以求是論窮理。其命理皆精當。最爲得其要領。輯上蔡學案補遺第十八。

謹案。上蔡所著曰論語解。曰論語辨疑。曰論語説。有三名。朱竹垞經義考既録論語解。曰。宋志十卷。未見。又録宋史傳。曰。所著論語説行於世。而胡寅後序曰。上蔡謝公得道於河南程先生。元祐中掌秦亭之教。遂著論語解。意者其一書也。朱文公嘗曰。胡侍郎教人看謝氏論語。以其文字上多有越發處。又案。上蔡説詩。其書亦未見。謹攷而誌之。

龜山師事二程。南軒稱其息邪説。距詖行。放淫辭。以承孟氏者。所著周禮辨疑。詩論。書義辨疑。論語解。孟子義。王氏字説辨。神宗日録辨。史論。其自序及單詞隻句尚可裒録。攷年譜。又著周易解義。春秋義。中庸解義。莊子解。其書未見。三經義爲八十一歲作。見年譜。高宗以爲甚當理。見正編陳淵傳。所謂三經義者。卽春秋義。詩義。孟子義也。詩論卽詩義。更編次二程粹言二卷。蓋以明道之言善開發人。伊川之言卽事明理。讀者不能驟窺其要。記者又意爲增損。因分爲十篇。程氏一家之學。觀於此思過半矣。輯龜山學案補遺第十九。

謹案。張伯行審定楊文靖全集。卷首載有年譜。臒軒先生或未之見。其著述如周易解義。春秋義。中庸解義。莊子解。均未及。因補之。

廌山遺書多不傳。見於龜山墓銘。曰中庸義一卷。詩二南義一卷。論語孟子雜解各一卷。文集十卷。攷之年譜亦合。惟久無完本。世所行者乃掇拾各書合爲四卷者也。見正編馮雲濠案語。其言曰。凡爲天下之常道。皆可名爲經。而民彝爲大經。經綸者。因性循理而治之。無汩其序之謂也。又曰。以德行言曰中庸。以性情言曰中和。見正編兼山學案。伊川稱其德宇睟然。問學日進。政事亦絶人遠甚。見龜山所撰墓誌銘。蓋誠於中。形諸外。道學足以覺斯人。餘潤足以澤天下。不究所用。士論共惜之。輯廌山學案補遺第二十。

得程門之傳者惟和靖爲最正。此黄東發之言也。和靖一生轉徙患難。全家死虜禍。僅以身脱。周紫芝贊之曰。誦聖人之言。行聖人之道。退不以矯。進不以躁。用能隨隱顯。以無心歷險夷。而一操其手筆。朱文公辨之。中有伊川先生爲中庸解。疾革。命焚於前。門人問焉。伊川曰。某有易傳在足矣。何以多爲。朱文公曰。專恃易傳。遂廢中庸。吾恐先生之心不如是之隘也。所説頗當。然答許順之書曰。論語。尹先生説句句有味。可更翫之。不可以爲常談而忽之也。固深佩其爲人。所著論語孟子解。而陳直齋書録解題僅録孟子解。其門人王時敏別編和靖集八卷。輯和靖學案補遺第二十一。

兼山深於易。謂中爲人道之大。以之用於天下國家。又云。極天下至正謂之中。通天下至變謂之庸。程子嘗謂㊀中庸作注。而屬兼山以書傳之。見正編。兼山易解亦得之於程門。其解艮曰。艮內外皆止。是內止天理。外止人欲。如門限然。在外者不得入。在內者不得出。朱文公嘗稱之。剖析義理與程傳相似。其謂易之爲書。其道其辭皆由象出。未有忘象而知易者。尤爲至言。輯兼山學案補遺第二十二。

震澤之學。實啓象山。和靖之亞也。與延平亦近之。作論語集解。未成而卒。其自述曰。讀書須求聖賢。所以反覆翫味。優游涵泳。期於默識心通然後爲學。惜全書未見。又有易傳。曾鏤板於慈谿。見正編本傳馮雲濠案語。今亦未見。記善録而外。其説禮尤精。然不徼名當世。世亦罕知之。章憲銘其墓曰。淳一不雜。故得之深。不事表襮。故所養厚。其治事從容而中理。其從政必盡其能。其莅民必極其惠。輯震澤學案補遺第二十三。

㊀「謂」當爲「爲」。

程門高弟。不止謝游楊尹郭張。如劉質夫。李端伯。吕與叔。所造尤深。所得尤粹。朱文公嘗言之。侯師聖議論聖學。必以中庸爲至。而羅欽順以侯氏説中庸。謂孔子問禮問官。爲聖人所不知。似乎淺近。未得爲至。然推而言之。固無害也。周叔忱。周伯温。伊川既稱其氣質純明。可以入道。而與伊川問答。悉合妙理。猶可案也。馬時中勇於爲義。而恥以釣名。凡所建明輒削其稾。吴敦仁嘗爲御史。以言事被逐。解孟子乍見孺子曰。乍見字極有意義。惜其名僅見道命録。而學説之傳者寥寥焉。輯劉李諸儒學案補遺第二十四。

晉伯與弟和叔與叔。俱遊張程之門。伊川稱晉伯老而好學。横渠亦稱其篤實有光輝。上蔡曰。晉伯弟兄皆有見處。蓋兄弟既多且貴而皆賢者也。見正編晉伯傳。晉伯和叔並授大程之教。上蔡爲講論語。晉伯正襟肅容曰。聖人之言行在焉。吾不敢不肅。和叔於横渠爲同年友。心悦而好之。教先以禮。條爲鄉約。關中風俗爲之一變。朱文公嘗就藍田鄉約增損之。性純厚。易直强明。與叔深醇近道。伊川既稱其風力甚勁。又稱其敦篤。見正編與叔傳。精於禮。有儀禮説。禮記説。中庸解。又作書傳十三卷。佚。范巽之序正蒙。謂不得已而作。蓋閔道之不明。斯人之迷且病也。游景叔。有文集十卷。奏議二卷。惜未見。种彝叔。性寡默。與中朝士大夫多不合。尹和靖獨許其可爲將相。張芸叟。畫墁集而外。有易論。田誠伯守關學最專。謂讀經當先看説。薛景庸。邵彦明。潘庸仲。其事莫詳焉。輯吕范諸儒學案補遺第二十五。

永嘉九先生。周浮沚。許横塘。劉元承。劉元禮。戴明仲。趙彦昭。張子充。沈彬老。蔣元中也。鮑敬亭輩七人。其五人皆及程門。浮沚有文集行世。又有經解。其作座右銘曰。汝立志必高而宏。汝學道必思而行。勸學文曰。士之所貴者以學而已。易講義。禮記講義。論語皆有序。全書惜未見。橫塘孝弟慈祥。忠厚樂易。鄉人化其德。縉紳推其賢。平居與人言如不出諸口。臨事則毅然有不可回奪之操。二劉皆官御史。元承㊀劾蔡京。元禮㊁追餞道鄉。葉水心題二劉集謂。爲俊豪先覺之士者也。明仲孝友直諒。彥昭有顏子之稱。其論學大意。朱文公以爲甚佳。而猶欲進之以窮理工夫。彬老辨是非。毅然不可奪。元中嘗言。道不以無經亡。不以有經存。聖人作經。爲求道者設也。鮑敬亭與伊川問答語。於死生始終得造化之妙。永嘉諸子傳洛學。實兼傳關學。輯周許諸儒學案補遺第二十六。

天悅瑰瑋博達。知伊闕縣有異政。司馬溫公嘗贈以詩。年世與康節相等。子望有觀洛城詩呈康節。康節和之。子堅爲子望之弟。調知鄞縣。康節擊壤集有寄鄞江知縣張太博詩。吾郡志作張珣。珣乃峋之誤。有云。長憶當年掃敝廬。弟兄同受策名初。是昆季皆學於康節之證。應之兄弟。安貧樂道。元豐中應之爲河南推官。時康節已没。伯温以兄拜之。蓋康節視之猶子也。士彥學行別無可考。子發説論語。士人樂聽之。孝傑從康節最早。皆百源之嫡傳也。輯王張諸儒學案補遺第二十七。

㊀「承」當爲「禮」。

㊁「禮」當爲「承」。

武夷由上蔡私淑程子。上蔡未以門弟子接之。見正編臒軒案語。父諱淵。寫論語尚書。終帙一無差舛。吴羡門以女妻之。生武夷。武夷過丫頭巖。有思先大夫詩。蓋宦游荆楚歲久。紹興初。因徙家衡嶽之下。築碧泉書堂。著春秋傳。卽在此時。又嘗修資治通鑑舉要補遺若干卷。春秋傳序云。公好惡則發乎詩之情。酌古今則貫乎書之事。興常典則傳乎禮之經。本忠恕則導乎樂之和。著權制則盡乎易之變。又著時政論凡十有二。裨益治道。朱文公曰。傳道伊洛。志在春秋。著書立言。格君垂後。無愧古人。輯武夷學案補遺第二十八。

張橫浦云。温公一傳而得劉器之。再傳而得陳瑩中。又攷通鑑。龜山在東郡。先達陳瓘鄒浩皆以師禮視之。陳鄒二先生既稱先達。不得在門人之列。然固龜山學侶也。瑩中著尊堯集於合浦。更著之四明。始以爲無憾。尊堯集取王氏日録編類得六十五段。釐爲八門。又著易説一卷。嘗質之劉器之。不全出邵子也。道鄉立朝大節。在諫立劉后。論章惇二事。所著繫辭纂義。孟子解義。道鄉集四十卷。又游程門。與游楊比肩。尤講慎獨之學。輯陳鄒諸儒學案補遺第二十九。

紫微自少時既承家學。心體而身履之幾三十年。仕愈躓。學愈進。所著春秋解。童蒙訓。師友淵源録。官箴而外。嘗撰雜録。又學山谷爲詩。作江西宗派圖。紫微詩話。朱文公曰。吕公之言。所以發明講道修身之法詳矣。學者審其先後緩急之序而用力焉。其入聖賢之域也孰禦。輯紫微學案補遺第三十。

謹案。補遺録少年無輕議人。無輕議事一條。已見正編。應删。

漢上易集傳而外。尚有卦圖三卷。叢説一卷。所敘圖書授受。其説頗爲後人所疑。宋世皆以九數爲洛書。十數爲河圖。漢上用劉牧説者也。與諸儒互異。又有詩説。謂全篇削去者二千六百九十四篇。如貍首曾孫之類是。篇中删章者。如唐棣之華。偏其反而。豈不爾思。室是遠而是。章中删句者。如巧笑倩兮。美目盼兮。素以爲絢兮是。句中删字者。如誰能秉國成。不自爲政。卒勞百姓是。輯漢上學案補遺第三十一。

默堂蓋龜山之回騫也。輕一身如鴻毛。嫉權臣如犬彘。國論未定。死且弗恤。故讜言一發而身已斥去。有默堂集五十卷。今行於世者爲二十卷。其門人沈度序之。楊誠齋又序之。其辭質而達。其意坦而遠。其氣暢而幽。至於立朝廷。當言責。正君心。排權臣。蹇蹇不折也。其論及程王二學之是非。謂自古及今。唯有一是。大哉言乎。輯默堂學案補遺第三十二。

豫章傳河洛之學於龜山。不爲世所知。延平冥心獨契。於是退而屏居。謝絶世故。餘四十年。簞瓢屢空。怡然有以自適也。見正編延平傳。蓋豫章既教學者静坐中看喜怒哀樂未發作何氣象。不惟於進學有方。兼爲養心之要。故發爲議論。有曰。周孔之心使人明道。果能明道。則周孔之心深自得之。三代之才得周孔之心。而明道者多。漢唐以經術古文相尚。而未得周孔之心。於是明道者寡。黄棃洲謂此是一條血路。可謂知言。龜山荅胡康侯書云。仲素死於道途。行李亦遭賊火。可見豫章著述殁後即散亡。春秋指歸止存其序。猶賴遵堯録。二程語録及雜著。議論要語未盡泯滅。經世大略。禔躬要旨。猶可次第尋繹。見豫章集鍾體志識。延平教人學問。在深潛縝密。然後氣味滋長。朱韋齋遣子元晦從之遊。延平言其力行可畏。學於羅先生得入處。後幾放倒。得渠極有益。所著延平問答一卷。文集三卷。輯豫章學案補遺第三十三。

謹案。豫章延平似應分立兩學案。豫章任道之重。延平樂道之眞。傳之朱子。道統歸之。謝山之論豫章。非也。其編學案。延平始與豫章合。稱曰豫章延平學案。後定序録。則專稱豫章。亦非。補遺悉仍謝山之舊。壽鏞既有所見。因攷而誌之。○又案。豫章文集可取補之者尚多。讀學案者。宜取文集十二卷細讀之。可知豫章之學矣。

横浦之學亦私淑於濂溪。故學問於平淡處得味。然嘗引伊川語曰。中庸所謂博學。審問。愼思。明辨。篤行五者。廢其學。則非學矣。又曰。行見於實效。知止於説辭。則其用力尤在於行。所著有尚書大學中庸孝經説。無垢録。横浦心傳。見正編横浦傳馮雲濠案語。今傳於世有孟子傳二十九卷。横浦集二十卷。其可哀集者如書説。如中庸説。朱文公嘗辨之。而孟子傳則發明義利經權之辨。著孟子尊王賤霸有大功。撥亂反正有大用。其言切近事理。居横浦久。自號横浦居士。輯横浦學案補遺第三十四。

衡麓從侯師聖游。復從龜山。是又侯氏門人也。崇正辨而外。其語要中如論敬爲禮之實。不敬則威儀俯仰與俳優之戲何殊。辭受取舍與市道之交奚辨。又曰。曰荒。曰怠。曰豫。曰縱。曰敖。曰慢。曰戲。曰侮。皆敬之反。曰愼。曰儆。曰畏。曰祇。曰寅。曰肅。皆敬之發。可謂至理名言。所著崇正辨三卷。斐然集三十卷。讀史管見二卷。論語詳説未見。僅存其序。見朱竹垞經義考。其經説謂。易。詩。書。春秋。先賢以之配皇帝王霸。父子兄弟皆篤信程氏學。衡麓尤以氣節著。輯衡麓學案補遺第三十五。

謹案。衡麓學説。劉荀明本釋多引之。論語詳説序見朱竹垞經義考。補遺未録。應補。

五峯得之上蔡。傳之南軒。其學本於父文定。所著知言而外。有五峯集五卷。又有易外傳。皆以史證經。論語指南。乃取黄祖舜。沈大廉二家之説折衷之。惜其書未見。樓攻媿跋云。讀指南一卷。有曰人有仁不仁。心無不仁。斯言旨哉。見經義考。釋疑孟。則辨司馬温公疑孟之誤。皇王大紀。論禮樂制度以及天産地産。君子小人之消長。則又深明治道者也。知言一書。朱文公雖作疑義。與東萊及南軒互相辨。然嘗稱其思索精致處殊不可及。輯五峯學案補遺第三十六。

白水學易於譙天授。已而見劉元城。楊龜山。皆請業焉。見正編白水傳。自幼强學。日誦數千言。亂後。乃即建陽近郊蕭屯别墅結草爲堂。讀書其中。朱文公稱其隨材施教。娓娓無倦。籍溪論天下事。慷慨灑涕。爲建州教授。詔告諸生以古人爲己之學。初與白水同隱。又與劉屏山。朱韋齋交。韋齋將没。屬其子文公並受學。文公自謂從三君子遊。而事籍溪最久。見正編籍溪傳。少從叔文定傳論語。所著論語會義。佚。見經義考。屏山深於易。與胡原仲。劉致中爲道義交。天姿卓異。而屬意高深。與人交淡而耐久。朱文公稱其文辭之偉。足以驚一世。精微之學。静退之風。足以發蒙蔽。所著有屏山集二十卷。其聖傳論則歷述道統。虞道園所謂以顔子之學爲學者也。輯劉胡諸儒學案補遺第三十七。

豐國趙公。奮自聞喜諸生。獨能學邵氏於其子。學程氏於其門人。生死以之而弗變。相其君於危難之閒。庶幾行其道。而竟以貶死。有文集行世。其家訓可與温公家範並傳。魏國張公。平生心事無一念不在君親。而其學又以虛靜誠一求之於天爲本。一生不主和議。所著有紫巖易傳。立言純粹。凡說陰陽動靜。皆適於義理之正。又有雜說十卷。書。詩。禮。春秋。中庸。各有解。文集十卷。奏議二十卷。見正編紫巖傳。陳邦彥。質實無僞。莊毅有守。論剛德一疏。尤在核名實。公黜陟。芮國器。渾厚正直。恢閎俊軼。所著易傳一卷。奏議二卷。雜文七卷。正編國器傳全謝山案語。陳少南。性簡重。言動有準。所著書傳三十卷。詩傳二十卷。管見集十卷。羅浮集二卷。見正編少南傳。輯趙張諸儒學案補遺第三十八。

謹案。補遺於張紫巖引王阮亭居易録朱一是語。應删。朱一是安知紫巖之爲人。壽鏞於讀史識畧詳論之。

香溪神宇泰然。其言經術。如親得聖人而授其旨。爲文辨博而峻整。非志於道而全其氣者。能若是乎。其心箴。朱文公既取以注論語。其耳目箴。悔說。讀周禮。應天道圖。詩論。周論。洪範論。皆立言之大者。著有香溪集二十二卷。襄陵許崧老邃於春秋。取三家之說。不悖於聖人。著之曰春秋集解。又有論語解。佚玄解十一篇。通温公註爲十卷。倣韓康伯註繫辭會王弼爲全書之例也。見陳直齋書録解題。蕭三顧嘗質疑於孫莘老。不獨程氏門人也。以窮經爲本。又深於春秋。隱居三顧山下。築讀書臺。所著春秋辨疑四卷。宋史藝文志春秋經辨十卷。以統制歸天王。而深戒威福之移於下云。輯范許諸儒學案補遺第三十九。

玉山學綜諸家。見正編玉山傳。少從喻樗。張九成。吕本中。胡安國諸人遊。又與吕祖謙。張栻相善。於朱子爲從表叔。朱子嘗往來商榷。故孝經刊誤援應辰之言以爲據。以上書忤秦檜。困頓州郡者凡十七年。見清四庫文定集案語。嘗曰。學無大小之分。小學蓋所以爲大學也。孔子曰。温故而知新。可以爲師矣。又曰。下學而上達。使局於一技而無知新上達之功。則不免於藝成而下。致遠而泥矣。所著文集五十卷。今存二十四卷。朱文公稱其晚年德成行尊。近世名卿鮮有能及之者。輯玉山學案補遺第四十。

閩自龜山載道而南。傳羅李朱。其宗爲盛。而私淑信伯。傳莆侍郎林光朝。光朝聞陸子正得程門尹氏之學。又與之遊。及吕張朱並鳴。爲先輩而號南夫子。歸莆以講于東井紅泉間。閩之洛學又其宗也。見鄭氏福清儒林傳。艾軒曰。易不畫。詩不歌。無悟入處。王伯厚困學紀聞引之。又曰。文王演易。變而爲卜筮書。箕子作洪範。流而爲災異五行之説。聖人之經何其不幸也。所著有艾軒集九卷。輯艾軒學案補遺第四十一。

晦翁年二十四。始學於李延平。初。韋齋雅敬延平。故晦翁往師之。嘗言自見李先生。爲學始就平實。延平稱其進學甚力。樂善畏義。吾黨鮮有。乾道八年。成論孟精義。資治通鑑綱目。西銘解。九年。成太極圖傳。通書解。程氏外書。淳熙四年。成論孟集注及或問。作周易本義。詩集傳。注易詩皆兩易稿。易學啓蒙。孝經刊誤。輯小學書。作大學慶元四年。以時禁避居東陽。改定大學章句。中庸章句。晦翁著述綦富。不備録。其作楚辭集證。蓋因淳熙閒趙汝愚永州安置。至衡州而卒。故爲之註離騷。以寄意焉。見周密齊東野語。家禮或疑非晦翁作。然爲考禮者所不廢。朱陸學派縱有異同。晚年定論可按焉。後儒不知文公之博大。至以論人於無過中求有過詆之。誠妄論也。輯晦翁學案補遺第四十二。

謹案。補遺采王士禛居易録。謂晦翁論人於無過中求有過。校及此。當時吾友夏同甫主刪。壽鏞以漁洋詩人也。既不知張紫巖。又不知朱晦翁。録之適以見其陋。何損於張朱二公乎。因仍其舊。今並誌之。

南軒之學。得之五峯。論其所造。較五峯更爲純粹。蓋由其見處高。踐履又實也。朱文公生平相與切磋得力者。東萊。象山。南軒數人而已。見正編南軒學案黄梨洲案語。著有論語解。宋志十卷。今存癸巳論語解。亦十卷。孟子説。宋志十七卷。今存癸巳孟子説。凡七卷。易説。今存有易説三卷。初刊僅託始繫辭。嘉興曹溶所寫。佚其上卷之上。詩書太極圖説。經世編年等書。見正編南軒傳。攷論語説自序云。秦漢以來。學者失其傳。其間雖有志於力行。而不知不明。擿埴索塗。莫適所依。輒因河南餘語。推以己見。輯論語説。又孟子説自序云。舊説多不滿意。從而刪正之。題曰癸巳孟子説云。輯南軒學案補遺第四十三。

謹案。補遺所録孟子講義序及癸巳孟子説序。與見於經義考者不同。是孟子講義卽舊説也。而孟子説序應補。

東萊始從林拙齋。汪玉山。胡籍溪游。與朱晦庵。張南軒友。講索益精。見正編東萊傳。蓋婺之學。陳氏先事功。唐氏尚經制。吕氏善性理。三家者惟吕氏爲得其宗。黄溍送曹順甫序。吕氏自正獻公踐修相業。其子滎陽公實受業程子之門。是生成公。本諸家庭文獻之淵源。博諸四方師友之講習。其學以孝弟忠信爲本。收斂持養爲要。著書立言。皆以羽翼六經。而尤長於史。無非明民至理。經世大法。見王褘記思孅人辭後。著述綦富。如春秋左氏傳説。春秋左氏續説。家塾讀詩記。大事記。其尤著也。宋史不入道學傳。陋矣。輯東萊學案補遺第四十四。

艮齋之學。自成一家。其説詳於古今之經制。春秋經解指要。尤爲傳注之所不可及。而足以發明遺經者也。又著書古文訓義。詩性情説。大學説。論語少學。論語約説。自序均見經義攷。直解卽約説。伊洛禮書補亡。伊洛遺禮。通鑑約説。漢兵制。九州圖志。武昌士俗編。校讎陰符。山海經。風后握奇經。見正編艮齋傳馮雲濠案語。今更得其周禮説。皇極解。中庸解。其彙合者爲浪語集三十五卷。艮齋少師事袁道潔。傳河南程氏之學。晚復與朱文公。呂東萊相往來。然文公喜談心性。而艮齋則兼重事功。所見微異。蓋浮沚開其源。而艮齋道其流也。輯艮齋學案補遺第四十五。

止齋入太學。所得於東萊南軒爲多。全謝山奉臨川帖子。實從艮齋分派而非弟子。見正編止齋學案序録臒軒案語。其學以通知成敗。諳練掌故爲長。自三代秦漢以下。靡不研究。一事一物必稽於實而後已。不涉植黨爭名之私。最稱篤實。所著周禮説三卷。春秋後傳左氏章指四十二卷。毛詩解詁二十卷。建隆編一卷。讀書譜一卷。西漢史鈔十七卷。止齋文集五十二卷。見正編止齋傳馮雲濠案語。所謂經筵孟子講義。見正編。其書未見。趙東山春秋集傳序云。宋人説春秋者。最推止齋。稱其以公穀參之左氏。得春秋之要。輯止齋學案補遺第四十六。

水心自言童孺事二劉公。著作劉夙。正字劉朔。既與彌正夙之子。爲友。見水心撰二劉公墓誌。是及登二劉之門。又爲東萊弟子。見謝山困學紀聞三箋。其與薛子良書曰。讀書不知接統。雖多無益。爲文不能開教。雖工無益。篤行不合於大義。雖高無益。立志不存於憂世。雖仁無益。水心之學可知矣。陳同甫稱其俊明穎悟。視天下事有迎刃而解之意。而惜其力量不及。見正編。至薄子思孟子。亦賢者之過。宋史傳以韓侂胄之開兵端。而憾其未能曉以利害禍福。是未攷水心開禧二年上寧宗劄子。誠宜深謀。誠宜熟慮之語也。全謝山嘗作詩辨之。若夫方回。妄人也。其詆水心。直無人心矣。所著有習學記言五十卷。是書凡經十四卷。諸子七卷。史二十五卷。文鑑四卷。名習學記言。見正編臆軒案語。水心文集二十八卷。拾遺一卷。別集十六卷。制科進卷九卷。外稾六卷。荀楊問答。見正編馮雲濠案語。

輯水心學案補遺第四十七。

同甫既修皇帝王霸之學。上下三千餘年。考其合散。發其祕藏。見聖賢之精微。常流行於事物。儒者失其指。故不足以開物成務。其說皆今人所未講。葉水心龍川集序。朱文公雖不與。而亦不能奪也。嘗習文字於周立義。周葵。宜興人。著酌古論。時立義爲郡守。得之。相與論難。奇之曰。他日國士也。及立義爲執政。朝士白事。必令揖同甫。因得交一時豪俊。見宋史同甫傳。何澹憾同甫訕議。欲中以死罪。他日卽排擊道學。凡爲小人未有不惡才士者。見宋史紀事總議。所著經書發題而外。如中興論。酌古論。三國紀事。均見龍川文集。今存龍川集三十卷。壽鏞藏有陳同甫集兩種。一嶺南壽經堂本。一卽局刻本。皆三十卷。輯龍川學案補遺第四十八。

陸先生諱賀。字道卿。究心典籍。見於躬行。生六子。長九思。字子彊。著有家問一卷。次九敘。

字子儀。號五九居士。許魯齋云。處士以治家成諸弟之學。次九皐。號子昭。率諸弟講學。從游者多有聞。次即梭山而復齋。象山。又次之。梭山日記而外。如格言。如訓戒子弟。韻語。包文肅所謂篤信聖經。見之言行。推之家法者也。復齋文集。萬曆中文淵閣尚有之。今則亡矣。見正編謝山案語。每談事必以論語爲證。少有大志。而深純浩博無涯涘。尚高古而能處俗。辨析精微而能容愚。見象山撰行狀。覽書無滯凝。繙閲百家。晝夜無倦。朱文公曰。送伯恭至鵝湖。陸子壽兄弟來會。講論之閒。深覺有益。復齋先卒。象山次之。梭山最後。輯梭山復齋學案補遺第四十九。

謹案。臨川李紱編陸子學譜。卷五家學。於梭山復齋及其諸兄言行。采録甚詳。可資補證。並誌之。

象山之學。以尊德性爲宗。謂先立乎其大。而後天之所以與我者。不爲小者所奪。夫苟本體不明。而徒致功於外索。是無源之水也。同時紫陽。則以道問學爲主。謂格物窮理。乃吾人入聖之階梯。夫苟信小自是。而惟從事於覃思。是師心之用。兩家意見既有不同。各成門户。雖鵝湖一會。意見融洽。然鹿洞之講。太極之辯。鵝湖之會在淳熙二年。鹿洞之講在八年。太極之辨在十五年。仍未能一致。黄梨洲謂象山尊德性。何嘗不加功於學古。紫陽道學問。何嘗不致力於反身。最爲平論。象山教人以辨志爲入門始事。所著有象山集三十二卷。附語録四卷。又有春秋講義一卷。其學遙出上蔡。其於震澤與林竹軒。張横浦。亦皆私淑。輯象山學案補遺第五十。

謹案。象山學術見於陸子學譜者略備。可資攷證。並誌之。

墨莊劉氏。忠厚雍睦。朱文公嘗次其家傳。子孫多爲聞人。胡安定嘗爲墨莊記。清江之父諱滁。好學修飭。爲原父貢父再從孫。周益公有贈劉子和詩。卽清江也。朱文公不及識子和。而識其弟。見朱子文集。所謂其弟。卽子澄也。子和爲孝敬先生。子澄爲靜春先生。子和廉靜寡欲。自音讀訓詁以及近世諸儒論說。無不該貫。張南軒爲銘墓。子澄孝友誠篤。及見朱文公。卽盡取所習辭業焚之。慨然志於義理之學。謝山所謂近人妄以子澄爲朱子弟子者。謬矣。澄字乃和之誤刻。蓋子澄固以書贄文公者也。見正編附録。子澄著有曾子内外雜著篇。訓蒙雜書。外書。戒子通録。墨莊總録等書。見正編靜春傳。今惟戒子録尚存。輯清江學案補遺第五十一。

謹案。謝山序録原底本作靜春學案。後定爲清江學案。補遺仍謝山之舊。管見以爲若定爲清江二劉學案更勝。

金華諸儒。説齋最爲不幸。以朱文公之劾。一若説齋非學人也者。不知説齋乾道七年守台時。發粟振饑。抑奸拊弱。創中澤浮梁以濟艱涉。民至今賴之。朱右題宋濂説齋補傳。此其政績也。讀經於詩最有發明。如以碩鼠爲愛君之至。眞有精思卓識。且篤信詩序。嘗曰。舍序義而言詩。猶適千里而無嚮導也。於春秋謂守公穀傳者如荀揚之言性。摭删三家者三品之説也。舍左氏而觀春秋。毋乃不知而作乎。於周禮謂先王太平之典之僅存者。古文質互見。官有不常設。禄有不兩受。觸類而長。無不適者。於禮記則以爲曲折細微。皆道所寓。於論語以爲漢儒數十家。大抵訓詁通而已。以爲聖道深遠。未易以言語發明。略著大義。使學者自求而自得之。此其學術也。至帝王經世圖譜。昔爲十卷。今所釐訂者爲十六卷。曲暢旁通。具有條理。則尤經制之書。非空談義理者所能及。説齋學有根柢。博贍詳明。蘇平仲稱其不惟史學絶精。而尤邃於諸經。天文地理。王霸兵農。禮樂刑政。陰陽術數。郊廟學校。井野畿甸。莫不窮探力索。而會通其故。不啻若親身見之。輯説齋學案補遺第五十二。

子宜言行。宋史本傳悉本葉水心墓誌。其棄而未收者尚十之五。其所學自然合道。近取日用之内爲學者開示。李紱編陸子學譜。更輯其事蹟書問。可以考證其本末。慈湖祭之曰。子先我覺。導我使復親象山。以學所造。益可知已。定大策於甲寅之初。公同其憂而不同其樂。排大難於甲寅之後。公與其危而不與其安。東發又所以致歎也。叔向學似象山。而温厚簡直。魏益之教叔向以獨立於物之初。忽大悟。遂以師道歸益之。常自言用功益難。進道愈遠。蓋不以悟自足也。見正編叔向傳。白石原名宏。居白石巖。因以爲號。所著白石詩傳二十卷。魏鶴山序之。稱其約文述指。又别爲詁釋。如爾雅類例者。使人便於習讀。輯徐陳諸儒學案補遺第五十三。

西山之於紫陽。猶子宜之於象山也。西山既師事之。而紫陽顧曰。季通吾老友也。虞道園曰。情義均骨肉。學問則師友。其事蹟見乎當時。講明傳乎後世。炳如也。其大者如河圖洪範之説。太極經世之旨。所以輔益於朱文公者不少。其支餘如名物律曆相地。亦非淺學所盡知。濂溪出而道學盛。則生一邵子而知數學。紫陽出而理學明。則生一季通而知數學。非偶然也。朱文公與西山書最多。蓋中庸。詩傳。孟子。啓蒙。河洛九疇。律吕新書。禮書。琴史。樂説。曆議。律書。步天歌。通書。西銘。綱目。祭禮。無不商榷云。輯西山學案補遺第五十四。

勉齋少無師承。踰冠及劉靜春之門。因命受業朱文公。自見文公後。夜不設榻。不解帶。少倦則微坐一椅。文公以其子妻之。聖賢道統傳授總敘説。中庸總論。中庸總説而外。今所傳文集凡四十卷。是集講義經説三卷。雜文三十六卷。詩一卷。其雜文凡守郡公移案牘之辭皆在焉。昔朱文公作竹林精舍成。嘗遺之書。有他日便可請直卿代即講席之語。勉齋亦能堅守師説。始終不貳。文章質直。不事雕飾。而氣體醇實。儒者之言也。晚年入廬山訪其友李燔。陳宓。相與盤旋玉淵三峽間。俯仰其師舊迹。紫陽學統歸之。輯勉齋學案補遺第五十五。

潛庵始從東萊遊。已問學於朱文公。端方而沈碩。朱文公曰。當此時立得腳定者甚難。惟漢卿風力稍勁。所著有語孟學庸答問。四書纂疏。六經集解。詩童子問。通鑑集義。潛庵日新録。師訓編。見正編潛庵傳。今惟詩童子問尚傳。餘皆未見。語溪人有宗輔録一編。所集潛庵語。皆浮淺庸人之筆也。見正編謝山案語。今可哀集者。詩説而外。若禮記説。若論胡季隨湖南答問語。皆所謂味衆人之所不味者矣。所傳之學。蜀則有魏鶴山了翁。閩則有熊勿軒禾。陳后㊀堂普。吾東浙自韓恂齋翼甫。傳子莊節性。余端臣。再傳而有黄文潔震。逮至有明。傳其學者不絶。見正編謝山案語。輯潛庵學案補遺第五十六。

木鐘少師水心。後從朱文公學。其言善問如攻堅木。善待問如撞鐘。因名所著曰木鐘集。木

㊀「后」當爲「石」。

庸章句未著於國學也。蓋其時四書集註學春秋一卷。近思雜問一卷。史一卷。皆彙輯焉。其説大學中庸。列禮記之中。凡論語一卷。孟子一卷。六經總論一卷。周易一卷。尚書一卷。毛詩一卷。周禮一卷。禮記一卷。而起冒爲之念。爲科舉言也。而凡百作爲何莫不然。木鐘集十一卷。雖以集名。而實則所作語録。鐘之父諱煜。工屬文。善持論。爲葉水心所推重。木鐘嘗言。不合程度而萌僥倖之心。不守尺寸

庸章句未著於國學也。輯木鐘學案補遺第五十七。

黄巖杜先生椿。學以厚其質。不爲浮華枝葉之言。二子。煜卽南湖。知仁卽方山也。兄弟學於石克齋磬。克齋致之於紫陽。南湖事紫陽十餘年。教以反躬力索。蓋反躬以力索。力索而又反躬。循環無端。表裏精切。則豁然貫通。南湖有文集行世。曾孫則卿所編也。車玉峯序之。方山亦有意於切問近思之學。朱文公嘗教以道卽事物。當然不易之理。若見得破。卽隨生隨死。皆有所處。輯南湖學案補遺第五十八。

朱文公以傳書者。蘇氏傷於簡。林氏傷於繁。王氏傷於鑿。吕氏傷於巧。嘗作書説未果。遂以屬九峯。洪範之數。學者久失其傳。西山獨心得之。未及論著。亦曰。成吾書者沈也。九峯沈潛反覆者數十年。然後克就。卽書集傳中之範數序疇傳是也。然草廬序董氏尚書輯録纂註。頗疑集傳前後牴牾。以爲洪範以後殆非九峯手筆。書集傳六卷。小序一卷。朱子問答一卷。問答一卷。文佚。蓋自慶元己未。朱文公屬之作書傳。嘉定己巳書成。淳祐中。其子抗奉進於朝。九峰嘗曰。平居仰觀俯察。瞭然有見於天地之心。萬物之情。反求諸躬。衆理具備。信前聖人之不欺予也。足

以證其所造矣。輯九峯學案補遺第五十九。

北溪於朱門之中最爲篤實。其文章亦質樸眞摯。無所修飾。元王環翁序以爲。讀其文者。當如布帛菽粟。可以濟人之饑寒。生平大旨在鍼砭金谿一派。如集中道學體統等四篇。似道似學二辨。皆在嚴陵所作。反覆詰辨。務闡明鵞湖會講之緒論。亦可謂堅守師説者矣。所著有論孟學庸口義。字義。詳講。禮。詩。女學等書。今行於世者。字義及文集五十卷。輯北溪學案補遺第六十。

晦翁學派自西山蔡氏。勉齋。潛庵。木鐘。南湖。九峯。北溪諸學案外。謝山序録並歸滄洲諸儒學案。見正編滄洲諸儒序録臒軒案語。李敬子居家講學。與黄勉齋並稱。世謂之黄李。其釋知慮。謂慮乃知之尤精。而心思所值。無不周悉。又云。知則知其當然。慮則并極其未然。張元德所交皆名士。如吕祖儉。黄幹。趙崇憲。吴必大。輔廣。李道傳。李燔。葉味道。李閎祖。李方子。柴中行。眞德秀。魏了翁。李皐。趙汝讜。陳貴誼。杜孝嚴。度正。張嗣古之流。見宋史道學傳。所著有春秋集註。春秋集傳。左氏蒙求。讀通鑑長編事略。見正編元德傳。朱文公深駁胡氏夏時冠周月之説。元德之傳春秋。以春爲建子之月。與左傳王周正月義合。申㊀氏腳氣集乃深以張氏改從周正爲非。門户之見。殊不足據。廖槎湖㊁以剛嚴毅直之質。老而愈厲。著有文公語録。春秋會要。

㊀「申」當爲「車」。
㊁「湖」當爲「溪」。

槎溪集。朱文公答書嘗謂一一皆契鄙懷。李果齋嘗撰朱文公行實。謂夫子之經得先生而正。夫子之道得先生而明。劉後村所謂尊師説是也。其餘若徐毅齋。並講吕氏之學。所著有讀易記三卷。讀詩記詠一卷。雜説一卷。文集若干卷。又有尚書括旨。劉雲莊所著東宮詩解。易經説。禮記解。劉睦堂有四書問目。曹簡甫有輿地綱目十五卷。昌谷類稿六十卷。經幄管見七卷。世以朱門弟子論學統。勉齋爲第一。論經濟大略。簡甫爲第一。詹元善沈潛經訓。徧考羣書。誦説百家。尤屬意星曆。著象數總義。其學眞西山傳之。皆其尤著者也。輯滄洲諸儒學案補遺第六十一。

南軒之高祖諱文矩。依外家於漢之綿竹。今綿竹之張皆其高祖所自出。見南軒文集夔州路提點刑獄張君墓誌。其後徙廣漢。又遷衡陽。南軒從五峯問程氏學。五峯既歿。在湘中講學五載。見南軒集答陳平甫書。而季隨實爲五峯季子。謝山所謂胡盤谷輩。嶽麓之巨子是也。湖湘之學以季隨與吴畏齋爲第一。南軒卒。其弟子盡歸止齋。季隨亦受業焉。又與朱文公問答。其語猶可攷也。更與周允升。宋深之相聚。從戴岷隱遊。南軒名其讀書之室曰勿齋。而爲之説。見南軒集卷十八。而南軒答季隨書六七均載集中。彭子壽性資剛方。學識正大。而議論尤爲簡嚴勁直。晚既投閒。專以養性讀書爲事。扁所居曰止堂。悠然自得。所著内治聖鑒二十卷。訓蒙經解。奏議外制并表牋雜著。宋史藝文志載集爲四十七卷。今傳者二十卷。吴畏齋以父康年受知紫巖。因得交南軒。遂從南軒遊。又獲親炙紫陽。而東萊與語亦奇之。兼成都府事。揭朱文公白鹿書院學規以誨學者。所著畏齋集六卷。今佚。畏齋有得於南軒求仁之學。惜乎不能大受之也。游默齋早從南軒游。晚復事紫陽。遇之如黃直卿。

有默齋遺稿二卷。今存。其學傳授於劉漫塘。宋史不著漫堂之學所出。非也。受齋與兄默齋自爲師友。魁傑士也。著有受齋集。陳後村嘗序之。劉漫塘與王實齋學造本源。志存經濟。黄東發嘗爲文以祭。輯嶽麓諸儒學案補遺第六十二。

南軒雖爲蜀人。而不獲與蜀之士處。見於答陳平甫書。南軒文集卷二十二。嘗名華陽宇文挺臣之齋曰顧。且爲之銘。見南軒文集卷三十六。挺臣蓋親登南軒之門。而傳其遺言者也。顧值權臣陵壓。罔克自靖。凡其尊主庇民之盛心。推賢揚善之雅志。未能有所展布。爲可惜也。范文叔爲榮公之曾孫。非華陽之孫也。朱文公吕東萊皆推敬之。晚年講學二江之上。南軒之教遂大行於蜀。見正編文叔傳。陳平甫天資剛毅。直諒士也。南軒未識平甫。嘗聞之友魏倓㈠之元履。爲潔白堂記。稱其奉對大廷。蓋盡言無隱者。更稱其孜孜然志於古。又嘗答其書。勉以毋忽於卑近。以卒至於遠大。見南軒文集卷二十六。平甫又請南軒論猶子然。物色明道横渠之後。挈與偕行於綿竹義莊内。月加廩給。然後隨其資性。漸教以學。南軒答以不敢忘。見南軒文集卷三十。謝山謂與南軒蓋友朋之列。證以書中足下之稱可信也。惜其著述之無所傳耳。若黄兼山篤信力行。紹熙二年。雷雪交作。上封事。又以光宗不過重華宫。以八事奏之。所著兼山集四十卷。論天人之理。性命之源。皆足以發明伊洛之旨。楊浩齋孝友端慤。雖不及登南軒之門。而師友淵源實自之。所著浩齋集。魏鶴山序之。

㈠「倓」當爲「掞」。

程滄洲著有奏議。高恥堂序之。其兄克齋嘗著春秋分記九十卷。皆有功蜀學之著者也。輯二江學案補遺第六十三。

謹案。嶽麓二江兩學案。所以著南軒弟子之盛。而南軒在湘中講學凡五載。於蜀爲祖籍而不獲與蜀之士處。陳平甫在朋友之閒而非弟子。均可於南軒文集攷證之。今皆著録。蓋亦補腰軒之闕也。

東萊學派。二支最盛。一自徐文清再傳而至黃文獻王忠文。一自王文憲再傳而至柳文肅宋文憲。皆兼朱學。爲有明開一代學緒之盛。故謝山云。四百年之所寄云。見正編麗澤諸儒學案序録腰軒案語。

葉子應事蹟。謝山本諸黃文獻所撰葉審言墓誌。見黃文獻集卷二十三。子應之子名榮發。亦見葉審言墓誌。然則葉南坡秀發。其子姪也。南坡教授慶元時。與之交者。慈湖而外。則樓攻媿。史獨善。樓迂齋。袁絜齋。著有易說。周禮說及論語講義等書。家學淵源。有自來矣。子應子榮發。孫霖。私淑王埜。曾孫審言。有四勿齋稿。曲全集。迂齋講易。謂伏羲未作易以前。天下之人心無非易。伏羲既作易之後。天下之萬事無非易。王伯厚困學紀聞。其文汪洋浩博。今所編崇古文訣尚存。葛容父初名伯虎。呂成公嘗教以君子行義。俟之而已。由是志見一定。終身不爲事物搖奪。著有涉史隨筆。蟠室集。喬孔山嘗從錢白石游。又爲馬師文門人。師文獨以大任期之。所著有孔山文集。李茂叔一家死難。大節懍然。著有易原。辨經記要。理學統宗要録。伊洛指迷。刪述正編。喪禮解。文集二十卷。詩集八卷。今佚。王元石嘗作日録。眞西山稱其所立有汲長孺王元之之風。自號渾尺居士。取后山詩雖有千丈清。不如一尺渾意也。餘子亦皆卓卓。輯麗澤諸儒學案補遺第六十四。

陸復齋與學者書曰。子静入浙。則有楊敬仲。石應之。宗昭。諸葛誠之。千能。胡達才。拱。高應朝。宗商。孫季和應時。從之游。其餘不能悉數。皆亹亹篤學。尊信吾道。其可喜也。復齋既以慈湖冠首。是陸門嫡傳所屬者矣。朱文公亦稱其簡淡誠慤。而惟惜其自信已篤。袁絜齋謂。自象山殁而自得之學始大興於慈湖。其初雖有得於象山。而日用其力。超然獨見。開明人心。大有功於後學。眞西山稱其從容和樂。未始苟異於人。而清明高遠。自不可及。王伯厚曰。於己易見其潔静精微。於廣居賦見其廣大高明。於過庭訓見其自强不息。於講堂訓之言孝。見其一貫之道。若湛甘泉固未足知慈湖也。嘗著楊子折衷。著述綦富。弟子衆多。別有考。臒軒有慈湖弟子從祀記。徐時榕有慈湖弟子考。壽鏞編慈湖著述考。均附刊慈湖遺書。

輯慈湖學案補遺第六十五。

絜齋淵源家學。父諱文。著甕牖閒評。少有志經濟。每謂爲學當以聖賢自期。仕宦當以將相自任。故其所講明者由體而用。莫不兼綜。謂學不足以開物成務。則於儒者之職分爲有闕。講道於家。以諸經論孟大義警策學者。於書禮論説尤詳。蓋嘗師東萊。友止齋。而究其歸宿。則象山也。見正編本傳臒軒案語。今傳於世者。家塾書鈔十二卷。毛詩經筵講義四卷。絜齋集二十四卷。遺文二卷。

輯絜齋學案補遺卷㊀六十六。

廣平内美充實。有孚盈缶。而卽之若虚。叩之若無。第見坦坦蕩蕩。了無偏倚。蓋師南軒。

㊀「卷」當爲「第」。

二陸。紫陽。東萊。友定川。絜齋。慈湖。攻媿。止齋。而呂子約徐子宜皆其所游者也。有立身之正學。有修身之實行。位不配德。而教行於鄉。聲聞於天下。美境佳趣。風雨漱牀。流俗滔滔。道則在是。黎洲得其殘稿。今所傳類稿四卷是也。定川言行。絜齋著之。周益公又誌墓。少年在鄉校。刻志問學。齋前有竹甚茂。每於竹叢中讀書。音韻洪暢。聽者悚然。兄弟自爲師友。論講切磨。期與古人同。謝山增補學案。別爲之傳。可謂精審。顧於修補呂大愚傳。既曰大愚壬寅至官。去以丁未。而爲定川傳。則未明言在竹洲講學歲月。蔣樗庵則曰改通判舒州。不赴。時史忠定方退休里中。割竹洲宅延居之。一若講學在改判後也者。今攷諸羣書。定竹洲講學在淳熙十年十一年之中。定川之書罕有存者。朱文公謂其大篇短章。鏗金戛玉。猶得於斷殘中見之。壽鏞輯定川遺書二卷。已刊行。輯廣平定川學案補遺第六十七。

謹案。定川言行編爲絜齋所著。袁士杰與絜齋遺文。彙爲袁正獻公遺文鈔二卷。今已刊行。可資攷證。○又案。補遺所錄定川經說。尚有君天下曰天子一條。見衞湜禮記集說卷十一。宜補。

陸子在象山五年閒。弟子屬籍者至數千人。然其學脈流傳偏在浙東。此外則傅夢泉爲第一。見正編梨洲案語。兼參本傳。而以黃元吉與鄧文範爲次。見陸子學譜卷十。謝山修補夢泉傳。本諸包文肅恢祠堂記。見李紱陸子學譜卷九。謂匪獨象山愛之。南軒晦庵咸以爲老友者也。過白鹿書院時。周益公請夢泉講易。益公曰。今日見子淵矣。陳建作學蔀通辨。誣爲失心以死。見陸子學譜李臨川案語。非也。時同邑中與夢泉同志。有若聖謨仲昭。齊賢克明。見陸子學譜。何傅氏多賢也。傅子雲所著文集外。有門人所録講學語一卷。見陸子學諸。又有詩解。孟子指歸。河圖洛書釋義。離騷經解。揲蓍説。張衎編象山遺文。子雲爲之序。見陸子學譜。黄叔豐有荆州日録。彭興宗象山稱其爲私者嘗少。而爲義者嘗多。詹阜民嘗刻慈湖己易於新安郡齋。袁絜齋稱其篤實不欺。陳去華省發偉特。象山曰。去華方是一學者。諸葛誠之講明洛學。孫季和嘗稱其强者也。石天民育德果行。醇粹明白。石應之學於吕陸兩家。孫季和志趣不凡。楊袁之流也。有燭湖集行世。胡達材資稟端良。德宇粹夷。胡崇禮澄坐内觀。此其卓著者也。象山名其讀書之齋曰存家之東。扁曰槐堂。堂前有古槐木。乃學徒講學之地也。輯槐堂諸儒學案補遺第六十八。

謹案。槐堂諸儒見於陸子學譜者。其言行尚可哀集。朧軒未見。宜取學譜補之。

魏鶴山曰。近世朱子發。張文饒。精通邵學。而皆以九爲圖。十爲書。張以邵子爲主。以九宫法參之。卽所謂戴九履一者也。文饒著有七易。謝山修補文饒傳言之詳矣。蓋本諸樓攻媿之説。又惜其書之不盡傳。文饒曰。天下之象生於數。而數生於理。未形之初。因理而有數。因數而有象。既形之後。因象以推數。因數以推理。論理而遺數。譬如作樂而棄音律也。王清叔號醒庵居士。樓攻媿誌其墓。康節之學茫昧莫測。吕澤父實傳其教。祝子涇著有觀物解。六壬大占。祝氏祕珍。亦廖氏之徒也。謝山既舉子涇。復別舉廖氏。似未審其傳授先後也。輯張祝諸儒學案補遺第六十九。

黄東發曰。讀葉水心集云。邱文定之父仁。不忍校費。幾盡産。母臧氏。既寡。力貧教子。

朱文公序吕氏讀詩記云。子約既以是書授其兄之友邱侯宗卿。將爲版本以傳永久。是宗卿固東萊同調也。其出守嘉禾。東萊嘗贈以詩。劉後溪之祖諱涇。號前溪。以文知名。而仕不偶。後溪著有諸經講義及後溪集百餘卷。眞西山誌其墓。從族兄東溪先生伯熊學。其在房謫居。取東溪所傳易讀㊀之。蓋東溪傳止睽。後溪續之始蹇。見正編後溪傳馮雲濠案語。樓大防於中原師友所傳。悉窮淵奥。謝山嘗稱永嘉王和叔枏亦嘗以經世之學授之。攷薛艮齋浪語集載大防祭文曰登門。曰受知。是又及薛氏之門也。著有攻媿集。柴南溪著有易繫集傳。書集傳。詩講義。論語童蒙説。當時有三柴。南溪而外。蒙堂名中守。强裕名中立。後改爲元裕。輯邱劉諸儒學案補遺第七十。

鶴山以高明俊偉之姿。刻意於議論。窮極根柢。各異乎人。匪求異人。實能得衆人之所未得也。初志學。由范雙流兄弟及薛符溪以得門户。入中原。始友李敬子。輔潛庵。於潛庵爲友而非師也。雙流弟名子該。薛符溪名紱。易學最精。嘗與眞西山輔潛庵相講磨。居於渠陽山中。作周易集義六十四卷。謂胡安定。王介甫。王弼三家易爲初學入門。至其精微。則有濂溪。康節。明道。伊川。横渠。藍田。廣平。上蔡。漢上。龜山。五峯。和靖。文公。南軒。東萊凡十六家。董眞卿謂集義凡十七家。加入李心傳一家。他易皆不與也。今存者十卷。又有周禮井田圖説。九經要義二百六十三卷。易義舉隅。師友雅言。鶴山全集一百卷。別有經外雜鈔。古今考等書。輯鶴山學

㊀「讀」當爲「續」。

案補遺第七十一。

西山不及登朱門。而學朱文公甚精且博。初登科。後中詞科。多與朱門高第交游。於周程張朱之學。升堂入室。平生著述富。學問文章政事斐然可觀。讀書記一書。凡經子史及諸儒之書。所當讀者皆在焉。大學衍義一書。薛敬軒以爲朱子之後有補於治道者。袁蒙齋贊語尤足概其一生。王忠文從祀議謂其黜異端。崇正理。聖賢之學復明。實爲定論。至於汲引士類。見之於薦狀者。尤未可以一二數。早從詹元善游。又及劉雲莊。樓攻媿。李蘄州之門。所著更有四書集編二十六卷。端平廟議。翰林詞草。四六獻忠集。江東救荒録。清源雜志。星沙集。心經一卷。政經一卷。並編文章正宗二十卷。續集二十卷。輯西山學案補遺第七十二。

北山師事勉齋。聞伊洛淵源之懿。臨別告以熟讀四書。使胸次浹洽。道理自見。遂終身服習。頃刻不忘。平生無疾言遽色。無窘步。無叱喝聲。不匿情。不逆詐。不伐善。不較利害。事父母盡其孝愛之道。事兄長盡其和孺之樂。處族姻崇仁厚之風。交朋友盡忠告之責。朝有闕政。四方有警。輒惻不樂。隱居求志。不願人知。眞得古人爲己之學。所著有大學中庸大傳發揮。易學啓蒙發揮。太極通書西銘近思録發揮。文集三十卷。嘗與王魯齋問辨一事。至十餘往復。又云。廉恥一事。在吾道中最所當謹。豈有廉恥尚不知。而能明師道以淑人心乎。其讀論孟集注。尤見其大。王魯齋自尋訪北山於盤溪之上。盡棄所學而學焉。論理一分殊。論明善。最切於學者。所著有書疑九卷。詩疑二卷。詩目四卷。論語通旨。孟子通旨。家語考。研幾圖。魯齋集。其學宗紫陽。而其説嘗有異同。金仁山先事王魯齋。因以事北山。中年築室居仁山之下。别號次農。宋亡。屏舍金華山中。抱一以終。所謂求仁得仁者與。所著有尚書表注二卷。初作二十卷。大學疏義一卷。論語集注攷證十卷。孟子集註考證七卷。樂始終條理圖。濂洛風雅。通鑑前編二十卷及文集六卷。於經史之學研究最深。許白雲於仁山講道蘭江時。就爲弟子。上溯朱黄。蓋四傳也。以身任道者垂四十年。於詩考名物。於書參典制。猶有先儒篤實之遺。所著有讀書叢説六卷。詩集傳名物鈔八卷。讀四書叢説四卷。原二十卷。醉經閣有之。清四庫著録爲四卷。白雲集四卷。號稱白雲者。蓋取嶺上多白雲之意。所以自怡悦者深矣。輯北山四先生學案補遺第七十三。

雙峯一字師魯。嘗謂格物自表而裏。自粗而精。而精裏之中。又有至精。透得一重。又有一重。須是表裏精粗無所不到。方是物格。論志學章矩字云。致知是要知此矩。力行是要踐此矩。性質樸茂。操履純實。年未三十。卽棄科舉。一意理學。早師李方子。黄勉齋。得朱文公之傳。其於四書探索精致。每有自得之妙。程雪樓曰。四書。勉齋之説。有朱子所未發者。雙峯之説。又有勉齋所未及者。又曰。雙峯之書。攺患其未多耳。謝山惜其書之不傳。蓋本雪樓説也。所著五經講義。語孟紀聞。春秋節傳。學庸纂述。太極三圖。庸學十二圖。西銘圖。近思録註。今不盡傳。其語要及經説。略可裒集。輯雙峯學案補遺第七十四。

象山弟子。在江南西道中。最大者鄱陽湯氏。而向來無知之。三湯之學並出於柴憲敏公中行。其後事眞西山。晚年則息存二老仍主朱學。稱大小湯。而晦靜别主陸學。東澗之學。肩隨三從父而出。晚亦獨得晦靜。是時朱陸二家之學並行。而湯氏一門四魁儒中。朱陸各得其二。見正編謝山答臨川序三湯學統札子。惟存齋乃升伯之號。而非季庸。息庵乃季庸之號。而非升伯。雘軒案曰。兩相錯互。特爲正之。存齋自爲諸生。慨然有志於及物。開禧中。權臣將開兵釁。上書萬餘言。伏光範門以獻。著泮宮講義二卷。史漢雜考二卷。紀聞十卷。楮幣罪言一卷。文集二十卷。今未見。晦靜字仲能。袁蒙齋重修白鹿書院記云。延爲洞長。仲能悉力振起。多士聞風來集。又稱其剛直有學識。劉後村則稱其精詣不減於橫渠。而樂易殆過於了翁。息庵字季庸。劉後村有寄湯季庸侍郎詩云。高情常寓紛華外。晚節全觀出處閒。其人可知矣。東澗字伯紀。清節雅重。超卓當時。其解城復于隍其命亂也。有曰亂如疾病。則亂之亂。以李林甫楊國忠爲周召。以安禄山哥舒翰爲方虎。非命亂而何。王伯厚困學紀聞嘗引之。有文集六十卷。今佚。徐徑畈年十三。有志聖人之道。取所作文焚之。研精六經之奥。探賾先儒心傳之要。晦靜之學傳者。其一爲東澗。其一爲三衢徐徑畈也。謝山已言之矣。東澗之學侣有王深寧。徑畈之弟子有謝疊山。輯存齋晦靜息庵學案補遺第七十五。

深寧之學既得之庭訓。未冠。從學吴參倚。既又受業王子文。樓迂齋。獲聞朱文公。吕成公。眞西山之學。謝山所謂兼綜建安。江右。永嘉之傳是也。生平大節自擬於司空圖韓偓之閒。全謝山王尚書畫像記。並見正編。所著書逾三十種。雖亡佚近半。其存者今猶不少概見。困學紀聞爲尤著。孫遂初所謂貫三代漢唐之事。闡朱張吕眞之道是也。至宋史載深寧去官。書之曰遁。且曰辭服於賊。謝山嘗辨之。深寧嘗爲太常主簿。時湯東澗爲少卿。日相與究論濂洛門闑。江西之異同。永嘉制度。沙隨古易。蔡氏圖書經緯。西蜀史學。通貫精微。剖析幽眇。東澗曰。吾閲士良廣。惟伯厚乃眞儒也。輯深寧學案補遺第七十六。

黄先生諱一鶚。東發之父也。其叔祖號壺隱先生。齎志莫售。授其書俾繼焉。故嘗稱述之。東發之學朱。一如朱之學程。反覆發明。務求其是。又登葉西澗之門。又受知王修齋。博大精深。與弟子唱歎於海隅。宋亡。餓於寶幢而卒。著日鈔九十五卷。謝山修補東發傳云。所著日鈔一百卷。清四庫總目謂原本九十七卷。其中八十一卷戊辰文集。即在日鈔中。八十九卷併缺。今傳者爲九十五卷。史稿列傳十篇。即戊辰文集中之史稿。古今紀要十九卷。古今紀要逸編一卷。鄭千之所輯四明文獻内有東發紀要。陳朝輔得之。今與史稿刻入四明叢書。至經義考所録讀詩一得。即讀詩日鈔也。朱文公於春秋禮記無成書。東發取二經爲之集解。其義甚精。蓋有志補文公之未備者。且不欲顯。故附於日鈔中。其後程積齋端學有春秋本義。陳可大澔有禮記集説。皆不能過之。又與杜洲問答。蓋論易也。知易無方而道一貫矣。輯東發學案補遺第七十七。

朱文公之學統。累傳至雙峯北溪諸子。流入訓詁派。咸淳而後。北山。魯齋。仁山起於婺。東發起於浙。瓣香爲之重振。謝山澤山書院記。並見正編東發傳後。靜清之氣魄雖不及東發。然明體達用。於諸經窮探微旨。證墜緝缺。論古今得失。必探情僞以暴其罪。正色憤悱。若造庭而受其責也。常於座閒大書靜存動察四字。以自檢點。所著易究十卷。深寧雖不喜。然所論河圖洛書。足以抉先儒未發之蘊。又有文集二十卷。其言精覈。雅贍可觀。鄧巴西序之。四明學祖陸氏。其言朱子自東發靜清始。蓋靜清受之於陽字溪岊。岊受之於𡕁亞父淵。淵固朱門高弟。其後靜清授其學於程畏齋積齋。畏齋有讀書分年日程三卷。本諸輔漢卿。又有畏齋集十卷。積齋有春秋本義三十卷。春秋或問十卷。三傳辨疑二十卷。積齋集五卷。人比之河南二程。輯靜清學案補遺第七十八。

文文山紀年録。癸酉咸淳九年夏。見古心先生江公萬里於長沙。先是古心知吉州。創白鷺書院。劉南甫字山立。號月澗。嘗講學其中。歐陽巽齋雖與爲輩行。然師事之。是巽齋之學所自出也。月澗爲古心學侶。謝山參以解春雨集爲之立傳。隸於滄洲諸儒學案下。而序録云。不知所自。疑爲歐陽謙之後人。萬季野作儒林宗派。遂以文山爲謙之門人。恐誤。見正編歐陽希遜傳臒軒案語。文山師巽齋。見於集中祭文。而答歐陽祕書承心制説。賀遷居詩。輓詩。象贊。又屢見劉須溪。亦巽齋弟子也。巽齋是否卽其後人。待攷。巽齋一字迂父。其遺文尚可搜録。嘗曰。國之存亡。民之死生寄於士。士之人品高下。卽與世爲重輕。又曰。天不能逸人。勞逸無壯老。法吏不知學。固不足道。學士大夫不讀法。亦豈可哉。尤爲至言。輯巽齋學案補遺第七十九。

初。饒州德興沈貴寶受易於董夢程。夢程受朱熹之易於黄榦。見於元史胡庭芳傳。是介軒之得於勉齋者。易學也。介軒爲槃澗先生銖從子。初學於槃澗與程正思。其後學於勉齋。所著有詩書二經及大爾雅通釋。梨洲原傳著有尚書毛詩訓釋。疑卽二經通釋也。張純愚答陳定宇書曰。吾鄉自式車董介軒先生開其源。先後相續。而以近思録爲四子之階梯。四子爲六經之階梯云。輯介軒學案補遺第八十。

魯齋遺書卷十三。載有考歲略。壬寅雪齋隱蘇門。傳伊洛之學於南士趙仁甫先生。卽詣蘇門訪求。得伊川易傳。晦庵論孟集注。中庸大學章句。或問。小學等書。深有默契於中。遂一一手寫以還。考魯齋歿於至元十八年辛巳。上推壬寅爲宋理宗淳祐二年。魯齋時三十四歲。先是蒙古破棗陽。在端平二年乙未。先淳祐二年七年也。特庫德克欲坑士人。姚雪齋樞力與辯。得脱死者數十人。繼拔德安。得趙復。復字仁甫。德安人。以儒學見重於世。其徒稱爲江漢先生。既被獲。不欲北行。力求死所。雪齋與共宿。譬説百端。至燕。名益大著。北方始知學經。雪齋之學之所自。而魯齋訪雪齋於蘇門之所得者是也。其歲月亦可攷焉。魯齋隱居於魏。時竇默庵最知敬魯齋。每相過。危坐終日。靡不研精。所至人樂從之。著有小學大義。大學要略。小大學或問。論明明德。大學中庸直解。讀易私言。論陰陽消長。揲蓍説。均載遺書中。遺書凡十四卷。末三卷爲附録。歐陽圭齋稱其純篤似司馬君實。剛果似張子厚。光霽似周茂叔。英邁似邵堯夫。窮理致知。擇善固執似程叔子朱元晦。體用一原。超然自得者焉。輯魯齋學案補遺第八十一。

靜修以魯齋一聘而起爲速。魯齋曰。不如此則道不行。及靜修不受集賢之命。或問之。靜修曰。不如此則道不尊。許劉兩先生亦各行其是而已。渡河賦且不論。論其敘學一篇。確得爲學之次序。其曰。治經必自詩始。詩而後書。本立則可徵夫用。用莫大於禮。見於今者。漢儒所集之禮記。周公所著之周禮二書。禮既治。非春秋無以斷也。以詩。書。禮爲學之體。春秋爲學之用。窮理盡性而後學夫易。六經既治。語孟既精。而後學史。史既治。則讀諸子。諸子既治。宋興以來諸公之書。尤當致力也。如是而爲詩文。如是而爲字畫。各底於成。可以爲大儒。其言至爲精切。眞西山弟子盧孝孫作四書集義一百卷。靜修撰爲精要三十卷。今存二十八卷。又有靜修集十二卷。今刊入畿輔叢書。孫夏峯最表章靜修之學。輯靜修學案補遺第八十二。

草廬天下士也。自魯齋爲國子祭酒。始以朱學教弟子。久之漸失其舊。草廬爲國子監丞。日燃燭堂上。諸生以次受。各因其材質。反覆訓誘之。陸司業。嘗爲學者言。問學不本於德性。則其敝心偏於言語訓釋之末。諸經皆有纂言。詩獨無之。今存者易纂言十卷。書纂言四卷。禮記纂言三十六卷。春秋纂言十二卷。總例七卷。又別著周禮考注十五卷。儀禮逸經二卷。孝經章句一卷。其於易。學之五十餘年。大旨宗乎周邵。而義理則本諸程傳。周程之書卽定於朱文公。而張邵之書草廬始校定次第。挈東西銘於篇首。而正蒙次之。又以邵子爲孔子以來一人。蓋於邵學深有所會悟也。門人衆多。各以所能受之。輯草廬學案補遺第八十三。

靜明既得象山書讀之。又求其門人如楊敬仲。傅子淵。袁廣微。錢子是。陳和仲。周可象所著經學書讀之。益喜。所謂經學書。卽易。書。詩。春秋。禮。孝經。論語是也。見正編馮雲濠案語。黄棃洲稱靜明能獨得於殘編斷簡中。興起斯人。豈非豪傑士哉。顧其言行不甚詳。見於陸子學譜者。如錢融堂。取孝者忠者而贊之詩。靜明愛而編之。謂之百行冠冕詩。以示諸生。李仲公爲之序。仲公上靜明兩書。第一書見靜明本傳後。第二書見李仲公傳。及爲靜明孫彥清兄弟字說。皆足徵其教學。弟子最著者祝蕃。李存。卽仲公。舒謙。吴謙。世稱江東四先生。學譜述之較備。寶峯有寶雲集。不傳。今存寶峯文集二卷。寶峯讀楊文元與象山紫陽問答有覺。而從容山水間。益致其力。見益明而守益固。一時之有志者就而講學焉。隱居於大寶山之東麓鄉。桂彥良。烏本良。烏斯道。向樸皆從之遊。雖處山林。恒有憂世之色。輯靜明寶峯學案補遺第八十四。

謹案。靜明事蹟補遺未詳。今取陸子學譜補之。

師山一作獅山。所謂獅山處士是也。學於淳安。嘗曰。朝陽先生吾師之。朝陽爲吳暾。復翁大之二先生。吾所資而事之。大之爲夏溥。復翁卽隱君震老也。見正編腹軒案語。唐白雲築三峯精舍。常與師山及危太樸講論其中。師山旣取文王周公之辭以爲經。列夫子十翼之傳附以註說。曰周易大傳。又折衷程朱之說。合爲一書。曰程朱易契。卽所謂周易纂註。惜未見。又著春秋闕疑四十五卷。屬王季溫名友直。師山門人。刊之。臨被執就死之日。猶惓惓此書。蓋其平生精力所注者也。更有師山集八卷。遺文五卷。附録一卷。王忠文曰。以文求先生。非知先生者。欲論先生者。當自其大節而觀之。輯師山學案補遺第八十五。

勤齋博極羣書。天文地理律曆算數靡不研究。制行甚高。眞履實踐。隱於終南山下。鑿土室以居之。盡得聖賢遺經以及伊洛諸儒之訓傳。陳列左右。如是者餘三十年。尤邃三禮及易。教人極嚴。所著有三禮說。小學標題駁論。九州志及勤齋集八卷。壽鏞藏有勤齋集鈔本。榘庵之父諱繼先。博學能文。榘庵安靜端凝。從鄉先生學。日記數千言。教人曲爲開導。使得趣向之正。與人雖外無適莫。而中有繩尺。聚書數萬卷。其學由程朱泝孔孟。務貫浹事理。勤齋入城。嘗主榘庵家。

士論稱之曰蕭同。所著椝庵集二十卷。輯蕭同學案補遺第八十六。

學案造端於安定泰山。而主持之者高平廬陵也。高平在從班。獻百官圖。指其遷轉次序遲速。呂夷簡以爲離閒羣臣。至交論上前。出知饒州。韓續希旨。請榜仲淹朋黨於朝。廬陵論杜韓范富曰。自古小人欲廣害忠良。必指爲朋黨。則朋黨之論所始也。其後熙寧變法。在朝大臣先散。既而議新法不合者盡散。未幾而條例司之賢者亦散。然景祐黨案與元豐黨案。其害止於散而已。元祐元符禍不止於散矣。至紹興禁學。而宋遂南。履霜堅冰。其來也漸。輯元祐黨案補遺第八十七。

紹熙爭過宫者四焉。一爲三年。如羅點。尤袤。黄裳。黄度。葉適及彭龜年以書譙趙汝愚。且上疏極諫。是。一爲四年重明節。如陳傅良。謝深甫。沈有開。彭龜年。倪思。王介是。會慶節。如趙彦逾黄裳請誅内侍楊舜卿。彭龜年請逐陳源及汪安仁等二百一十八人江南通志作三百二十八人。上書是。三爲五年四月不問疾。如羅點率講官言之。彭龜年連三疏請對不報。彭龜年余端臣並叩頭龍墀。黄裳孫逢吉再上疏。陳傅良請以親王執政一人充重華宫使是。四爲壽皇疾大漸。陳傅良以帝不往重華宫。乃出城待罪。羅點引辛毗事以謝。彭龜年黄裳沈有開奏令嘉王詣重華宫是。然大半卽慶元諸儒也。至嘉定端平淳祐更化案。皆諸儒正誼明道之力。宋元之際。儒學迭爲消長。尤足見南北之時勢焉。若夫晚宋詆詈諸儒者。莫如周密沈仲固。存之適所以卑之也。輯慶元黨案補遺第八十八。

宋史作荆公傳。引朱文公論荆公文章節行高一世。而尤以道德經濟爲己任。被遇神宗。致位宰相。庶幾復見二帝三王之盛。乃汲汲以財利兵革爲先務。躁迫强戾。至於崇寧宣和之際。而禍亂極矣。史以爲天下之公言。固也。然讀荆公上五事劄子。一曰和戎。二曰青苗。三曰免役。四曰保甲。五曰市易。而以免役保甲市易三者有大利害。免役之法出於周官。保甲之法起於三代。市易之法起於周之司市。漢之平準。三法者得其人。緩而謀之。則爲大利。非其人。急而成之。則爲大害。是荆公固主緩主得人者也。象山謂公之學不足以遂斯志。而卒以負斯志。吴草廬序荆公集。謂一時議公者非偏則私。不惟無以開其蔽。而亦何能有以愜於公論。尤爲知言。所著有臨川集一百卷。後集八十卷。易義二十卷。洪範傳一卷。詩經新義三十卷。左氏解一卷。禮記要義二卷。孝經義一卷。論語解十卷。孟子解十四卷。老子注二卷。見正編荆公傳馮雲濠案語。晚歲爲字説二十四卷。見正編荆公傳。輯荆公新學略第八十九。

老泉下筆頃刻數千言。晚而好易。曰易之道深矣。汩而不明者。諸儒以附會之説亂之。去之則聖人之旨見矣。蘇氏父子之學。若去其汩且亂者。則亦吾道之干城也。老泉所著有文集二十卷。謚法三卷。見正編馮雲濠案語。其權書論强弱。王伯厚曰。取蜀則楚在掌中矣。白起所以再戰而燒夷陵也。又有衡論。以爲聖人之道有經有權有機。權者民不可得而知。機者雖羣臣亦不得而知之也。無權則無以成天下之務。無機則無濟萬世之功。君子有機以成其善。小人有機以成其惡。謝山謂出於縱横之學者以此。東坡中制科。其制策全類戰國文章。又謂夫子之道可由而不可知。可言而不可議。諸子欲爲書以傳世者。皆喜立論。論定而爭起。然嘗攻擊伊川。槩置輕薄。所著有易傳九卷。論語説。書傳。又有東坡集四十卷。後集二十卷。奏議十五卷。内制十卷。外制三卷。别增應詔集十卷。合稱東坡七集。和陶詩四卷。朱文公稱其天資高明。其議論文詞。自有人不到處。王伯厚曰。浮雲世事改。孤月此心明。見東坡之心。子由與人相處。不問賢愚貴賤。和氣藹然。嘗曰。讀書如服藥。藥多力自行。作古史。朱文公曰。近世言史者。唯此書爲近理。予獨愛其序言。顧其本末乃有大不相應者。以爲於此有以識之。則達於聖賢不遠矣。所著有詩傳。春秋傳。古史。老子解。欒城文集。見正編子由傳。都九十六卷。又有龍川略志十卷。别志八卷。見正編子由傳馮雲濠案語。輯蘇氏蜀學略補遺第九十。

李屏山以伊川諸儒深明性理。發揚六經聖人心學。謂皆由於佛書。因此大爲諸儒所攻。其重修面壁記。謂聖人之道不墮於寂滅。不傳於形器。如符券然。觀此。則屏山之所爲内稟。可以槩見。見正編學至於佛下臒軒案語。至鳴道集説。汪堯峯琬嘗序而駁之。見堯峯文鈔卷二十五。其論學者有云。内有三疵。外有四孽。何謂三疵。識鑿之而賊。氣憑之而亢。才蕩之而浮。何謂四孽。學封之而塞。辨譁之而疑。文甘之而狂。名錮之而死。此則深中學者之病。然屏山乃自蹈之矣。輯屏山鳴道集説略補遺第九十一。

學案之所敘述。曰先緒。曰師承。曰門人。曰家學。此無所叚借者也。曰學侶。曰講友。曰同調。曰私淑。眞而確者固多。而遥相契者亦不尠焉。蓋以類相應。欲其人之傳而已。顧舍是以外。史籍之所流傳。志乘之所記載。又豈容忽。有宋一代編性理羣書者。上及宗城范文素。以朱子作小學。嘗録其詩焉。若雍邱之高子奇。力學强記。手寫書千餘卷。若洛陽之聶崇義。集註三禮圖。爰著諸篇首。餘凡不入學派者。皆甄録及之。蓋師萬季野先生意也。輯宋儒博攷第九十一㊀。

有元崛起沙漠。北方之學。魯齋倡之。其先世掌夏之國史。如斡宗聖身通五經。爲番漢教授。譯論語注。別作解義二十卷。曰論語小義。又作周易卜筮斷。以其國字書之。行於夏國。荏平馬子卿著有大戴禮辨一卷。猛安徒單鎰著有宏道集。論爲政之術二。曰正臣下之心。曰導學者之志。咸陽蕭貞卿著史記注。五聲韻譜及文集。王元老以文章政事顯。有拙軒集行世。皆金代之知名士也。至元而後。學士亦復彬彬。實爲朱明理學之濫觴。輯元儒博攷第九十三。

右學安案補遺八十六。元祐慶元黨案補遺二。荆公新學略蘇氏蜀學略補遺二。屏山鳴道集説略補遺一。宋儒元儒博攷二。都凡九十三。閒嘗竊取䕶軒王先生之意。補爲序録。王先生所謂買菜之求。固所弗恤。卽擬以續貂而足。亦不敢辭云。民國二十六年四月。後學張壽鏞識。

㊀「一」當爲「二」。

四明叢書第五集序

壽鏞既采吾鄉志乘所録先哲著述。曰四明經籍志。懼其遺而未備也。未敢問世。更就兩浙學術沿流溯源。述而資來者之考證。然亦未敢自信也。今者王臒軒先生與馮五橋先生所輯宋元學案補遺一百卷。幸而刊成。先生鄞人也。學術關天下。固非一鄉所得而私。然成於我鄉人之手。不得官爲之刊。而入諸四明叢書第五集。昔人云。學案與四明有緣。不信然哉。讀黄全學案。宋元之際。吾鄉先生登學録者已得二百數十人。補遺幾倍之。而寓賢尚不與焉。雖其著述不盡傳。而學行往往藉此以著。敢彙而一敘其概。

學案百卷。吾鄉先哲之列於案首者。曰楊慈湖簡。曰袁絜齋燮。曰舒廣平璘。沈定川煥。曰王深寧應麟。曰黄東發震。曰史靜清蒙卿。曰趙寶峯偕。凡八人。若晁景迂説之。則謫居甬上船場者也。並列案首。其學實本於姜至之潛。至之嘗爲明州録事。固泰山弟子也。王深寧曰。四明自唐爲州。宋慶曆中始詔州縣立學。山林特起之士。卓然爲鄉師表。或授業鄉校。或講道閭塾。本之以孝弟忠信。維之以禮義廉恥。養成英材。純明篤厚。百年文獻益盛以大。五先生之功也。五先生者。楊大隱適。杜石臺醇。王鄞江致。樓西湖郁。王桃源説也。全謝山於是有慶曆五先生書院記。五先生著述雖不傳。而王鄞江集九卷。王桃源五經發源及文集十卷。樓西湖集三十卷。猶見其目於鄉志云。桃源從大隱游。其弟王望春該。有遺稾十卷。其孫勳。曾孫正。已能紹其學。鄞江之弟子。則有范文正公姪壻周敦夫師厚。又有史冀公簡。豐相之稷。袁公濟轂。汪德温洙。俞仲寬偉。陳君益攄。姚舜徒孳。德温著春秋訓詁。或作訓傳。而周敦夫子廉彥鍔。有文集二十卷。史升之詔爲冀公子舒嬾堂亶。有信道集。皆爲西湖弟子。西湖子常。桃源子珩。有經傳異同論。望春有子瓘。敦夫次子銖。有文集二十卷。公濟有文集七十卷。相之有古易正說。尚書正說。魯詩正說。禮記正說。春秋正說。孟子註等書。皆佚。今壽鏞就李朴所編豐清敏遺事。旁搜羣籍。曰豐清敏遺書六卷。俾傳於世。陳了齋瓘倅居南湖之南藍。又爲清敏弟子。著四明尊堯集。有子曰正彙。有孫曰大方。若蔣璿。蔣琉。爲浚明之子。了齋弟子也。若豐安常。豐宜之誼。則豐氏一傳再傳也。樓攻媿鑰。則西湖續傳也。有金縢圖說及攻媿集一百二十卷。別本爲三十卷。嘗私淑朱子。湛深經術。至若安定弟子。則有翁南仲升。著易說十卷。錢君倚公輔。官於甬。興水利。謝山詠偃月隄嘗及之。龜山弟子則有趙庇民敦臨。高息齋閌。童持之大定。王穎彥庭秀。胡浚明宗伋。生餘姚。避地居明。越士多歸之。而魏碧溪杞。汪適齋大猷。舒德觀漱。又爲庇民弟子。持之並爲息齋弟子。浚明有子沂。庇民著書說二十六卷。詩解四十卷。三禮發微四卷。春秋正宗三十卷。論語解二十卷。孟子解十四卷。文稾五十卷。抑崇有厚終禮一卷。鄉飲酒儀春秋集註四十卷。穎彥有磨衲集。王深寧嘗斥之。碧溪有山房集三十卷。適齋有五經會要及存稾二十冊。洛學之來甬上。蓋由來矣。曹放齋粹中爲李泰發光之壻。泰發乃劉元城安世弟子。放齋著易解及詩說。平山文稾。吾鄉詩學自放齋始。程沙隨迴由寧陵徙居餘姚。爲喻湍石樗弟子。而高萬竹元之實從沙隨游。萬竹有易解一卷。詩解一卷。春秋義宗一百五十卷。論語傳一卷及茶甘甲乙稾。先是息齋集註春秋。萬竹繼之。吾鄉稱爲春秋二高。不以名位甲乙也。碧溪弟子則有陳安行居仁。張雪窗良臣。安行有制稾二十卷。詩文雜著十卷。良臣卽武子也。有雪窗集。陳立道卓爲菊坡第五子。樓攻媿稱菊坡精力德量舉不可及。立道則再世見之者也。陳君衡允平爲安行孫。立道之猶子。詩詞與吴夢窗文英翁處靜元龍齊名。君衡有西麓繼周集。蜩鳴稾。日湖漁唱及詩稾。夢窗有夢窗集。處靜有龜巢集。史直翁浩最受横浦之知。乾淳諸老。其連茹而起者。皆直翁力也。既遺諸子從慈湖絜齋講學。又延定川之弟季文炳於家。以課諸子。其登學録者。若子固叔彌堅。從子良叔彌忠。和旨彌林。獨善彌鞏。其孫子仁守之。子應定之。賓之。獨善之孫。卽靜清也。直翁有尚書講義二十二卷。周官講義十四卷。論語口義二十卷及鄮峯眞隱録五十卷。固叔有滄洲稾。獨善有文集二十卷。定之有鄉飲酒儀一卷。易贊蓍説及月湖集。史氏固多佳子弟也。象山之學傳於吾鄉爲獨盛。則淳熙四先生發之。四先生以舒廣平璘年最長。次沈定川煥。次楊慈湖簡。次袁絜齋燮。慈湖著述繁富。壽鏞別有考。附録慈湖遺書。絜齋有家塾書鈔十卷。毛詩經筵講義四卷。諸經論孟禮記論説。絜齋集二十六卷。後集十三卷。今存絜齋集二十四卷。遺文鈔二卷。廣平類稾。黄梨洲得其叢殘四卷。而禮解或稱詩禮講解。詩學發微。則已佚矣。惟定川家集五卷。既不傳。而腰軒先生所輯者亦未見。壽鏞因絜齋所撰定川行狀及言行編。並諸書所録。編爲定川遺書六卷。並定其在竹洲講學年月。蓋程門自謝上蔡以後。至於林艾軒及象山而大成。而四先生又集象山之大成。象山之兄九韶爲梭山先生。九齡爲復齋先生。定川絜齋並師復齋。若廣平之兄琥。弟琪。及豐宅之有俊。則亦象山弟子也。四先生皆導源於家學。慈湖之父諱庭顯。時稱老楊先生。卽楊通奉也。與象山爲學侶。廣平嘗自敘其學曰。南軒開端。象山洗滌。老楊先生琢磨者是也。定川之父諱銖。與弟鏜。銘。學於焦公路瑗。公路以山東布衣講學吾鄉大涵山。以紹程氏之緒。其弟子舒烈作行狀。謂簽判之事焦先生極恭。其後諸生所以事簽判一如之。廣平之父卽庇民弟子。諱黻。最與童持之講學相睦。温恭足以警傲惰。粹和足以消鄙吝。絜齋之父諱文。嘗著甕牖閒評八卷。推節忘年。問道於定川。因使絜齋事之。蓋從事於躬行之實者也。廣平同調則有楊獻子琛。淵源經學。其弟子以奉化李景平元白爲最。始受業於蔡幼學。其得之廣平者詩禮也。所著讀經纂義。禮記纂。詩禮講義。學庸圖說。語孟義類。雜文五十卷。時稱三江先生。其次則袁晉齋肅。蒙齋之兄也。廣平有子若鈃。鉦。銑。鍇。鐻。從孫若津。澥。津有尚書解。春秋集註。澥有易釋二十卷。繫辭釋三卷。江軒記及文稾十五卷。定川弟子以竺耕道大年爲最。所著有禮記訂義。其次若舒仲與衎。初名沂。舒鈃。定川之弟季文炳。最與呂大愚祖儉善。大愚有大愚集。共講學竹洲。定川子傳曾。魯曾。省曾。敏曾。蒙齋嘗贈省曾以序。慈湖弟子別有考。見慈湖遺書。以蒙齋爲最。有中庸講義。孟子解。孝經説及蒙齋集。謝山作城南書院記。以爲晚宋無先之者是也。其次若陳和仲塤。著述不傳。桂石坡萬榮。有石坡書義及論語精義十卷。童杜洲居易。有寧吾集。許止齋孚。沈清遐之子民獻。清遐者。諱文彪。與蔣秉信存誠並爲慈湖講友。又如劉子固厚南。有寶山雜著。沈清遐壻也。父勉。字懋伯。馮振甫興宗與從弟國壽。時稱二馮。慈湖有子磬齋恪。其五世孫芮。字大章。芮之子伯純。絜齋弟子若胡正之誼。有尚書釋義十卷。胡牧之謙。有易説。易林。徐恭先愿。舒仲與衍。袁彦淳韶。絜齋有子晉齋肅。蒙齋甫。有曾孫德平裒。著臥雪齋集。彦淳曾孫有清容桷。著易説。春秋三解。清容集。致亭集。石坡桂氏。杜洲杜氏。累代不替。桂氏若容齋同德。清溪彦良。古香壎。童氏若松簷鐘聲。伯鉉子丹金。杜洲更有弟子曹久可漢炎。嚴草堂畏。和仲有子蒙。清遐續傳有沈明大輝卿。沈源。明大嘗使其子源與其壻唐伯度轅。受業於定海尹汪遯齋汝懋。轅有弟仲規輪。叔直轂。季齊輻。則學於戴九靈良者也。和仲弟子有全謙孫。全晉孫。謙孫父汝梅。季弟頤孫。子耆。晉孫之子彦。字遯翁。黄南山潤玉聞其教。因得理趣焉。宋自乾淳以後。學分三派。朱學也。吕學也。陸學也。淳熙四先生傳陸學。而孫吉甫枝父允。受沈簽判銖學。吉甫早從樓攻媿鑰。沈定川煥。袁絜齋燮游。及見徽國文公而證所受。邃學雄文。望於一時。所著有書解十三篇及海上槀。余訥菴端臣。實從輔潛菴廣游。潛菴固朱吕弟子也。訥菴以授王貫道文貫。汪景新元春。貫道以授黄東發震。景新以授徐禹圭天錫與弟天彝。若任松鄉士林及東發之子韡菴叔英。皆韓明善性學侶。明善爲恂齋之子。傳輔氏之學者也。貫道有文集五十卷。春秋傳雖佚。其録於程積齋春秋本義者猶夥。松鄉有中易。論語指要。及松鄉集十卷。樓迂齋昉與弟昞爲東萊弟子。迂齋著崇古文訣。王謙父撝。深寧之父也。與鄭安晚清之。應之道傜。皆迂齋弟子。謝山作翁洲書院記。推尊之道。王深寧應麟紹其家訓。以接陸學。又從王子文埜游。以接朱學。更從樓迂齋游。以接呂學。又嘗從湯東澗漢游。兼治朱呂陸之學。和齊斟酌。不名一師。蔚成大儒。貝清江瓊以爲創學者以考亭朱子之説一時從之而變。蓋深寧得之王埜。徐鳳。王徐得之眞西山德秀。而眞氏傳詹元善體仁之學也。謝山則以爲綜羅文獻。實師法東萊。況少師迂齋。則固明招之傳矣。於易輯鄭康成周易註一卷。於書有尚書草木鳥獸疏。王會解。於詩有詩考五卷。詩地理考五卷。詩草木鳥獸蟲魚廣疏六卷。詩辨。逸詩考。於禮有踐阼解。於春秋有春秋三傳會考三十六卷。古文春秋左傳十二卷。於四書有論語孟子考異二卷。於小學有補註急就篇。其餘著述如玉海二百卷。困學紀聞二十卷爲尤著。若深寧集一百卷雖佚。而四明文獻集及摭餘編猶可考其文字焉。有弟曰仲儀應鳳。子曰良學。曰昌世。有靜學集。孫曰厚孫。有遂初集。曰寧孫。其弟子則戴剡源表元。有剡源集。榆林集。史靜清蒙卿。黄仲正叔雅。鄭德仲芳叔。有蒙隱集。王思齊惟賢。袁清容桷。鄭一道覺民。爲芳叔子。有求我齋稾。鄭千里駒。鄭千之眞。爲覺民子。千之嘗集四明文獻。此深寧一派也。黄東發震專宗朱氏。淵源出於輔氏。師王貫道。讀其日鈔九十七卷。諸經説閒或不盡主建安舊講。大抵求其心之所安而止。東發又嘗預杜洲之講會。而其後遂別爲一家。其學侶則有黄子羽翔鳳。其族弟也。陳本堂。著有本堂集九十六卷。同調有安吏部劉。其子曰夢幹。叔雅。叔英。有詩文雜著。其孫正孫。其曾孫玠。有弁山小隱吟録二卷。其弟子則隱没多不可考。惜哉。本堂之子若汝資深。汝泉泌。其猶子洙。其孫若子經桱。著續資治通鑑。本堂之弟子若吴叔度漢。吴文可應奎。此又東發一派也。史靜清蒙卿。明體達用。宋史云。

早受業巴川陽恪。號以齋。爲小陽先生之子。袁清容以爲其父諱肯之。是爲太中先生。從巴川陽公岊學易。春秋。黄文獻溍則云。繼朱子之學者。自㬊氏淵及大陽先生枋。小陽先生岊。以至於史氏。是靜清所受業者小陽先生。非小陽之子。史傳蓋誤。靜清有易究十鈔及靜清集。其弟子則程畏齋端禮。積齋端學也。時比之河南二程。畏齋有畏齋集十卷。積齋有春秋本義三十卷。三傳釋疑二十卷。春秋或問十卷。綱領一卷。積齋集五卷。畏齋弟子若蔣敬之宗簡。有周易集義。詩答問。春秋三傳要義及文集十卷。若樂仲本良。仲本與從弟衍及復。讀書大浹小浹之間。若張誠甫信。陳韶。皆仲本弟子。此又靜清一派也。三派王雖調劑朱吕陸湯。而黄史則純粹宗朱。至趙寶峯偕。則壹意宗陸。自讀慈湖遺書。恭默自省。有見吾道一貫。有寶雲堂集。今存二卷。原六卷。其講友則時是齋覰。王相山約。其學侣則楊大章芮。其弟子則桂清溪彦良。烏春風本良。烏春草斯道。向樂齋壽。羅彦威拱。方景淵原。王彦貞桓。葉伯奇心。李可道恒。其集中祭寶峯者。鄭原殷以下三十一人。慈人居多焉。清溪有清溪。清節山。西拄笏。老拙諸集。春草有春草集。秋吟集。若李元善善。東平人。游慈谿。講學於寶峯之門者。而惜乎溺於異學也。清溪家學有若桂文藪宗儒與弟宗蕃。謝山石坡書院記云。文修之伉直。文修疑卽文藪傳寫之異。向樂齋之子曰遵博樸。學宗慈湖。若李孝謙則從胡仲子舜咨游。著有經書問難急就章及四明文獻録。四明名賢記。仲子蓋從父宦居於慈谿者也。此又寶峯一派也。黄南山既受教全遯翁。又爲汪遯齋弟子。其學獨宗紫陽。篤信傳註。著周禮題辭。儀禮戴記附註。經書補註。經譜。海涵萬象録及南山家傳集。

黎洲以之入明儒學案。承先啓後。其斯人歟。黃全所録大略如此。更就王馮所補者考之。當范高平守越。楊大隱款門納謁。閽隸抑不爲報。高平聞而遺書謝過。柳待制嘗跋高平與大隱帖。稱其後樂先憂。大隱不爲無助云。鄞舊有學。荆公爲宰。延杜石臺教之。荆公作慈谿學記。又云。杜君者。其學行宜爲人師者也。更曰。小邑得賢令。謂慈令林肇也。若馮公初制善屬文。舍東有古坡縣長牟涇。畀鄞江大隱耕之。民數奪瀦水。公因諭民浚渠引潮。民無復擾。楊王酬以田。堅卻之。王氏自鄞江爲四明立言之士所自始。謝山以鄞江墓誌乃依託荆公之作。然悼王處士詩云。處士生涯水一瓢。行年七十更蕭條。固見於荆公集中矣。鄞志又述墓誌曰。鄞江既卒。宰臣陳執中奏録其文得一百八十篇。藏之秘閣。今佚矣。鄞江之子訢訴。訴改名誠。進士。孫琅。曾孫日勤。進士。見鄞江世譜。鄞志及補遺均未録。又案。世譜王瓘爲望春子。宋元學案不誤。而鄞志誤爲桃源子。應更正。若庭秀則桃源之弟發之子。璧字子潤。以博學著。爲庭秀之子。若王次翁爲仁幹曾孫翊善之子。別爲奉川連山一支。其先濟南人。著易説。春秋旨義。元元通數及兩河集。伯庠。伯序。其子也。伯庠字伯禮。爲朱濬山弟子。著資治編年及奏議。歷山集。雲安集。宏詞集要。曾孫鐳。袁季源洪師之。時敘。時會。爲伯廉之子。於伯庠爲族猶子。時敘字伯倫。有文集二十卷。時會字季嘉。著詩訓傳。鄉飲辨疑及泰菴存稾三十卷。王抑之密爲伯倫季嘉從子。屢與上官爭役錢。辨水利。不負王氏家法。若文貫非時敘之子。案鄞江王氏譜。時敘子宗道與文貫弟同名。爲別一宗道。居鄞縣後倉。定海志已辨之。若文貫之弟宗道。有易説指圖十卷。書説六卷。讀詩臆説十卷。二禮説七卷。四聲等

第圖一卷。切韻指玄三卷。宗道補遺未録。有弟安道。非宗道卽安道也。若樓氏西湖之文。尚存春秋繁露一序。其季子肖。字夢弼。攻小學。次子光。熙寧九年進士。每取伊洛道德之言。手鈔以訓子弟。補遺未録。肖子弆。字元應。考證音訓。發先儒所未發。其妻張氏。窖藏西湖著作者也。錫字昭聲。錫字申伯。爲攻媿之兄。攻媿於元應侍教累年。故知字學。更著范文正公年譜。考證高平之軼事。少時又與二兄同學於李若訥大辯。攻媿從兄鍔。字景山。與會稽周汝能。嘗取尹和靖手註及朱子讎校之東萊所藏程子易傳。參訂異同。刊諸東陽學宮。攻媿之子三。淳。字質夫。學問如父。潚。治。俱嗜學。族孫槮。精曆法。鄞志無傳。見清容集。若樓文淵澄。其父自鄞徙吴。爲貝清江弟子。深於書。晚更嗜易。有林皋鼓缶等集。子日宏。世其業。日宏子序。字仲彜。以文學稱。樓攻媿學侶則有王謀道奕。講論經史。興起後人。其子建中。字師道。以八行純備舉。鄭季貞若沖。安晚之父也。與汪適齋。陳安行。樓攻媿同學。明是非。辨義利。雖片辭不少貸。鄭剛中鍔。由福州徙鄞。時楊萃聘剛中爲塾師。攻媿兄弟俱來學。剛中通五經。著毛詩解義三十卷。周禮解義二十二卷。徐協恭子寅受詩於剛中。沆爲剛中子。高萬竹未知名。剛中一見奇之。使訓其子焉。而居槐並爲萬竹弟子。姚穎。字洪卿。亦從剛中游。嘗大書論語。並取二程上蔡之書仁義禮樂道德性命之説。類聚成帙。其祖孚。篤學力行。袁絜齋爲作行狀。孚父阜。大觀三年進士。子孝全。克遵家教。穎子元特。補遺未録。元哲。皆修謹嗜學。元哲字叔愚。所謂書不離目。籤帙滿室者也。程洛水嘗稱之。李若訥弟子更有戴日宣。鮑德光。鮑德俊。周氏自敦夫先生與兄處厚。温厚。皆登進士。敦夫子鍔。銖。爲范純仁甥。鍔爲王覿之壻。陳了翁之妻兄。蔡京作黨籍碑。鍔婦翁舅甥俱入籍焉。退老建四休堂。與弟銖以詩自娱。更有會計録。日成月要歲會集。承宣集。沖爲鍔長子。沖子楫。字伯濟。從子模。字伯範。並從濟南劉壽夫游。伯範榜所居曰怡怡堂。以著友愛之篤。史氏自冀公簡受學鄞江。齎志以歿。詔之母葉氏。遺腹生詔。陳了翁貶四明。嘗受學焉。豐清敏與之同學。稱詔學類徐積。子木。詔有四子。長師仲。字希道。次木。次才。次禾。師仲子五。浩。淵。溥。源。涓。字繼道。鄞志作詔第三子。以史詔傳考之。應作第二子。耽典籍。美於詞翰。金寇猝至。具舟航海。依而免者踰二千人。平陽主簿王敏。著陰騭記。子漸。字進翁。彌忠。彌鞏之父也。涓爲彌林之父。直翁所薦士。如舒烈爲信道之子。習程氏之學。如薛叔似。字象先。時爲鄞縣主簿。卽定川識之於稠人中者也。如明州學教授王恕。博通性理。一時吾鄉哲如廣平。慈湖。絜齋皆與焉。均見補遺忠定學案。所謂連茹而起者。於斯可見。若安之則定之之弟也。嘗受學定川。知嵊縣。延高似孫作剡録。晏卿爲深寧弟子。案史氏譜。彌正第六子宜之之季子曼卿。官朝議大夫。晏卿疑卽曼卿之誤。靜清之弟芳卿。字秀敷。著古易學。詩題辭。夏小正經傳考。鄞藝文志誤以芳卿季敷爲二人。應更正。壁孫。堲孫。岦孫。皆靜清子。駉孫爲彌鞏曾孫。徽孫字猷父。爲直翁玄孫。寔之之孫。顯卿之子也。與陳本堂相唱和。同爲宋之遺老。更言豐氏。治爲清敏之孫。宜之之父也。死金人之難。存芳字公茂。又殉元人之難。同死者十八人。有義卒竊其八歲孤禮。長於民閒。節義著天下。豐稌爲宜之曾孫。居上虞。與子昌傳皆篤學。袁氏自公濟先生一傳至灼。字子烈。灼子垌。字卿遠。

再世二千石。退遜甚於寒素。坰子長文。次章。文子覺。燮。藻。櫄。章字叔平。爲絜齋之叔。其卒也。攻媿哭之曰。尚復有全德篤行博物洽聞之君子。如吾叔平者乎。方字誠之。章之從弟也。師事鄭剛中鍔。沈公權銖又從章講學。服膺經訓。尤精於詩。仲子洽。擢儒科。戴德甫日宣。胡詳之處約。亦章之弟子。覺著讀書記二十三卷。濤字巨濟。爲絜齋再從兄。著易説。詩指意。論語管窺。孟子説。櫄字木叔。著論語説。游誠之九言。吕大愚祖儉官於四明時請益焉。任字信翁。與絜齋同曾祖。蒙齋父行也。與胡從之革。李雄飛鶚。汪龍友。章麟。吴祈。吴裕。汪耐翁敏中。受學絜齋。喬字崇謙。爲絜齋長子。輯絜齋家塾書鈔。至君奭篇而止。商爲絜齋季子。與兄肅甫俱有學問。知名於時。裒之子杲。刻其父臥雪齋集。請蘇滋溪序之者也。汪氏自德温先生精春秋。實與孫明復齊名。子思温。字汝直。謝山所謂四明敦龐之俗所自始者也。思温之壻陳膏。補遺未録。以文章氣節著。安行之父也。由興化遷鄞。爲時名臣。思齊與思温嘗館於同邑姜氏。姜浩記覽多聞。濤充諸王宮大小學教授。浩子模。爲東萊弟子。柄嘗與大愚論喪禮。思温子大雅。大猷。大定。適齋先生卽大猷也。之林字德仲。爲攻媿弟子。以清約著。則又適齋族孫也。蔣彦昭先生浚明。爲清敏弟子。黄全不爲立傳。而附於其子璯琉傳。彦昭更有二子。曰琚。璿。琚卽存誠之父也。彦昭既遺其子璿琉事陳了翁。而了翁則遣其子正彙事陳秀實禾。秀實之傳。黄全亦未録焉。秀實父謚。字康公。博學。教授鄉里。喜藏書。兄秉。以八行舉於鄉。時方以傳註記聞爲學。秀實始尚義理。著易傳十二卷。春秋傳十二卷。春秋統論一卷。論語傳十卷。孟子傳十四卷。史直翁侍經筵。上其易春秋語孟解。是不僅以忠諫著矣。子曦。嘗作藏書記。蓋記其祖藏書之自始。謝山詠二靈山房詩。謂佳兒聚書過萬卷者。猶未盡焉。了翁更有子曰正同。嘗刊了翁所著易説。陳和仲塤則秀實裔也。若本堂非和仲之姪。宋元學案以本堂爲習菴姪。誤。習菴卽和仲。乃出自陳德明顯。吾鄞柿林廟祀游定夫酢及陳德明顯。德明因論蔡京。貶越州。遂隱四明。靖康之亂避地南海。卽定海。其後蓋遷奉化。著有論語註及平山集二十卷。德明固定夫學侶也。子伸。嘗切諫韓侂胄北伐。孫德剛。字應中。嘗與孝宗論治。卽本堂之父也。若舒氏。以文行表後學者爲舒黼。字德明。乃黻之弟。廣平之叔也。子琮。字伯禮。踐行篤實。廣平兄弟七人。琥。琪而外。琬字傳正。球字東美。爲廣平之兄。皆進士。鋭字子春。爲琬之子。讀古人書。善自涵蓄。泌爲廣平之孫。字子和。其子棫。字德文。格。字景禮。格子明翁。字朋之。澄之字少度。球之孫也。莊字汝臨。棫之孫也。以名節自期。楊氏自老楊先生老耋而學日進。籌字伯明。其長子也。籌弟篆。字淳仲。稱松齋先生。見慈谿志。補遺未録。慈湖祭伯兄文。所謂雖千變萬化。寂然如水之清者是也。伯明五子。恬。惟。怟。愉。慥。叔正疑卽惟。叔中卽慥也。蒙齋有記叔正復廣居室事。廣平有答叔中書。喜其有嚴父。兄伯純。子圭。以資稟端慤舉。慈湖弟子。更有周之德。李鶚。胡革。陳從。孫誼翁埏。汪文子誼。慈湖甥也。沈氏自公權先生傳諸定川。而定川之子四人。省曾尤與周平園心大契。定川弟子更有汪及甫伋。李鶚。陳師稷。史定之伋。廣平壻也。父汝賢。子龍友。若李師尹。吳适。則季文弟子。适爲吳信叟秉信仲元。秉彝曾孫。公權之外孫也。以戴禮名家。定川遺集今雖不可見。當至正初。有沈師孟性善者。定川裔也。嘗奉定川遺集。親自繕寫。求危素序之。師孟可謂不負其先矣。見鎮海志。補遺未録。師稷並爲廣平弟子。其子肖孫。字伯巖。所謂一廉可取者也。肖孫補遺未録。肖孫子即曷伯。字貴白。鄉人尊之曰海陰先生。子士直清容。嘗題海陰之墓。若育孫。則伯巖之弟也。海陰同調有汪懋卿與弟森卿。宋亡。杜門著書。子灝。字季彝。瀚。字幼海。受家學。治易春秋。季彝從海陰游。若高氏息齋。既以春秋禮教授鄉里。有所疑。必叩之蔣先生璯。其兄安世。其弟闇。開。□。皆以文學顯。弟子更有嚴□。所謂儒雅奕世者也。續傳有嚴巨川。袁清容嘗稱之。息齋有子曰得全。字仲遠。其守黄州也。謁夫子廟。新之。從孫曰衡孫。手鈔見聞及方技諸書不輟。息齋從子文虎。著史記註。寓剡。建玉峯堂藏書寮雪廬於金陵山東麓。子似孫。字續古。著作尤富。補遺録袁清容序高一清醫書十事及之。開之弟子則有戴伯度機。著藝齋集。鄞志作蟄齋集。待考。戴氏世居桃源。王伯厚作世譜。詳言之。伯度之孫埴。字仲培。考證經史。著鼠璞一卷及仲培詩文稾。臒軒著於宋儒博考。而未考其里居。埴。桃源人。即鄞之桃源鄉也。鄞志有戴培父春秋志。似亦仲培所作。戴銓有春秋微。疑亦桃源戴氏也。埴六世孫習。字原學。桂氏弟子也。至奉化戴氏。則剡源所自出。諱宇者。生子辛。辛生三子。次汝明。字叔晦。生灥。灥字默叟。自號拙逸居士。生表元。即剡源先生也。杰爲剡源伯祖。篤實爲時輩所尊。若彥季。則剡源子也。邵復孺嘗答以詩。敘其家學云。剡源弟子。有陳養晦成。剡源贈以詩。陳養直規。剡源題其居曰縮軒。任松鄉有子耜。肆意經史。博通旁考。務極根柢。取松鄉所著句章集梓之。見貝清江集。任瑾爲松鄉弟子。之江陰。松鄉嘗序以送之。慈之劉氏多聞人。而發源自劉致明繼寬始。是爲無閡先生。建炎間。挹明州五先生之典型以淑世者。其學本於太極西銘。應時字良佐。爲無閡次子。於書無所不讀。刻意於詩。有頤菴稾。其子叔向。號滋蘭。習二戴禮。先是王蒸渚休攻戴禮。以授童居易。程士龍及厚南。由是戴禮遂爲劉氏家學。厚南爲無閡曾孫。與慈湖子宓。石坡蒸渚。爲率眞交。慈湖嘗以書答之。揚祖字宏宗。自號介白散人。似祖字卽翁。仍祖字乃翁。慈湖書院之重建。實賴二人之力。皆厚南子也。榮祖。道中。皆介白從弟。介白建樓讀書。相與講解經傳。王深寧曰。尚論近世名卿。於慈谿得三賢焉。文元楊公。文靖張公。則聞而知之。公則見而知之。張公卽張子宓虙也。是爲壽張先生。東發在史局得壽張行狀。繳奏。見東發日鈔。公謂孫守叔夢觀。是爲雪窗先生。深寧嘗書其遺事。著有雪窗集二卷。端平初。子宓召爲國子司業兼侍講。以禮記月令進讀。升祭酒。乃因已講者爲十二卷進之。卽今所傳月令解是也。子宓之從叔祖張德深漢。著辨虛一卷。攻媿嘗跋之。見涑水學案補遺。宋史贊趙應甫逢龍。孫守叔夢觀。曰清操。曰平直。皆悉心直言。不避權勢。趙先生鄞人也。每草疏必焚其稾。今其文不傳。其曾孫觀光執節死。子宓之曾孫祖傳。亦能世其家。深寧嘗作靖齋銘稱之。深寧家學。黎洲謂良學嘗從三江李氏游。卽以屬之元白者。仍寧波府志之誤也。蓋猶子李明新云。厚孫嘗作四明續志。卽至正志也。讓名於王元恭。若王漢章遷居會稽。戴九靈嘗題其齋。以爲厚齋尚書裔孫者也。東發先緒壺隱先生得一。字仲清。以文起後。東發之叔祖也。東發之父諱一鶚。受書壺隱。以論語集註教子。其孫曰炳文。戴九靈嘗贈以詩。玠爲東發之曾孫。父正孫。夢幹子。

所謂尚絅翁也。慈谿志於黄玠傳誤刊震孫。應更正。若鄞西袁氏。其先爲南昌人。有子誠者。宋知臨安府。以事至鄞。遂家焉。爲袁天與鏞之所自出也。天與治春秋。有文武才。尚氣節。元兵脅降。天與死之。同難者一家十七人。惟仲子潤祖甫六歲。僕援出得免。潤祖字澤民。善詩。其子卽士元也。字彦章。稱爲菊村先生。著四書五經疑義及書林外集。若彦淳先生韶。子似道。字子淵。築南園。聚書至數萬卷。是爲南園袁氏。似道子洪。卽清容之父也。七歲通詩書春秋。清容有二子。瓘。珧。瓘字敏存。俱力學。清容弟子有姚應鳳。字時和。著納軒稾。若本堂。有弟觀。袁清容作陳觀墓誌。嘗謂陳氏居奉化。最著者爲本堂。兄弟唱和。曰棣華集。觀自爲詩文曰竅蚓集。蒿里集。疾作力書中庸一章。以授子漢。東發之壻曰陳若。謝皋羽賓幢山尋黄提刑避地詩嘗及之。當爲本堂昆弟。寧海胡世佐爲本堂之甥。從學於舅氏。嘗題舒藝風六藝綱目序。世佐弟子則有胡廣字文剛。著雲屋集。王藹字用吉。與廣同受毛氏詩。若應氏。自蘭坡先生傃。以撫湖南乞歸。縣令葛洪禮聘之。致館於縣西之箹坡。臒軒以爲蘭坡之誤。待考。子弟多所成就。昌國州志以翁洲書院爲帥機應公傃讀書之所。姪傜接踵。魁多士。則本爲蘭坡書舍而傜繼之也。應傜傳云。自號葺芷。蘭坡先生之猶子也。昌國志載之最確。鮚埼亭集録謝山翁洲書院記。所謂以其子蘭坡附焉者。子字爲叔字之誤。毫無疑義。至翔孫爲傜之猶子。見於馮福京翁洲書院記。所謂義形於色者也。其世系班班可考。宋元學案於應傜傳旁註弟傃。而所附謝山翁洲書院記。又據鮚埼亭集誤刻叔爲子。未予更正。因生疑問。定海志辨之。臒軒又辨之。傃生俊。俊原誤後。展轉又誤復。今應改正爲俊。字宏道。俊生翔孫。字子翱。翼孫。

字子燕。傜之子曰法孫。葛洪字容甫。樓鏞稱其始新學宮。加意於邑人厚。嘗爲之記者。即興昌國學也。鏞爲攻媿從弟。若沈公權弟子。則有張和卿祖順。著有愚見録。其父邦彥。有經解雜著。若朱子弟子。又有趙時舉善待。著四書通釋。子汝述。汝逵。汝适。孫籌建鄮山書院。割地建朱文公祠。若木鐘講友。則有趙清臣善湘。著周易說約八卷。周易或問四卷。周易續問八卷。周易指要四卷。學易補過六卷。洪範統論一卷。中庸說約一卷。大學解十篇。論語大意十卷。孟子解十四卷。春秋三傳通義三十卷。其子汝楳。著周易輯聞六卷。易雅一卷。筮宗一卷。易序叢書一卷。曹放齋之子盅。字囦明。經史百家靡不貫通。孫曰習之說。其父孝先死李全之難。爲盅幼弟之子。習之稱泰宇先生。著易解。尚書說。論語說及文集三十卷。景迂弟子。則有朱新仲翌。著灊山集。五制集。湘江集。其父載上。著作有元祐遺風。定川講友則有王先生茂剛。邃於易。著武陵易說。迂齋弟子則有趙悅道與懽。著春秋奏議。春秋集解。六經註。與懽子孟僳。爲深寧弟子。僳之弟何。著春秋法度編。補遺未録。李伯振充庭爲三江元白之父。於廣平爲友。三江之弟曰詵伯。詒伯。訓伯。詷伯。詷伯字清巖。著詩書講義。三江弟子。曰黃西軒應春。著詩說。杜叔範以詩鳴。三江之子以稱。字景平。蒙齋銘其墓。子明善。以制。字景禮。若以申。則其族子也。明新字厚齋。亦稱三江先生。爲詵伯孫。其子汲。號南句先生。南句家學。有李彌厚。彌先。子宓講友。則有臧正子格。時博士高文善奉旨議周濂溪程明道伊川謚。正子上謚議有功名教。正子謚議載延秘志本傳。多删節。惟李孝謙四明文獻録備載。光緒鄞縣志因之。孫守叔之從兄因。爲余訥菴弟子。採會稽遺事作越問。薛與之。訥菴壻也。子璉。深寧弟子。曰吳伯秀化龍。著毛詩集義。左氏筆記通纂。左氏蒙求。東發講友曰劉養晦。著孝經解。先是程克齋公説作春秋分記。以聖經爲本。而事則案左氏。間取公穀及先儒論辨。以證其誣。王深寧嘗稱之。單君範庚金。私淑程氏者也。有春秋三傳集説分記五十卷。又解春秋正經。題爲春秋傳説集略十二卷。又增集論語説約。臧正子從孫曰夢解。稱魯山先生。著周官考二卷。春秋微一卷。姚應獬。獬孫其文。仿蘇氏著有雙峯文集。若史揩叟公珽。爲積齋同調。著有易衍義。象數發揮。詩答問。春秋三傳要義。若孫居純庚。則桂氏師承也。有雪磯集。若薛處靜觀一。字景荀。合食者五世。號義門。景荀以書經登賢書。其弟子劉仲愚希賢。學春秋。著春秋比事。缾窗類稾。自號木石子。若鄭景允奕夫。爲安晚之曾孫。著論語本意。中庸大學章旨。若舒藝風天民。著六藝綱目二卷。其子慕。字自謙。弟子趙彦夫宜中。爲之附註。若傅伯厚淳。其父時。以道學名。淳著大學補略一卷。洪範敷言。性理叢説。若孫福翁。字叔和。編三皇五帝而下迄五代。曰野史。纂無極太極以來至於時政。名曰墨兵録。天地事物之變及乎品彙流形。名曰繁露。凡一百二十卷。他作亦百二十卷。雖醇疵互見。亦義俠者流也。此皆世系淵源及著作之可述者也。然重在經。而史子集則略及之而已。其有老師宿儒。著述不甚顯而其人足以垂後者。若朱公綽。爲朱樂圃長文之父。范高平弟子也。考鄞志云。億子爲時名儒。補遺於朱長文補傳録馮氏引姑蘇志云。祖億。由開封來蘇州。而鄞志朱億傳則云。父瓊仕於四明。遂家焉。樂圃從泰山授經於太學。寶慶四明志載朱長文。嘉祐四年進士。然考朱氏世譜。曾祖瓊。家四明。祖億。葬蘇州。則公綽固占籍四明矣。更有沈興宗起。以兵法謁范高平。高平器其材。註孫武書以自見。皆宜爲之補傳。朱億。朱公綽。沈起。補遺未録。若孫文舉之翰。少志於學。尚論古人。自春秋以來千餘年事。是非得失。取其大者論之。尤以孝行著。若陳安國輔。父大雅。工於詩。趙清獻深器重之。安國少受知東明劉温。温使其子概師焉。吕大防。范純仁。屢薦於朝。若吴信叟秉信。當張紫巖奉母居潭州。築第稍廣。秦檜忌紫巖。論其僭。擬信叟往勘。還言所居皆人臣制。檜怒。黜之。史直翁則因信叟之薦。以除太學正者也。若林暐。字公著。大觀閒。陳了翁寓鄞。獨厚之。建炎閒。修學宫。輟田養士。孫碩以善士名。力學不見用。嘗詠康節詩自勵。其卒也。慈湖記其壙。絜齋狀其行。攻媿更爲之銘。若李中。字不倚。晁以明謫明州。獨從之游。邊仁叟友誠以心爲師者也。絜齋爲其弟子。其嗣子恢。字汝實。若陳菊莊宗仁。幼習經學。私淑考亭。汪仲容度。博學好文。爲魏碧溪弟子。王彦古漢英。文行不凡。與鄭次中次時皆爲迂齋弟子。林岳學古靈之學。陳琦志忠獻之志。皆見稱於時。若陸天祐慕伊洛之學。命其子居敬思誠。建東湖書院及先進祠祀文公暨陳秀實以下十人。若應本仁。字本立。博學好禮。慕范文正爲人。建義莊五百餘閒。割腴田五百餘畝。使後裔世守之。黄文獻紀其事。韓性字可善。亦建義莊義塾者也。貝清江紀其事。葛魁。徐勉之。充慈湖山長。魁嘗割其地之半歸學宫。若方山京。字子高。父季仁。紹興志作達材。有文名。餘姚孫氏禮致之。妻以女。山京。孫氏甥也。固窮力學。平生在無自欺。若吴東洲龍朋。繼方蛟峯主横塘義塾。若劉公輔。爲杜洲山長。岑安卿贈以詩。謝源父閉門讀易。能古文詞。子應辰。受父易。得其要旨。魯月卿。杜孟傳。見孫正甫學案補遺。居上庠。孫正甫元蒙有通家之好。因受詩魯氏。正甫更行鄉飲酒禮於餘姚。董秉彝復禮亦師事月卿者也。葉恒由程畏齋見虞道園。爲道園弟子。畏齋之師有孫友仁會叔。畏齋記東湖書院嘗及之。見鄞志稟。補遺未録。竺稷世守儒學。皮藏舒沈二先生遺墨。陳定孫爲卓之孫。陳思禮字用和。皆以孝著。潛溪述用和之行。張元禮字仲仁。居月湖之濱。會諸生講論道德。沈師程尊信陸楊之學。戴九靈稱之。全鼎孫爲晉孫之兄。專精陸學。續傳有全耆。全整。更有茅周翰甫生。周砥道堅。顧恭復道。皆竇峯弟子。陳莊仲恭爲澹軒弟子。孫轍號澹軒。有文集。吴草廬序之。莊仲從子棁。字孟藻。以聰明正直舉。傳恕字如心。學通經史。爲春草同調。陳子浩剛受春秋於徐淵明。死於賊寇。則如心學侶也。子浩弟子曰夏琛。以孝行著。若單仲友與桂清溪同舉。窮究經史百氏周程張朱之書。桂慎。桂全。爲清溪之子。慎嘗從潛溪受經。有李生者。亦潛溪弟子。所謂穎鋭有以燭理者也。失其名。張居卿與方璲最厚。璲爲桐江之叔。時季照銘。爲春草弟子。劉準。宋末隱居教授。稱南窗先生。子汝舟。若鄭本忠。講論純正。若陳與延。熟於春秋。若顧德輝潤祖。應春父叔川。皆名士。德輝著書數百卷。潛溪嘗稱之。惜其書無可考矣。夫景迂謫船場。了翁居南藍。官斯土尚已。更論其著者。若蔣仲遠猷。宣和四年起知明州。建炎三年避兵來明。其後遂爲鄞人。至今論宣和賢者必曰蔣公。若秦太虛觀。元祐初調定海主簿。攻媿記定海縣淮海樓。曰秦少游初筮仕之地也。觀有淮海集。張峋知鄞縣。邵雍嘗贈以詩。陳良翰知慈谿縣。誘獎後進。孜孜不倦。其後任詹事。力主絶和不棄地。與不右程學之陳公輔異矣。滕德粹璘爲朱子弟子。嘗尉鄞。朱子貽之書曰。楊敬仲。吕子約。沈國正。袁和叔。所宜從游者也。其後問學於定川。著有溪齋類稾三十卷。梅伯大寬夫。爲溪齋弟子。尉慈谿。德祐死節。著裕堂講義。張伯大洪。咸淳中分教四明。與齊充甫𢒰同編朱子讀書法。黄以受仕於鄞。著政聲。傳朱子之學。以詩雄於江右。有露香拾稾。趙虚齋以夫。知慶元府。箋註諸經。私淑朱子。魏石門新之。方蛟峯弟子也。爲慶元學教授。以濂洛關閩正學爲己任。嘗刊李光所著孝經集解。鄭耕老爲明州學教授。值金人焚蕩之餘。士之學學之陋。置弗理。於是講説科舉以外之學。更營學區。取田供鄉飲費。著有詩易經義考有易範。中庸洪範論孟訓釋。若孔明遠昭孫。官慶元學正。執經於深寧。曹士宏爲丈亭巡檢。則私淑深寧者也。沈宗卿爲慈谿教諭。黄正卿序其詩。謂宗卿若與文元同時。寧不足發鵝湖未決之論。韓艾溪居仁與史静清同師常德陽先生。至元閒爲慶元路經歷。標註程畏齋讀書分年日程。若王荆公安石。知鄞縣。樓攻媿經綸閣記曰。天下雖病。吾邑不敢忘也。洵爲平允之言。更有如胡氏來自餘姚。豐氏遷居上虞者。亦宜考其略焉。郭維。河南人。建炎閒徙居四明。以北學教授諸生。從者如雲。李朴編次豐清敏遺事。多訪之。蓋侍清敏最久也。著有傳家易説。林君復逋。居西湖二十年。十國春秋錢塘林克己傳謂。忠獻王時官通儒院學士。博學善文章。宋隱士逋。卽其孫也。然君復有將歸四明諸詩。奉邑之黄賢鄉。又有和靖舊宅。故郡縣志。皆以爲奉化人。著有和靖集。范文正過其廬。嘗贈以詩。東發稱其超然高識之士。子宥。若張才彦邵。本爲烏江人。以弟祁。字晉彦。

秦檜嫉之下獄。事連邵。乃居四明。杜門絶交。潛心經典。學道自得。祁添差明州觀察推官。謝山辨鄞江墓誌。謂邵兄弟不及事鄞江。意者受業桃源乎。子孝祥。卽于湖也。邵有弟郯。字彦知。子孝伯。字篤素。孝祥字安國。有于湖集。孝伯子卽之。是爲樗寮。著桃源志。若蘇舜欽。字子美。銅山人。嘗從穆修學易。再至甬上。有蘇學士集。鄒浩字志完。晉陵人。爲龜山弟子。私淑伊川。集中有憶昨隨侍游鄞川。又有昔侍先君官四明之句。著有易解及道鄉集四十卷。子柄亦從龜山游。手葺伊川語録一卷。晏敦復字景初。爲伊川弟子。忤秦檜。出知衢州。嘗寓鄞。家有老母。汪汝直周恤其家。孫應時。餘姚人。嘗館史直翁家。有燭湖集。謝翶字皋羽。嘗至四明。有晞髮集。胡三省字身之。居鄞久。有資治通鑑釋文辨誤十二卷。卞子東圜。其先泰州人。父大亨。字嘉甫。主懷寧簿。未幾隱居象山。著尚書類數二十卷。松隱集二十卷。子東。於書無所不讀。著論語大意二十卷。黄溍字晉卿。義烏人。嘗主王厚孫家。有黄文獻集。柳貫字道傳。浦陽人。嘗居龍山。有柳待制集。戴良字叔能。爲道傳弟子。嘗居鄞。有九靈山房集。丁鶴年。西域人。以孝著。通詩經。有海巢集。舒閬風嶽祥。寓奉化。爲戴剡源之師。有閬風集。若烏春草所謂學文於夢堂者。夢堂名曇噩。住慈谿東皋寺。與金華胡石堂汲仲游。雖釋而能文者也。抑有吴主一志淳者。其先無爲州人。徙居鄞之東湖。補遺採姓譜云。徙豫章。此據鄞志稾。善詩文。至正末。奏除翰林待制。有詩云。爲儒已入他州籍。垂老頻收故國書。讀者悲之。此又寓賢之著者也。

壽鏞飄零海上。時值用兵。雙鬢已皤。一卷不釋。讀元次山詩曰。不識天地心。徒然怨風雨。

又曰。惟云循自然。忘情學草木。斯世雖亂。吾心不亂。積一二月之心力。彙五百載之獻文。槍林彈雨之中。汗竹秋鐙之下。勉寫成篇。以報鄉先哲於萬一。儻亦他州作客。垂老收書之意乎。若云詞費。不敢辭也。更有漏略。他日補之。時民國二十六年九月。張壽鏞序於歇浦寓廬。

屠用錫識

先外曾祖王朧軒先生。道行學術官階著述俱詳陳曼生先生勱撰狀。先生初與慈谿馮孝廉雲濠補訂宋元學案於醉經閣。同時別成補遺四十二卷。旋增補而成百卷。稿未殺青。出宰廣東樂會縣。數月卒於官。生平著作有爲行狀不及記者。卽藏於家者或已散失。無從檢考。先祖繼烈公。官廣東糧道兼攝臬篆。假歸省墓。爰理先世及先生遺著。而先生稿本多蠅頭細字。鉤勒割裂。鈔校非易。事未著手。遽歸道山。遺言以整理遺著。創辦義莊二事。勖祖母暨先伯宗增公。先君宗基公嗣。遭家多故。義莊甫成。伯考卽世。先君獨承其肩。先從事先生所彙録全校水經注。及先生所著水道表。謄寫甫畢。出宰閩垣。事又中斷。吾師王朧孫表叔爲先生嫡孫。晚年於先生誕期招用錫與祭。卽以先生遺著授用錫曰。恩培屢試不就。經商遊幕兩不得志。生齒浩繁。子姪皆爲衣食棄儒。此中所藏。經爾祖若父兩次整理未得行世。今已多霉爛蟲蝕。如世本集覽被鼠嚙尤夥。刊布固難。保藏亦非易。不如付吾子。與原藏彙録全校水經注儲藏娑羅館可矣。刊布固所望也。保藏亦舍子莫屬。毋以王氏遺著返諸王氏爲念。言畢。顔色沮喪。若不勝慨者。開檢所授凡五種。曰宋元學案補遺百卷。附宋元學案鄭刻本一。是書黄百家編。全祖望續修。鄭大節毛德基校刊於醉經閣。之前世不多見。兹僅存宋儒學案全述序録一卷。又卷十七横渠學案一卷。合訂一册。至醉經閣刻本亦已久燬。曰世本集覽六巨册。都四十八卷。射書兩册。鼠嚙什一。惟原起提綱條例目録通論則爲清本。曰王氏世族源流考。是書爲謄清本。一時失檢。或爲親友假觀未歸。負罪良深。陳狀謂王氏宗譜備考。或即是書也。曰儒林宗派十六卷。爲萬季野斯同原著。經先生釐正增注者也。曰雜纂。無卷帙。未裝訂。用錫謹受命。不敢辭。顧用錫碌碌寡學。久以有辱師命爲懼。及年五十。腦疾頗劇。長男潤規。年壯而殤。感念身世。不寒而慄。尤以先人遺志所在。表揚先世及先生遺著。報命無日。憂患不寐。長媳張月梅爲約園主人四女。課子之餘。更以寫經及謄録宗譜闕行録之賢淑貞烈節孝諸篇自勵。曩以搜輯六經堂遺事交鈔竣事。復授宋元學案補遺稿本。以期陸續謄寫。隨時延聘學者校之。乃稿本密行。間多鉤注。持之頗有難色。求教乃父。越數日。約園主人造吾廬曰。吾既從事四明叢書。君家藏王臒軒先生遺著。盍悉畀余。當先爲其易。用錫備述先生遺著經歷。及受命後之憂患。約園慨然曰。君負此重任。吾必助君有成。速廣延繕校。以清宋元學案補遺稿本。使早日流傳。約資兩千金。吾任之。復相偕邀慈谿陳屺懷訓正。同縣夏同甫啓瑜。忻紹如江明。勵建侯延豫。張申之傳保。呈請省政府撥資刊行。遲未得請。會是書繕校竣事。而約園所刊四明叢書已出第三集。約園先將增註之儒林宗派刊行。並將世本集覽原起諸卷清本刊入四集。且以收回一部分刊印之費。移刊是書。去冬。約園並告宋元學案補遺刻校完竣。列爲叢書第五集。水道表正付刻。世本集覽亦著手整理。以期三年有成云。世本集覽。於民國二十一年冬。交商務印書館放大底板。分存各圖書館。以免湮没。議定如一次交稿。三月可成。月交一册。六月可成。且爲射書兩册鼠食如何補救之。躊躇未訂約。越四十日。一二八事起。商務印書館全館俱燬。是稿幸未遭厄險矣。於是昔之憂患不寐者。至此狂喜不寐矣。約園之盡力鄉邦文獻。其志也。至其堅忍果毅。尤可佩也。小子何幸得此。既藉以承先志。而受命於吾師幾至湮没不彰者。至此亦可稍輕其責。感豈有極哉。文字因緣。莫非前定。流傳遲速。或有其時。今是書既出。敢以校刊經歷附於書後。以記出世之艱難云爾。民國二十六年四月。屠用錫康侯甫識於滬上容膝廬。

張壽鏞跋

考餘姚藝文志葉其逵曰。梨洲既成明儒學案。又溯宋元諸儒。併輯學案。未成而卒。季子主一繼之。四明全謝山又繼之。迄未成編。最後四明王孝廉梓材。案。稱孝廉誤。王先生由優貢充教習。依全氏百卷序録。一再校補。始成完書。初校本刻於慈谿。馮孝廉雲濠重校本刻於道州。何太史紹基何刻最爲精緻。雖字盈百萬。無訛俗體。惜未幾板燬於火。翻刻及别刻殊少善本矣。王氏又有宋元學案補遺百卷。尚未刊行。姚志所述如此。簡且確矣。今所刊行。即姚志所謂未刊者也。因歎先哲著書之難。與刻書之不易。就宋元明儒學案而言。其經歷歲月。與編者刊者之姓氏及其大恉。宜有所考焉。初黄梨洲作明儒學案。康熙丙辰成書。許酉山刻數卷而止。萬貞一又刻而未畢。壬申七月。仇滄柱自都中寓書。言北地賈若水見學案而歎曰。此明室數百歲之書也。可聽之埋没乎。無何賈君亡。其子醇菴承遺命刻之。見黃梨洲明儒學案序。即今所傳德輝堂刻本是也。自成書至癸酉歷十八年。賈氏之刻本始出。繼賈氏者。爲鄭南谿性。時在乾隆己未。續萬管村而刻之。距賈刻又四十六年矣。謝山爲五嶽遊人。穿柱文稱其於黃氏之學表章不遺餘力。賈氏顛倒明儒學案之次第。正其謬。重刻之。壽鏞藏有賈氏本與鄭氏本。勘比之。賈刻首薛河東。鄭刻首吴康齋。平心而論。首河東是也。謂之顛倒。賈氏不服矣。賈氏刻明儒學案總評末條云。聞先生別有宋元學案。已脱稾。藏越城姜定菴家。若得此書再刊。更爲斯文盛事。案梨洲之殁。歲在乙亥。若水之序則在辛未。是成明儒學案之時。固卽起草宋元學案之日也。藏姜氏之稾若干卷。不可考。以王臒軒僅舉大要。至其子主一耒史始編緝之之説推之。則姜氏所藏。固爲梨洲原本也。然全謝山作梨洲神道碑。於明儒學案曰六十二卷。於宋元儒學案則未著卷數。而臒軒親見黃氏補本。有爲主一手鈔。而謝山修補之迹宛然可據者數本。陸門諸子小傳。謝山筆迹稍異。蓋與臨川李氏論陸氏學案時所葺也。然則歸諸南谿鄭氏。已爲黃氏補本可知矣。由鄭氏復歸淮陰楊氏。得之者。梨洲之孫證孫也。謝山見證孫所得楊氏本。續修之。於是爲八十六卷。主一者。名百家。梨洲季子。號耒史。凡諸案語能發前人所未發。惜姚志不爲主一立傳。而僅附於梨洲傳。言行略而不詳耳。今讀宋元學案。主一所案多從大處落墨。謝山所案則考證其淵源。臒軒五橋所案則分別其異同。此據重刻本言之也。而始刻實由於二老閣鄭氏。據臒軒所見宋儒學案卷十七標云。男黃百家編。門人楊開沅顧諟分緝。知當時分任者不一人。而爲之編輯者主一也。今屠氏所藏。則題黃百家編。

全祖望續修。鄭大節毛德基校。而未著分緝之人。然止序録一卷與第十七卷横渠學案上卷。則與臒軒所誌同也。臒軒又云。月船所藏底稾亦有序録。其文多異。又少序録者九。蓋其未定稾也。然則鄭氏所刻。雖僅及黄氏補本。且僅刻横渠學案及第十八卷數版。因謝山之卒輟事。而謝山序録。鄭氏固刻之矣。鄭氏自秦川先生諱溱與梨洲友善。隱居。相與論學。子梁字寒村。受學於梨洲。孫卽南谿。嘗合祀秦川先生梨洲先生。故名其藏書之室曰二老閣。南谿有子二。長大節。次中節。慈谿志稱其守家法。刻宋元學案者。大節也。中節亦與謝山爲友。且與天台齊召南仁和杭世駿相往還。慈志有傳。董小鈍作謝山年譜。雖未足概謝山生平。然於修補學案凡五見。四十二歲。自茗上至吴門。寓陸氏水木明瑟園。有詩曰吴船集。舟中取南雷黄氏宋儒學案未成之本。編次序目。重爲增定。是爲第一見。過維揚。再館馬氏畬經堂。編纂學案。是爲第二見。四十三歲。重過水木明瑟園。謀刻宋儒學案。是爲第三見。返武林。修宋儒學案。是爲第四見。五十歲。仍居揚州畬經堂。治水經兼補學案。是爲第五見。蓋自乾隆十一年丙寅。至十九年甲戌。八年之中。固無時不在補修中。可謂勤矣。越年乙亥。而先生歿。蓋適後梨洲之卒六十年也。謝山在日。嘗與諸生講説學統之流派。其弟子中。於學統分合窮年兀兀者。以范冬齋鵬爲最。有存悔集。已刊入四明叢書。冬齋先謝山卒。故謝山爲文哀之。董小鈍秉純。張望槎炳。全□□藻。蔣樗菴學鏞。雖盡力於謝山文集。而學案之參酌。似尚未預。卽盧月船鎬。其欲補完宋元學案。亦在謝山既歿而後。考諸臒軒案語。謝山卒。其書多歸同邑抱經樓盧氏。學案之稾亦雜入其中。月船特取學案於抱經宗人。而槀已不全。因手録之。謄寫者半。未及謄寫者半。而月船遽卒。是月船雖與梨洲玄孫稚圭號大俞相往還。共以成學案是任。且見諸吟詠。月船詩槀已刊入四明叢書。有和姚江黄稚圭見贈原韻詩。自注云。君力任與余共成學案。謀即入梓云云。固謀入梓。而未及待也。月船外孫黄支山桐孫。嘗以是本攜至安徽康中丞節署。偏訪皖北諸子。謀完是書未果。康移節於粤。支山又訪粤海諸子。又未獲克任校釐者。既攜槀歸。過西江十八灘。行篋盡墜水中。惟藏是書之篋獨浮水面。於是月船之孫杰愈寶藏之。不輕示人。已而其家被竊。箱籠俱空。而學案一笥棄置屋外。是學案原槀之存。冥冥中固有呵護之者矣。臒軒先生淵源家學。自其高祖諱炳。學於王忝堂先生之坪。其祖諱鍔。又嘗從蔣樗菴游。一則爲梨洲三傳弟子。一則謝山再傳弟子。又復得其師陳石士先生之傳。石士少事魯山木。長事姚姬傳。言宋儒學。其祖凝齋先生研究儒先之書。獨喜象山陽明之學。故臒軒先生受其傳。而兢兢於師説補遺之作。獨附陳石士宋學説者。亦猶梨洲作明儒學案。首蕺山師説也。自壬辰訪宋元學案槀以迄戊戌凡七年。而宋元學案以成。始刻者。馮五橋雲濠也。而是板燬於壬寅春。又自壬寅之秋以迄甲辰之冬。更取諸補遺以入正編。於是至丙午重刻宋元學案又成。重刻者。何子貞紹基也。今重刻時原槀收藏於馮氏伏跗室。可案也。若補遺之作。自丁酉春以迄戊戌正月。先得四十二卷。自己亥春以迄庚子冬。續成百卷。至辛丑八月而書成。蓋距今九十有七年矣。然越歲壬寅。因重刻宋元學案。轉盡其力於正編。而所謂補遺之編。可出問世者。又因補遺之槀多有已入正編者。非重加釐訂不可。壽鏞既得諸屠氏。自癸酉春迄丙子冬。又四歷寒暑。抱殘訂墜。

求助友朋。隨校隨刊。幸得蕆事。讀光緒己卯龍氏重刻宋元學案跋云。鄞王氏補遺百卷。未及刊行。何氏求得之。與所刊版俱燼。龍氏所謂燼者。四十二卷稾也。若百卷原稾藏諸古娑羅館者。固無恙也。今從事而卒業焉。豈惟可以慰屠君康侯。亦可以慰先生與宋元諸君子矣。因縷述著書之難。與刻書之不易。溯厥始末。俾讀者參證焉。丁丑夏。張壽鏞跋。